BilderRecht

Volker Boehme-Neßler

BilderRecht

Die Macht der Bilder und die Ohnmacht des Rechts

Wie die Dominanz der Bilder im Alltag das Recht verändert

Springer

Professor Dr. Dr. Volker Boehme-Neßler
Derfflingerstraße 18
10785 Berlin
Deutschland
polylog@t-online.de

ISBN 978-3-642-03876-1 e-ISBN 978-3-642-03877-8
DOI 10.1007/978-3-642-03877-8
Springer Heidelberg Dordrecht London New York

Die Deutsche Nationalbibliothek verzeichnet diese Publikation in der Deutschen Nationalbibliografie; detaillierte bibliografische Daten sind im Internet über http://dnb.d-nb.de abrufbar.

Einbandentwurf: WMXDesign GmbH, Heidelberg

Springer ist Teil der Fachverlagsgruppe Springer Science+Business Media (www.springer.com)

Vorwort

Wir leben im Zeitalter der Bilder. Bilder sind in der modernen Welt allgegenwärtig. Dazu muss man nicht fernsehen, Zeitung lesen oder im Internet surfen. Kaum ein Bereich der Gesellschaft kommt ohne Visualisierungen und visuelle Kommunikationen aus. Das Bild ist dabei, die Schrift als kulturelles Leitmedium abzulösen. Welche Auswirkungen hat das?

Die Flut der Bilder ändert alles – die Wahrnehmung, das Denken und das Kommunizieren. Denn Bilder werden schon neurobiologisch ganz anders wahrgenommen und verarbeitet als Worte und Texte. Bilder wirken – um nur einige Eigenschaften zu nennen – viel schneller als Worte, sie sind viel emotionaler und konkreter. Wer es gewohnt ist, mit Texten und Worten zu kommunizieren, muss umdenken. Denn die visuelle Kommunikation funktioniert nach anderen Regeln als die Kommunikation durch – gesprochene oder geschriebene – Worte. Wie alle kulturellen Umbrüche löst auch die Bilderflut Emotionen aus. Visuelle Kommunikation wird euphorisch begrüßt als Fortschritt – und sie wird verteufelt und gefürchtet als Rückschritt in die Zeiten eines primitiven und emotionalisierten Denkens. Wer hat Recht – die Optimisten oder die Pessimisten? Das ist – natürlich – schwer zu sagen. Fest steht aber, dass die Visualisierung der Gesellschaft – wie alles im Leben – Chancen bietet, aber auch Risiken birgt.

Wer heute ein Sachbuch lesen will, das garantiert *keine* Bilder, Grafiken oder visuelle Übersichten enthält, muss zu einem juristischen Lehrbuch oder Kommentar greifen. Bisher ist das Recht der Bereich der Gesellschaft, der grundsätzlich und zutiefst bilderskeptisch eingestellt ist und sich vehement gegen eine Visualisierung wehrt. Man muss kein Prophet sein: Diese strikte Linie wird das Recht in Zukunft kaum durchhalten können. Das Recht und die Juristen können sich nicht grundsätzlich und auf Dauer von gesellschaftlichen Entwicklungen abkoppeln. Dafür sind sie viel zu engmaschig mit der Gesellschaft vernetzt. Allererste Anzeichen für eine Visualisierung des modernen Rechts sind denn auch schon zu beobachten.

Was bedeutet das, wenn das textfixierte Recht sich auf Bilder einlassen muss – und das dann auch tut? Das ist keine akademische Frage, die am besten im Elfenbeinturm diskutiert werden sollte. Denn was mit dem Recht geschieht, hat ganz praktische und sehr weit reichende Auswirkungen auf alle Bereiche der Gesellschaft und den Alltag der Menschen. Also: Wie ändert der Ansturm der Bilder das Recht und was bedeutet das für die Gesellschaft? Bücher entstehen nicht von selbst. Ich danke sehr Frau Dr. Brigitte Reschke vom Springer-Verlag. Sie ist eine "Bücherfrau", mit der man wunderbar zusammenarbeiten kann. Und gewidmet ist das Buch natürlich Thao und Julia – wem sonst?

Berlin, im Juli 2009 Volker Boehme-Neßler

Inhaltsverzeichnis

1 Zwischen Technophilie und Technophobie: Kultur, Technik und Recht 1
1.1 Wechselwirkungen – Technik und Kultur 1
1.1.1 Technik: Das Produkt von Kultur? 2
1.1.2 Kultur: Das Produkt von Technik? 4
1.2 Technologischer Imperativ oder Gestaltungsmacht des Rechts? 8
1.2.1 Die normative Kraft des Technischen. Wie Technik das Recht ändert 8
1.2.2 Die technische Kraft des Normativen. Wie Recht die Technik ändert 11
Literatur 16

2 KulturTechnik und Recht – Die Schrift als Beispiel 21
2.1 Sprache als Denkwerkzeug 21
2.2 Vom Sprechen zum Schreiben 23
2.2.1 Schriftlose Gesellschaften: Denken ohne Schreiben 23
2.2.2 Literale Gesellschaften: Denken durch Schreiben 27
2.3 *Gutenberg* – und die Folgen 31
2.3.1 Die Manuskriptkultur: Das Buch als Einzelstück 32
2.3.2 Gutenbergs Revolution: Das Buch als Massenmedium 32
2.3.3 Demokratie ohne Bücher? 34
2.4 Recht *sprechen* oder Gesetze *schreiben* – Vom gesprochenen zum geschriebenen Recht 35
2.4.1 Die Herrschaft des Rechts 36
2.4.2 Das *Ich* wird wichtig – Gleichheit und subjektive Rechte 37
2.4.3 Schriftliche Rechtsquellen – und die Folgen 40
2.4.4 Gerichtsverfahren – Reduktion der Welt und klare Entscheidung 43
2.4.5 Eine ambivalente Bilanz 45
Literatur 48

3 Die Macht der Bilder 55
3.1 *Pictorial Turn* – von der Schriftkultur zur Bildkultur 55
3.2 Das Ende der Schrift? 57
3.3 Was ist ein Bild – und wozu dient es? 58
3.4 Abbilden oder Konstruieren: Wie werden Bilder rezipiert? 62
3.5 Bilder als Kommunikationswerkzeuge 64
3.5.1 Tempo, Tempo – Die Geschwindigkeit visueller Kommunikation 64
3.5.2 Bilder anschauen – Die Konkretheit visueller Kommunikation 65
3.5.3 Ich mache mir ein Bild – Die Subjektivität der visuellen Kommunikation 66
3.5.4 Exkurs: Kollektives Gedächtnis 68
3.5.5 Bilder berühren – Die Emotionalität visueller Kommunikation 69
3.5.6 Was will uns der Maler sagen? Die Vieldeutigkeit visueller Kommunikation 74
3.5.7 Auf einen Blick – Prägnanz in der visuellen Kommunikation 77
3.6 Ein Bild oder tausend Worte? – Zur Überlegenheit von Bildern 78
3.6.1 Doppelte Encodierung. Wie Bilder verarbeitet werden 79
3.6.2 Biologische Basis: Hierarchie der Sinne 79
3.6.3 Bilder sind besser! Sind Bilder besser? 81
3.6.4 Bilder: Kommunikation ohne Grenzen? 81
3.7 Alle Bilder lügen? 83
3.7.1 Glaubwürdigkeit von Bildern – eine Illusion? 83
3.7.2 *Photoshop & Co.* – Bildmanipulation in Zeiten der Digitalisierung 85
3.7.3 Gesundes Misstrauen – Zur Einschätzung von Bildern im digitalen Zeitalter 87
3.8 Schrift und Bild: Kongruenz und Konkurrenz 89
3.8.1 Sprachbilder – Zur Bildhaftigkeit der Sprache 89
3.8.2 Bildergeschichten – Zur Erzählkunst der Bilder 91
3.8.3 Kongruenz und Konkurrenz 93
3.9 Die Anarchie der Bilder 94
3.9.1 Worte *versus* Bilder – Kontrolle oder Freiheit? 94
3.9.2 Bilderskepsis des Rechts – Reaktion auf die Anarchie der Bilder? 97
Literatur 97

4 Recht und Bilder – eine schwierige Beziehung 109
4.1 Wo sind die Bilder geblieben? – Modernes Recht ohne Bilder 109
4.1.1 Zwischen Idolatrie und Ikonoklasmus – Das Bild in der Gesellschaft 109
4.1.2 Tiefe Skepsis – modernes Recht und Bilder 113
4.1.3 *Sola Scriptura* – Das logozentrische Vorurteil des Rechts 115

4.2 Symbole – Auf der Suche nach den Bildern im Recht 116
4.2.1 Symbole 116
4.2.2 Symbole im Recht 117
4.2.3 Symbolisches Recht 121
4.3 Immer öfter – Bilder *im* modernen Recht 124
4.4 Der fremde Blick – Bilder *vom* Recht 127
4.4.1 (Rechts)Bild und (Rechts)Wirklichkeit 128
4.4.2 Richterin Barbara Salesch lässt grüßen 130
4.4.3 Die Öffentlichkeit als Richter? Recht unter dem Druck der öffentlichen Meinung 132
4.4.4 Vertrauensverlust? Wenn das Recht die Erwartungen enttäuscht 135
4.5 Überzeugungskraft – Chancen visueller Rechtskommunikation ... 138
4.5.1 Bilder als Eye-catcher: mehr Aufmerksamkeit für das Argument 138
4.5.2 *Form follows function?* Bilder in der juristischen Formensprache 139
4.5.3 Schnelles Recht ist gutes Recht: Beschleunigung der Rechtskommunikation 141
4.5.4 Widerspruch zwecklos. Der Imperativ der Bilder 142
4.5.5 Darf man Bildern glauben? Bilder als Beweise 143
4.6 Abschied von der Abstraktion? 144
4.6.1 Abstraktion im Recht – Bedeutung und Grenzen 144
4.6.2 Die Einzelfallabwägung – Das Gegenteil von Abstraktion 145
4.6.3 Gesichter und Geschichten – Die Personalisierung des Rechts 146
4.7 Angst vor Nähe? Emotionen in der Rechtskommunikation 149
4.8 Unordentliches Denken ? – Sukzessivität und Assoziativität 150
Literatur 151

5 Unscharfe Kommunikation: Komposition und Inszenierung des Rechts 163
5.1 Unscharfe Steuerung – Wie läßt sich visuelle (Rechts)Kommunikation steuern? 163
5.2 Inszenierung und Komposition – die klassischen Mittel visueller Kommunikation 165
5.2.1 Malerei, Grafik, Fotografie – Wie werden Bilder komponiert? 165
5.2.2 Theater, Film, Fernsehen – Wie werden bewegte Bilder inszeniert? 166
5.2.3 Drama, Baby, Drama! – Visuelle Kommunikation im Fernsehen 168
5.3 Die Bildwissenschaften als Lehrmeister – die Komposition von Rechts-Bildern 169

5.4 Angewandte Theaterwissenschaften – die Inszenierung juristischer Prozesse ... 171
5.4.1 Inszenierung des Rechts – wozu? ... 171
5.4.2 Seriosität und Authentizität – Die Inszenierung von Recht ... 174
5.4.3 Rituale – Zur Verdichtung von Inszenierungen ... 179
5.4.4 Rechtsrituale – Inszenierung und Emotion im Recht ... 184
5.5 Anspruch und Wirklichkeit: Gefährliche Inszenierungen ... 188
Literatur ... 190

6 Bilder verstehen – Die Auslegung visueller Rechtskommunikation ... 199
6.1 Was tun? – Zur Überforderung der juristischen Dogmatik ... 199
6.2 Lernen von der Kunstgeschichte – Was können uns Bilder sagen? ... 200
6.3 Lernen von der Theatertheorie – die Auslegung bewegter Rechtsbilder ... 203
6.3.1 Wie sind bewegte Bilder zu verstehen? ... 203
6.3.2 Inszenierungsanalyse – eine neue juristische Auslegungsmethode ... 205
6.4 Kein Zufall, sondern Notwendigkeit – Grenzüberschreitung bei der Auslegung ... 207
Literatur ... 207

7 BilderRecht – Recht als Drama? ... 209
7.1 Entertainment – Bilder in den Medien ... 209
7.1.1 Schnittmengen – Logik der Bilder und Logik des Boulevards ... 209
7.1.2 *The show must go on* – Die Logik des Fernsehens ... 210
7.1.3 Zwischen Aufklärung und Volksverdummung – Chance und Risiko des Unterhaltungsparadigmas ... 215
7.2 Politik als Drama – ein (abschreckendes?) Beispiel ... 217
7.2.1 Symbiose – Politik und Fernsehen ... 217
7.2.2 Theatralisierung – Eine andere Politik ... 221
7.2.3 Politainment: Weniger Demokratie – oder mehr? ... 222
7.3 Recht als Entertainment? – Die Unterhaltungslogik und das Recht ... 224
7.3.1 *Quote machen* mit Recht? ... 224
7.3.2 Eine Spekulation: Skandal und Recht ... 226
7.3.3 Begrenzte Unabhängigkeit – Medien- und Bildresistenz des Rechts ... 226
Literatur ... 229

8 Worte und Bilder im Recht – Auf der Suche nach dem verlorenen Gleichgewicht ... 235
8.1 Schrift und Text: Grundlage der Rechtsordnung? ... 235
8.2 Bilder im Recht – Chancen und Risiken ... 236

8.3 Worte und Bilder – sinnvolle Ergänzung und wechselseitige Stärkung 237
8.4 Bilder oder nicht? Das Recht im Dilemma 238
Literatur 239

Sachverzeichnis 241

Kapitel 1
Zwischen Technophilie und Technophobie: Kultur, Technik und Recht

Neue Technologien verändern die Welt und bewegen die Menschen. Wenn eine neue Technik[1] entsteht und sich ausbreitet, wird sie – das zeigt ein Blick in die Kulturgeschichte – gleichzeitig visionär gefeiert und kulturpessimistisch gefürchtet.[2] Ist das berechtigt? Prägt die Technik tatsächlich die Kultur und die Gesellschaft? Oder ist es nicht umgekehrt: Hängt die technologische Entwicklung von der Kultur, Politik und Wirtschaft einer Gesellschaft ab? Diese Entweder-Oder-Kontroverse ist heute weitgehend überwunden. Zwischen technologischer und kultureller Entwicklung einer Gesellschaft bestehen enge Wechselwirkungen.[3] Erst ein bestimmter kultureller Entwicklungsstand ermöglicht bestimmte technologische Prozesse, die zu Innovationen führen. Und umgekehrt: Technologische Entwicklungen beeinflussen die Politik, Wirtschaft und Kultur einer Gesellschaft. Was bedeutet diese Erkenntnis für das Recht? Als wichtiger Bestandteil der Kultur ist das Recht an diesen Wechselwirkungsprozessen beteiligt – als Subjekt und als Objekt zur gleichen Zeit. Es beeinflusst technologische Entwicklungen und wird zugleich von ihnen wieder selbst geprägt.

1.1 Wechselwirkungen – Technik und Kultur

Zwischen Technik und Kultur gibt es vielfältige Wechselwirkungen. Technik steht in einem kulturellen Kontext und wird kulturell geprägt. Und umgekehrt: Kultur entwickelt sich in einer spezifischen technischen Umgebung. Selbstverständlich hat auch die Technik Auswirkungen auf die Kultur einer Gesellschaft.

[1] Zum Begriff der Technik aus soziologischer Sicht Rammert (2007, S. 15 ff.; 47 ff.) m. w. N. und aus philosophischer Perspektive Rapp (1994, S. 19 ff.).

[2] Schefe (2000, S. 234 f.), und Ropohl (2003, S. 12 ff.), der sowohl vor übertriebener *Technophilie* als auch unbegründeter *Technikfeindschaft* warnt. Ausführlich und grundsätzlich zur Technikbewertung und Technikakzeptanz Ropohl (2003, S. 59 ff.), und Eigner/Kruse (2001, S. 101 ff.).

[3] Ausführlich dazu Thompson/Selle (2000, S. 155 ff.) m. w. N. Roßnagel (1993, S. 67), spricht von „gegenseitigen Anpassungsprozessen" von Technik und Gesellschaft.

DOI 10.1007/978-3-642-03877-8_1,

1.1.1 Technik: Das Produkt von Kultur?

Eine Grenze, die technischer Fortschritt prinzipiell nicht überschreiten kann, sind die Naturgesetze.[4] Das ist aber nicht die einzige Grenze für die Technik. Technik existiert nicht im luftleeren Raum. Technologischer und technischer Fortschritt ist eingebettet in politische, soziale und kulturelle Kontexte.[5] Denn Technik entsteht durch kreatives soziales Handeln.[6] Wissenschaftliche und technologische Entwicklungen werden von bestimmten kulturellen, wirtschaftlichen und politischen Rahmenbedingungen gefördert oder eher gehemmt. Das ist einer der Gründe, warum sich innovative Technologien in bestimmten Regionen der Welt früher und besser als in anderen entwickeln.[7] Das *Silicon Valley* ist das bekannteste Beispiel dafür. Der technologische Entwicklungsstand einer Gesellschaft – die Technik – ist weit gehend das Ergebnis der Kultur.[8]

Dass Staat, Kultur und Gesellschaft die technologische Entwicklung beeinflussen, lässt sich in der Kultur- und Technikgeschichte oft beobachten. Ein ganz frappierendes Beispiel: Um 1400 war China die technologisch fortgeschrittenste Zivilisation der Welt.[9] Diese Entwicklung führte aber – anders als in Europa – nicht weiter zur Industrialisierung. Etwa ab dem Beginn der Renaissance ließ der technologische Fortschritt nach und brach schließlich ab.[10] Warum? Das lässt sich plausibel nur erklären, wenn man die Interaktion von Gesellschaft und Technologie berücksichtigt. Letztlich wird die entscheidende Ursache ein überbürokratisierter Staat gewesen sein, der wissenschaftlichen und technologischen Fortschritt erstickt hat.[11] Eine ähnliche Beobachtung lässt sich im Japan des 16. und 17. Jahrhunderts machen. 1543 gelangten die Feuerwaffen nach Japan und revolutionierten die Militärtechnologie.[12] Etwa ab 1607 begann Japan aus kulturellen und politischen Gründen[13] bewusst auf diese fortgeschrittene Militärtechnologie wieder zu verzichten.[14] Das japanische Militär kehrte zu den traditionellen Waffen – Schwertern und Lanzen – und den alten Kampftechniken zurück. Erst in der Mitte des 19. Jahrhunderts kamen die Feuerwaffen durch den militärischen Einfluss der Engländer wieder nach Japan zurück. Das zeigt die (potentielle) Macht der Kultur: Für Jahrhunderte

[4] Rapp (1994, S. 72). Etwas anders Ropohl (1999b, S. 58 f.) m. w. N., der betont, dass Technik auch die Überwindung von naturgesetzlicher Gebundenheit bedeute.

[5] Dicken (1998, S. 146.).

[6] Rammert (2007, S. 11) m. w. N.

[7] Dazu Dicken (1998, S. 172 ff.) m. w. N.

[8] Das wird ganz dezidiert vom *Sozialkonstruktivismus* vertreten. Ausführlich dazu Rammert (2007, S. 24 ff.) m. w. N.

[9] Mokyr (1990, S. 209 ff.) skizziert den extrem hohen technologischen Stand Chinas zu dieser Zeit.

[10] Mokyr (1990, S. 218 f.).

[11] Das ist die bahnbrechende Erklärung von Mokyr (1990, S. 232 ff.).

[12] Perrin (1996, S. 20 ff.).

[13] Zu den Gründen im Einzelnen Perrin (1996, S. 60 ff.).

[14] Im Einzelnen zu dieser Entwicklung Perrin (1996, S. 96 ff.).

konnten Kultur und Recht den (militär)technischen Fortschritt nicht nur aufhalten, sondern sogar zurückdrehen. Die enorme technologische Entwicklung in Japan seit dem Ende des 19. Jahrhunderts ist ebenfalls das Ergebnis politischer und kultureller Einflüsse. Es war die bewusste und strategische Führung des Staates, die Japan zu einem der führenden Industriestaaten der Welt machte.[15] Auch bei der Entwicklung Deutschlands zum Industriestaat seit dem späten 18. Jahrhundert spielte innovationsfördernder Staatseinfluss eine große Rolle.[16] Der Staat rief neue Industrien ins Leben und forcierte die technische Entwicklung, nicht zuletzt durch eine Bildungspolitik, die technische Berufe förderte.[17] Die Nuklearenergie ist ebenfalls auf Initiative des Staates und mit umfangreichen staatlichen Mitteln entwickelt und forciert worden.[18]

Um es auf den Punkt zu bringen: Staatliches Handeln hat bis heute prägenden Einfluss auf die Entwicklung von Technik und Technologie.[19] Der Staat fördert einerseits die technische Entwicklung gezielt mit unterschiedlichen Instrumenten und Strategien, nicht selten mit großem Aufwand.[20] Ein ebenso eindrucksvolles wie problematisches Beispiel dafür ist die Militärtechnologie, die oft in frühen Stadien der Technikentwicklung von Staaten aus sicherheitspolitischen Gründen gefördert wird.[21] So zynisch es klingt: Sicherheitspolitik ist nicht selten Forschungs- und Technologieförderung. Gleichzeitig begrenzt der Staat den technologischen Fortschritt aber auch aus unterschiedlichsten politischen Motiven heraus. Inzwischen hat sich die Förderungspolitik von der staatlichen Ebene auf die europäische erweitert: Förderung und Begrenzung von technologischer Entwicklung ist eine wichtige Politik der Europäischen Gemeinschaft.[22]

Nicht nur der Staat und das Recht, sondern auch die Wirtschaft prägen die Technik. Ökonomische Rahmenbedingungen spielen für den technologischen Fortschritt und die technische Entwicklung eine große Rolle. Darin waren sich schon *Karl Marx* und *Max Weber* einig.[23] Technische Entwicklung ist auch abhängig von der Nachfrage nach Gütern und Dienstleistungen auf den Märkten.[24] Gerade Industrieforschung, die ein wichtiger Motor der technischen Entwicklung ist, unterliegt der ökonomischen Logik und ist deshalb sehr empfindlich gegenüber ökonomischen

[15] Castells (2001, S. 11 ff.) m. w. N.

[16] Radkau (2008, S. 113 ff.).

[17] Details dazu bei Radkau (2008, S. 117 f.).

[18] Ausführlich dazu Radkau (2008, S. 355 ff.).

[19] Mayntz (2001, S. 13 ff.) m. w. N.; Rammert (2007, S. 25 f.).

[20] Eingehend zu den Möglichkeiten und Grenzen staatlicher Technologieförderung Hilpert (2001, S. 74 ff.) mit empirischem Material.

[21] Im Detail anders Rammert (2007, S. 26), der den Einfluss der Staaten und Militärs auf die Technologieentwicklung für überschätzt hält. Empirisches Material, das diese These stützt, legt er allerdings nicht vor.

[22] Detailliert zur europäischen Forschungs- und Technologiepolitik Grande (2001, S. 368 ff.) m. w. N.

[23] So ganz pointiert Rammert (2007, S. 25).

[24] Ausführlich und differenzierend Mayntz (2001, S. 11 ff.).

Einflüssen. Ein weiterer, kaum zu überschätzender Faktor bei der Entwicklung von Technik ist schließlich das Weltbild, das eine Gesellschaft prägt.[25] Nur ein eindrückliches Beispiel dafür: *Macht euch die Erde untertan*[26] – Diese christlich-jüdische Maxime fördert eine bestimmte Einstellung gegenüber der Natur und evoziert die Entwicklung spezieller Technologie.[27]

Die gesellschaftlichen, politischen, wirtschaftlichen und kulturellen Rahmenbedingungen haben also einen großen Einfluss auf die Entwicklung der Technik. Das heißt aber nicht, dass technologischer Fortschritt *ausschließlich* exogen induziert wäre.[28] Eine ebenso große Rolle spielen endogene Faktoren – Faktoren, die sich aus der Technik und ihrer (Entwicklungs)Logik selbst ergeben.[29] Neue Techniken entstehen auch – mehr oder weniger weit gehend – nach autonomen, gesellschaftlich wenig beeinflussbaren Bedingungen.[30] Kognition und Invention sind vor allem endogen gesteuert und werden wenig von exogenen Faktoren tangiert.[31] Was Wissenschaftler, Ingenieure und Techniker an den Universitäten und in den Entwicklungslabors denken, ist eher wenig von kulturellen und gesellschaftlichen Faktoren abhängig. Das ändert sich aber in den späteren Phasen der Technikgenese: Innovation, Diffusion und Anwendung einer neuen Technik sind sensibler für exogene Einflüsse.[32]

1.1.2 Kultur: Das Produkt von Technik?

Dass Staat und Kultur die Technik beeinflussen, ist aber noch nicht die ganze Wahrheit. Die Beziehung zwischen Technik und Kultur ist nicht einseitig, sondern wechselseitig.[33] Technik ist ein integraler Bestandteil der Kultur.[34] Beide sind durch

---

[25] Rammert (2007, S. 26 f.).

[26] Genesis 1, 28.

[27] Sehr kritisch White (1967, S. 1203 ff.) und Amery (1972), S. 15 ff und pass. So berechtigt die Kritik im Kern ist: In ihrer Pauschalität und Monokausalität ist sie sicher überzogen.

[28] Anders aber Heilbroner (1994b, S. 71 f.), der den technischen Fortschritt vor allem exogen, durch die Ökonomie angetrieben sieht.

[29] Ausführlich zur diffizilen Technikgenese Ropohl (1999a, S. 296 ff.).

[30] Roßnagel (1993, S. 67).

[31] Roßnagel (1993, S. 68 f.), der aber differenzierend darauf aufmerksam macht, dass auch in diesen Phasen der Technikentstehung exogene Einflüsse existieren (können).

[32] Roßnagel (1993, S. 70 ff.) m. w. N.

[33] So ganz dezidiert Thompson/Selle (2000, S. 156), die von einem „mesh of society and technology" sprechen. Anders aber der technologische Determinismus, der – zu – einseitig die Abhängigkeit der Kultur vom technologischen Fortschritt betont. Ein Vertreter ist Ellul (1965, S. 79 ff.). Kritisch dazu Norris (2001, S. 106) m. w. N.

[34] Rammert (2007, S. 12 ff.) zeigt, wie selbstverständlich – und weit gehend unbemerkt – Technik zur (Alltags)Kultur gehört.

netzartige Wirkungsverflechtungen verbunden.[35] Denn auch der technologische und wissenschaftliche Stand einer Epoche prägt ihre soziale Struktur und ihre Kultur.[36] Allerdings sind die Wechselwirkungen sehr komplex, so dass oft nicht klar ist, wer wen und wie beeinflusst hat.[37]

Technik an sich ist – so heißt es oft – neutral. Nicht die Technik, sondern der Mensch entscheide, ob ein Messer ein wichtiges Haushaltswerkzeug ist – oder eine gefährliche Waffe. Stimmt diese These wirklich? Sicher nicht. Technik ist nicht neutral.[38] Schon eine technikimmanente Betrachtungsweise zeigt, wie unzutreffend die These ist. Allenfalls einfache technische Werkzeuge sind neutral. Je stärker Technik spezialisiert ist, desto weniger neutral ist sie. Das klarste Beispiel dafür sind hoch spezialisierte Waffensysteme oder ausgefeilte Medizintechnologien, die ausschließlich auf eine ganz spezielle – also gerade nicht neutrale – Funktion zugeschnitten sind.[39] Sieht man Technik in einem größeren Kontext, wird die Neutralitätsthese erst recht widerlegt. Technik beeinflusst und ändert Infrastrukturen und logistische Systeme.[40] Auch von sozialer Neutralität kann keine Rede sein. Technik spielt eine bedeutende Rolle in der modernen Lebenswelt, die sie entscheidend (mit)prägt.[41] Die Gesellschaft ist weit gehend technisiert.[42] Der Einfluss der Technik ist aber noch größer und reicht über die Gegenwart hinaus: Technologische Innovationen sind auch bedeutende Impulse für den sozialen Wandel.[43] Sie bewirken eine permanente Änderung der Lebenswelt und eine dauernde Reform der menschlichen Lebensgestaltung.[44] Neue Technologien ermöglichen oder erleichtern neue, nicht selten unvorhergesehene[45]

[35] Roßnagel (1993, S. 75). Ähnlich auch Rosa (2005, S. 243 ff.), der das am Beispiel der Beschleunigung ausführt.

[36] Strange (1996, S. 7 ff.); Nye (2001, S. 1 f.); Spur (2001, S. 45); Rosa (2005, S. 247).

[37] Das illustriert Rosa (2005, S. 243 ff.). Diese Komplexität verkennt der strenge technologische Determinismus, der zu einseitig die Auswirkung der Technik auf die Kultur betont. Ein prominenter Vertreter dieser Richtung ist Ellul (1965, S. 133 f.) und pass.

[38] Roßnagel (1993, S. 78). Kritisch zur Neutralitätsthese der Technik im Einzelnen Rapp (1994, S. 68 ff.).

[39] Rapp (1994, S. 68).

[40] Rapp (1994, S. 68 f.). Grundsätzlich zum Einfluß der Technik auf die Wirtschaft und die Wirtschaftsordnung Ellul (1965, S. 149 ff.).

[41] Stehr (2000, S. 85) m. w. N.

[42] Grundsätzlich und ausführlich zur Technisierung der Gesellschaft Ropohl (1999a, S. 183 ff.) m. w. N.

[43] Roßnagel (1993, S. 75); Mainzer (1995, S. 511), am Beispiel der Computer. Rapp (1994, S. 69), betont zu Recht, dass von einer sozialen Neutralität der Technik keine Rede sein kann. Das illustriert Eriksen (2001, S. 38 ff.), eindrücklich am Beispiel der mechanischen Uhr, deren Erfindung nicht nur die Zeit*messung*, sondern auch die Zeit*wahrnehmung*, die Strukturen der Gesellschaft, das Denken und das Handeln verändert hat.

[44] Spur (2001, S. 45). Ausführlich zum Einfluss der Technik auf den Lebensstil Eigner/Kruse (2001, S. 98 ff.).

[45] Eriksen (2001, S. 22, 74 ff.), und Dommering (2006, S. 5 f.) m. w. N., der in diesem Zusammenhang plastisch von unvorhersehbaren „revenge effects“ innovativer Technik spricht.

soziale Aktivitäten, Produkte[46], Prozesse und Organisationen in allen Bereichen der Gesellschaft.[47] Technik beeinflusst soziales Handeln und soziale Abläufe, allerdings mit unterschiedlicher Intensität und in ausdifferenzierter Reichweite.[48]

Die Wirkung von Technik und Technologie auf die Kultur reicht aber noch tiefer: Technische Innovationen beeinflussen das Denken und die Weltsicht einer Epoche ebenso wie die individuelle Gefühls- und Gedankenwelt.[49] Telefon, Auto, Flugzeug, Antibiotika und Kontrazeptiva etwa haben tief greifende Veränderungsprozesse in der Kultur angestoßen und Sozialstrukturen und gesellschaftliches Verhalten deutlich modifiziert.[50] Das gilt auch für den Börsenticker, der die modernen Finanzmärkte möglich gemacht und das wirtschaftliche Denken in weiten Bereichen umgepflügt hat.[51] Aktuelle Beispiele, an denen sich die kulturverändernde Kraft der Technik verfolgen lässt, sind die neue Informations- und Kommunikationstechnologie[52] und zunehmend die Biotechnologie. Die veränderte Rolle des Nationalstaates im internationalen System etwa lässt sich kaum verstehen, wenn man nicht den grenzüberschreitenden Charakter der digitalen IuK-Technologien mit berücksichtigt.[53]

Die Prägekraft von Technologie für die Gesellschaft lässt sich gut am Beispiel der Medientechnik beobachten. Kulturanthropologie und Medientheorie können zeigen, dass Medien die Gesellschaft beeinflussen, nicht selten sogar präformieren. Berühmt geworden ist die prägnante Formel: „The Medium is the Message" des kanadischen Medienforschers Marshall McLuhan[54]: Nicht auf den Inhalt der Medien kommt es an, viel wichtiger ist die Existenz und Ausgestaltung des Mediums selbst.

---

[46] Ausführlich zu den Auswirkungen des technologischen Fortschritts auf Produkte und ihren Lebenszyklus Dicken (1998, S. 161 ff.) m. w. N.

[47] Ähnlich Dicken (1998, S. 145), allerdings speziell auf die Wirtschaft bezogen. Die Wirkung von neuer Technik auf die soziale Organisation zeigt White (1968, S. 32 ff.) an einem kleinen, aber sehr eindrücklichen Beispiel: Die Erfindung des Steigbügels im 7. Jahrhundert hat die Kriegstechnik, die Organisation von Kampfeinheiten und die soziale Schichtung der Gesellschaft umgewälzt. Ähnlich weit reichende Auswirkungen hat die Entwicklung des Pfluges im frühen Mittelalter gehabt. Dazu White (1968, S. 39 ff.) m. w. N.

[48] Rammert (2007, S. 23 f.).

[49] Mainzer (1995, S. 514 f.) m. w. N. Zu den sozialen und kulturellen Auswirkungen der neuen Kommunikationsmedien ausführlich Grunwald u. a. (2006, S. 47 ff.) m. w. N.

[50] Dazu Friedman (2002, S. 501). Dicken (1998, S. 145), bezeichnet die Technologie plastisch als „great growling engine of change". Ähnlich Roßnagel (1993, S. 75), der technische Neuerungen als „die vielleicht bedeutendsten Impulse des sozialen Wandels" sieht. Ein sehr erhellendes Beispiel dafür nennt Eriksen (2001, S. 23): Der späte, sehr aphoristische und extrem kurz angebundene Stil von *Friedrich Nietzsche* wird nicht selten darauf zurückgeführt, dass Nietzsche in seiner Spätzeit die neu erfundene „Schreibmaschine" benutzt hat.

[51] Preda (2006, S. 110 ff.) m. w. N.

[52] Eindrückliche Beispiele für die unvorhergesehenen Auswirkungen der IuK-Technologie schildert Dommering (2006 , S. 6) Zur kulturellen Auswirkung von Computern Mainzer (1995 , S. 511 ff.) m. w. N. Zu den politischen Effekten der „Informationsrevolution" Nye (2001, S. 8 ff.) m. w. N. Schon früh warnt Weizenbaum (1977, S. 337 ff.), vor einem „Imperialismus der instrumentellen Vernunft", dessen Motor der Fortschritt der Computertechnologie ist.

[53] Ausführlich dazu Boehme-Neßler (2009, S. 175 ff.) m. w. N.

[54] McLuhan (1992, S. 17).

Aus der bloßen Existenz von Medien ergeben sich schon weit reichende kulturelle, soziale und persönliche Auswirkungen. Ausgehend von dieser – empirisch fundierten – These lässt sich die Kulturgeschichte in unterschiedliche kulturelle Epochen einteilen, die jeweils entscheidend von ihren dominierenden Kommunikationsmedien geprägt sind.[55] Um das an einem banalen, aber eindrücklichen Beispiel zu verdeutlichen: Das Medium Fernsehen hat schon durch seine bloße Existenz soziales Verhalten, soziale Beziehungen und Kommunikationen verändert – völlig unabhängig davon, was der Inhalt der einzelnen Fernsehsendungen war.

Lautet das Fazit also: Technik bestimmt alles; Alternativen gibt es nicht?[56] Ist Technik der „prime mover", dem alle anderen Entwicklungen in der Gesellschaft, der Politik und der Wirtschaft folgen müssen?[57] Das sicher auch nicht. Der starke Einfluss der Technologie auf die Kultur ist kein Argument für einen technologischen Determinismus.[58] Selbstverständlich *determiniert* die Technologie nicht die Gesellschaft.[59] Trotz ihrer faktischen Macht ändern technische Fortschritte die Gesellschaft nicht automatisch und zwangsläufig. Trotz aller technischen Sachzwänge: Es gibt Spielräume für die gesellschaftliche und politische Steuerung der Auswirkungen, die neue Techniken haben.[60] Denn welche – immer schwer zu kalkulierenden[61] – Wirkungen Technik entfaltet, hängt stark von dem Gebrauch ab, der von ihr gemacht wird. Technikfolgen ergeben sich – jedenfalls zum Teil – aus der Art und Weise, wie Techniken in die soziale und kulturelle Umwelt implementiert werden.[62]

---

[55] Dazu bahnbrechend und umfassend Innis (1951, S. 3 ff.). Ein eindrückliches Beispiel nennt Mainzer (1995, S. 513). Wie die neuen Kommunikationsmedien die Kultur beeinflussen, skizzieren Grunwald u. a. (2006, S. 47 ff.) m. w. N.

[56] In diese Richtung argumentiert sehr stark Ellul (1965, S. 133 f.), der aus der Autonomie der Technik einen technischen Determinismus ableitet

[57] So ganz ausdrücklich Ellul (1965, S. 133).

[58] Roßnagel (1993, S. 75). Roßnagel (2005, S. 27), weist darauf hin, dass nicht jede neue technische Entwicklung auch tatsächlich genutzt werden muss. Ganz unumstritten ist das nicht. Schelsky (1965, S. 453 ff.) betont den Sachzwang der Technik, dem sich alles andere unterordnen müsse. Eriksen (2001, S. 25) vertritt einen gemäßigten Determinismus. Ähnlich schon früher Heilbroner (1994a, S. 54 ff.) m. w. N. Zum Phänomen des Sachzwangs ganz grundsätzlich Haar (2004, S. 139 ff.).

[59] Castells (2001, S. 5), der das Problem des technologischen Determinismus für ein Scheinproblem hält.

[60] Dazu grundsätzlich Roßnagel (1993, S. 267 ff.), der zu Recht von *Gestaltungsfähigkeit* und -*bedürftigkeit* der Technik durch das Recht spricht. Anders aber noch Schelsky (1965, S. 455 ff.), der den Staat durch die technischen Sachzwänge gebunden sieht. Menschliches Handeln spielt für die technisch-soziale Entwicklung bei ihm nur eine Nebenrolle. Noch schärfer argumentiert Ellul (1965, S. 133 ff.). Er sieht in der Technik eine autonome Kraft, der sich keine menschliche Aktivität mehr entziehen kann. Technik determiniert danach alles, auch die Entwicklung der Gesellschaft und der Kultur.

[61] Zur eingeschränkten Kalkulierbarkeit von Technikfolgen am Beispiel der Medientechnik Leib (1998, S. 88) m. w. N.

[62] So in schöner Prägnanz Roßnagel (1993, S. 75) m. w. N.

1.2 Technologischer Imperativ oder Gestaltungsmacht des Rechts?

Nicht nur zwischen Technik und Kultur gibt es wechselseitige Beeinflussungen. Weil das Recht ein wichtiger Teil jeder Kultur ist, gibt es natürlich auch Wechselwirkungen zwischen Technik und Recht. Technik wirkt sich natürlich auf das Recht aus. Nicht selten sind mit dem technischen Fortschritt erhebliche Anpassungszwänge für das Recht verbunden. Aber das gilt auch umgekehrt. Selbstverständlich beeinflusst das Recht auch die Technik und den technologischen Fortschritt. Recht ist gleichzeitig Ermöglicher und Begrenzer von Technik. Aber kann das Recht die technische Entwicklung wirklich zielgerichtet und womöglich punktgenau steuern? Das ist eher zweifelhaft.

1.2.1 Die normative Kraft des Technischen. Wie Technik das Recht ändert

Technik ist ein großer Modernisierer. Technische Innovationen haben eine große *Weltveränderungskapazität.*[63] Selbstverständlich wirkt sich technischer Fortschritt auch auf das Rechtssystem aus, das ein wichtiger Teil der Kultur ist.[64] Jede größere technische Innovation hinterlässt Spuren im Rechtssystem einer Gesellschaft.[65] Dabei lassen sich direkte und indirekte Auswirkungen unterscheiden.[66] Die *direkten* Folgen sind offensichtlich: Neue Technologien werfen neue Rechtsfragen auf und wecken – tatsächlichen oder auch nur angenommenen – Regelungsbedarf.[67] Dabei entstehen oft ganz neue Rechtsgebiete. Das technische Sicherheitsrecht etwa hat sich seit 1831 in Preußen entwickelt – als Reaktion auf den Einsatz der Dampfmaschine und die beginnende Industrialisierung.[68] Ein ausgeklügeltes Verkehrsrecht ist

[63] Roßnagel (2007b, S. 18).

[64] Friedman (2002, S. 501). Zur engen Wechselwirkung zwischen Recht, Kultur und Wirtschaft schon früher aus anthropologischer Sicht Trimborn (1950, S. 135 ff.) und Schott (1970, S. 114 ff.).

[65] Summers (1996, S. 66). Grundsätzlich zu den Technikfolgen für die Gesellschaft und das Recht Roßnagel (1993, S. 74 ff.) m. w. N. Welche Auswirkungen Technik auf die Organisation und die Form des Staates hat, zeigt Ellul (1965, S. 229 ff.) mit frappierenden historischen Beispielen. Schon deshalb ist die These von der Neutralität der Technik unzutreffend. Dazu grundsätzlich Rapp (1994, S. 68 ff.).

[66] Diese Differenzierung führt Friedman (2002, S. 502), ein.

[67] Ein brandaktuelles Beispiel dafür ist das Neuro-Imaging, das neue Rechtsprobleme verursacht, die heute erst in Ansätzen erkennbar werden. Dazu Hüsing/Jäncke/Tag (2006, S. 195 ff.). Andere instruktive Beispiele aus der jüngeren und jüngsten Rechtsgeschichte referieren Summers (1996, S. 66) und Berg (1985, S. 401 f.) m. w. N.

[68] Berg (1985, S. 403), führt den Beginn des technischen Sicherheitsrechts auf eine preußische Kabinettsorder vom Januar 1831 zurück, die sich mit der Sicherheit von Dampfmaschinen befasste. Einzelheiten dazu bei Kloepfer (2002, S. 19 f.) m. w. N.

erst mit dem Aufkommen des Automobils entstanden.[69] Auch das Datenschutzrecht hat sich als Reaktion auf die Entwicklung und die rasanten Fortschritte einer neuen Technik – der Informations- und Kommunikationstechnik – herausgebildet.[70] Wie die immer ausgefeilteren Neuro-Imaging-Technologien[71] das Recht modifizieren werden, ist bisher Gegenstand der (fundierten) Spekulation.[72] Dass die mit ihnen verbundene Möglichkeit, Denkvorgänge zu visualisieren, keine Auswirkungen auf das Recht haben wird, lässt sich kaum vorstellen.[73]

Noch weiter reichend und gleichzeitig subtiler sind die *indirekten* Auswirkungen, die technische Innovationen auf das Recht haben. Technischer Fortschritt ändert das Denken, die kulturellen Normen und das soziale Verhalten. Das wiederum wandelt das Rechtsdenken[74] und unterschiedlichste, auf den ersten Blick nicht zusammenhängende Teile des Rechtssystems. Ein Beispiel dafür: Schriftliches Recht ist im Lauf seiner langen Geschichte immer auf materiellen Trägermedien festgehalten worden: Tontafeln, Stein, Bronze, Holz, Papyrus, Pergament oder Papier. Änderungen der „Trägertechnologie" haben immer auch die Schrift beeinflusst und im Zusammenhang damit das Rechtsdenken verändert.[75] Rechtstexte etwa, die in Keilschrift auf Tontafeln notiert wurden, waren zwangsläufig eher kurz und knapp. Für lange Texte waren die schweren und unhandlichen Tafeln nicht geeignet. Die technologische Neuerung des Papyrus ermöglichte längere Texte – und damit ein komplexeres Rechtsdenken.

Ein modernes Beispiel: Die Erfindung der Antibiotika hat direkt bestimmte Modifikationen im Arzneimittelrecht nach sich gezogen. Darüber hinaus hat die Existenz dieser Medikamentengruppe auch das Schadensersatzrecht und die Vorstellungen vom Sozialstaat verändert.[76] Denn der medizinische Fortschritt hat die Einstellungen der Menschen gegenüber ihrer individuellen Gesundheit und die Erwartungen und Ansprüche an das Gesundheitssystem gravierend gewandelt.[77] Um es an einem Fall zu verdeutlichen, der Furore gemacht hat: Ein Kind als Schaden

---

[69] Friedman (2002, S. 502). Instruktiv ist in diesem Zusammenhang, wie die gesamte Umwelt an das Auto angepasst wurde. Ausdruck dieser Aktivitäten ist das Konzept der *autogerechten Stadt*. Ausführlich dazu Radkau (2008, S. 343 ff.).

[70] Abel (2003, Rn. 1 f.) m. w. N. Brisante datenschutzrechtliche Probleme werfen die neuen bildgebenden Verfahren auf, mit denen sich das Gehirn untersuchen lässt. Ausführlich zum Problemfeld Datenschutz und Neuro-Imaging Hüsing/Jäncke/Tag (2006, S. 229 ff.) m. w. N.

[71] Einen systematischen Überblick über den Forschungsstand geben Hüsing/Jäncke/Tag (2006, S. 27 ff.) m. w. N.

[72] Bahnbrechend dazu Mishler (2007, S. 26 ff.) m. w. N. und Hüsing/Jäncke/Tag (2006, S. 195 ff.) m. w. N.

[73] Allerdings betont Mishler (2007, S. 36), dass es in der nahen Zukunft noch nicht möglich sein wird, die Gedanken und Gefühle von Menschen durch das Neuro-Imaging sichtbar zu machen.

[74] Sehr kritisch zur Auswirkung technologisch orientierten Denkens auf das Rechtsdenken Summers (1996, S. 72 f.).

[75] Ausführlich dazu Roßnagel (o. J., S. 3 ff.) mit instruktiven Beispielen.

[76] Friedman (2002, S. 503).

[77] Friedman (1989, S. 1584). Völlig neue, bislang ungelöste Rechtsfragen wirft zurzeit der Fortschritt in der Medizintechnik und der Gentechnik auf. Dazu Roßnagel (2001, S. 197).

anzusehen[78], der aus einer missglückten Verhütung resultiert, geht natürlich nur, wenn der Gebrauch von Verhütungsmitteln Alltagspraxis ist. Ähnlich tief gehende Wirkungen hat die Erfindung der modernen Kontrazeptiva in anderen Bereichen entfaltet. Sie hat weit reichende Veränderungen der Sexualmoral in den westlichen Gesellschaften induziert. Das hat letztlich nicht nur das Familienrecht, sondern ebenso das Strafrecht verändert.[79]

Ein besonders brisantes Beispiel aus jüngerer Zeit ist die Nukleartechnik. Ihre hohe Komplexität und ihr unüberschaubares und unbegrenztes Gefahrenpotenzial[80] ließen weit reichende und kaum mehr zu steuernde Folgewirkungen auf die Gesellschaft befürchten.[81] Vor allem die notwendigen Sicherheitsvorkehrungen hätten den freiheitlichen Staat stark verändert.[82] Der *Atomstaat* wäre kein freiheitlicher und demokratischer Rechtsstaat mehr gewesen.[83] Politische Grundsatzentscheidungen haben die Auswirkungen dann aber deutlich begrenzt.[84]

Man kann die Gefahr nicht leugnen: Technische Macht kann eine Bedrohung für Strukturbestimmungen und Grundrechte der Verfassung bedeuten. Die Entwicklung und Anwendung von Techniksystemen kann einen Anpassungsdruck erzeugen, dem das Recht nachgeben muss.[85] In der Demokratie ist das höchst problematisch: Denn dort sollen wesentliche Entscheidungen nicht von technischen Sachzwängen, sondern von demokratisch legitimierten Parlamenten getroffen werden.[86] Recht und Politik müssen sich der Problematik technischer Sachzwänge bewusst sein und sich auf ihre Steuerungsaufgaben besinnen. Denn wenn Recht und Politik nicht steuern, steuert sich die Technik selbst.[87] Aber können Recht und Politik die Technik überhaupt steuern?

---

[78] Zu dieser Problematik BGHZ 124, 128 ff.; BVerfGE 88, 203 (295 f., 358); BVerfG NJW (1998, 519 ff.).

[79] Friedman (2002, S. 503).

[80] Ausführlich und konkret dazu Roßnagel (1983, S. 34 ff.).

[81] Dazu im einzelnen Roßnagel (1983, S. 203 ff.) m. w. N.

[82] Roßnagel (1983, 1984) hat grundlegend untersucht, welche Effekte die Nukleartechnologie im Einzelnen auf das Verfassungsrecht und andere betroffene Rechtsgebiete gehabt hätten.

[83] Bahnbrechend für die deutsche Diskussion über Nutzen und Risiken der Atomkraft war die Schreckensvision vom *Atomstaat,* die Robert Jungk (1977) entwickelt hat.

[84] Von besonderer Bedeutung ist das Gesetz zum Atomausstieg – das „Gesetz zur geordneten Beendigung der Kernenergienutzung zur gewerblichen Erzeugung von Elektrizität" vom 22.4.2001 (BGBl. I, S. 1351 ff.). Ausführlich zur Gesetzgebungsgeschichte und den Einzelheiten dieses Gesetzes Roßnagel (2007a, S. 256 ff.).

[85] Roßnagel (1989a, S. 10). Ähnlich schon Schelsky (1965, S. 453 ff.), der von *Sachzwängen der Technik* und *Sachgesetzlichkeiten der wissenschaftlich-technischen Zivilisation* spricht.

[86] BVerfGE 34, 165, 192 f.; 45, 400, 417 f.; 47, 46, 79 f.; st. Rspr. Roßnagel (1989a, S. 14) betont, dass das in der Praxis bessere Informationsverfahren und eine effektive Technikfolgenabschätzung voraussetzt.

[87] Spinner (2002, S. 41) prägt dafür die schöne Formel von der *normativen Kraft des Technischen.* Wolf (1987, S. 365), spricht von einer *Herrschaft kraft Ingenieurwissens.*

1.2.2 Die technische Kraft des Normativen. Wie Recht die Technik ändert

Die Beziehung zwischen Recht und (technischem) Fortschritt ist ambivalent und keineswegs spannungsfrei. Einerseits ist das Recht ein großer Förderer des technischen Fortschritts. Technische Innovationen wären ohne rechtliche Begleitung und Förderung kaum denkbar. Andererseits wird das Recht von Ingenieuren und Technikern oft als Hindernis empfunden.[88] Und das zu recht: Normen sollen nicht selten den technischen Innovationsprozess steuern oder sogar Innovationen verhindern. Kurz gesagt: Das Technikrecht hat zwei Hauptfunktionen: Technikermöglichung und Technikbegrenzung.[89]

Recht steht im Dienst des technischen Fortschritts. Es hat auch die Funktion, Technik und technologischen Fortschritt zu *ermöglichen*.[90] Recht schafft nicht selten erst die Voraussetzungen für technischen Fortschritt. Das ist natürlich keine neue Dimension des Rechts. Schon im 19. Jahrhundert etwa hat das Recht gesellschaftliche und ökonomische Kräfte in bisher ungewohntem Maß freigesetzt.[91] 1810 führte Preußen die Gewerbefreiheit ein.[92] Die alten Gewerbeprivilegien wurden seit dem ausgehenden 18. Jahrhundert sukzessive abgeschafft und durch behördliche Erlaubnisse ersetzt.[93] Diese technikrechtliche Revolution hatte Folgen:[94] weniger Verwaltungswillkür und mehr rechtlichen Bestandsschutz. Das erleichterte das wirtschaftliche Handeln und förderte die beginnende Industrialisierung. So waren die *rechtlichen Entfesselungen* der Wirtschaft auch eine wichtige Voraussetzung für die rasante Entwicklung der Technik in Deutschland zu dieser Zeit.[95] Insgesamt war die zweite Hälfte des 19. Jahrhunderts in ganz Mitteleuropa von einer rechtlichen Liberalisierung gekennzeichnet, die den Bedürfnissen der sich rasant entwickelnden Industrie entgegenkam.[96] Kurz gesagt: Das Recht machte den Weg frei für die Industrialisierung.

Die Technikförderung durch das Recht erschöpft sich aber nicht in der Liberalisierung und im Abbau von bürokratischen Hemmnissen. Genauso wichtig ist: Das Recht bietet verlässliche Rahmenbedingungen und garantiert Planungssicherheit.[97]

---

[88] Eindrückliche Beispiele aus dem Anfang des 20. Jahrhunderts schildert Vec (2002, S. 117 ff.) m. w. N.

[89] Ausführlich dazu Kloepfer (2002, S. 86 ff.) m. w. N.

[90] Schmidt-Preuß (2002, S. 177) m. w. N.; Roßnagel (2001, S. 198); Summers (1996, S. 66 f.).

[91] Die Entwicklung skizziert Kloepfer (2002, S. 57 ff.) m. w. N. Schon früher grundlegend und ausführlich Landes (1969, S. 197 ff.) m. w. N.

[92] Kloepfer (2002, S. 57) m. w. N. Zur Bedeutung dieser Maßnahme Landes (1969, S. 197).

[93] Kloepfer (2002, S. 18 f.) m. w. N.

[94] So die Einschätzung von Kloepfer (2002, S. 18).

[95] Kloepfer (2002, S. 17).

[96] Einzelheiten dazu bei Landes (1969, S. 197 ff., der, a. a. O., S. 199), bilanzierend von „reciprocal adjustment of law and industrial capitalism“ spricht.

[97] Schmidt-Preuß (2002, S. 178) m. w. N.

Es schützt die Technik und verhilft ihr zu gesellschaftlicher Akzeptanz.[98] Technikermöglichend – allerdings auch potenziell im Gegenteil technikbegrenzend – wirken auch Haftungsregelungen und gesetzliche Sicherheitsanforderungen.[99] Dasselbe gilt für das Patentrecht. Es schützt den Erfinder und gibt ihm Sicherheit.[100] Insgesamt ist das Recht des geistigen Eigentums eine wichtige Stellschraube für die Entwicklung oder Behinderung von – technischen und anderen – Innovationen. Das lässt sich auf die plakative Formel bringen: Ohne Stabilität des Rechts keine Investition, ohne Investition keine Technik.[101]

Modernes Recht kann – und muss – aber noch viel weiter gehen. Moderne Industriegesellschaften sind einem permanenten Modernisierungsdruck ausgesetzt und dringend auf technische Innovationen angewiesen.[102] Das erhöht die Anforderungen an das Recht in seiner Rolle als *Technikförderer*. Technikförderung heißt für das Recht deshalb auch, aktiv Anreize für kreatives und innovatives Handeln zu setzen. Dafür existiert eine ganze Reihe von rechtlichen Instrumenten, die auch bereits eingesetzt werden – wenn auch erst zögernd.[103] Zwei grundsätzliche Strategien sind dabei zu beobachten. Einerseits schafft das Recht Freiräume für Kreativität und Forschungsinitiative. Ein Ausdruck dessen sind etwa die Grundrechte der Forschungsfreiheit, der Berufsfreiheit und der Eigentumsfreiheit.[104] Ein anderes Beispiel: Die konkrete organisatorische Ausgestaltung des Wissenschaftssystems ist ein Faktor, der Innovationen und Fortschritt fördern kann – oder behindern.[105] Nicht selten schafft das Recht auch einen Markt, der die Entwicklung von Innovationen erst ökonomisch ermöglicht. Aktuelle Beispiele dafür sind das Telekommunikationsrecht und das Umweltrecht.[106] Gleichzeitig belohnt es Innovationen und entlastet technische Innovationen von rechtlichen Risiken.[107] Das geschieht etwa durch das Patentrecht und das Produkthaftungsrecht.

Das Recht als Förderer von Technik und Innovationen – ist damit seine Rolle schon erschöpfend beschrieben? Sicher nicht. Technik existiert im modernen Verfassungsstaat nicht im rechtlichen Vakuum. Sie muss verfassungsverträglich[108] und

---

[98] Schmidt-Preuß (2002, S. 180).

[99] Kloepfer (2002, S. 83) m. w. N.

[100] Hoffmann-Riem (2007, S. 389), der darauf hinweist, dass das Patenrecht Innovationen nicht nur fördert, sondern gleichzeitig auch begrenzt.

[101] Schmidt-Preuß (2002, S. 180).

[102] Hoffmann-Riem (2007, S. 392).

[103] Instruktiv ist dazu die Übersicht bei Hoffmann-Riem (2007, S. 398 f.). Ausführlich und grundsätzlich zu Instrumenten der Innovationssteuerung Schulze-Fielitz (1998, S. 304 ff.) m. w. N.

[104] Roßnagel (2007b, S. 13).

[105] Ausführlich zur innovationsrelevanten rechtlichen Organisation des deutschen Wissenschaftssystems Trute (1998, S. 216 ff.) m. w. N.

[106] Roßnagel (2007b, S. 14), der von einer „Marktbildung durch Administration" spricht.

[107] Roßnagel (2007b, S. 13 f.).

[108] Den Begriff der Verfassungsverträglichkeit von Technik hat Roßnagel (1984, S. 14) geprägt und in zahlreichen Publikationen näher konturiert. Zur Notwendigkeit und zu den Möglichkeiten der verfassungsverträglichen Technikgestaltung Roßnagel (1989b, S. 177 ff.).

sozialverträglich sein. Vom Recht wird also verlangt, die Technik dementsprechend zu steuern. Es muss helfen, die Risiken und Folgen technischer Innovationen zu bewältigen.[109] Dazu gehört auch, Technik im konkreten Fall zu begrenzen. Ist das Recht dazu überhaupt in der Lage?[110]

Im Bereich der Techniksteuerung muss das Recht mit zwei prinzipiellen Schwierigkeiten kämpfen. Recht wird in der Gegenwart geschaffen. Es soll aber nicht nur in der Gegenwart, sondern auch in der Zukunft wirken.[111] Es muss prinzipiell mit Unsicherheit und Nichtwissen umgehen. Denn technologische Entwicklungen und ihre Folgen lassen sich nur schwer abschätzen. Das Recht soll letztlich eine Technik regulieren, die es noch gar nicht gibt.[112] Ein Rest an Unsicherheit bleibt also immer, auf dessen Grundlage das Recht Regelungen entwickeln muss.[113] Das zweite Problem ist das Tempo technischer Innovationen.[114] Technische Innovationen entstehen viel schneller als rechtliche Regeln.[115] Der Gesetzgeber hinkt dem technischen Erfinder und Entwickler (fast)[116] immer hinterher.[117] Es muss deshalb Formen und Instrumente entwickeln, die es befähigen, mit der Technikentwicklung Schritt zu halten.[118]

---

[109] Roßnagel (2007b, S. 16).

[110] Die Systemtheorie sieht Recht und Technik als unterschiedliche autopoietische Systeme an, die sich gegenseitig nicht beeinflussen können. Ausführlich dazu Teubner (1989, S. 89 ff.). Folgt man dieser Theorie, ist es schon prinzipiell unmöglich, dass Recht Technik steuern kann. Trotz interessanter Einsichten, die sie immer wieder vermittelt, erscheint die Systemtheorie aber zu unterkomplex, um der komplizierten und verwobenen Praxis der Technikgenese gerecht werden zu können. So kritisch und treffend Roßnagel (2001, S. 202) m. w. N. Zur Komplexität der Technikgenese ausführlich Ropohl (1999a, S. 296 ff.).

[111] Zu dieser Problematik Appel (2004, S. 329) m. w. N., der, a. a. O., S. 352 f., prägnant von einer *Futurisierung des Rechts* spricht.

[112] Roßnagel (2001, S. 206). Appel (2004, S. 330 ff.) zeigt, dass der rechtliche Schlüsselbegriff, mit dem das Recht dieses Problem angeht, die Vorsorge ist.

[113] Grundsätzlich zu unterschiedlichen Methoden, wie man mit Ungewissheit umgehen kann, Appel (2004, S. 336 ff.) m. w. N.

[114] Berg (1985, S. 401) m. w. N.

[115] Spinner (2002, S. 15), betont die „höchst dynamische, sich selber beschleunigende Entwicklung, die unaufhaltsam zu sein scheint."

[116] Das hat seine Ursache in der inneren Logik der Technikgenese. Die ersten Phasen der Technikentwicklung – Kognition und Invention – sind wenig – nicht: gar nicht – beeinflussbar durch exogene Faktoren, wie etwa das Recht. Ausführlich dazu Roßnagel (1993, S. 68 ff.).

[117] Scherzberg (2002, S. 122) bringt das auf den Punkt: Das Recht sei prinzipiell „in Verzug". Dieses Problem wird durch eine neuere Entwicklung verschärft. Wissenschaftliche Grundlagenfragen und technisch-praktische Anwendung werden immer stärker verzahnt. Das Tempo der technischen Innovation steigert sich in der „technoscience" noch einmal ganz erheblich. Dazu Bora (2006, S. 32) m. w. N. Vec (2002, S. 1133) spricht in diesem Zusammenhang von „kultureller Verspätung" der Rechtstheorie, nimmt die Rechtspraxis von der Verspätungsdiagnose aber explizit aus.

[118] Wie schwierig das ist, beleuchtet Bora (2006, S. 34 ff.) am Beispiel neuerer, partizipativer Verfahren der Technikbewertung. Allgemein dazu, wie das Recht mit Unwissen, Ungewissheit und Unsicherheit umgeht, Scherzberg (2002, S. 124 ff.) m. w. N.

Dass das Recht die technologische Entwicklung nicht klassisch-kybernetisch determinieren kann, ist offensichtlich.[119] Technologie entsteht in einem hoch komplexen Prozess, an dem nicht nur Wissenschaft und Wirtschaft, sondern auch politische Kräfte und heterogene gesellschaftliche Gruppen beteiligt sind. Solche Entwicklungen sind zu vielschichtig und komplex, als dass sie von einem so begrenzten Mechanismus wie dem Recht zielorientiert gelenkt und umfassend kontrolliert und beherrscht werden könnten.[120] Ist das ein Grund für das Recht, sich resigniert zurückzuziehen?

Was technisch möglich ist, wird über kurz oder lang auch gemacht.[121] Das ist der *technologische Imperativ* der modernen Welt. Aber ist das wirklich zwingend? Steht der Mensch dem Prozess der technischen Entwicklung, der unerbittlich voranschreitet, wirklich hilflos gegenüber? Sicher nicht. Der technologische Imperativ ist nicht – quasi naturwissenschaftlich – zwingend. Er wird wirksam, wenn man ihn wirksam werden lässt. Grundsätzlich kann das Recht hier gegensteuern. Denn was möglich ist, sind Technikauswahl und Technikgestaltung durch das Recht.[122] Damit sind Steuerungswirkungen auf die Technikentwicklung verbunden.

Unter mehreren alternativen Technologien kann das Recht eine Auswahl treffen und dadurch die weitere technische Entwicklung steuern.[123] Dabei können – und müssen – andere als technische Kriterien angewandt werden – etwa verfassungsrechtliche, politische oder ökonomische.[124] Beispiele für eine solche *Techniksteuerung durch Technikauswahl*[125] sind etwa der Atomausstieg[126] oder eine Entscheidung zu einer klimaverträglichen Energieversorgung.[127] Ein historisches Beispiel ist das Japan des 17. Jahrhunderts, das bewusst auf die bereits eingeführte Militärtechnik der Feuerwaffen wieder verzichtete und für mehrere Jahrhunderte zu den traditionellen Waffen zurückkehrte.[128]

Recht hat aber noch einen zweiten Hebel, mit dem es Technik steuern kann: die Möglichkeit, auf die *Gestaltung* einer konkreten Technik verbindlichen Einfluss zu

---

[119] Roßnagel (1993, S. 27) m. w. N. Ähnlich auch Spinner (2002, S. 40).

[120] Roßnagel (1993, S. 27) m. w. N. Im 19. Jahrhundert war der Glaube an die kybernetische Steuerungsfähigkeit des Rechts gegenüber der Technik dagegen noch weit verbreitet. Ausführlich dazu Kloepfer (2002, S. 82) m. w. N. Allerdings waren damals sowohl die technologischen Strukturen als auch die gesellschaftlichen Prozesse deutlich weniger komplex als heute.

[121] Ähnlich Ellul (1965, S. 79 ff.), der von einem „Automatism of Technical Choice“ spricht.

[122] Roßnagel (1993, S. 27, der das, a. a. O., S. 256 ff.) m. w. N., im Einzelnen ausführt.

[123] Roßnagel (1993, S. 256).

[124] Nicht zuletzt kann das öffentliche Vergaberecht als Technikgestalter genutzt werden. Durch gezielte Auftragsvergabe können Recht und Staat die Entwicklung bestimmter Technologien gezielt fördern. Ausführlich dazu Boehme-Neßler (2006, S. 1257 ff.) m. w. N.

[125] Den Begriff und das Konzept prägt Roßnagel (1993, S. 27, 256 ff.) m. w. N.

[126] Schmidt-Preuß (2002, S. 187). Zu den Einzelheiten des „Atomausstiegsgesetzes“ Roßnagel (2007a, S. 156 ff.) m. w. N.

[127] Dazu schon früh Roßnagel (1993, S. 259 ff.) m. w. N.

[128] Einzelheiten zu dieser frappierenden Geschichte bei Perrin (1996, S. 96 ff.), der a. a. O., S. 123 ff., ein weiteres Beispiel für eine bewusste Techniksteuerung durch Technikauswahl schildert.

nehmen.[129] Was bedeutet das konkret? Rechtliche Vorgaben werden dazu in konkrete „Sicherheitsphilosophien“ oder „Pflichtenhefte“ übersetzt, die von der Technik in die Praxis umgesetzt werden müssen. Beispiele dafür gibt es viele.[130] Das Grundrecht der informationellen Selbstbestimmung und der Grundsatz der strikten Zweckbegrenzung hinterlassen Spuren in der IuK-Technologie.[131] Ähnliches gilt auch für die elektronische Signatur.[132] Wäre sie nicht entwickelt und rechtlich implementiert worden, wäre die technische Entwicklung anders verlaufen. Im Electronic Government sind die sogenannten Standards und Architekturen für E-Government (SAGA)[133] von Bedeutung. Das sind Empfehlungen des Bundesinnenministeriums für die Gestaltung von E-Government-Anwendungen, die rechtlich unverbindlich sind. Über die Marktmacht der öffentlichen Hand werden sie aber zu quasi-verbindlichen Vorgaben für die Entwicklung von IT-Technologie für den öffentlichen Bereich.[134]

Neben diesen direkten Steuerungsimpulsen auf die technische Entwicklung, lassen sich *indirekte* Einwirkungen des Rechts beobachten. Ein Beispiel aus dem Umweltrecht: Die Anforderungen, die das Abfallrecht an die Abfallwirtschaft gestellt hat, haben die Entwicklung von Entsorgungstechnologien geprägt. Die Idee der Kreislaufwirtschaft[135] ist vom Recht in den Prozess der abfalltechnologischen Entwicklung eingespeist worden und hat die Gestaltung moderner Abfalltechnologien beeinflusst. Auch das Haftungsrecht kann technische Entwicklungen in bestimmte Richtungen steuern. Das Paradebeispiel dafür ist das Produkthaftungsrecht.[136] Weil das Haftungsrecht Risiken für die Entwickler und Anwender von Technik schafft, erhöht oder begrenzt, steuert es dadurch das Verhalten. Denn Risikovermeidung ist ein wichtiger Aspekt bei der Entwicklung und Implementation technischer Innovationen.

Der Extremfall von Techniksteuerung ist das *Verbot*. Recht kann die Entwicklung neuer Technologien tatsächlich auch ganz massiv behindern.[137] Verbote werden etwa

---

[129] Roßnagel (1993, S. 267), der ausführlich auf die Gestaltungs*bedürftigkeit* und *-fähigkeit* von Technik eingeht. Am konkreten Fall des datenschutzrechtlichen Zweckbindungsgrundsatzes im Electronic Government skizzieren Roßnagel/Laue (2007, S. 548 f.), wie die Technikgestaltung durch Recht funktionieren könnte – und müsste.

[130] Beispiele aus dem modernen US-amerikanischen IT-Recht schildern und analysieren Kesan/Shah (2005, S. 332 ff.) m. w. N.

[131] So völlig zu Recht Groß (2004, S. 416 f.) m. w. N.

[132] Groß (2004, S. 416).

[133] Zu den Einzelheiten www.kbst.bund.de/saga (25.11.2007).

[134] Ausführlich und kritisch dazu Heckmann (2006, S. 3 ff. m. w. N.), der, a. a. O., S. 4, treffend von der normativen Kraft faktischer Technologievorgaben spricht.

[135] Kloepfer (2004, S. 1722), spricht zu Recht von einem Paradigmenwechsel hin zu einer effektiven und ressourcenschonenden Kreislauf- bzw. Stoffstromwirtschaft, den das Recht vollzogen hat.

[136] Ausführlich dazu Kesan/Shah (2005, S. 351 ff.) m. w. N.

[137] Roßnagel (1993, S. 245 f.) spricht in diesem Zusammenhang von *restriktiver Techniksteuerung*. Kloepfer (2002, S. 86) hält die Technikbegrenzung – neben der Technikermöglichung – für eine Hauptfunktion des Technikrechts. Dass Recht technische Entwicklungen aber ganz aufhalten kann oder soll, bezweifelt er, a. a. O., S. 99 f. aber vehement.

eingesetzt, wenn die nationale Sicherheit, Allgemeininteressen oder die Umwelt bedroht sind.[138] Ein aktuelles und eindrückliches Beispiel dafür ist das Klonverbot.[139] In der Praxis sind vollständige Verbote einer bestimmten Technologie aber sehr selten.[140] Ob sich neue Technologien durch Verbote ganz unterdrücken lassen, ist eher zweifelhaft. In der Wissenschaftsgeschichte lässt sich – von zeitlich begrenzten Einzelfällen abgesehen[141] – kein Beispiel für eine langfristige und dauerhafte Verhinderung technologischen Fortschritts finden.[142]

Literatur

Abel, Ralf-Bernd (2003): 2.7. Geschichte des Datenschutzrechts, in: Alexander Roßnagel (Hrsg.): Handbuch Datenschutzrecht. Die neuen Grundlagen für Wirtschaft und Verwaltung. Beck, München.

Amery, Carl (1972): Das Ende der Vorsehung. Die gnadenlosen Folgen des Christentums. Rowohlt, Hamburg.

Appel, Ivo (2004): Methodik des Umgangs mit Ungewissheit, in: Wolfgang Hoffmann-Riem/ Eberhard Schmidt-Aßmann (Hrsg.): Methoden der Verwaltungsrechtswissenschaft. Baden-Baden, S. 327 ff.

Berg, Wilfried (1985): Vom Wettlauf zwischen Recht und Technik – Am Beispiel neuer Regelungsversuche im Bereich der Informationstechnologie -, in: Juristenzeitung, S. 401 ff.

Boehme-Neßler, Volker (2006): Öffentliche Auftragsvergabe in Public-Private- Netzwerken, in: Deutsches Verwaltungsblatt, S. 1257 ff.

Boehme-Neßler, Volker (2009): Das Ende des Staates? Zu den Auswirkungen der Digitalisierung auf den Staat, in: Zeitschrift für öffentliches Recht 64, S. 145 ff.

Bora, Alfons (2006): Im Schatten von Normen und Fakten – Die Kolonisierung der Politik durch technowissenschaftliche Normativität, in: Zeitschrift für Rechtssoziologie 27/1, S. 31 ff.

Castells, Manuel (2001): Der Aufstieg der Netzwerkgesellschaft. Das Informationszeitalter Teil 1. Leske & Budrich, Opladen.

Dicken, Peter (1998): Global shift: Transforming the world economy. 3. Auflage, Guilford, New York.

Dommering, Egbert (2006): Regulating Technology: Code is not Law, in: Egbert Dommering/ Lodewijk Asscher (Hrsg.): Coding Regulation. Essays on the Normative Role of Information Technology. West Nyack, The Hague, S. 1 ff.

Eigner, Swantje/Kruse, Lenelis (2001): Wahrnehmung und Bewertung von Technik – was ist psychologisch relevant?, in: Günter Ropohl (Hrsg.): Erträge der interdisziplinären Technikforschung. Eine Bilanz nach 20 Jahren. Erich Schmidt, Berlin, S. 97 ff.

Ellul, Jacques (1965): The Technological Society. Jonathan Cape, London.

Eriksen, Thomas Hylland (2001): Tyranny of the Moment. Fast and Slow Time in the Information Age. Pluto, London/Sterling, Virginia.

Friedman, Lawrence M. (1989): Law, Lawyers and Popular Culture, in: Yale Law Journal 98, S. 1579 ff.

---

[138] Ausführlich dazu Kesan/Shah (2005, S. 328) m. w. N.

[139] Zu den Einzelheiten Kloepfer (2004, S. 1590) m. w. N. Ein Beispiel aus dem amerikanischen Recht schildert Summers (1996, S. 66).

[140] Kloepfer (2002, S. 96). Zur grundsätzlichen Kritik an Technologieverboten durch das Recht Kesan/Shah (2005, S. 328 ff.) m. w. N.

[141] Perrin (1996, S. 96 ff.; S. 123 ff.), schildert zwei frappierende Beispiele.

[142] Ähnlich Roßnagel (1993, S. 245) und Kloepfer (2002, S. 99 f.).

Friedman, Lawrence M. (2002): Changing Times: Technology and Law in the Modern Era, in: Jürgen Becker u. a.(Hrsg.): Festschrift für Manfred Rehbinder. C.H. Beck, München/Bern, S. 501 ff.

Grande, Edgar (2001): Von der Technologie- zur Innovationspolitik – Europäische Forschungs- und Technologiepolitik im Zeitalter der Globalisierung, in: Georg Simonis/Renate Martinsen/ Thomas Saretzki (Hrsg.): Politik und Technik. Analysen zum Verhältnis von technologischem, politischem und staatlichem Wandel am Anfang des 21. Jahrhunderts. Westdeutscher Verlag, Wiesbaden, S. 368 ff.

Groß, Thomas (2004): Die Informatisierung der Verwaltung. Eine Zwischenbilanz auf dem Weg von der Verwaltungsautomation zum E-Government, in: Verwaltungsarchiv 95, S. 400 ff.

Grunwald, Armin/Banse, Gerhard/Coenen, Christopher/Hennen, Leonhard (2006): Netzöffentlichkeit und digitale Demokratie. Tendenzen politischer Kommunikation im Internet. Edition Sigma, Berlin.

Haar, Tilmann (2004): Sachzwang. Technik zwischen natürlichen und institutionellen Tatsachen, in: Nicole C. Karafyllis/Tilmann Haar (Hrsg.): Technikphilosophie im Aufbruch. Festschrift für Günter Ropohl. Edition Sigma, Berlin, S. 139 ff.

Heckmann, Dirk (2006): Rechtliche Grenzen (quasi-) verbindlicher Technologievorgaben. Der Übergang von interner Beratung und Koordination zur Standardsetzung durch Empfehlungen für die IT-Beschaffung der öffentlichen Hand, in: Computer und Recht, S. 1 ff.

Heilbroner, Robert L. (1994a): Do Machines make History?, in: Merritt Roe Smith/Leo Marx (Hrsg.): Does Technology Drive History? The Dilemma of Technological Determinism. The MIT Press, Cambridge, MA, S. 53 ff.

Heilbroner, Robert L. (1994b): Technological Determinism Revisited, in: Merritt Roe Smith/Leo Marx (Hrsg.): Does Technology Drive History? The Dilemma of Technological Determinism. The MIT Press, Cambridge, MA, S. 67 ff.

Hilpert, Ulrich (2001): Zwischen Kompetenz und Umsetzung. Zu den Möglichkeiten und Grenzen befähigender staatlicher Politik. Das Beispiel Deutschlands nach der Wiedervereinigung, in: Georg Simonis/Renate Martinsen/Thomas Saretzki (Hrsg.): Politik und Technik. Analysen zum Verhältnis von technologischem, politischem und staatlichem Wandel am Anfang des 21. Jahrhunderts. Westdeutscher Verlag, Wiesbaden, S. 71 ff.

Hoffmann-Riem, Wolfgang (2007): Recht als Instrument der Innovationsoffenheit und der Innovationsverantwortung, in: Hagen Hof/Ulrich Wengenroth (Hrsg.): Innovationsforschung. Ansätze, Methoden, Grenzen und Perspektiven. Lit-Verlag, Hamburg, S. 387 ff.

Hüsing, Bärbel/Jäncke, Lutz/Tag, Brigitte (2006): Impact Assessment of Neuro-Imaging. vdf Hochschulverlag, Zürich/Singen.

Innis, Harold Adams (1951): The bias of communication. University of Toronto Press, Toronto (hier zitiert nach dem Nachdruck von 2003).

Jungk, Robert (1977): Der Atomstaat. Vom Fortschritt in die Unmenschlichkeit. Kindler, München.

Kesan, Jay P./Shah, Rajiv C. (2005): Shaping Code, in: Harvard Journal of Law & Technology, Vol. 18, S. 319 ff.

Kloepfer, Michael (2002): Technik und Recht im wechselseitigen Werden. Kommunikationsrecht in der Technikgeschichte. Duncker und Humblot, Berlin.

Kloepfer, Michael (2004): Umweltrecht. 3. Auflage. C.H. Beck, München.

Landes, David S. (1969): The unbound Prometheus. Technological Change and Industrial Development in Western Europe from 1750 to the Present. Cambridge University Press, Cambridge, MA.

Leib, Volker (1998): Wissenschaftsnetze und Bürgernetze. Vom selbstgesteuerten Internet zur elektronischen Demokratie?, in: Wienand Gellner/Fritz von Korff (Hrsg.): Demokratie und Internet. Nomos Verlag, Baden-Baden, S. 81 ff.

Mainzer, Klaus (1995): Computer – Neue Flügel des Geistes? Die Evolution computergestützter Technik, Wissenschaft, Kultur und Philosophie. Walter de Gruyter, Berlin/New York.

Mayntz, Renate (2001): Triebkräfte der Technikentwicklung und die Rolle des Staates, in: Georg Simonis/Renate Martinsen/Thomas Saretzki (Hrsg.): Politik und Technik. Analysen zum Verhältnis von technologischem, politischem und staatlichem Wandel am Anfang des 21. Jahrhunderts. Westdeutscher Verlag, Wiesbaden, S. 3 ff.

McLuhan, Marshall (1992): Die magischen Kanäle: "Understanding Media". Verlag der Kunst, Dresden.
Mishler, Carl F. (2007): How Functional Magnetic Resonance Imaging (FMRI) Will Change the Legal Profession – A View from the United States of America, in: European Journal of Law Reform 9, S. 17 ff.
Mokyr, Joel (1990): The Lever of Riches. Technological Creativity and Economic Progress. Oxford University Press, New York.
Norris, Pippa (2001): Digital divide. Cambridge University Press, Cambridge, MA.
Nye, Joseph S. jr. (2001): Globalization's democratic deficit, in: Foreign Affairs Juli/August 2001 S. 2 ff.
Perrin, Noel (1996): Keine Feuerwaffen mehr. Japans Rückkehr zum Schwert 1543–1879. Klett-Cotta, Stuttgart.
Preda, Alex (2006): Wie Techniken Finanzmärkte erschaffen: Der Fall des Börsentickers, in: Werner Rammert/Cornelius Schubert (Hrsg.): Technografie. Zur Mikrosoziologie der Technik. Campus, Frankfurt am Main, S. 101 ff.
Radkau, Joachim (2008): Technik in Deutschland. Vom 18. Jahrhundert bis heute. Peter Lang, Frankfurt am Main.
Rammert, Werner (2007): Technik – Handeln – Wissen. Zu einer pragmatistischen Technik- und Sozialtheorie. VS Verlag, Wiesbaden.
Rapp, Friedrich (1994): Die Dynamik der modernen Welt. Eine Einführung in die Technikphilosophie. Junius, Hamburg.
Ropohl, Günter (1999a): Allgemeine Technologie. Eine Systemtheorie der Technik. 2. Auflage. Hanser, München/Wien.
Ropohl, Günter (1999b): Technologische Aufklärung. Beiträge zur Technikphilosophie. 2. Auflage. Suhrkamp, Frankfurt am Main.
Ropohl, Günter (2003): Vom Wert der Technik. Kreuz, Stuttgart/Zürich.
Rosa, Hartmut (2005): Beschleunigung. Die Veränderung der Zeitstruktur in der Moderne. Suhrkamp, Frankfurt am Main.
Roßnagel, Alexander (1983): Bedroht die Kernenergie unsere Freiheit? 2. Auflage. C.H. Beck, München.
Roßnagel, Alexander (1984): Radioaktiver Zerfall der Grundrechte? C.H. Beck, München.
Roßnagel, Alexander (1989a): Technik und Recht – Wer beeinflusst wen?, in: Alexander Roßnagel (Hrsg.): Freiheit im Griff. Informationsgesellschaft und Grundgesetz. Wissenschaftliche Verlagsgesellschaft, Stuttgart, S. 9 ff.
Roßnagel, Alexander (1989b): Möglichkeiten verfassungsverträglicher Technikgestaltung, in: Alexander Roßnagel (Hrsg.): Freiheit im Griff. Informationsgesellschaft und Grundgesetz. Wissenschaftliche Verlagsgesellschaft, Stuttgart, S. 177 ff.
Roßnagel, Alexander (1993): Rechtswissenschaftliche Technikfolgenforschung. Umrisse einer Forschungsdisziplin. Nomos, Baden-Baden.
Roßnagel, Alexander (2001): Rechtswissenschaft, in: Günter Ropohl (Hrsg.): Erträge der interdisziplinären Technikforschung. Eine Bilanz nach 20 Jahren. Erich Schmidt, Berlin, S. 195 ff.
Roßnagel, Alexander (2005): Modernisierung des Datenschutzrechts für eine Welt allgegenwärtiger Datenverarbeitung, in: Multimedia und Recht 2, S. 71 ff.
Roßnagel, Alexander (2007a): Atomausstieg und Restlaufzeiten, in: Andreas Hänlein/Alexander Roßnagel (Hrsg.): Wirtschaftsverfassung in Deutschland und Europa. Festschrift für Bernhard Nagel. Kassel University Press, Kassel, S. 155 ff.
Roßnagel, Alexander (2007b): Innovation als Gegenstand der Rechtswissenschaft, in: Hagen Hof/ Ulrich Wengenroth (Hrsg.): Innovationsforschung. Ansätze, Methoden, Grenzen und Perspektiven. Lit-Verlag, Hamburg, S. 9 ff.
Roßnagel, Alexander (o. J.): Papier – die unbekannte Grundlage unserer Rechtsordnung. Unveröffentliches Manuskript.
Roßnagel, Alexander/Laue, Philip (2007): Zweckbindung im Electronic Government, in: Die Öffentliche Verwaltung, S. 543 ff.

Schefe, Peter (2000): Kulturelle Wirkungen computergestützter Medien, in: Kubicek, Herbert u. a. (Hrsg.): Global @home. C. F. Müller, Heidelberg, S. 234 ff.

Schelsky, Helmut (1965): Der Mensch in der wissenschaftlichen Zivilisation, in: Helmut Schelsky (Hrsg.): Auf der Suche nach Wirklichkeit. Gesammelte Aufsätze. Diedrichs, Düsseldorf, Köln, S. 439 ff.

Scherzberg, Arno (2002): Wissen, Nichtwissen und Ungewissheit im Recht, in: Christoph Engel/ Jost Halfmann/Martin Schulte (Hrsg.): Wissen – Nichtwissen – Unsicheres Wissen. Nomos: Baden-Baden, S. 113 ff.

Schmidt-Preuß, Matthias (2002): Technikermöglichung durch Recht, in: Michael Kloepfer (Hrsg.): Kommunikation – Technik – Recht. Kommunikationsrecht in der Technikgeschichte. Duncker und Humblot, Berlin, S. 175 ff.

Schott, Rüdiger (1970): Die Funktionen des Rechts in primitiven Gesellschaften, in: Jahrbuch für Rechtssoziologie 1, S. 107–174.

Schulze-Fielitz, Helmuth (1998): Instrumente der Innovationssteuerung durch Öffentliches Recht – insbesondere im Umweltrecht, in: Wolfgang Hoffmann-Riem/Jens-Peter Schneider (Hrsg.): Rechtswissenschaftliche Innovationsforschung. Grundlagen, Forschungsansätze, Gegenstandsbereiche. Nomos, Baden-Baden, S. 291 ff.

Spinner, Helmut F. (2002): Von der wissensgeleiteten Techniksteuerung zum technologischen Wissensregime, in: Michael Kloepfer (Hrsg.): Kommunikation – Technik – Recht. Kommunikationsrecht in der Technikgeschichte. Duncker und Humblot, Berlin, S. 11 ff.

Spur, Günter (2001): Zum Selbstverständnis der Technikwissenschaften, in: Günter Ropohl (Hrsg.): Erträge der interdisziplinären Technikforschung. Eine Bilanz nach 20 Jahren. Erich Schmidt, Berlin, S. 43 ff.

Stehr, Nico (2000): Deciphering Information Technologies. Modern Societies as Networks, in: European Journal of Social Theory 3, S. 83 ff.

Strange, Susan (1996): The Retreat of the State. The Diffusion of Power in the World Economy. Cambridge University Press, Cambridge.

Summers, Robert S. (1996): Technology, Law and Values, in: Frank Fleerackers/Evert van Leeuwen/Bert van Roermund (Hrsg.): Law, Life and the Images of Man. Festschrift for Jan M. Broekmann. Duncker und Humblot, Berlin, S. 65 ff.

Teubner, Gunther (1989): Recht als autopoietisches System. Suhrkamp, Frankfurt am Main.

Thompson, Michael/Selle, Per (2000): Doing Technology (and Democracy) the Pack-Donkey's Way: The Technomorphic Approach to ICT Policy, in: Engel, Christoph/Keller, Kenneth H. (Hrsg.), Understanding the impact of global networks on local social political and cultural values. Nomos, Baden-Baden, S. 155 ff.

Trimborn, Hermann (1950): Die Privatrache und der Eingriff des Staates, in: Wolff, Ernst (Hrsg.), Deutsche Landesreferate zum III. Internationalen Kongress für Rechtsvergleichung in London. Walter de Gruyter, Berlin, S. 133 ff.

Trute, Hans-Heinrich (1998): Innovationssteuerung im Wissenschaftsrecht, in: Wolfgang Hoffmann-Riem/Jens-Peter Schneider (Hrsg.): Rechtswissenschaftliche Innovationsforschung. Grundlagen, Forschungsansätze, Gegenstandsbereiche. Nomos, Baden-Baden, S. 208 ff.

Vec, Milos (2002): Technik oder Recht? Steuerungsansprüche in der Zweiten Industriellen Revolution, in: Michael Kloepfer (Hrsg.): Kommunikation – Technik – Recht. Kommunikationsrecht in der Technikgeschichte. Duncker und Humblot, Berlin, S. 111 ff.

Weizenbaum, Joseph (1977): Die Macht der Computer und die Ohnmacht der Vernunft. Suhrkamp Frankfurt am Main.

White, Lynn (1967): The Historical Roots of our Ecological Crisis, in: Science 155, S. 1203 ff.

White, Lynn (1968): Die mittelalterliche Technik und der Wandel der Gesellschaft. Heinz Moos, München.

Wolf, Rainer (1987): Zur Antiquiertheit des Rechts in der Risikogesellschaft, in: Leviathan, S. 357 ff.

Kapitel 2
KulturTechnik und Recht – Die Schrift als Beispiel

Nicht nur Technik ganz allgemein beeinflusst das Recht. In besonderer Weise wirken sich die Kulturtechniken einer Zeit auf ihr Rechtssystem aus. Rechtsdenken und Recht ändern sich, wenn sich neue Kulturtechniken entwickeln und Kommunikationsstrukturen modifizieren. Die Entstehung des modernen Rechts beim Übergang von mündlichen zu schriftlichen Gesellschaften ist ein eindrucksvolles Beispiel dafür. Es lohnt sich, einen näheren Blick darauf zu werfen.

2.1 Sprache als Denkwerkzeug

Sprache – was ist das? Sprache ist viel mehr als ein grammatisches, linguistisches oder literarisches Phänomen. Sie ist zunächst ein System von Wörtern und Codes.[1] Sprache ist aber mehr: Sie ist gleichzeitig eine *soziale Institution.*[2] Sprache transportiert Inhalte und Regeln, die für ihre Nutzer zwingend sind.[3] Sie stellt den Sprechenden ein Vokabular und eine Grammatik zur Verfügung, deren man sich beim Sprechen bedienen muss.[4] Sonst wird man nicht verstanden und versteht auch seine Kommunikationspartner nicht. Darüber weit hinausgehend ist die Sprache auch das Mittel, mit dessen Hilfe Menschen die Welt verstehen.[5] Sie ist ein wichtiges – vielleicht *das* wichtigste – *Denkwerkzeug*: Kognition und Bewusstsein hängen entscheidend von der Sprachfähigkeit ab.[6] Das wird durch zahlreiche entwicklungsbiologi-

[1] Ausführlich zur Sprache Saussure (1967, S. 9 ff.); Pinker (2000, S. 1 ff.) m. w. N.

[2] Grundlegend schon Saussure (1967, S. 83 ff.). Noch viel weiter gehen Überlegungen in der neueren Erkenntnistheorie. Danach ist die Wirklichkeit wie die Sprache strukturiert und dadurch für den Menschen erkennbar. Das könnte sogar bedeuten, dass die menschliche Sprache ein Anpassungsprodukt an die sprachliche Struktur der Welt ist. Dazu Küppers (2008, S. 37 ff.).

[3] Durkheim (1973, S. 119).

[4] Berghaus (1986, S. 282).

[5] Gadamer (1960/1990, S. 387 ff.) ausführlich zur „Sprache als Medium der hermeneutischen Erfahrung". Ausführlich und weiterdenkend dazu Küppers (2008, S. 36 ff.).

[6] Ausführlich dazu Jäger (2001, S. 23 ff.) Schon früher Halbwachs (1985/1925, S. 89, 107). Rorty (1968, S. 1 ff.) hat deshalb einen *linguistic turn* gefordert und in seiner Philosophie konsequent durchgeführt.

V. Boehme-Neßler, *BilderRecht*,
DOI 10.1007/978-3-642-03877-8_2, © Springer-Verlag Berlin Heidelberg 2010

sche Studien empirisch gestützt.[7] Sprache prägt auch die Weltsicht des Individuums und der Gesellschaft.[8]

Besonders deutlich wird das am Beispiel der Metaphern: Sie evozieren automatisch bestimmte Bilder und Vorstellungen. Wer also eine Metapher benutzt, arbeitet nicht nur mit einem Wort oder Begriff; er übernimmt eine wirkungsstarke Vorstellung, die sein weiteres Denken beeinflusst. Das lässt sich mit einem aktuellen Beispiel belegen: Der rechtliche Diskurs über das Internet wird von der „Cyberspace as Place"-Metapher geprägt. Das evoziert die Vorstellung eines Raumes, der begrenzt ist und aufgeteilt werden kann und muss. Daraus ergeben sich automatisch bestimmte rechtliche Konzepte zur Regelung des Cyberspace.[9]

Die Sicht, die eine Kultur auf die Welt hat, folgt nicht nur den objektiven Vorgaben der Welt selbst, sondern auch dem linguistischen System – der Sprache – der jeweiligen Kultur. Dieses *linguistische Relativitätsprinzip*[10] lässt sich pointiert auf den Punkt bringen: Die Grammatik formt den Gedanken.[11] Wie man die Welt sieht, hängt nicht nur von der Welt ab, sondern auch von der Sprache, in der man denkt – Diese Idee ist nicht neu. Sie taucht schon in den sprachphilosophischen Schriften Wilhelm von Humboldts auf, der von einer „Rückwirkung der Sprache auf den Geist" spricht.[12] Berühmt geworden ist Wittgensteins Diktum: „Die Philosophie ist ein Kampf gegen die Verhexung unseres Verstandes durch unsere Sprache."[13] Sprache kann unseren Verstand verhexen; sie ist aber gleichzeitig – als Mittel der Philosophie und des Denkens – auch eine Waffe im Kampf gegen diese Verhexung. Schöner kann man die Ambivalenz und Bedeutung der Sprache für das Denken kaum auf den Punkt bringen.

Kann man daraus den Schluss ziehen, dass das Denken völlig von der Sprache determiniert wird? Der – umstrittene – *linguistische Determinismus* geht tatsächlich so weit.[14] Auch wenn man dieser These nicht in ihrer Absolutheit folgen will: Sprache ist nicht nur eines der wichtigsten Integrationsmittel, das eine Gesellschaft zusammenhält.[15] Sprache ist als Kontrollmittel oder – schärfer formuliert – Zwangsmittel die wichtigste soziale Institution überhaupt.[16]

---

[7] Dazu Eibl-Eibesfeldt (1997, S. 734 ff.) m. w. N.

[8] Whorf (1963, S. 11 f.) Zu empirischen Studien, die diese These belegen, Messaris (1994, S. 119 f.) m. w. N.

[9] Sehr instruktiv dazu Hunter (2003), S. 472 ff. m. w. N.

[10] Whorf (1963, S. 12).

[11] Whorf (1963, S. 11). Zu einer modernisierten, differenzierteren und empirisch gestützten Fassung der „Sapir-Whorf-Hypothese" Kay/Kempton (1984, S. 65 ff.) Sehr kritisch dazu aber Pinker (1996, S. 67 ff.) m. w. N.

[12] Humboldt (1822, S. 65) und ausführlicher Humboldt (1829, S. 121 ff.).

[13] Wittgenstein(1953, § 109).

[14] Zur Kritik daran Pinker (1996, S. 71 ff.) m. w. N.; Oksaar (1989, S. 213 ff.) m. w. N.; Wandruszka (1979, S. 12 f., 44 f.) Dagegen aber Kay/Kempton (1984, S. 65 ff.), die diese These in einer modifizierten Form verteidigen.

[15] Berghaus (1986, S. 283).

[16] So ganz dezidiert Berghaus (1986, S. 283).

2.2 Vom Sprechen zum Schreiben

Entwicklungsgeschichtlich ist das menschliche Sprechen viel älter als die Schrift. Das prägte die gesamte Gesellschaft – das Denken, die Kultur, die Politik und die Wirtschaft. Orale Gesellschaften haben typische Charakteristika. Als die Schrift sich entwickelte,[17] hatte das weit reichende Folgen. In literalen Gesellschaften wird anders kommuniziert und gedacht. Kultur, Politik und Wirtschaft funktionieren anders als in oralen Gesellschaften.

2.2.1 Schriftlose Gesellschaften: Denken ohne Schreiben

Orale, also schriftlose Gesellschaften kennen keine Texte.[18] Sie sind natürlich geprägt vom Gespräch. Das gesamte Wissen einer oralen Kultur wird durch Merken gespeichert[19] und narrativ weiter übermittelt und fortentwickelt.[20] Das Wissen und die Kultur einer Zeit sind im Gedächtnis von Sängern und Erzählern gespeichert.[21] Ein markantes Merkmal oraler Kulturen ist deshalb ihre Redundanz.[22] Denn die mündliche Äußerung ist flüchtig. Sie verschwindet in dem Augenblick, in dem sie ausgesprochen wird. Um erinnert zu werden, muss sie also oft wiederholt werden.[23] Ohne Wiederholung bricht die kulturelle Überlieferung zusammen. Denn anders als in literalen Kulturen kann das Wissen nicht durch Aufschreiben ein für allemal gespeichert werden. Rituale,[24] Feste, Mythen[25] und andere multimediale Aufführungen haben in oralen Kulturen deshalb einen überragenden Stellenwert als Instanzen und Methoden

[17] Die Schrift hat sich entwickelt, sie wurde nicht erfunden. Dazu Stetter (2008, S. 121) m. w. N.

[18] So Ong (1982, S. 33), und Havelock (1986, S. 65). Zu einem anderen Ergebnis kommt Ehlich (1998, S. 33). Dem liegt aber der weite linguistische Textbegriff – Text als Gesamtheit der in einer kommunikativen Interaktion auftretenden kommunikativen Signale – zugrunde.

[19] Elwert (1987, S. 244). Dazu auch Klaffke (1998, S. 222), die das pointiert auf die Formel bringt: „Mit jedem Greis stirbt eine Bibliothek".

[20] Dazu ausführlich Ong (1982, S. 137 ff.), Elwert (1987, S. 244 ff.) schildert die effiziente und aufwendige soziale Organisation, die dafür notwendig ist. Fried (1995, S. 273 ff.) vertritt die These, dass Geschichtsschreibung in oralen Gesellschaften deshalb immer stark modifizierend und verformend, sogar verfälschend ist. Dagegen aber Althoff (2003, S. 108 ff.) m. w. N.

[21] Wenzel (2003b, S. 375), der das als „Körpergedächtnis" charakterisiert. Instruktiv zur Geschichts-„Schreibung" in oralen Gesellschaften Althoff (2003, S. 107 ff.) m. w. N.

[22] Ong (1982, S. 39 ff.).

[23] Assmann (2000, S. 98) betont, dass Wiederholung in oralen Kulturen eine strukturelle Notwendigkeit ist. Ähnlich Havelock (1990, S. 74 f.) Zur Notwendigkeit von Wiederholungen für das Behalten von Inhalten aus psychologischer Sicht schon Freud (1962, S. 309 f.).

[24] Schechner (2006, S. 52), bezeichnet Rituale als „collective memories encoded into actions".

[25] Elwert (1987, S. 245); Havelock (1986, S. 70) betonen die Bedeutung ritueller Wiederholungen für die Überlieferung in oralen Kulturen.

der Wissensspeicherung.[26] Die orale Literatur – also vor allem die Poesie[27] – erfüllt dabei ebenfalls eine wichtige Funktion: Sie ist eine „Enzyklopädie in Versform",[28] die das Wissen und die kulturellen Standards ihrer Zeit abspeichert. Ein berühmtes Beispiel dafür sind die Epen Homers, die in Griechenland vor der Entwicklung des griechischen Alphabets entstanden sind – und erst später aufgeschrieben wurden.[29]

Dieser Wiederholungszwang[30] hat Folgen für das kulturelle Denken. Er fördert in hohem Maße eine traditionalistische und konservative Denkweise und Kultur.[31] Oder zugespitzt: Die *Macht des Überlieferungswissens* schließt Neuerungen der sozialen und rechtlichen Ordnung grundsätzlich aus.[32] Denn Variation und Innovation werden zum Problem, wenn Inhalte nicht schriftlich festgehalten werden. Innovation bedeutet immer auch das Vergessen alter Ideen.[33] Und Vergessen ist in Kulturen, die existenziell auf das Gedächtnis angewiesen sind, eine potentielle Katastrophe.[34] Innovationen sind in oralen Gesellschaften deshalb auch eher selten.[35] Orale Gesellschaften sind daher sehr stark konformistische Gesellschaften, die von rigiden Ordnungen geprägt sind.[36]

Redundante mündliche Kommunikation führt – trotz permanenter Reinterpretation des Gesagten[37] – in der Regel zur Anpassung und verhindert individuelle und alternative Lebensstile. Die – konservativen und traditionalistischen – oralen Gesellschaften sind deshalb selten[38] mit tief greifenden Konflikten konfrontiert, die

---

[26] Dazu Assmann (2000, S. 56 ff.), und Glinga (1989, S. 92 f.). In Memorialkulturen spielten die Hände als Zeichenträger und Kommunikationsinstrumente eine große Rolle. Dazu Wenzel (2003a, S. 27 ff.).

[27] Havelock (1986, S. 71) betont die Bedeutung der Poesie als entscheidendes Instrument zur Speicherung und Weitergabe kultureller Informationen.

[28] Havelock (1986, S. 29) spricht von „versified encyclopedia".

[29] Havelock (1986, S. 29). Goody/Watt (1981, S. 71) datieren den Zeitpunkt der Niederschrift auf etwa 750 bis 650 vor Christus. Grundsätzlich zur oralen Literatur Glinga (1989, S. 93 f.).

[30] Assmann (2000, S. 89).

[31] Ong (1982, S. 41). Goody/Watt (1981, S. 48) betonen, dass sich wegen der hohen Redundanz auch die Sprache selber nur langsam weiterentwickelt.

[32] Schott (1990, S. 311) m. w. N.

[33] Assmann (2000, S. 98).

[34] Von der „Katastrophe des Vergessens" spricht J. Assmann (1993, S. 337). Allerdings hat das Vergessen grundsätzlich auch wichtige und konstruktive Funktionen – für das Individuum und für die Gesellschaft. Bahnbrechend dazu Halbwachs (1985/1925, S. 71 f.) und pass., der das Paradigma des kollektiven Gedächtnisses – und des kollektiven Vergessens – entwickelt. Glinga (1989, S. 91) spricht in diesem Zusammenhang von einem kollektiven Filter, den das Vergessen darstelle. Das lässt sich mit einem konkreten Beispiel illustrieren. Datenschutz etwa ist ein Versuch, die notwendige Funktion von Vergessen sicherzustellen.

[35] Goody (1990, S. 204).

[36] Schott (1990, S. 311). Elwert (1987, S. 260), sieht deshalb auch in der Entwicklung der Schriftkultur einen Gewinn an Freiheit.

[37] Dazu Schott (1968, S. 197 f.) m. w. N., und Fried (1995, S. 273 ff.) m. w. N.

[38] Selbstverständlich gibt es auch in oralen Gesellschaften einen kulturellen Wandel. Er vollzieht sich allerdings viel langsamer als in den archaischen oder modernen Hochkulturen. Die Konstanz oraler Gesellschaften ist deshalb deutlich größer. Dazu Schott (1968, S. 168) m. w. N.

sich aus technologischem oder sozialem Wandel ergeben.[39] Tiefe Konflikte, die Autoritäten oder traditionelle Werte in Frage stellen, entstehen kaum.[40] Es gibt zwar auch in schriftlosen Kulturen Skepsis, Kritik, Widerspruch und Unglaube. Aber ihre Äußerungsformen wurden in jeder Generation schnell wieder „gelöscht". Und „Löschen" und Vergessen ist in oralen Kulturen einfach.

Das hat Auswirkungen nicht nur auf die Kommunikation, sondern auch auf das Denken.[41] Schriftlose Gesellschaften denken anders: Ihr Denken ist weniger abstrakt, sondern konkret, auf bestimmte, persönlich fassbare (Gesprächs-)Situationen bezogen.[42] Die orale Kultur hat – das ist ein weiteres Charakteristikum – keine abstrakten, analytischen Kategorien, die ihr gesamtes Wissen strukturieren könnten.[43] Das Wissen wird durch konkrete, unmittelbare Lebenserfahrungen und einzelne soziale Situationen geordnet.[44] Das ist eine Folge mnemotechnischer Notwendigkeiten.[45] Konkrete und personalisierte Inhalte, die am besten noch in Form von Geschichten[46] weitergegeben werden, lassen sich besser merken als Abstrakta und kausale Relationen. Deshalb haben orale Kulturen auch eine sehr bildhafte und anschauliche Sprache.[47] Das hat Wirkungen auf die Weltsicht in oralen Gesellschaften. Exemplarisch deutlich wird das bei der Erklärung von Naturphänomenen. Sie können – anders als in modernen Gesellschaften – nicht mit abstrakten Regeln und kausalen Beziehungen erklärt werden. Wie kann man sie dann aber verstehen – und ertragen? Schriftlose Kulturen arbeiten mit konkreten, personalisierten Erzählungen, um die Entstehung der Welt und das Funktionieren der Natur zu erklären.[48]

---

[39] Katsh (1989, S. 63).

[40] Deshalb sind in einfachen oralen Gesellschaften ausgeprägte politische Institutionen und Streitschlichtungsinstanzen kaum notwendig. Dazu Schott (1990, S. 312).

[41] Grundlegend zum Denken in oralen Gesellschaften Lévi-Strauss (1973), der dafür den Begriff des „wilden Denkens" geprägt hat.

[42] Ong (1982, S. 49 ff.) behauptet sogar, das orale Denken sei grundsätzlich nicht abstrakt. Ob das stimmt, ist allerdings sehr umstritten. Lévi-Strauss (1973, S. 11 ff.) widerspricht sehr deutlich und liefert eine Fülle von Beispielen, die die Fähigkeit des „wilden Denkens" zur Abstraktheit belegen.

[43] Ong (1982, S. 38 f.).

[44] Nach Ong (1982, S. 42), ist das orale Denken „close to the human lifeworld".

[45] Havelock (1990, S. 114). Ausführlich zum Zusammenhang zwischen Gedächtnisleistungen und Sprache Ong (1982, S. 59 ff.) Eine spätestens seit der Antike bekannte und weit verbreitete Mnemotechnik ist die räumliche Vorstellung des Inhalts, der erinnert werden soll. Ausführlich zur antiken *ars memorativa* und den daraus erwachsenen raumbezogenen Gedächtnismetaphern in der Literatur A. Assmann (1993, S. 14 ff.).

[46] Narrative Texte lassen sich besser merken und erregen schneller das Interesse der Zuhörer als nicht-narrative. Orale Kulturen neigen deshalb stark dazu, ihre Inhalte in Form von Geschichten zu überliefern. Ausführlich dazu Havelock (1986, S. 75 f.).

[47] Zur Bedeutung von (Sprach-)Bildern als Gedächtnisstütze Wandhoff (2003, S. 51 ff.) m. w. N. am Beispiel der antiken *ars memorativa* und der mittelalterlichen *conjointure.* Wie A. Assmann (1993, S. 14 ff.) m. w. N. zeigt, haben sich die Sprachbilder dann in der geschriebenen Literatur erhalten und weiterentwickelt.

[48] Havelock (1990, S. 114), der hier den Ursprung der von Göttern und gottähnlichen Wesen dominierten Mythen sieht. Denn ohne übermenschliche – göttliche – Fähigkeiten lassen sich Natur-

Die gesprochene Sprache und das Denken, das darauf basiert, sind – wieder als Folge mnemotechnischer Zwänge – von Bildern und Emotionen dominiert.[49] Objektivität und kritische Distanz lassen sich kaum finden.[50] Menschen in oralen Gesellschaften kennen keine Selbsteinschätzung und Selbstwahrnehmung. Der Mensch in der oralen Kultur kennt kein Ich, keine Seele, kein Selbst.[51] Das ändert sich mit der Entwicklung der Schrift ganz gewaltig. Die Schrift trennt – anders als die Sprache – den Schreiber vom Geschriebenen. Dadurch ändert sich der Fokus der Wahrnehmung. Jetzt wird neben dem Gesprochenen/Geschriebenen auch der Urheber sichtbar. Der Mensch ist nicht mehr eins mit seinen Äußerungen und kann sich selbst betrachten. Das ist der Beginn der Vorstellung des Selbst[52] und der Selbstreflexion.[53]

Aus diesen Besonderheiten kann selbstverständlich nicht geschlossen werden, dass orale Kulturen etwa primitive Kulturen oder sogar Nicht-Kulturen seien.[54] Ganz im Gegenteil: Orale oder präliterale[55] Gesellschaften haben kulturelle und zivilisatorische Leistungen auf hohem Niveau erbracht.[56] Schriftlose Völker sind geschichtslose Völker. Das war lange Zeit eine gesicherte Erkenntnis in Philosophie und Kulturethnologie.[57] Umfangreiche empirische Studien zeigen inzwischen, dass das ein unbegründetes Vorurteil war. Auch orale Kulturen sind sich ihrer Geschichte bewusst und überliefern sie weiter, wenn auch in anderen Formen als literale Gesellschaften.[58] Ein schlagendes Beispiel dafür ist die griechische Kultur in der Antike *vor* der Einführung des griechischen Alphabets.[59] Orale Kulturen

---

phänomene nicht als Ergebnisse der Handlungen von Personen beschreiben und verstehen. Dazu auch Ong (1982, S. 69 ff.).

[49] Ong (1982, S. 43 ff.) sieht die oralen Erzählungen von Kämpfen, Leiden und Entbehrungen dominiert.

[50] Ong (1982, S. 45 f.).

[51] Havelock (1986, S. 113). Ebenso Lurija (1976, S. 144 ff.), auf der Basis anthropologischer Feldforschung.

[52] Havelock (1986, S. 113): „ ... and the concept of selfhood was born".

[53] Zu dieser These von der „Allianz von Schrift und Seele" Assmann/Assmann (1990, S. 19 f.).

[54] Havelock (1990, S. 39 f., 78 ff.).

[55] Dazu Havelock (1990, S. 39 ff.).

[56] Dazu Lévi-Strauss (1978, S. 293 f.) mit Beispielen aus der Kulturgeschichte. Vor allem die These, erst und nur literale Kulturen seien zu logischem Denken fähig, ist wissenschaftlich nicht belegt. Ausführlich dazu Goody (1987, S. 219 f.) und Lévi-Strauss (1973, S. 308). Goody/Watt (1981, S. 104) weisen treffend darauf hin, dass auch in modernen literalen Gesellschaften nicht-logisches Denken verbreitet ist. Auch deshalb ist die Dichotomie zwischen primitivem, nicht-logischem und zivilisiertem, logischem Denken verfehlt.

[57] Schott (1968, S. 166) m. w. N. gibt einen Überblick über die Verbreitung dieser These.

[58] So ganz dezidiert Schott (1968, S. 171 ff.), der diese Ansicht auf eine Fülle von Beobachtungen aus der Feldforschung stützt.

[59] Zum hohen kulturellen Standard der oralen griechischen Kultur Havelock (1986, S. 79 ff.) m. w. N.

sind – das sei hier ausdrücklich betont – nicht besser oder schlechter als literale Kulturen. Sie sind anders.[60]

2.2.2 *Literale Gesellschaften: Denken durch Schreiben*

In jüngster Zeit hat eine umfangreiche Neubewertung archäologischer und kulturhistorischer Daten stattgefunden. Als Ergebnis lässt sich der allererste Beginn der Schriftkultur[61] der Menschheit auf etwa 7000 vor Christus datieren.[62] Dieser Zeitpunkt markiert einen Epochenwechsel mit grundlegenden Auswirkungen auf Denken, Kultur und Recht.[63] Literale Gesellschaften unterscheiden sich von oralen ganz fundamental.[64]

Von umwälzender Bedeutung für Kultur, Gesellschaft und Recht war der Übergang von der mündlich geprägten Kultur zur Schriftsprache. Die durch die Literalität in Gang gesetzte Veränderung der Kultur wurde durch die Erfindung des Buchdrucks – die *Gutenberg-Revolution* – noch einmal beschleunigt und modifiziert.[65]

Die Schrift ist ein zentraler und hocheffizienter kultureller Gedächtnisspeicher.[66] Sie ist – pointiert zugespitzt – ein *Verewigungsmedium*.[67] Das hat weit reichende

---

[60] In der Linguistik wird eine vergleichbare Diskussion geführt. Die traditionelle Linguistik konzentriert sich auf die Sprache; Schrift spielt für sie nur eine sekundäre Rolle. In der neueren Linguistik wird die strikte Trennung zwischen Sprache und Schrift aufgehoben – und mit ihr der Primat der Sprache über die Schrift. Ausführlich dazu Harris (2005, S. 61 ff.) m. w. N.

[61] Zum Begriff der Schrift aus sprachwissenschaftlicher Sicht Weingarten (1989, S. 16).

[62] Haarmann (1991, S. 18).

[63] Havelock (1990, S. 71). Haarmann (1991, S. 14 f.) warnt aber davor, den Stellenwert der Schrift für den zivilisatorischen Fortschritt zu überschätzen. Kulturelle Hochleistungen waren und sind auch ohne Schrift möglich. Ähnlich zurückhaltend zu den Auswirkungen der (alphabetischen) Schrift am Beispiel Chinas und Indiens ist Gough (1981a, S. 125 ff.), und Gough (1981b, S. 220 ff.) m. w. N.

[64] Grundsätzlich zu den Konsequenzen der Literalität Goody/Watt (1981, S. 45 ff.) m. w. N. Der Unterschied soll im Folgenden nur beschrieben, nicht bewertet werden. Ob Schrift nämlich besser als mündliche Kommunikation ist, ist umstritten. Wenzel (2003b, S. 375 f.) skizziert die heftige Diskussion über die Vor- und Nachteile der Schrift, die im 12. und 13. Jahrhundert geführt wurde, als die Schrift sich in Europa zunehmend verbreitete. Es ist auch nicht sicher, dass die Schriftlichkeit eine historisch spätere und wertvollere Entwicklungsstufe von Kulturen ist. Dazu Glinga (1989, S. 91 ff.).

[65] Umfassend und grundlegend dazu McLuhan (1995, S. 193 ff.); Giesecke (1991, S. 63 ff.), Eisenstein (1979, S. 43 ff.) m. w. N., und pass. Allerdings ist das die auf Europa zentrierte Sichtweise. Denn der Buchdruck wurde in China und Korea bereits viel früher erfunden und eingesetzt. Dazu Giesecke (1991, S. 127 ff.) m. w. N.

[66] A. Assmann (2001, S. 205), spricht von der „Konservierungskraft der Schrift". Auch orale, schriftlose Gesellschaften haben allerdings – das hat die „Oral-Poetry-Forschung" herausgearbeitet – Methoden zur Wissensspeicherung und damit ein kulturelles Gedächtnis. Von besonderer Bedeutung dabei sind Riten und Feste. Dazu Havelock (1990, S. 78 ff.); Ong (1982, S. 33 ff.).

[67] So A. Assmann (1999, S. 181).

Folgen für Kommunikation und Denken, allerdings nicht nur positive[68]: Es gibt die Errungenschaft der Schrift nicht gratis.[69] Kommunikation ist – anders als noch in oralen Gesellschaften – nicht mehr ausschließlich in konkreten Erzähl- und Kommunikationssituationen denkbar.[70] Das Denken kann sich von seiner Fixierung auf den konkreten Kontext und Einzelfall lösen. Es wird dadurch abstrakter, objektiver[71], und es entemotionalisiert sich.[72] Natürlich ändert sich auch die Literatur deutlich spürbar. Weil der Rhythmus des Reims nicht mehr als Mnemotechnik gebraucht wird, kann sich die Prosa als neue literarische Form entwickeln – mit gravierenden Folgen für die Literatur und die Philosophie.[73]

Schrift schafft Distanz.[74] Das gilt nicht nur für das Verhältnis von Mensch und Kommunikationssituation. Schrift schafft auch Distanz zwischen Personen, Wahrnehmung und Denken. Damit ermöglicht sie erstmals eine kritische Reflexion des Menschen über sich selbst. Die Entwicklung eines (kritischen) Selbstbewusstseins ist also ohne Schrift kaum denkbar. Der Bogen lässt sich noch weiter schlagen: Auch die Entdeckung der Seele ist erst möglich geworden durch die Distanz des Menschen zu sich selbst, die durch Schrift hergestellt wird.[75]

Die Entwicklung der Schriftkultur hat auch Konsequenzen für die Wirtschaft gehabt. *Schreibende Wirtschaft* ist fundamental anders als *sprechende Wirtschaft*. Anthropologie und Archäologie haben herausgearbeitet, wie eng Schrift und Wirtschaft etwa in der Antike zusammenhingen. In manchen frühen Kulturen waren Handwerker und Kaufleute die Erfinder der Schrift.[76] Ein Beispiel dafür ist die sumerische Hochkultur. Um 2900 vor Christus wurde dort die Keilschrift entwickelt

---

[68] Berühmt ist die Kritik, die Platon, Phaidros, 275a, an der Schrift äußert: Die Schrift schwäche die Erinnerung und führe die Menschen in die Vergessenheit. Das ist allerdings nur ein Teil der Kritik, die Platon an der Schrift übt. Ausführlich zu Platons Kritik an der Schrift Brumlik (2006, S. 50 ff.). Ausführlich zur Geschichte der Kritik an der Schrift Laermann (1990, S. 121 ff.) m. w. N.

[69] Türcke (2005, S. 123).

[70] Havelock (1986, S. 101), der das an Beispielen aus der griechischen Antike eingehend exemplifiziert. Zur Situationsgebundenheit der gesprochenen Sprache grundsätzlich Klein (1985, S. 19 ff.).

[71] Zur Objektivierung der Sprache durch die Schrift Klein (1985, S. 30 ff.).

[72] Dazu Havelock (1990, S. 71 f.) am Beispiel der griechischen Alphabetschrift in der Antike. Anders als Havelock meint, haben allerdings auch andere Schriften im Altertum die Abstraktionsleistung erbracht. Das betonen zu Recht Assmann/Assmann (1990, S. 8 f.) unter Hinweis auf die orientalischen Schriften des Altertums. Ähnlich auch schon Goody (1987, S. 219) m. w. N. Genau die Entemotionalisierung der Kommunikation durch die Dominanz der Schrift wird allerdings immer wieder heftig kritisiert. Schon Platon, Phaidros (2006, 275 d, kritisiert das „tote Wissen", das die Schrift überliefere. Ähnlich argumentiert später Rousseau. Dazu Laermann (1990, S. 124 ff.).

[73] Havelock (1986, S. 110).

[74] Ong (1982, S. 102). Assmann/Assmann (1990, S. 25) sprechen in Anlehnung an Aristoteles von der „Weltdistanz" der Schrift.

[75] Die Kulturanthropologen Aleida und Jan Assmann sehen die Entwicklung der Schrift sogar als Voraussetzung dafür, dass die Menschen die Vorstellung einer Seele entwickelt haben. Nach ihrer Ansicht stellen Schrift und Seele eine Allianz dar: Assmann/Assmann (1990, S. 19). Ähnlich Illich/Sanders (1988, S. 83), die das Selbst als ein „Konstrukt als Folge des Alphabets" ansehen.

[76] Havelock (1990, S. 81) m. w. N., der auf das Beispiel des antiken Griechenlands verweist. Anders war die Sachlage allerdings beispielsweise im Ägypten des Altertums. Assmann (2000, S. 169)

und in den ersten Jahrhunderten nur für Wirtschaftsberichte genutzt.[77] Der weit überwiegende Teil der bis heute ausgegrabenen sumerischen Keilschriften beschäftigt sich mit wirtschaftlichen Themen.[78] Umfangreiche und komplexe Wirtschaftsprozesse förderten die Entwicklung der Schrift. Denn nur durch schriftliche Dokumente war eine akribische Kontrolle der endlosen und unendlich komplizierten Ströme der produzierten und zirkulierenden Wirtschaftsgüter möglich.[79] Und umgekehrt: Eine ausgeprägte Schriftkultur, eine wirkungsvolle Buchhaltung und ein effektives Rechnungswesen führten etwa in Mesopotamien um 3300 vor Christus zu einem deutlichen Entwicklungsschub des Wirtschaftssystems.[80] Für diese Wechselwirkung lassen sich viele historische Beispiele anführen.[81] Auch schriftlose Gesellschaften kennen selbstverständlich Handel und Wirtschaftstätigkeiten. Die Analyse von Wirtschaftssystemen in noch heute existierenden oralen Gesellschaften zeigt aber eines deutlich: Erst die Schrift erlaubt die Entwicklung eines komplexen und ausdifferenzierten Wirtschaftssystems.[82]

Vor allem die orientalischen Schriften des Altertums sind als Instrumente politischer Repräsentation und Verwaltung großer Herrschaftsbereiche entwickelt worden.[83] Schriften waren dort vor allem Gesetze, Erlasse, Akten, Rituale und Opferstiftungen. Schriftlichkeit hat im politischen und bürokratischen Alltag einen grundsätzlichen Vorteil gegenüber Mündlichkeit. Schrift ist nicht nur eine Gedächtnisstütze. Schrift verleiht auch Autorität[84] und macht aus beliebigen, flüchtigen

---

betont, dass dort die Schriftkultur nicht in der Wirtschaft, sondern im Bereich von Politik und Verwaltung entstand. Ebenso Schenkel (1998, S. 61 f.).

[77] Sandermann (1997, S. 14).

[78] Sandermann (1997, S. 15). Eine eindrucksvolle Ausnahme ist das *Gilgamesch*-Epos.

[79] Eine Vielzahl früher, inzwischen archäologisch gut erforschter Dokumente sind Geschäfts- und Handelsbücher. Dazu Goody (1990, S. 109 ff.) m. w. N.; Leroi-Gourhan (1988, S. 324).

[80] Ausführlich dazu Goody (1990, S. 94 ff.) m. w. N.; Elwert (1987, S. 256 f.). Kienast (1994, S. 13) betont, dass die Keilschrift erfunden wurde, um der staatlichen (Wirtschafts-)Verwaltung eine effektives Instrument an die Hand zu geben. Auf den kausalen Zusammenhang zwischen dem materiellen Träger der Schrift – dem Ton – und der konkreten Ausgestaltung der Keilschrift macht schon Roßnagel (o. J., S. 1) aufmerksam.

[81] Gough (1981b, S. 223), schildert diesen Zusammenhang am Beispiel eines Königreichs im Kerala des 17. Jahrhunderts.

[82] Goody (1990, S. 146), zeigt anhand von Beispielen oraler Wirtschaftstätigkeit in Afrika die Grenzen einer Wirtschaft ohne Schrift. Die Rückständigkeit moderner arabischer Staaten lässt sich zum Teil auch auf die religiös-kulturell bedingte Privilegierung der Sprache gegenüber der Schrift zurückführen. Das Misstrauen gegenüber dem Buch erweist sich in historischer Perspektive als starke Modernisierungsblockade. Ausführlich dazu Diner (2005, S. 107 ff.) m. w. N.

[83] Assmann/Assmann (1990, S. 13) m. w. N. Assmann (2000, S. 169 ff.) belegt das ausführlich am Beispiel der ägyptischen Hieroglyphen. Dazu auch Sandermann (1997, S. 36) und Roßnagel (o. J., S. 3 f.)

[84] Instruktiv dazu ist die Geschichte, die Lévi-Strauss (1978, S. 292 f.) schildert: In der schriftlosen Kultur bestimmter Eingeborenenstämme wird die Schrift nicht als Mittel zur Information benutzt. Das ginge nicht, denn die Stammesangehörigen sind der Schrift nicht mächtig. Sie benutzen geschriebene Texte als Symbol, um die Wichtigkeit des Gesagten und die Bedeutung des Anlasses hervorzuheben.

Äußerungen sichtbare, dauerhafte Machtworte. Das ist die *performative Funktion der Schrift.* [85]

Schriftlichkeit hat sich darüber hinaus im Verwaltungsalltag als unschätzbares Instrument erwiesen. Schriftliche Weisungen sind im Verwaltungsalltag wirkungsvoller. Eine mündliche Anweisung kann als Teil eines Gesprächs missverstanden werden.[86] Schriftliche Weisungen liegen dauerhaft vor und erinnern an ihre Ausführung. Ein weiterer Vorteil der Schrift im Verwaltungsalltag kommt hinzu: Schriftliche Akten und Protokolle machen Verwaltungsvorgänge auch für nicht Beteiligte im Nachhinein nachvollziehbar. Verwaltungsvorgänge werden damit unabhängig vom Gedächtnis des individuellen Sachbearbeiters. Von besonderer Bedeutung ist Schriftlichkeit für das Prinzip der individuellen Verantwortung. Schriftliche Aufzeichnungen halten fest, wer für welche Entscheidungen und Handlungen verantwortlich „zeichnet".[87] Ohne schriftliche Dokumentation verwischen Verantwortungsbereiche. Ebenso groß ist die Bedeutung der Schrift für verwaltungsinterne Weisungsketten. Durch schriftliche Anweisungen lassen sich bei gleichem Personalaufwand viel mehr Adressaten erreichen als durch mündliche Kommunikation.[88] Hinzu kommt ein weiterer Effizienzvorteil: In einer Kette mündlicher Botschaften geht die Identität des Urhebers einer bestimmten Anweisung leicht verloren. Schriftliche Anordnungen mit einer behördlichen Unterschrift verhindern das. Zusätzlich ist auch die Ausführungskontrolle bei schriftlichen Weisungen leichter.[89] Denn die schriftlich fixierte Weisung ist ein eindeutiger und dauerhafter Vergleichsmaßstab, an dem die Ausführung gemessen werden kann. Mündlich erteilte Befehle werden im Lauf der Zeit dagegen unklarer und verschwommen, bis sie ganz vergessen sind. Als dauerhafter Kontrollmaßstab sind sie deshalb weniger geeignet.

Wenn die Schrift das Steuerungsmedium ist, fördert das eine bestimmte Form der Verwaltungsorganisation: die *monokratische Verwaltung.*[90] Monokratische Verwaltungen setzen vor allem schriftliche Weisungen ein. Und umgekehrt: Schriftliche Anweisungen stabilisieren und fördern monokratische Entscheidungsformen in den Verwaltungen. Die Präferenz monokratischer Strukturen für die Schrift als Steuerungs- und Kontrollmedium hat einen einfachen Grund. Monokratische Verwaltungen sind in hohem Maß darauf angewiesen, dass Weisungen in einer strikten Hierarchie mit langen Befehlsketten nicht verloren gehen oder vergessen werden. Das lässt sich mit schriftlichen Direktiven eher erreichen als durch mündliche Anweisungen.

---

[85] Assmann (1994, S. 62). Das heißt natürlich nicht, dass schriftarme oder orale Gesellschaften keine Autorität und keine Macht kannten. Ausführlich zur Herrschaft ohne geschriebene Normen am Beispiel des Mittelalters Althoff (1997, S. 285 ff.) m. w. N.

[86] Menne-Haritz (2000, S. 5).

[87] Menne-Haritz (2000, S. 5). In der Anfangszeit wurde das allerdings noch ganz anders gesehen. Platon etwa hält die Schrift – im Gegensatz zur mündlichen Rede – für ein unernstes Spiel, mit dem gerade keine Übernahme von Verantwortung verbunden ist. So Platon, Phaidros (2006, 276 b ff.).

[88] Elwert (1987, S. 256 f.).

[89] Menne-Haritz (2000, S. 5).

[90] Menne-Haritz (2000, S. 5 ff.) m. w. N.

Welche Effekte die Entwicklung der Schriftkultur für das politische System einer Gesellschaft hat, lässt sich weniger eindeutig bestimmen.[91] Schrift ist ein *Machtmittel.* Schrift ordnet, beherrscht und kontrolliert. Befehle, Verhaltensregeln und Gesetze werden durch die Schrift fixiert und verbreitet und damit effektiver. Ein anthropologischer Blick auf die Geschichte zeigt, dass in literalen Gesellschaften Machtausübung, Herrschaft, Unterdrückung und Ausbeutung in einem Ausmaß möglich war, das in schriftlosen Gesellschaften undenkbar wäre.[92] Andererseits enthält die Schrift auch ein erhebliches freiheitliches und *demokratisches Potenzial.*[93] In oralen Gesellschaften wird nonkonformistisches Gedankengut in der Regel wieder vergessen. In literalen Kulturen dagegen erhalten abweichende Meinungen durch die Verbreitung des geschriebenen Wortes eine dauerhafte Gestalt und können sich dadurch viel leichter zu opponierenden Ideologien oder politisch-gesellschaftlichen Gegenentwürfen entwickeln.[94] Manifeste und Parteiprogramme können zum Kristallisationspunkt neuer, alternativer und opponierender politischer Ideen werden. Ganz klar: Artikulierter, effektiver sozialer Protest war und ist auf die Beherrschung der Schrift angewiesen.[95] Das gilt auch noch im Internetzeitalter. Ideen und Proteste werden immer noch vor allem – nicht ausschließlich – schriftlich niedergelegt und verbreitet. Mit dem Internet hat sich allerdings die technische Form der Verbreitung radikal verändert.

2.3 *Gutenberg* – und die Folgen

Die Erfindung der Druckerpresse im 15. Jahrhundert[96] hat die Wirkungen der Schriftkultur potenziert und modifiziert.[97] Die „Gutenberg-Revolution" hat dadurch grundlegende politische, ökonomische und rechtliche Strukturen jedenfalls in der westlichen Welt geändert.[98]

---

[91] Glinga (1989, S. 97) betont, dass Oralität und Schriftlichkeit in sich wertneutral seien.

[92] Sehr kritisch Lévi-Strauss (1978, S. 294 f.), der sehr pointiert sogar davon spricht, „daß die primäre Funktion der schriftlichen Kommunikation darin besteht, die Versklavung zu erleichtern."

[93] Das betont auch Havelock (1990, S. 71 f.). Ebenso Elwert (1987, S. 240), der auf den Charakter der Schrift als Instrument der „Demokratisierung (genauer: Pluralisierung)" hinweist. Goody/Watt (1981, S. 86) sieht sogar einen kausalen Zusammenhang zwischen Schriftlichkeit und Demokratie. Das bezweifelt allerdings Glinga (1989, S. 96).

[94] Goody (1990, S. 204).

[95] Elwert (1987, S. 241 f.) m. w. N.

[96] Ausführlich dazu Giesecke (1991, S. 63 ff.) m. w. N. Allerdings haben die Chinesen schon 500 Jahre früher das Prinzip, mit beweglichen Lettern zu drucken, entwickelt und praktiziert. Dazu ausführlich Febvre/Martin (1997, S. 71 ff.).

[97] Ong (1982, S. 115 ff.) m. w. N.; Luhmann (1998, S. 291 ff.).

[98] Umfassend dazu Eisenstein (1979, S. 43 ff.) m. w. N., und pass. In der arabischen Welt hat sich die Druckkultur erst sehr viel später durchgesetzt. Der Grund dafür liegt in der religiös-kulturellen Privilegierung der gesprochenen Sprache gegenüber der Schrift im Islam und den arabischen Gesellschaften. Ausführlich dazu Diner (2005, S. 107 ff.).

2.3.1 Die Manuskriptkultur: Das Buch als Einzelstück

Die Schriftkultur war über Jahrhunderte eine Kultur des *handgeschriebenen* Buches.[99] Texte wurden weiterverbreitet, indem Manuskripte abgeschrieben wurden. Unter medienpsychologischen Gesichtspunkten war die Manuskriptkultur geprägt von Synästhesie und Taktilität.[100] Die Beschäftigung mit handgeschriebenen Manuskripten und die damalige Wissenschaftspraxis forderten und förderten das Einfühlungsvermögen und die Beteiligung aller Sinne. Lesen bedeutete vor allem laut Lesen und Vorlesen.[101] Die Manuskripte waren nur schwer zu entziffern und mussten deshalb laut gelesen werden, um ihren Sinn zu erfassen.[102] Das Auge musste also durch andere Sinne – vor allem das Ohr – ergänzt werden.[103] Hier zeigt sich eine interessante Parallele zur modernen Multimediakultur. Multimediadarstellungen, die eng mit dem Prozess der Digitalisierung zusammenhängen, zielen geradezu darauf, nicht nur das Auge, sondern auch andere Sinnesorgane anzusprechen.

Die Manuskriptkultur war eine „Do-it-yourself-Kultur", die sich nicht an Konsumenten, sondern an Produzenten richtete.[104] Manuskripte mussten, wenn man sie benutzen wollte, in der Regel kopiert, also abgeschrieben werden. Weil Manuskripte selten einem bestimmten Verfasser zugerechnet wurden, bedeutete Abschreiben in der Praxis gleichzeitig ein Weiterschreiben.[105] Die Wissensproduktion der Manuskriptkultur war also ein ständiger Prozess, an dem viele unterschiedliche anonyme Produzenten beteiligt waren.

2.3.2 Gutenbergs Revolution: Das Buch als Massenmedium

Gutenberg verfolgte mit der Entwicklung der Druckerpresse ein klares Ziel: Jedes einzelne Zeichen, jede Seite und jedes Exemplar desselben Buchs sollten völlig identisch sein.[106] Dieses Ideal hat Gutenberg erreicht. Die Mechanisierung der Schreibkunst durch die Druckerpresse hat aber viel weiter reichende Folgen gehabt, als sie Gutenberg – oder jemand anderes – sich hätte vorstellen können. Sie setzte einen umfassenden Uniformierungsprozess der Sprache, des Denkens und des Wissens in Gang. Anders als in oralen oder von der Manuskriptkultur geprägten Gesell-

[99] McLuhan (1995, S. 92).

[100] McLuhan (1995, S. 34).

[101] McLuhan (1995, S. 110).

[102] Ong (1982, S. 120) sieht in der besseren und schnelleren Lesbarkeit gedruckter Texte einen wichtigen Grund für den Erfolg der Drucktechnologie.

[103] Ong (1982, S. 117).

[104] McLuhan (1995, S. 164).

[105] McLuhan (1995, S. 165).

[106] Ausführlich dazu Giesecke (1991, S. 141), der auf den Ursprung dieses Ideals im Harmoniedenken der Renaissance hinweist.

schaften wurde Wissen in originaler, unveränderter Form weitergegeben.[107] Mit der Zeit entstand ein riesiger uniformierter[108] *kollektiver Gedächtnisspeicher.*[109] Zum ersten Mal in der Geschichte der Schrift existierten Informationen, die weit verbreitet und überall identisch waren. Das war nichts weniger als eine *Kulturrevolution.* Ihre Bilanz ist allerdings durchaus ambivalent.[110] Das mag ein Beispiel unter vielen[111] illustrieren: Die Typografie hat nicht nur alte Gesellschafts- und Machtstrukturen aufgebrochen[112] und demokratisiert. Sie hat – sozusagen als Kehrseite – die Wahrnehmung und das Denken vereinheitlicht und womöglich auch verarmt.[113]

Unbestritten ist aber, dass die neue Technologie alle Bereiche der Kultur tief verändert hat.[114] Der Uniformierungsprozess ist die Basis für den wissenschaftlich-technischen Fortschritt der Neuzeit geworden. Der Buchdruck war – ohne Übertreibung – ein wesentlicher Faktor für die wissenschaftliche Revolution.[115] Denn jetzt ließ sich Information viel effektiver verbreiten und verarbeiten.[116] Wissenschaftliche und technologische Erkenntnisse waren nicht länger Geheimwissen, sondern einem immer größeren Leserkreis zugänglich. Erst die Vernetzung, Homogenisierung und Organisation menschlicher Erfahrungen und Anstrengungen hat die wissenschaftlich-technische Revolution ermöglicht.[117] Kurz: Die Druckerpresse hat Synergien freigesetzt.[118] Der Siegeszug des typografischen Schriftsystems hat gleichzeitig weitreichende ökonomische Auswirkungen gehabt. Der Buchdruck lieferte das erste uniforme und in beliebigen Stückzahlen produzierbare *Konsumgut Buch.*[119] Ein

---

[107] Eisenstein (1979, S. 80 ff.) m. w. N. beschreibt im Detail den Prozess der Standardisierung, den das Wissen durch den Buchdruck durchmacht.

[108] Zur Uniformierung der Sprache durch den Buchdruck Luhmann (1998, S. 295). Kritisch zur Uniformierung des Denkens durch den Buchdruck und das Buch Giesecke (2002, S. 237 f.), der pointiert von der „Zurichtung des Menschen" spricht, die das Buch ermöglicht hat.

[109] Gedruckte Bücher erfüllen eine wichtige Konservierungsfunktion für das soziale und kulturelle Gedächtnis einer Gesellschaft. Ausführlich dazu Eisenstein (1979, S. 113 ff.).

[110] So mit allem Nachdruck Giesecke (2002, S. 257 ff.) m. w. N.

[111] Giesecke (2002, S. 260 f.) verdeutlicht in einer Synopse weitere Beispiele für die ambivalenten Leistungen und Auswirkungen der Buchkultur.

[112] Zu den *cross-cultural interchanges*, die der Buchdruck ermöglichte, Eisenstein (1979, S. 75 ff.).

[113] Das kritisiert McLuhan (1995, S. 263 ff.) sehr ausführlich und deutlich.

[114] Metz (2006, S. 61 ff.) Ong (1982, S. 127 ff.) m. w. N. gibt einen konzisen Überblick über die kulturverändernden Wirkungen des Buchdrucks.

[115] Metz (2006, S. 63).

[116] Ausführlich dazu Eisenstein (1979, S. 89 ff.) m. w. N.

[117] McLuhan (1995, S. 204).

[118] Metz (2006, S. 63) spricht in diesem Zusammenhang von einem „geistigen Entlastungseffekt."

[119] Wenzel (2003b, S. 379) m. w. N. Ausführlich zum Buch als Ware Febvre/Martin(1997, S. 109 ff.) m. w. N.

internationaler Markt für Bücher entwickelte sich.[120] Das Wissen als Massenware[121] markiert deshalb eine wichtige Etappe bei der Herausbildung des marktwirtschaftlichen Wirtschaftssystems.[122] Dass der Buchdruck eine Schlüsseltechnologie war, zeigt nicht zuletzt seine Rolle bei der Entwicklung der Nationalstaaten.[123] Die Vereinheitlichungstendenz der Drucktechnik führte erstmals zu festen Regeln in der Orthografie und Grammatik.[124] Erst auf dieser Grundlage konnten sich Nationalliteratur, Nationalbewusstsein und – darauf weiter aufbauend – Nationalstaaten entwickeln. Durch gedruckte Bücher und – mehr noch – Flugschriften und Zeitungen konnten Menschen öffentlich und intensiv kommunizieren, Gemeinsamkeiten entdecken und größere Gemeinschaften bilden. Deshalb waren gedruckte Medien notwendige – nicht hinreichende – Bedingungen, ohne die sich Nationalstaaten nicht hätten entwickeln können. [125]

2.3.3 Demokratie ohne Bücher?

Mit jedem neuen Medium ist – das ist eine Konstante der Medienentwicklung über die Jahrhunderte – ein Demokratisierungsversprechen verbunden.[126] Das war auch nicht anders, als das gedruckte Buch aufkam. Spätestens seit dem 15. Jahrhundert wusste man, welche Möglichkeiten zur Demokratisierung des Wissens mit dem Buchdruck verbunden sind.[127] Der Buchdruck hat tatsächlich eine radikale Umwälzung der hergebrachten Kommunikationsverhältnisse angestoßen.Anders als in der oralen und auch der Manuskriptkultur gab es keine zentralen Eliten und Instanzen mehr, die den Informationsfluss regulieren und kontrollieren konnten. Das neue Modell war ein – mehr oder weniger freier – Markt, auf dem Informationen und Ideen um Rezeption und Zustimmung konkurrieren konnten. Das Wissen wurde zum öffentlichen Gut.[128] Ein spektakuläres Beispiel für die Auswirkungen dieser Entwicklung ist die Reformation. Durch zahllose Flugschriften und Bücher verbreiteten sich die Ideen Martin Luthers und anderer Reformatoren schnell in Deutschland und ganz Europa.[129] Allein zwischen 1517 und 1520 wurden die Schriften Luthers in

---

[120] Febvre/Martin (1997, S. 296) und ausführlich Burke (2002, S. 190 ff.) Gleichzeitig gab es – natürlich – bereits früh Versuche, unliebsame Bücher zu unterdrücken. Dazu Febvre/Martin (1997, S. 304 f.).

[121] Eine Ware – wenn auch keine Massenware – war Wissen aber schon lange vor der Erfindung der Druckerpresse. Dazu Burke (2002, S. 175 ff.) m. w. N.

[122] Giesecke (1991, S. 185 f., S. 395).

[123] Ausführlich dazu McLuhan (1995, S. 286 ff.), und Giesecke (1991, S. 377 ff.) m. umfangr. N.

[124] Luhmann (1998, S. 298). Ausführlich dazu Febvre/Martin (1997, S. 272 ff.).

[125] Ausführlich und umfassend dazu Anderson (1983).

[126] Schmidt (2000, S. 188).

[127] Giesecke (1991, S. 189 ff.).

[128] Diner (2005, S. 111).

[129] Febvre/Martin (1997, S. 291). Diner (2005, S. 111) spricht von 10.000 aktuellen Flugschriften, die von 1500 bis 1530 in einer Gesamtauflage von 10 Millionen Exemplaren verbreitet wurden.

mehr als 300.000 Exemplaren in ganz Europa verbreitet.[130] Das hat die kulturelle Durchschlagskraft der reformatorischen Ideen ganz erheblich gesteigert.[131] Es ist kaum vorstellbar, dass die Reformation ohne die massenhafte Verbreitung gedruckter Literatur Erfolg gehabt hätte.[132] Der Buchdruck hat sich als große *Aufklärungsmaschine* gezeigt.[133] Die Entwicklung der Buchkultur ist ein notwendiger – natürlich nicht hinreichender – Faktor bei der Entwicklung von autoritären und hierarchisch organisierten Gesellschaftssystemen hin zu demokratisierten Gesellschaftsordnungen.[134] Um es zuzuspitzen: Ohne Bücher gibt es keine Demokratie.[135]

2.4 Recht *sprechen* oder Gesetze *schreiben* – Vom gesprochenen zum geschriebenen Recht

Die Schrift als dominierendes Kommunikationsmedium prägt nicht nur das Denken und die Gesellschaft im Allgemeinen. Sie hat natürlich auch starken Einfluss auf das Rechtssystem.[136] Der Beginn der Schriftkultur markiert deshalb – wenig erstaunlich – einen Wendepunkt in der Entwicklung des Rechts.[137]

Das schriftliche Recht hat sich in einem langen historischen Prozess durchgesetzt, der anfangs über Jahrhunderte nur langsam und zögernd vonstatten ging. Das orale Recht dominierte noch lange, auch als die Schrift schon erfunden war.[138] Bis zur Erfindung des Buchdrucks im 15. Jahrhundert bestand die Rechtsordnung deshalb aus einer unübersichtlichen Gemengelage[139] von mündlichem und geschriebenem Recht. Mündlich tradiertes Recht dominierte klar. Es wurde aber zunehmend durch geschriebenes Recht unterstützt, ergänzt und allmählich auch modifiziert.[140]

---

[130] Eisenstein (1979, S. 303 ff.).

[131] Den Einfluss der Druckschriften auf die Entwicklung der Reformation analysieren im Einzelnen Febvre/Martin (1997, S. 288 ff.).

[132] Diner (2005, S. 110).

[133] Giesecke (2002, S. 243).

[134] Goody (1990, S. 202 ff.). beschreibt die Rolle der (typografischen) Schrift für die Demokratisierung ausführlich.

[135] Selbstverständlich sind Bücher – also Bildung und Kommunikation – nur eine notwendige, keine hinreichende Bedingung für eine Demokratie. Zu weiteren Funktionsvoraussetzungen der Demokratie ausführlich Schmidt (2008, S. 412 ff.) m. w. N.

[136] Zur Sprache als Medium der juristischen Kommunikation Voigt (2000, S. 63 ff.) m. w. N.

[137] Sellert (1997, S. 38 f.); Katsh (1989, S. 64).

[138] Ausführlich dazu Berman (1978, S. 553 ff.) für die Zeit ab dem 11. Jahrhundert.

[139] Die Gemengelage von gesprochener und geschriebener Sprache illustriert Reiffenstein (1986, S. 659 ff.) m. w. N. am Beispiel deutscher Urkunden im 13. Jahrhundert.

[140] Ähnlich Sellert (1997, S. 41 f.). Goody (1990, S. 259 ff.), zeichnet den Entwicklungsprozess sehr anschaulich am Beispiel des mittelalterlichen Englands nach. Hahn (1997, S. 35 ff.) bemerkt zu Recht, dass auch im modernen Recht in vielen Bereichen eine Gemengelage von oralen und literalen Elementen anzutreffen ist.

Der Buchdruck änderte diese Situation dramatisch.[141] Seit es Bücher gibt, lassen sich identische Rechtstexte über große räumliche Entfernungen verbreiten.[142] Das ändert nicht nur einzelne Inhalte, sondern den Charakter und die Bedeutung des Rechts insgesamt tief greifend. Wie hat die Entwicklung der Schrift das Recht verändert?

2.4.1 *Die Herrschaft des Rechts*

Das Recht war lange nur eine, keineswegs die dominierende Methode, um Konflikte zu vermeiden oder Probleme zu regeln. Orale und frühe literale Gesellschaften hatten einen eher sozialen, weniger rechtlichen Methodenkanon, um Problemlösungen für Konflikte zu finden.[143] Recht, Moral, Sitte und Tradition sind in oralen Gesellschaften eng und unentwirrbar verknüpft.[144] Stärker als in schriftlich geprägten Gesellschaften stellen deshalb Religion und Moral ebenso wie Tradition und Überlieferung verbindliche Rechtsquellen dar.[145] Anders als in modernen, schriftlich geprägten Gesellschaften sind rechtliche Normen nur eine Rechtsquelle unter vielen anderen.

Als die Schrift zum dominierenden Kultur- und Kommunikationsmedium wird, ändert sich das.[146] Ab dem späten Mittelalter war die Schriftkultur in Europa so verbreitet, dass schriftliche Dokumente im Rechtsverkehr erstmals eine höhere Glaubwürdigkeit und damit eine größere Bedeutung als mündliche Aussagen bekamen. Hinzu kam, dass gesellschaftliche, wirtschaftliche und soziale Konflikte in den ausdifferenzierten und komplexer gewordenen Gesellschaften nicht mehr mit rein mündlichen Techniken gelöst werden konnten. Neue Konfliktpräventions- und Lösungstechniken wurden notwendig. Das war die Stunde des geschriebenen Rechts. Es erwies sich als geeignetes Instrument, auch komplizierte Konflikte zu verhüten oder zu lösen. Damit begann eine Entwicklung, an deren Ende die Vorherrschaft des Rechts steht.[147] Inzwischen spricht man sogar von der *Verrechtlichung* der Ge-

---

[141] Luhmann (1993, S. 272 f.); Katsh (1989, S. 83 f.).

[142] Luhmann (1998, S. 269), bezeichnet die Schrift deshalb treffend als „Verbreitungsmedium".

[143] Wesel (1985, S. 325) mit Beispielen und weiteren Nachweisen; Weitzel (1994, S. 612 f.) m. w. N. Einen detaillierten Überblick über unterschiedliche Konfliktlösungsmechanismen in unterschiedlichen Gesellschaftsformen geben Nader/Todd (1978).

[144] Wesel (1985, S. 336). Ähnlich Goody (1990, S. 225).

[145] Zum Verhältnis von Religion und Recht bei frühen, vorstaatlichen Gesellschaften Wesel (1985, S. 171 ff.) m. w. N. Berman (1978, S. 553 ff.) zeichnet nach, wie sich die große Vielfalt an unterschiedlichsten Rechtsquellen ab dem 11. Jahrhundert allmählich verringert und sich das Recht als einzige Rechtsquelle herausbildet. Das ist allerdings in den islamischen Staaten bis heute anders. Dort ist der Koran nicht nur ein religiöser Text, sondern auch eine Rechtsquelle. Ausführlich dazu Ebert (2005, S. 200 ff.).

[146] Die Entwicklung zeichnet Katsh (1989, S. 73 ff.) m. w. N. ausführlich nach.

[147] Katsh (1989, S. 81 f.) m. w. N.

sellschaft, der Politik und des Denkens und initiiert immer wieder Deregulierungspolitiken.[148]

Vor allem die Einheit von Religion und Recht ist durch die Entwicklung geschriebenen Rechts aufgehoben worden.[149] Recht und Religion sind in modernen Gesellschaften zwei getrennte Bereiche. Das schriftliche Recht ist das *gottlose Recht*.[150]

Das bedeutet allerdings nicht, dass Moral, Sitten und Gebräuche im modernen Recht überhaupt keine Rolle mehr spielen. Bis heute beeinflussen Religion, Moral, Sitten und Gebräuche sowohl die Entstehung als auch den Inhalt von Recht. Besonders deutlich wird das, wenn geschriebenes Recht auf die „guten Sitten" oder auf Handelsbräuche hinweist. Wechselwirkungen zwischen Recht und Gesellschaft sind aber auch dann von Bedeutung, wenn sich Gewohnheitsrecht entwickelt oder naturrechtliche Grundsätze zur Lösung konkreter Rechtsfragen herangezogen werden. Alles in allem spiegeln einzelne Rechtsnormen und das Rechtssystem insgesamt die religiösen, moralischen, politischen und gesellschaftlichen Standards einer Gesellschaft mehr oder weniger deutlich wider.

2.4.2 Das Ich wird wichtig – Gleichheit und subjektive Rechte

Mündliches Recht ist in weiten Teilen strukturell relativ, nicht absolut.[151] Was ist damit gemeint? Orale Rechtssysteme kennen keine „Gleichheit vor dem Recht". Gleiche Sachverhalte werden nicht zwingend gleich behandelt. Identische Verstöße gegen Rechtsnormen haben nicht immer identische Folgen. Welche Rechtsfolgen eintreten, wird von unterschiedlichsten außerrechtlichen, sozialen Faktoren beeinflusst. Ein einfaches Beispiel: Wie eine Sanktion wegen eines Rechtsbruchs aussieht, hängt in manchen oralen Rechtskulturen auch davon ab, in welchem Verhältnis Täter und Opfer zueinander stehen oder welche räumliche Entfernung zwischen ihnen liegt.[152]

Warum ist das so? In oralen Rechtskulturen existieren viele Rechtsquellen aus unterschiedlichen Bereichen der Gesellschaft nebeneinander, ohne dass sie in einem festen, von vornherein festgelegten Rangverhältnis stehen. Sie sind meistens inhaltlich unbestimmt und widersprechen sich nicht selten. Eine weitere Ursache für die strukturelle Relativität des oralen Rechts ist die Art und Weise, wie nichtliterale Gesellschaften ihre Normen im Konfliktfall durchsetzen. Orale Gesellschaften lösen ihre Rechtskonflikte in der Regel nicht durch formalisierte Prozesse vor fest

[148] Rehbinder (2007, Rn. 145) m. w. N. Das gilt allerdings nur für den nationalen Bereich. In der internationalen Politik und in der globalen Wirtschaft ist die Verrechtlichung dagegen noch eher gering ausgeprägt.

[149] Wesel (1985, S. 349); Luhmann (1993, S. 251 f.) m. w. N.

[150] Fögen (2003, S. 85 ff.).

[151] Wesel (1985, S. 340).

[152] Wesel (1985, S. 340).

strukturierten Institutionen und Gerichten. Ihre wichtigste Technik, um Probleme zu lösen und Konflikte zu bereinigen, ist: reden.[153] Eine Klage wird nicht vor Gerichte gebracht. Sie wird anderen Mitgliedern der Gesellschaft erzählt, mit der Intention, dass diese Klage durch kommunikative Prozesse zum Gesprächsgegenstand der gesamten Gesellschaft wird. In diesem nicht zufällig an das moderne Verfahren der Mediation erinnernden Prozess wird eine diskursive Lösung gesucht. Es bildet sich eine öffentliche Meinung, der sich die „Prozessparteien" unterwerfen werden.[154] Nicht selten wird der soziale Druck, der durch die öffentliche Meinung ausgeübt wird, durch traditionelle Rituale und Zeremonien verstärkt.[155]

Das hat gravierende Folgen: Es existiert keine zentrale Instanz, die trennscharf entscheidet, was für die Konfliktlösung relevant ist und was nicht. Der Prozess, in dem sich eine öffentliche Meinung über die Lösung eines Rechtsstreits bildet, kommt zwar zu einem eindeutigen Ergebnis, das auch effektiv in die Praxis umgesetzt wird. Der Prozess selbst ist aber zu diffus – um nicht zu sagen: zu chaotisch –, um sicherzustellen, dass für jedes identische Problem eine identische Lösung gefunden wird. Daraus vor allem resultiert die strukturelle Relativität, die für mündliche Rechtskulturen typisch ist.[156]

Diese Situation ändert sich, als sich die Verschriftlichung des Rechts durchsetzt. Schriftliches Recht ist – jedenfalls tendenziell – nicht relativ, sondern absolut. Schriftliches und damit abstrakteres Recht bedeutet, dass Verstöße gegen Normen immer die gleichen Folgen haben (sollen). Anders als im oralen Recht spielen ausdifferenzierte persönliche und soziale Beziehungen nur noch eine untergeordnete Rolle. Denn es gibt jetzt einen einheitlichen und übersichtlichen Speicher an Rechtsnormen und Präzedenzfällen, die jederzeit herangezogen werden können. Hier liegt auch eine ganz frühe Wurzel des Gleichheitsgedankens, der im modernen Recht eine fundamentale Rolle spielt. Denn erst nach Überwindung der strukturellen Relativität des mündlichen Rechts konnte sich die Gleichheitsidee im Recht durchsetzen.

Mit der Herausbildung der Gleichheitsidee im Recht ist eine weitere, tief gehende Veränderung verbunden: Allmählich bilden sich subjektive Rechte heraus. Das war etwas Neues. Gesprochene Sprache als Kommunikationsmittel ist zwangsläufig gemeinschaftsbezogen. Man spricht nicht zu sich selbst, sondern zu anderen.[157] Das passt gut zu den Rahmenbedingungen, unter denen Kommunikation ursprünglich stattfand. In frühen, oral geprägten Kulturen hing das Überleben ab vom Erfolg der Gruppe, nicht vom Erfolg des Individuums.[158] Mündliches Wissen kann nur weiter-

[153] Katsh (1989, S. 57). Andere Methoden sind Mediation, Rituale und Zeremonien. Ausführlich zur Mediation Pünder (2005, S. 6 ff.) m. w. N.

[154] Katsh (1989, S. 57 f.); Wesel (1985, S. 185).

[155] Ausführlich dazu Katsh (1989, S. 60 ff.) m. w. N.

[156] Wesel (1985, S. 349 f.) m. w. N, weist aber zu Recht darauf hin, dass auch schriftliches staatliches Recht aufgrund unterschiedlicher Interpretationen nicht immer einheitlich ist.

[157] Selbstgespräche erfüllen wichtige psychologische Funktionen, sind aber keine Form der Kommunikation.

[158] Katsh (1989, S. 232) m. w. N.

gegeben werden, indem es anderen erzählt oder vorgeführt wird. Zuhörer sind nötig, die sich an der Memorierung des oralen Wissens beteiligen.[159] Die Folge: Das Individuum als solches war in frühen Kulturen irrelevant. Orale Rechtssysteme – das ist die Konsequenz – kennen deshalb in der Regel auch keine individuellen Rechte.[160] Das wandelt sich kaum in den Anfangszeiten der Schriftkultur. Bis zur Erfindung des Buchdrucks war Lesen und Schreiben immer noch stark mündlich geprägt. Lesen hieß vor allem *Vor*lesen.

Der Buchdruck ändert diese Sachlage radikal. Die Kommunikation durch gedruckte Texte ist – ganz anders als mündliche Kommunikation – potenziell individuell.[161] Gedruckte Bücher werden nicht in der Gruppe vorgelesen, sie werden in der Regel allein, von der Gruppe isoliert, gelesen.[162] Der Siegeszug des Buches hat sehr dazu beigetragen, den Stellenwert des Individuums in der westlichen Gesellschaft zu erhöhen. Durch das Buch kann der Einzelne mehr wissen. Die deutlich gestiegene Informationsmacht des Individuums führt zu einem Umdenken: Statt der Gruppe rückt das Individuum in den Mittelpunkt des Interesses.

Das hat natürlich Auswirkungen auf das rechtliche Denken: Auch das Rechtsdenken wird stark individualisiert. Damit soll aber keine direkte Kausalität behauptet werden.[163] Spätestens in der Renaissance wurde das Individuum wichtiger – im Denken und in der Praxis.[164] Das Rechtsdenken beschäftigte sich zunehmend mit der rechtlichen Stellung des Einzelnen.[165] Subjektive Rechte, Grundrechte und Menschenrechte wurden zu wichtigen Bestandteilen und Kristallisationspunkten des modernen Rechtsdenkens.[166] Das Recht hat die Idee des unabhängigen und selbstbestimmten Individuums nicht erfunden. Es hat sie aber aufgegriffen und verstärkt.[167] Unterstützt und verstärkt wurde diese Entwicklung durch den Buchdruck – technisch-praktisch und materiell-inhaltlich: Gedruckte Bücher sorgten für eine schnellere und weitere Verbreitung aller Ideen, und sie machten eine individuellere Beschäftigung mit Ideen möglich.

---

[159] Havelock (1990, S. 79).

[160] Ausführlich dazu Katsh (1989, S. 233).

[161] So Ong (1982, S. 128 f.).

[162] Dazu Havelock (1990, S. 79).

[163] Schon methodisch ist es problematisch, historische Entwicklungen retrospektiv teleologisch zu deuten. Das führt leicht zu historischen Fehlinterpretationen und systematischen Verzerrungen. Dazu Bielefeldt (2007, S. 179).

[164] Allerdings wurde die Idee der Menschenrechte schon früher und auch in anderen Kulturkreisen als dem abendländisch-westlichen entwickelt. Instruktiv dazu Dohrmann (2007, S. 116 ff.) m. w. N., der indische Wurzeln der Menschenrechtsidee aus dem 6. Jahrhundert v. Chr. freilegt.

[165] Katsh (1989, S. 233 ff.) m. w. N.

[166] Zu den geistesgeschichtlichen Wurzeln der subjektiven (Menschen-)Rechte Hofmann (1999, S. 11 ff.), und Bielefeldt (2007, S. 177 ff.) m. w. N., der die herkömmliche Darstellung als historisch verfehlt und systematisch verzerrt kritisiert.

[167] Katsh (1989, S. 237).

2.4.3 Schriftliche Rechtsquellen – und die Folgen

Gedruckte Rechtstexte werden zu einer neuen, am Ende dieses Entwicklungsprozesses entscheidenden Rechtsquelle. Was Recht ist, wird jetzt nicht mehr durch mündliche Überlieferung mithilfe von Symbolen und Ritualen weitergegeben. Was Recht ist, ergibt sich jetzt aus gedruckter Literatur.[168] Die explosionsartige Zunahme gedruckter Literatur vervielfältigt auch die Rechtsquellen. Durch die Schrift beginnt das Recht, sich immer stärker auszudifferenzieren.[169] Mit dieser Entfaltung und Verbreitung eines ganzen Kosmos an Rechtsideen wird dann eine Rechtsquellenhierarchie notwendig.[170] Die Ausdifferenzierung der Rechtsquellen führt zunehmend zu Anwendungskollisionen: Unterschiedliche Rechtsquellen regeln denselben Sachverhalt. Welche Rechtsquelle dann letztlich einschlägig ist, ist Gegenstand der Lehre von der Rechtsquellenhierarchie, die sich aus praktischer Notwendigkeit parallel zur Ausdifferenzierung des Rechts entwickeln musste – und tatsächlich entwickelt hat.

In oralen Gesellschaften wird Recht narrativ[171] und konkret situationsbezogen überliefert. Rechtliche Standards werden nicht als abstrakte Regelung, sondern als konkrete Geschichte dargestellt.[172] Ein Beispiel dafür ist das – zwar schriftlich überlieferte, aber noch stark mündlich geprägte – Gesetzbuch[173] des Hammurapi aus der Zeit des antiken Babyloniens.[174]

Diese extrem konkrete Struktur des Denkens ist durch die Besonderheiten der mündlichen Kommunikation bedingt: Anders als schriftliche Kommunikation ist mündliche Überlieferung auf Sprachbilder, Sprachrhythmus, eindrückliche Geschichten und andere, das Gedächtnis stärkende Techniken angewiesen.[175] Nicht zuletzt deshalb musste das Rechtsdenken an konkrete, sinnliche Erfahrungen anknüpfen.[176] Rechtliche Transaktionen beispielsweise wurden nicht durch die Übertragung von abstrakten Rechten vorgenommen. Sie erforderten stattdessen einen tatsächlichen Austausch konkreter Dinge unter der Beteiligung von Augenzeugen.[177]

Erst mit der Entwicklung der Schriftkultur hat sich das grundlegend geändert. Schriftlich überliefertes Recht löste sich vom konkreten Einzelfall. Gleich-

---

[168] Weitzel (1994, S. 611 f.).

[169] Dazu Hahn (1997, S. 48 ff.).

[170] Luhmann (1993, S. 251 f.) m. w. N.

[171] Grundsätzlich zur großen Bedeutung des Geschichtenerzählens in oralen Kulturen Havelock (1986, S. 75 f.).

[172] Katsh (1989, S. 252).

[173] Ob der Codex Hammurapi überhaupt eine Sammlung von Gesetzen war, ist in der Altertumswissenschaft umstritten. Zu dieser Debatte ausführlich Renger (1994, S. 27 ff.) m. w. N.

[174] Havelock (1978, S. 43). Kienast (1994, S. 19). Zu den Inhalten der Regeln, die der Codex Hammurapi aufstellt, ausführlich Klengel (1991, S. 189 ff.), und Roßnagel (o. J., S. 2 f.).

[175] Weitere Beispiele für Gedächtnishilfen aus ethnologischen Beobachtungen schildert Schott (1968, S. 199 f.).

[176] Smith (1968, S. 191, 198).

[177] Katsh (1989, S. 252).

zeitig damit begann die rechtliche Sphäre, sich von der Realität zu abstrahieren. Das Rechtsdenken entwickelte generelle, abstrakte Regeln mit universalem, über einen konkreten Einzelfall hinausreichendem Geltungsanspruch. Das Recht nimmt gleichzeitig aber – das ist die andere Seite der Medaille – nicht mehr alle Umstände eines Einzelfalls in den Blick. Es fokussiert sich auf wenige, von ihm als relevant angesehene Aspekte eines Problems. Die *Dekontextualisierung des schriftlichen Rechts* hatte einen weitreichenden Effekt auf die juristische Methodik und das Rechtsdenken. Weil schriftliches Recht abstrakter ist, wird es nicht mehr wie von selbst verstanden. Es muss interpretiert werden.[178] Gleichzeitig kann und wird schriftliches Recht immer wieder neu beobachtet, kommentiert und weiterentwickelt. Die rechtliche Dogmatik wird immer ausgefeilter, das juristische Denken wird immer abstrakter.

Durch die Schrift und später stärker noch durch den Buchdruck nahm die Quantität des Rechts ganz erheblich zu. Denn Schrift und Buchdruck bewirkten, dass die eingeschränkte Kapazität des menschlichen Gedächtnisses nicht mehr die Anzahl rechtlicher Gedanken und Regeln begrenzte. Durch die Zunahme des Rechtsmaterials ergab sich ein neues Problem: Wie ließ sich im ausufernden Rechtsstoff die Übersicht bewahren? Je mehr rechtliche Regelungen entstanden und weitergegeben wurden, desto notwendiger wurde es also, das Recht wieder zu vereinfachen und zu systematisieren. Schrift und Buchdruck haben deshalb eine rechtswissenschaftliche Dogmatik notwendig gemacht und gleichzeitig gefördert.[179]

Recht in literalen Gesellschaften ist erheblich formaler und komplexer als in mündlich geprägten Gesellschaften.[180] Der Zusammenhang zwischen Schrift, Formalismus und Komplexität wird besonders deutlich am Beispiel juristischer Verträge, Dokumente und Register.

Selbstverständlich kennen auch orale Gesellschaften bestimmte Formen vertraglicher Beziehungen.[181] Die Vertragspartner sind dabei allerdings auf das Gedächtnis und die Langlebigkeit von Augenzeugen angewiesen, die sich erinnern und den Vertragsinhalt in die Zukunft transportieren können.[182] Deshalb ist sowohl die zeitliche Spannweite als auch die inhaltliche Vielfalt mündlicher Verträge grundsätzlich begrenzt.[183] Erst die Schrift macht Verträge unabhängig vom menschlichen Gedächtnis. Erst die Schrift ermöglicht die potenziell unbegrenzte Komplexität ver-

[178] Luhmann (1993, S. 256). Luhmann (1998, S. 269), betont, dass Schriftlichkeit die Unsicherheit darüber steigert, was eigentlich mit einem Kommuniaktionsakt gemeint ist. Mündliche Kommunikation ist in der Regel eindeutiger, nicht zuletzt wegen der Präsenz der Kommunizierenden.

[179] Luhmann (1993, S. 273) m. w. N.

[180] Ausführlich dazu Goody (1990, S. 237), der auf historische Beispiele hinweist. Ähnlich Hahn (1997, S. 49), die den Zusammenhang zwischen Verschriftlichung des Rechts und Ausdifferenzierung, also zunehmender Komplexität der Gesellschaft betont. Zur Rolle der Schrift bei der Ausdifferenzierung des Gesellschaft im Allgemeinen Luhmann (1998, S. 254 ff., 271).

[181] Goody (1990, S. 237); Wesel (1985, S. 351).

[182] Allgemein zur Geltendmachung juristischer Ansprüche in schriftlosen Gesellschaften Schott (1968, S. 185 f.) m. w. N.

[183] Goody (1990, S. 238).

traglicher Inhalte.[184] Die Schrift hat den Aufstieg des Vertrags zum entscheidenden Gestaltungsinstrument in vielen gesellschaftlichen Bereichen erst möglich gemacht. Der revolutionäre Übergang von der Statusgesellschaft, in der es auf den sozialen Status ankommt, zur Gesellschaft, die durch Vertragsbeziehungen geprägt ist,[185] ist ohne die Entwicklung der Schriftkultur undenkbar.

Die Schriftkultur hat darüber hinaus auch die Entwicklung von öffentlichen Registern gleichzeitig ermöglicht und angestoßen.[186] Die Auswirkungen von öffentlichen Registern auf die weitere Entwicklung der Gesellschaft sind – das zeigen Rechtsgeschichte und Anthropologie – weitreichend.[187] Die Registrierung von Grundbesitz war nicht bloß eine neue, durch die Schrift ermöglichte Rechtstechnik. Sie hat auch *inhaltliche* Auswirkungen auf die Eigentumssituation und das Recht des Eigentums gehabt.[188] Ebenso ist die Registrierung von Ehen nicht nur eine rechtliche Formalität. Sie hat – das zeigen anthropologische und rechtshistorische Studien – die Familienstrukturen in der Gesellschaft verändert.[189]

Schon orale Kulturen kannten die Möglichkeit, Eigentum im Todesfall durch eine Art Testament zu übertragen.[190] Aber die Verwendung von Schrift erweitert die Möglichkeiten testamentarischer Verfügung um eine neue Dimension. Mündliche Testamente lassen sich relativ leicht unter Hinweis auf überkommene Regeln und Bräuche relativieren. Inhalte, die von der Tradition und den Erwartungen der Gesellschaft abweichen, haben es schwer, wenn sie nur mündlich überliefert sind. Schriftliche Testamente dagegen, die zudem von einem Spezialisten abgefasst werden, haben eine deutlich gesteigerte Autorität und damit Wirkung. Das erweitert die Optionen, die der Erblasser hat. Er kann durch ein schriftliches Testament leichter von der Erbfolge abweichen, die in der Gesellschaft üblich ist. Dadurch wird das schriftliche Testament – ganz anders als das mündliche – zu einem wirksamen Instrument des sozialen Wandels.[191] Es muss weniger Rücksicht auf die tradierte Ordnung und die konservativen Erwartungen nehmen. Ein Testament hat jetzt – dank der Schrift – stärkere Wirkungen und kann aktiv – und nicht selten eben innovativ – durch die Vererbung von Gütern neue Strukturen etablieren.

---

[184] Weitzel (1994, S. 615) m. w. N.

[185] Der britische Rechtshistoriker Henry Maine hat im 19. Jahrhundert die berühmte Formel *from status to contract* geprägt. Ausführlich dazu Wesel (1985, S. 12 ff.) m. w. N.

[186] Weitzel (1994, S. 614 f.).

[187] Ausführlich dazu Goody (1990, S. 253 ff.) mit instruktiven Beispielen.

[188] Siehe dazu die Beispiele bei Goody (1990, S. 254 ff.).

[189] Goody (1990, S. 238 f.).

[190] Ausführlich dazu Goody (1990, S. 242 ff.) m. w. N.

[191] So ganz dezidiert Goody (1990, S. 244) mit vergleichenden Beispielen aus anthropologischer Sicht.

2.4.4 Gerichtsverfahren – Reduktion der Welt und klare Entscheidung

Die durch die Entstehung der Schriftkultur angestoßene und vorangetriebene Ausdifferenzierung der Rechtsquellen hat auch die institutionelle Organisation des Rechtssystems beeinflusst.[192] Während orale Gesellschaften weitgehend ohne spezialisierte rechtliche Institutionen – also etwa Gerichte – auskommen, ändert sich das bei literalen Gesellschaften.[193] Um es auf eine plakative Formel zu bringen: In einem langen, allmählichen Prozess trennt sich der Gerichtshof vom Hof des Königs.[194]

Gleichzeitig ist eine weitere Entwicklung zu beobachten: Die Juristerei wird zu einem eigenständigen Handwerk, das von Experten professionell ausgeübt wird.[195] Orale Gesellschaften lösen Rechtsprobleme noch durch einen umfassenden Diskurs, an dem potenziell alle Mitglieder einer Gesellschaft teilnehmen können.[196] Ein Unterschied zwischen juristischen Laien und Rechtsexperten existiert noch nicht. Je stärker sich das schriftliche Recht ausdifferenziert, desto weniger ist das möglich. Das spezialisierte, differenzierte und viel komplexere Recht kann nur noch von professionellen Juristen überschaut und angewandt werden.[197]

Rechtsanthropologische Untersuchungen zeigen, wie die Entwicklung der Schriftkultur auch die Gerichtsverhandlung selbst immer stärker verändert hat.[198] In oralen, schriftlosen Gesellschaften stellt jedes gerichtliche Verfahren einen Neuanfang dar.[199] Es gibt keine schriftlichen Regeln oder schriftlich festgehaltene Präzedenzfälle, auf die man verweisen könnte. Die gesamte Grundlage für die Entscheidung des Gerichts wird mündlich im Lauf der Verhandlung von allen Beteiligten im Diskurs erarbeitet. Erst die Schrift schafft einen konstanten Bestand an Regeln und Präzedenzfällen, auf den jederzeit zurückgegriffen werden kann.[200] In literalen Gesellschaften wurden schriftliche Beweismittel zugelassen und entwickelten sich zur

---

[192] Goody (1990, S. 235).

[193] Die Sozialanthropologie unterscheidet idealtypisch zwischen Gesellschaften mit und Gesellschaften ohne Gerichte. Dazu Goody (1990, S. 219) m. w. N.

[194] Goody (1990, S. 235). Den historischen Prozess zeichnen Collins/Skover (1992, S. 527 ff.) m. w. N. nach. Ausführlich zur Bedeutung der ausdifferenzierten Funktion von Gerichten Luhmann (1993, S. 329 ff.) m. w. N.

[195] Ausführlich zur Professionalisierung der juristischen Kompetenz Luhmann (1993, S. 329 ff.) m. w. N.

[196] Weitzel (1994, S. 612 f.) m. w. N.

[197] Dazu Katsh (1989, S. 86). Instruktiv dazu am Beispiel des England im späten 13. Jahrhundert Goody (1990, S. 267 f.) m. w. N.

[198] Goody (1990, S. 248 ff.), und Katsh (1989, S. 76 ff.), zeichnen diesen Prozess anhand historischer Beispiele nach.

[199] Ein instruktives Beispiel dazu schildert Goody (1990, S. 231 f.).

[200] Luhmann (1993, S. 246) m. w. N.

dominierenden Methode, die Wahrheit zu erforschen.[201] Das hatte eine ganze Reihe von formalen, vorwiegend verfahrensbezogenen Auswirkungen.[202]

Von viel tiefer reichender Bedeutung für die weitere Entwicklung des Rechts ist aber eine inhaltliche Folge der Verschriftlichung für das Gerichtsverfahren: Beweismittel und damit in letzter Konsequenz auch die *Wahrheit* selbst werden *enger* und *formaler* verstanden.[203] Bei Rechtsstreitigkeiten in oralen Gesellschaften wurde die Wahrheit noch in einem ganz umfassenden Diskurs mit vielen Beteiligten gesucht.[204] Zur ganzen Wahrheit gehörten dabei nicht nur rechtliche, sondern auch soziale, psychologische, politische und kulturelle Aspekte und Argumente.[205] Mit der Entwicklung und allmählichen Dominanz schriftlicher Beweismittel wurde es möglich, Gerichtsverhandlungen vorzubereiten und vorzustrukturieren. Was in den diskursgeprägten Prozessen in oralen Gesellschaften praktisch undenkbar war, wurde mit Hilfe schriftlicher Beweismittel immer stärker praktiziert: Bei der Vorbereitung juristischer Prozesse wurde strikt zwischen rechtlich relevanten und rechtlich irrelevanten Aspekten und Argumenten unterschieden. Es ging nicht mehr um die Suche nach der Wahrheit insgesamt. Ziel einer Gerichtsverhandlung war jetzt, die *rechtlich relevante* Wahrheit herauszufinden.[206]

Trotzdem sind Gerichtsverfahren bis in die Gegenwart immer noch stark vom mündlichen Diskurs geprägt.[207] Im modernen Recht dient das schriftliche Verfahren in der Regel nur der Vorbereitung einer mündlichen Verhandlung. Die mündliche Verhandlung ermöglicht dann eine kompaktere und zügige Erörterung offener Fragen.[208] Öffentlichkeit und Unmittelbarkeit sind Grundpfeiler eines rechtsstaatlichen Verfahrens. Mit reiner Schriftlichkeit ließen sie sich kaum in der Praxis verwirklichen. Typisch und notwendig ist im Gerichtsverfahren deshalb eine spezifische Verschränkung von schriftlichen und mündlichen Elementen.

Der Siegeszug der Schrift im Recht hat auch das Ziel und das Ergebnis von juristischen Prozessen verändert. In oralen Gesellschaften werden juristische Kon-

---

[201] Weitzel (1994, S. 614) m. w. N. Goody (1990, S. 248), weist darauf hin, dass schon in der historischen Frühzeit – etwa in Ägypten um 2150 v. Chr. – schriftlichen Beweismitteln ein höherer Wahrheitswert als mündlichen Zeugenaussagen zugeschrieben wurde.

[202] Katsh (1989, S. 76 ff.), und Goody (1990, S. 250), beleuchten historische Beispiele dafür, wie sich Formalien in Gerichtsverfahren durch die Entwicklung der Schrift verändert haben.

[203] So ganz dezidiert Goody (1990, S. 251).

[204] An diese Formen oraler Gerichtsbarkeit in vorstaatlichen Gesellschaften scheint die Gacaca-Justiz in Ruanda anzuknüpfen. Ihr geht es darum, in einem weit gespannten Diskurs zwischen Opfern, Tätern, Familienangehörigen und Mitgliedern der betroffenen Dorfgemeinschaften die Schrecken und Straftaten des Bürgerkriegs zwischen Tutsi und Hutu von 1994 zu bewältigen. Die „normale" Justiz ist dazu schon angesichts der hohen Zahl von Straftätern und Straftaten nicht in der Lage. Ausführlich und kritisch zur Gacaca-Justiz in Ruanda Harrell (2003, S. 67 ff.).

[205] Instruktiv zu Gerichtsverhandlungen in oralen Gesellschaften Berman (1995, S. 99 ff.), und Schott (1978, S. 607 ff.) mit vielen erhellenden Details.

[206] Ähnlich schon Collins/Skover (1992, S. 533) m. w. N.

[207] Weitzel (1994, S. 617).

[208] Weitzel (1994, S. 617).

flikte tendenziell eher durch Verhandlung, Vermittlung und Einigung beigelegt.[209] Diese Art der Konfliktlösung wird durch das dominante Kommunikationsmedium, nämlich die Sprache, gefördert. Weil in einem umfassenden Disput vieler Beteiligter alle möglichen Aspekte eines Streits betrachtet und diskutiert werden, wird die Sachlage immer komplizierter und „unschärfer". Klare – oder: „scharfe" – Entscheidungen werden dieser Art der Problemaufbereitung nicht gerecht. Eine Lösung wird nur von allen akzeptiert, wenn sie möglichst viele der diskutierten Aspekte des Konflikts berücksichtigt. Das schafft in der Regel nur ein – mehr oder weniger komplizierter – Kompromiss.

Diese „unscharfe", dem modernen Verfahren der Mediation verwandte Lösungsmethode tritt in den Hintergrund, als sich die Schriftkultur entwickelt und das juristische Denken modifiziert. Schrift ist schärfer und klarer als mündlicher Disput. Schrift kann Klarheit und Eindeutigkeit schaffen, die in den Aufgeregtheiten einer streitigen mündlichen Kommunikation kaum zu erreichen wären.[210] Erst auf der Grundlage schriftlich fixierter, eindeutiger Codes lassen sich klare Entscheidungen treffen. Erst die Schriftkultur macht aus dem Rechtsdenken ein Entscheidungsdenken. Durch den Einfluss der Schrift wird das Rechtsdenken begrifflich geschärft und auf das Ziel einer Entweder-Oder-Entscheidung ausgerichtet. Auf die prozessuale Ebene übersetzt bedeutet das: An die Stelle einer umfassenden Verhandlung, die einen Kompromiss sucht, tritt der streitige Prozess, der in der Regel durch ein eindeutiges Urteil beendet wird.

2.4.5 Eine ambivalente Bilanz

Die Literalisierung des Rechts hat eine Reihe von Vorteilen und Weiterentwicklungsmöglichkeiten gebracht. Gleichzeitig lassen sich aber auch Nachteile nicht übersehen, die mit der Literalisierung des Rechts verbunden sind. Die Bilanz ist insgesamt durchaus ambivalent.

Wo liegen die Vorteile von schriftlichem Recht? Schriftliches Recht ist *stabiler* als orales Recht.[211] Das gilt zunächst rein physisch. Recht, das im Gedächtnis gespeichert und mündlich überliefert wird, ändert sich zwangsläufig mehr oder weniger stark, wenn es mündlich bearbeitet wird. Exakte Kopien sind bei mündlicher Überlieferung nicht möglich. Recht, das schriftlich gespeichert wird, kann dagegen exakt und identisch wiedergegeben werden.[212] Es kann – darüber hinausgehend – fixiert und gespeichert werden. Die Stabilität beschränkt sich allerdings nicht auf die physische Ebene. Schriftlich fixiertes Recht genießt die *Autorität der*

[209] Siehe dazu Wesel (1985, S. 329).

[210] So treffend Luhmann (1993, S. 249). Zu Sprachproblemen im Gerichtsverfahren grundsätzlich Ellscheid (1992, S. 275 ff.)

[211] Luhmann (1993, S. 246) zum Zusammenhang zwischen Schrift und Konstanz im Recht.

[212] Dazu Goody (1990, S. 281).

Schriftlichkeit.[213] Es kann lange gespeichert werden, so dass es immer wieder zur Vergewisserung und Klarstellung herangezogen werden kann. Abweichungen und Verfälschungen können erkannt werden, die in der Aufgeregtheit von streitigen mündlichen Auseinandersetzungen unbemerkt bleiben würden.[214]

Stabilität – und damit Berechenbarkeit – des Rechtssystems ist ein nicht zu unterschätzender Vorteil, den die Literalisierung des Rechts mit sich brachte.[215] Stabilität, Regelmäßigkeit und Berechenbarkeit sind in allen Kulturen wichtige Ziele des Rechts (gewesen).[216] Was ist der Grund dafür? Sie erhöhen das *Vertrauen* in das Recht(ssystem).[217] Vertrauen in das Recht wiederum erweitert die Handlungsmöglichkeiten in allen Bereichen der Gesellschaft ganz erheblich.[218] Wenn man dem Recht vertrauen kann, wird die Planungsgrundlage für alle Aktivitäten stabiler und tragfähiger.[219] Gefährliches, aber gleichzeitig auch gewinnbringendes Vertrauen in ökonomische Unternehmungen[220] oder in andere Menschen[221] ist dann leichter, wenn man dem Recht vertrauen kann.[222]

Schriftliches Recht kann sehr *abstrakt* sein. Denn anders als orales Recht muss es nicht die mnemotechnischen Besonderheiten beachten, die die inhaltlichen Gestaltungsmöglichkeiten erheblich begrenzen. Es muss also nicht unbedingt redundant sein und Geschichten erzählen. Schriftliches – das heißt vor allem: abstraktes – Recht hat die Freiheit und die Gestaltungsspielräume bei der Entwicklung von Rechtsnormen enorm vergrößert.[223] Weil schriftliches Recht viel abstrakter als mündliches Recht sein kann, muss es weniger Rücksicht auf die Wirklichkeit nehmen. Der kreativen Phantasie der Rechtsetzer, die Normen und Normkomplexe entwickeln, sind durch die Wirklichkeit keine Grenzen mehr gesetzt. Hoch abstrakte

[213] Diese Autorität hat die Schrift allerdings nicht immer gehabt. Instruktiv dafür ist die Kritik von Platon, Phaidros (2006, 276 b ff.). Er hält die Schrift – weil der Autor nicht anwesend sei – für ein unernstes Spiel, das nicht ernst genommen werden könne. Ob Schrift besser als mündliche Kommunikation ist, wurde im 12. und 13. Jahrhundert, als die Schrift sich in Europa zunehmend verbreitete, heftig diskutiert. Dazu Wenzel (2003b, S. 375 f.).

[214] Luhmann (1993, S. 249).

[215] Völlig zu Recht betont Luhmann (1993, S. 255) aber, dass schriftliches Recht nicht völlige Berechenbarkeit und Sicherheit geben kann. Dazu ist es zu interpretationsbedürftig.

[216] Sellert (1997, S. 30).

[217] Grundlegend zur Funktion von Vertrauen in menschlichen Gesellschaften Luhmann (2000, S. 27 ff.) m. w. N.

[218] Fuhrmann (2001, S. 35 ff.) beleuchtet den engen Zusammenhang zwischen Handlungsfähigkeit, Komplexität und Vertrauen.

[219] Ein nicht zu unterschätzendes Problem bei der weiteren Entwicklung des Electronic Commerce ist das immer noch begrenzte Verbrauchervertrauen. Das ist eine aktuelle Herausforderung auch für das E-Commerce-Recht. So völlig zu Recht Fuhrmann (2001, S. 29 f.). Dazu ausführlich auch Froomkin (1996, S. 49 ff.) m. w. N. und Boehme-Neßler (2009, S. 439 ff.).

[220] Zur Bedeutung von Vertrauen für die Kooperation in der Wirtschaft Bachmann (1997, S. 255 ff.) m. w. N.

[221] Zum personalen Vertrauen Kumbruck (2000, S. 108 ff.) m. w. N.

[222] Luhmann (1993, S. 132) m. w. N. Ausführlich zur Bedeutung von Vertrauen im Recht Fuhrmann (2001, S. 35 ff.) m. w. N.

[223] Katsh (1989, S. 250); Luhmann (1993, S. 249).

Rechtsfiguren, wie etwa die *juristische Person*, hätten im konkreten, personen- und situationsgebundenen oralen Recht nicht entstehen können.

Was ist die Kehrseite der hohen Abstraktionsfähigkeit, die das schriftliche Recht hat? Schriftliches Recht ist deutlich *enger fokussiert* als mündliches.[224] Das schriftliche Recht kann von der Wirklichkeit abstrahieren, und es nutzt diese Fähigkeit ausgiebig. Es beschäftigt sich – anders als noch das mündliche Recht – nicht mehr mit der gesamten Wirklichkeit, sondern nur mit bestimmten, vom Recht selbst als relevant definierten Ausschnitten und Teilen der Wirklichkeit.[225] Das führt nicht ganz selten zur Wirklichkeitsferne des Rechts.[226]

Schriftliches Recht ist – das mag auf den ersten Blick überraschen – flexibler als mündlich tradiertes Recht. Damit erweitert es den *Handlungsspielraum* der Rechtsetzer und Rechtsanwender ganz erheblich. Das hat eine physische und eine inhaltliche Dimension. Schriftliche Fixierung macht unabhängiger von Raum und Zeit. Mündliche Mitteilungen erreichen nur die Adressaten, die zur selben Zeit an derselben Stelle anwesend sind. Das ist bei schriftlichen Mitteilungen – etwa Rechtstexten – anders. Auf sie kann zugegriffen werden, unabhängig davon, wer noch zur selben Zeit anwesend ist.[227] Schriftliches Recht kann deshalb auch leichter in unvorhergesehenen, überraschenden Situationen herangezogen werden.[228] Möglicherweise liegt hier auch eine bisher wenig beachtete Ursache der zunehmenden Verrechtlichung in modernen Gesellschaften. Weil Recht wegen seiner schriftlichen Fixierung immer und überall greifbar sein kann, wird es auch immer und überall herangezogen. Wenn das – wie beim oralen Recht – nicht möglich wäre, würde das möglicherweise die Verrechtlichung schon aus diesem praktischen Grund begrenzen.

Die *Flexibilisierung durch Literalität* hat auch eine inhaltliche Komponente. Zugegeben: Mündliches Recht lässt sich sicher weitaus einfacher als schriftliches Recht ändern. Man braucht dazu kein formalisiertes Rechtsänderungsverfahren. Das einfache Vergessen reicht aus. Ob geschriebenes Recht deshalb tatsächlich viel unflexibler als orales Recht ist, ist aber dennoch zweifelhaft.[229] Modernes, schriftliches Recht hat inzwischen neue Instrumente entwickelt, die diesen Mangel an Flexibilität wieder ausgleichen: unbestimmte Rechtsbegriffe, Generalklauseln, Ermessensspielräume und rechtlich gesteuerte Abwägungsverfahren. Diese Rechtsinstitute ermöglichen Rechtsänderungen unabhängig von hoch formalisierten Rechtsetzungsverfahren. Der technische Fortschritt zwingt moderne Rechtssysteme in

---

[224] Leroi-Gourhan (1988, S. 263 f.), sieht sogar einen grundsätzlichen Zusammenhang zwischen der Entwicklung der Schrift und einer Verengung des menschlichen Denkens.

[225] Zu den Auswirkungen, die das auf die aktuelle Juristenausbildung hat, Katsh (1989, S. 256 f.).

[226] Distanz zur Welt ist ein grundsätzliches Problem der Schrift. Dazu Luhmann (1998, S. 256).

[227] Luhmann (1993, S. 247). Das ist ein großer Vorteil der schriftlichen (Vor-)Verfahren, die die Prozessrechte vorsehen.

[228] Ähnlich Luhmann (1993, S. 249) für Texte allgemein.

[229] So aber ganz dezidiert Goody (1990, S. 281), und Hahn (1997, S. 41). Zu dieser Problematik am Beispiel der Gesetzgebung im antiken Athen Camassa (1994, S. 107 f.).

besonderem Maß zur Flexibilisierung.[230] Denn technische Fragen lassen sich rechtlich nur adäquat regeln, wenn das Recht experimentierfreudig[231] und permanent lernfähig und -willig ist.[232] Gerade das hoch abstrakte und komplexe – schriftliche – Umwelt- und Technikrecht ist deshalb ein gutes Beispiel für die große Flexibilität des literalen Rechts.

Auch die hohe Flexibilität des schriftlichen Rechts ist aber ambivalent.. Schriftliche Texte sind viel stärker interpretationsbedürftig als mündliche Aussagen.[233] Literales Recht muss also tendenziell stärker ausgelegt werden als mündliches Recht. Das macht es möglicherweise weniger eindeutig.[234] Deshalb ist die Abfassung schriftlicher Rechtstexte anspruchsvoll und mühsam: Sie müssen aus sich heraus verständlich sein, den Interpretationsspielräumen Schranken ziehen und innere Widersprüche vermeiden.[235] Letztlich hat die Literalisierung des Rechts deshalb eine ausgefeilte Dogmatik, ausgeklügelte Auslegungsmethoden, eine verästelte Rechtswissenschaft,[236] hoch spezialisierte juristische Professionen und ausdifferenzierte Gerichtsbarkeiten notwendig gemacht.[237]

Literatur

Althoff, Gerd (1997): Spielregeln der Politik im Mittelalter. Kommunikation in Frieden und Fehde. Wissenschaftliche Buchgesellschaft, Darmstadt.

Althoff, Gerd (2003): Inszenierte Herrschaft. Geschichtsschreibung und politisches Handeln im Mittelalter. Wissenschaftliche Buchgesellschaft, Darmstadt.

Anderson, Benedict (1983): Imagined Communities. Verso, London.

Assmann, Aleida (1993): Zur Metaphorik der Erinnerung, in: Aleida Assmann/Dietrich Harth (Hrsg.): Mnemosyne. Formen und Funktionen der kulturellen Erinnerung. Fischer, Frankfurt am Main, S. 13 ff.

---

[230] Ausführlich zum Recht und der Demokratie in einer technikgeprägten Welt Roßnagel (1992, S. 59 ff.) m. w. N.

[231] Gesetzgebungsexperimente können geradezu geboten sein, wenn Grundrechte oder andere Gemeinschaftsgüter vor den Risiken gefährlicher Technologien geschützt werden müssen. So zu Recht Roßnagel (1992, S. 59) m. w. N. Bahnbrechend zum Experiment im Recht und zur experimentellen Rechtswissenschaft schon Beutel (1971, S. 31 ff.).

[232] Roßnagel (1992, S. 59 f.), der Eigenschaften herausarbeitet, die ein lernfähiges parlamentarisches Gesetzgebungsverfahren haben muss.

[233] Luhmann (1993, S. 256). Das zeigt Fögen (2003, S. 83 f.) am Beispiel des römischen Rechts.

[234] Fögen (2003, S. 83) drückt das so aus: Rechtstexte „provozieren unvermeidlich eine Differenz von Text und Interpretation".

[235] Luhmann (1993, S. 249) m. w. N. Assmann (2000, S. 18 f.), spricht von der Notwendigkeit „textueller Kohärenz".

[236] Rehbinder (2007, Rn. 92 ff.), diagnostiziert eine „Tendenz zur Verwissenschaftlichung des Rechts".

[237] Allgemein zur zunehmenden Spezialisierung des Rechtswesens Rehbinder (2007, Rn. 91). Grundsätzlich zur Ausdifferenzierung des Rechts aus systemtheoretischer Perspektive Luhmann (1999, S. 35 ff.).

Assmann, Aleida (1999): Erinnerungsräume. Formen und Wandlungen des kulturellen Gedächtnisses. C.H. Beck, München.
Assmann, Aleida (2001): Schrift als Energiekonserve. Miltons Rede über die Pressefreiheit (1644), in: Horst Wenzel u. a. (Hrsg.): Audiovisualität vor und nach Gutenberg. Skira Verlag, Wien, S. 203 ff.
Assmann, Aleida/Assmann, Jan (1990): Schrift – Kognition – Evolution – Einleitung zu, in: Eric A. Havelock (Hrsg.): Schriftlichkeit – Das griechische Alphabet als kulturelle Revolution. Wiley-VCH, Weinheim, S. 1 ff.
Assmann, Jan (1993): Die Katastrophe des Vergessens. Das Deuteronomium als Paradigma kultureller Mnemotechnik, in: Aleida Assmann/Dietrich Harth (Hrsg.): Mnemosyne. Formen und Funktionen der kulturellen Erinnerung. Fischer, Frankfurt am Main, S. 337 ff.
Assmann, Jan (1994): Zur Verschriftung rechtlicher und sozialer Normen im Alten Ägypten, in: Hans-Joachim Gehrke (Hrsg.): Rechtskodifizierung und soziale Normen im interkulturellen Vergleich. Narr, Tübingen, S. 61 ff.
Assmann, Jan (2000): Das kulturelle Gedächtnis, Schrift, Erinnerung und politische Identität in frühen Hochkulturen. 3. Auflage.C.H. Beck, München.
Bachmann, Reinhard (1997): Kooperation und Vertrauen in zwischenbetrieblichen Beziehungen, in: Stefan Hradil (Hrsg.): Differenz und Integration: Die Zukunft moderner Gesellschaften. Campus, Frankfurt/New York, S. 255 ff.
Berghaus, Margot (1986): Zur Theorie der Bildrezeption, in: Publizistik, S. 278 ff.
Berman, Harold J. (1978): The Background of the Western Legal Tradition in the Folklaw of the Peoples in Europe, in: University of Chicago Law Review 45, Nr. 3, S. 553 ff.
Berman, Harold J. (1995): Recht und Revolution. Die Bildung der westlichen Rechtstradition. Suhrkamp, Frankfurt am Main.
Beutel, Frederick K. (1971): Die experimentelle Rechtswissenschaft. Möglichkeiten eines neuen Zweiges der Sozialwissenschaft. Duncker & Humblot, Berlin.
Bielefeldt, Heiner (2007): Ideengeschichten(n) der Menschenrechte, in: Nicole Janz/Thomas Risse (Hrsg.): Menschenrechte – Globale Dimensionen eines universellen Anspruchs. Nomos, Baden-Baden, S. 177 ff.
Boehme-Neßler, Volker (2009): Vertrauen im Internet – Die Rolle des Rechts, in: MultiMedia und Recht, S. 439 ff.
Brumlik, Micha (2006): Schrift, Wort und Ikone. Wege aus dem Bilderverbot. 2. Auflage. Philo, Hamburg.
Burke, Peter (2002): Papier und Marktgeschrei. Die Geburt der Wissensgesellschaft. Wagenbach, Berlin.
Camassa, Giorgio (1994): Verschriftung und Veränderung der Gesetze, in: Hans-Joachim Gehrke (Hrsg.): Rechtskodifizierung und soziale Normen im interkulturellen Vergleich. Narr, Tübingen, S. 97 ff.
Collins, Ronald K. L./Skover, David M. (1992): Paratexts, in: Stanford Law Review 44, S. 509 ff.
Diner, Dan (2005): Versiegelte Zeit. Über den Stillstand in der arabischen Welt. Propyläen Verlag, Berlin.
Dohrmann, Jona Aravind (2007): Ursprung und Entwicklung der Menschenrechte in Indien, in: Nicole Janz/Thomas Risse (Hrsg.): Menschenrechte – Globale Dimensionen eines universellen Anspruchs. Nomos, Baden-Baden, S. 113 ff.
Durkheim, Emile (1973): Erziehung, Moral und Gesellschaft. Luchterhand, Neuwied.
Ebert, Hans-Georg (2005): Tendenzen der Rechtsentwicklung, in: Werner Ende/Udo Steinbach (Hrsg.): Der Islam in der Gegenwart. 5. Auflage. C.H. Beck, München.
Ehlich, Konrad (1998): Text und sprachliches Handeln, in: Aleida und Jan Assmann/Christof Hardmeier (Hrsg.): Schrift und Gedächtnis. 3. Auflage. Fink, München.
Eibl-Eibesfeldt, Irenäus (1997): Die Biologie des menschlichen Verhaltens. Seehamer, Weyarn.
Eisenstein, Elizabeth L. (1979): The Printing Press as an Agent of Change. Communications and Cultural Transformations in Early-Modern Europe. Vol. I und II. Cambridge University Press, Cambridge.

Ellscheid, Günter (1992): Sprachprobleme im Gerichtsverfahren, in: Günther Grewendorf (Hrsg.): Rechtskultur als Sprachkultur. Zur forensischen Funktion der Sprachanalyse. Suhrkamp, Frankfurt am Main, S. 275 ff.

Elwert, Georg (1987): Die gesellschaftliche Einbettung von Schriftgebrauch, in: Dirk Baecker (Hrsg.): Theorie als Passion. Suhrkamp, Frankfurt am Main, S. 238 ff.

Febvre, Lucien/Martin, Henri-Jean (1997): The Coming of the Book. 2. Auflage. Verso, London/ New York (Orig: L´Apparition du livre. Paris 1958).

Fögen, Marie Theres (2003): Römische Rechtsgeschichten. Über Ursprung und Evolution eines sozialen Systems. 2. Auflage. Vandenhoeck & Ruprecht, Göttingen.

Freud, Sigmund (1962): Entwurf einer Psychologie, in: Sigmund Freud (Hrsg.): Aus den Anfängen der Psychoanalyse 1887 – 1892. Briefe an Wilhelm Fließ. Fischer, Frankfurt am Main.

Fried, Johannes (1995): Die Königserhebung Heinrichs I. Erinnerung, Mündlichkeit und Traditionsbildung im 10. Jahrhundert, in: Michael Borgolte (Hrsg.): Mittelalterforschung nach der Wende 1989. R. Oldenbourg, München, S. 267 ff.

Froomkin, A. Michael (1996): The Essential Role of Trusted Third Parties in Electronic Commerce, in: Oregon Law Review 75, S. 49 ff.

Fuhrmann, Heiner (2001): Vertrauen im Electronic Commerce. Deutscher Universitätsverlag, Baden-Baden.

Gadamer, Hans-Georg (1960/1990): Wahrheit und Methode. Grundzüge einer philosophischen Hermeneutik. 6. Auflage. Mohr Siebeck, Tübingen.

Giesecke, Michael (1991): Der Buchdruck der frühen Neuzeit. Eine historische Fallstudie über die Durchsetzung neuer Informations- und Kommunikationstechnologien. Suhrkamp, Frankfurt am Main.

Giesecke, Michael (2002): Von den Mythen der Buchkultur zu den Visionen der Informationsgesellschaft. Suhrkamp, Frankfurt am Main.

Glinga, Werner (1989): Mündlichkeit in Afrika und Schriftlichkeit in Europa. Zur Theorie eines gesellschaftlichen Organisationsmodus, in: Zeitschrift für Soziologie, S. 89 ff.

Goody, Jack (1987): The Interface Between the Written and the Oral. Cambridge University Press, Cambridge.

Goody, Jack (1990): Die Logik der Schrift und die Organisation der Gesellschaft. Suhrkamp, Frankfurt am Main.

Goody, Jack/Watt, Ian (1981): Konsequenzen der Literalität, in: Jack Goody/Ian Watt (Hrsg.): Literalität in traditionellen Gesellschaften. Suhrkamp, Frankfurt am Main, S. 45 ff.

Gough, Kathleen (1981a): Implikationen der Literalität im traditionellen China und Indien, in: Jack Goody/Ian Watt (Hrsg.): Literalität in traditionellen Gesellschaften. Suhrkamp, Frankfurt am Main, S. 105 ff.

Gough, Kathleen (1981b): Literalität in Kerala, in: Jack Goody/Ian Watt (Hrsg.): Literalität in traditionellen Gesellschaften. Suhrkamp, Frankfurt am Main, S. 193 ff.

Haarmann, Harald (1991): Universalgeschichte der Schrift. 2. Auflage. Campus, Frankfurt am Main, New York.

Hahn, Kornelia (1997): Schrift und Gesetz –Zur sozialen Bedeutung der Aufzeichnung von Rechtsnormen, in: Zeitschrift für Rechtssoziologie 18, S. 31 ff.

Halbwachs, Maurice (1985/1925): Das Gedächtnis und seine sozialen Bedingungen. Suhrkamp, Frankfurt am Main (orig.: Les cadres sociaux de la mémoire. Paris 1925).

Harrell, Peter E. (2003): Rwanda's Gamble. Gacaca and a New Model of Transitional Justice. Universe, New York/Lincoln/Shanghai.

Harris, Roy (2005): Schrift und linguistische Theorie, in: Gernot Grube/Werner Kogge/Sybille Krämer (Hrsg.): Schrift. Kulturtechnik zwischen Auge, Hand und Maschine. Fink, München, S. 61 ff.

Havelock, Eric A. (1978): The Greek Concept of Justice. Harvard University Press, Cambridge, Mass.

Havelock, Eric A. (1986): The Muse Learns to Write. Yale University Press, New Haven/London.

Havelock, Eric A. (1990): Schriftlichkeit. Das griechische Alphabet als kulturelle Revolution. Wiley-VCH, Weinheim.

Hofmann, Hasso (1999): Die Entdeckung der Menschenrechte. de Gruyter-Recht, Berlin/New York.
Humboldt, Wilhelm von (1822): Über das Entstehen der grammatischen Formen und ihren Einfluss auf die Ideenentwicklung, zitiert nach der Ausgabe des Fourier-Verlages. Wiesbaden 2003.
Humboldt, Wilhelm von (1829): Über die Verschiedenheiten des menschlichen Sprachbaues, zitiert nach der Ausgabe des Fourier-Verlages. Wiesbaden 2003.
Hunter, Dan (2003): Cyberspace as Place and the Tragedy of the Digital Anticommons, in: California Law Review 19, S. 439 ff.
Illich, Ivan/Sanders, Barry (1988): Das Denken lernt schreiben. Lesekultur und Identität. Hoffmann u Campe, Hamburg.
Jäger, Ludwig (2001): Sprache als Medium. Über die Sprache als audio-visuelles Dispositiv des Medialen, in: Horst Wenzel u. a. (Hrsg.): Audiovisualität vor und nach Gutenberg. Skira Verlag, Wien, S. 19 ff.
Katsh, Ethan M. (1989): The electronic media and the transformation of law. Oxford University Press, New York, Oxford.
Kay, Paul/Kempton, Willett (1984): What is the Sapir-Whorf-Hypothesis?, in: American Anthropologist 86, S. 65 ff.
Kienast, Burkhart (1994): Die Altorientalischen Codices zwischen Mündlichkeit und Schriftlichkeit, in: Hans-Joachim Gehrke (Hrsg.): Rechtskodifizierung und soziale Normen im interkulturellen Vergleich. Narr, Tübingen, S. 13 ff.
Klaffke, Claudia (1998): Mit jedem Greis stirbt eine Bibliothek. Alte und neue afrikanische Literatur, in: Aleida und Jan Assmann/Christof Hardmeier (Hrsg.): Schrift und Gedächtnis. 3. Auflage. Fink, München, S. 222 ff.
Klein, Wolfgang (1985): Gesprochene Sprache – geschriebene Sprache, in: Zeitschrift für Literaturwissenschaft und Linguistik 15, H. 59, S. 9 ff.
Klengel, Horst (1991): König Hammurapi und der Alltag Babylons. Artemis & Winkler, Zürich.
Küppers, Bernd-Olaf (2008): Nur wissen kann Wissen beherrschen. Macht und Verantwortung der Wissenschaft. Fackelträger Köln.
Kumbruck, Christel (2000): Digitale Signaturen und Vertrauen, in: Arbeit 9/4, S. 105 ff.
Laermann, Klaus (1990): Schrift als Gegenstand der Kritik, in: Merkur 492, S. 120 ff.
Leroi-Gourhan, André (1988): Hand und Wort. Die Evolution von Technik, Sprache und Kunst. Suhrkamp, Frankfurt am Main.
Lévi-Strauss, Claude (1973): Das wilde Denken. Suhrkamp, Frankfurt am Main (Orig.: La pensée sauvage. Paris, 1962).
Lévi-Strauss, Claude (1978): Traurige Tropen. Suhrkamp, Frankfurt am Main.
Luhmann, Niklas (1993): Das Recht der Gesellschaft. Suhrkamp, Frankfurt am Main.
Luhmann, Niklas (1998): Die Gesellschaft der Gesellschaft. Suhrkamp, Frankfurt am Main.
Luhmann, Niklas (1999): Die Ausdifferenzierung des Rechts. Beiträge zur Rechtssoziologie und Rechtstheorie. Suhrkamp, Frankfurt am Main.
Luhmann, Niklas (2000): Vertrauen. Ein Mechanismus der Reduktion sozialer Komplexität. 4. Auflage. UTB, Stuttgart.
Lurija, Aleksandr Romanovic (1976): Cognitive Development: its Cultural and Social Foundations. Harvard University Press, Cambridge, Mass.
McLuhan, Marshall (1995): Die Gutenberg-Galaxis. Das Ende des Buchzeitalters. Econ, Bonn, Paris.
Menne-Haritz, Angelika (2000): Steuerungsinstrumente in der Verwaltungsarbeit, in: Die Verwaltung 33, S. 1 ff.
Messaris, Paul (1994): Visual Literacy. Image, Mind and Reality. Westview Press, Boulder/Colorado.
Metz, Karl H. (2006): Ursprünge der Zukunft. Die Geschichte der Technik in der westlichen Zivilisation. Schöningh, Paderborn.
Nader, Laura/Todd, Harry F. jr. (1978): The Disputing Process: Law in Ten Societies. Columbia University Press, New York.
Oksaar, Els (1989): Alltagssprache, Fachsprache, Rechtssprache, in: Zeitschrift für Gesetzgebung, S. 210 ff.

Ong, Walter J. (1982): Orality and Literality. Routledge, London/New York. (Die Zitate beziehen sich auf den Reprint der Originalausgabe von 2002.)
Pinker, Steven (1996): Der Sprachinstinkt. Kindler, München.
Pinker, Steven (2000): Wörter und Regeln. Die Natur der Sprache. Spektrum Akademischer Verlag, Heidelberg/Berlin.
Platon (2006): Phaidros, in: Ursula Wolf (Hrsg.): Sämtliche Werke Bd. 2. 31. Auflage. Rowohlt Verlag, Reinbek, S. 539 ff.
Pünder, Hermann (2005): Kooperation statt Konfrontation. Möglichkeiten und Grenzen der Mediation bei Planfeststellungsverfahren, in: Die Verwaltung, S. 1 ff.
Rehbinder, Manfred (2007): Rechtssoziologie. 6. Auflage.C.H. Beck, München.
Reiffenstein, Ingo (1986): Zur Begründung der Schriftlichkeit in deutschen Urkunden des 13. Jahrhunderts, in: Sprache und Recht – Festschrift für Ruth Schmidt-Wiegand 2, Springer, Berlin/New York, S. 659 ff.
Renger, Johannes (1994): Noch einmal: Was war der „Codex Hammurapi“ – ein erlassenes Gesetz oder ein Rechtsbuch? in: Hans-Joachim Gehrke (Hrsg.): Rechtskodifizierung und soziale Normen im interkulturellen Vergleich. Narr, Tübingen, S. 27 ff.
Rorty, Richard (1968): Introduction. Metaphilosophical Difficulties of Linguistic Philosophy, in: Richard Rorty (Hrsg.): The Linguistic Turn. Recent Essays in Philosophical Method. University of Chicago Press, Chicago/London, S. 1 ff.
Roßnagel, Alexander (1992): Die parlamentarische Verantwortung für den technischen Fortschritt, in: Zeitschrift für Rechtspolitik, Heft 2, S. 55 ff.
Roßnagel, Alexander (o.J.): Papier – die unbekannte Grundlage unserer Rechtsordnung. Unveröffentliches Manuskript.
Sandermann, Wilhelm (1997): Papier. Eine Kulturgeschichte. 3. Auflage. Springer, Berlin/New York.
Saussure, Ferdinand de (1967): Grundfragen der allgemeinen Sprachwissenschaft. 2. Auflage. de Gruyter, Berlin.
Schechner, Richard (2006): Performance Studies. An Introduction. 2. Auflage. Routledge, New York /Oxon.
Schenkel, Wolfgang (1998): Wozu die Ägypter eine Schrift brauchten, in: Aleida Assmann/Jan Assmann/Christof Hardmeier (Hrsg.): Schrift und Gedächtnis. 3. Auflage. Fink, München.
Schmidt, Manfred G. (2008): Demokratietheorien. Eine Einführung. 4. Auflage. VS, Wiesbaden.
Schmidt, Siegfried J. (2000): Kalte Faszination. Medien, Kultur, Wissenschaft in der Mediengesellschaft. Velbrück Science, Weilerswist.
Schott, Rüdiger (1968): Das Geschichtsbewusstsein schriftloser Völker, in: Archiv für Begriffsgeschichte 12, S. 166 ff.
Schott, Rüdiger (1978): Das Recht gegen das Gesetz: Traditionelle Vorstellungen und moderne Rechtsprechung bei den Bulsa in Nordghana, in: Günter Kaulbach/Werner Krawietz (Hrsg.): Festschrift für Helmut Schelsky. Dunker und Humblot, Berlin, S. 605 ff.
Schott, Rüdiger (1990): Die Macht des Überlieferungswissens in schriftlosen Gesellschaften, in: Saeculum 41, S. 273 ff.
Sellert, Wolfgang (1997): Gewohnheitsrecht, Formalismus und Rechtsritual im Verhältnis zur Steuerung sozialen Verhaltens durch gesetztes Recht, in: Heinz Duchhardt/Gert Melville (Hrsg.): Im Spannungsfeld von Recht und Ritual. Soziale Kommunikation in Mittelalter und Neuzeit. Böhlau, Köln/Weimar/Wien, S. 29 ff.
Smith, J.C. (1968): The Unique Nature of the Concepts of Western Law, in: Canadian Bar Review, S. 191 ff.
Stetter, Christian (2008): Stimme und Schrift, in: Waltraud Wiethölter u. a. (Hrsg.): Stimme und Schrift. Fink, München, S. 115 ff.
Türcke, Christoph (2005): Vom Kainszeichen zum genetischen Code. Kritische Theorie der Schrift. C.H. Beck, München.
Voigt, Rüdiger (2000): Recht – Spielball der Politik ? – Rechtspolitologie im Zeichen der Globalisierung. 4. Auflage. Nomos, Baden-Baden.

Wandhoff, Haiko (2003): Im virtuellen Raum des Textes: Bild, Schrift und Zahl in Chrétiens de Troyes „Erec et Enide“, in: Ulrich Schmitz/Horst Wenzel (Hrsg.): Wissen und neue Medien. Bilder und Zeichen von 800 bis 2000. Erich Schmidt, Berlin, S. 39 ff.

Wandruszka, Mario (1979): Sprache und Sprachen, in: Armin Mohler/Anton Peisl (Hrsg.): Der Mensch und seine Sprache. Propyläen-Verlag, Frankfurt am Main, S. 7 ff.

Weingarten, Rüdiger (1989): Die Verkabelung der Sprache. Grenzen der Technisierung von Kommunikation. Fischer Taschenbuch Verlag, Frankfurt am Main.

Weitzel, Jürgen (1994): Schriftlichkeit und Recht, in: Hartmut Günther/Otto Ludwig (Hrsg.): Schrift und Schriftlichkeit. Ein internationales Handbuch interdisziplinärer Forschung. 1. Halbband. Berlin/New York, S. 610 ff.

Wenzel, Horst (2003a): Von der Gotteshand zum Datenhandschuh. Zur Medialität des Begreifens, in: Sybille Krämer/Horst Bredekamp (Hrsg.): Bild, Schrift, Zahl. Fink, München, S. 25.

Wenzel, Horst (2003b): Vom Anfang und vom Ende der Gutenberg-Galaxis. Historische Medienumbrüche im Für und Wider der Diskussion, in: Lutz Musner/Gotthart Wunberg (Hrsg.): Kulturwissenschaften. Forschung – Praxis – Positionen. 2. Auflage. Rombach, Freiburg/Breisgau, S. 367 ff.

Wesel, Uwe (1985): Frühformen des Rechts in vorstaatlichen Gesellschaften. Suhrkamp, Frankfurt am Main.

Whorf, Benjamin Lee (1963): Sprache – Denken – Wirklichkeit. Rowohlt-Taschenbuch-Verlag, Hamburg.

Wittgenstein, Ludwig (1953): Philosophische Untersuchungen. Blackwell Publishing, Oxford.

Kapitel 3
Die Macht der Bilder

Die Macht der Bilder ist kein neues Phänomen. Bilder begleiten den Menschen schon seit der Altsteinzeit. Die Bedeutung der Bilder wird aber in jüngster Zeit immer größer Denn die moderne Gesellschaft ist von digitalen Medien geprägt, die ihrerseits vor allem Bildmedien sind. Das hat Konsequenzen für die Kultur und das Denken.

3.1 *Pictorial Turn* – von der Schriftkultur zur Bildkultur

Die Massenmedien, die die moderne Mediengesellschaft prägen, sind ganz weit gehend Bildmedien.[1] Die ersten Personal Computer ließen sich noch als optimierte „Schreibmaschinen" verstehen.[2] Erst mit der Erweiterung der Hardwarekapazitäten und der Softwarespielräume wurde der PC zu einem multimedialen Arbeits- und Kommunikationsinstrument eigener Art. Die elektronischen Massenmedien – insbesondere das Fernsehen – sind dabei, die Bildkommunikation immer stärker in den Vordergrund zu rücken. Diesen Trend greift das Internet auf und verstärkt ihn deutlich. Die Kommunikation im Internet wird mehr und mehr von Bildern dominiert.[3]

Visualisierung ist allerdings keine neue Erscheinung. Schon in den fünfziger Jahren des letzten Jahrhunderts wurde für die moderne Welt eine *Ikomanie*, eine Bildsucht, diagnostiziert.[4] Nicht zuletzt die elektronischen Massenmedien, die von Bildern geprägt sind[5], haben diese Entwicklung in den letzten Jahrzehnten weiter getrieben, sogar immer weiter verschärft. Völlig zu Recht wird in den

---

[1] Sachs-Hombach (2005, S. 163).

[2] Katsh (1995, S. 145 f.) Ähnlich Heidenreich (2005, S. 387), der das Internet der Anfangszeit als „textbasiertes Medium auf der Basis von Kommandozeilen" charakterisiert.

[3] Deshalb weist das Internet – wie Sandbothe (1998, S. 589) feststellt – starke theatrale Aspekte auf: Die Kommunikation über das Netz ist von bildhaft-dramatischen und inszenatorischen Darstellungsformen geprägt.

[4] Anders (1956/2002, S. 56 f.).

[5] Sauerländer (2004, S. 411), spricht in diesem Zusammenhang pointiert von „elektronischer Idolatrie".

V. Boehme-Neßler, *BilderRecht*,
DOI 10.1007/978-3-642-03877-8_3, © Springer-Verlag Berlin Heidelberg 2010

Kulturwissenschaften – nicht ohne Skepsis oder sogar Angst – ein *pictorial turn*[6] diagnostiziert.[7] Die moderne Welt wird vom Bild, nicht mehr vom Wort dominiert. Möglicherweise führt der pictorial turn zur *Ikonokratie*.

Wieso ist das so? Woher kommt die immer stärkere Dominanz der Bilder? Die Gründe für die Bilderflut sind vielfältig. Eine Rolle spielt sicher die ökonomische Logik der Massenmedien. Sie müssen viele Rezipienten erreichen. Das ist mit Bildern, die Emotionen entfachen, einfacher als mit nüchternen Texten. Eine andere Ursache ist die rasant zunehmende Vernetzung und Komplexität der Welt, die zwei unterschiedliche, sich sogar widersprechende Bedürfnisse hervorruft: das Bedürfnis nach Reduktion der kaum auszuhaltenden Komplexität und das Bedürfnis nach Geschwindigkeit. Bilder scheinen beide Bedürfnisse besser befriedigen zu können als Texte. Bilder scheinen auf den ersten Blick ohne weiteres verständlich und leicht handhabbar zu sein.[8] Sie versprechen – so scheint es – einfache Orientierung in einer hochkomplexen, undurchschaubaren Welt. Komplexität und Vernetzung erfordern immer schnellere Kommunikation. Ein weiterer, noch wenig erforschter Grund für die zunehmende Dominanz der Bilder liegt deshalb sicher in der Geschwindigkeit der visuellen Kommunikation. Kommunikation mit und durch Bilder ist in der Regel viel schneller als Kommunikation durch Texte.[9] Vernetzung und Komplexität scheinen sich also mit Hilfe schneller Bildkommunikation besser bewältigen zu lassen. Der Siegeszug der Infografiken in den modernen Medien scheint diese These auch zu bestätigen. Informationsgrafiken – oder anders ausgedrückt: Informationen in Grafikform[10] – sind ein heute kaum noch wegzudenkender Bestandteil sowohl der elektronischen als auch der Printmedien.[11] Selbst die öffentlich-rechtlichen Fernsehnachrichten, die immer als Hort der nüchternen Berichterstattung durch das Wort galten, sind inzwischen sehr weit gehend visualisiert – und emotionalisiert.[12]

---

[6] Dieser einflussreiche Begriff geht auf Mitchell (1994b, S. 12), zurück.

[7] Der in der Kunstwissenschaft inzwischen gebräuchliche Terminus *iconic turn* meint etwas anderes als die Vorherrschaft der Bilder. Vom *iconic turn* hat erstmals Boehm (2001a, S. 13), gesprochen und damit eine Hermeneutik der Bilder gefordert, die sich von der textlastigen Ikonografie und Ikonologie lösen sollte.

[8] Sachs-Hombach (2005, S. 163), der aber zu Recht davor warnt, die Komplexität von Bildern zu unterschätzen.

[9] Ausführlich zur Geschwindigkeit visueller Kommunikation siehe oben Abschn. 3.5.1.

[10] Zum Begriff der Informationsgrafik ausführlich Knieper (1995, S. 3 ff.) m. w. N. Informationsgrafiken sind kein prinzipiell neues Phänomen. Ihre Geschichte beginnt letztlich in der frühesten Menschheitsgeschichte. Die frühzeitlichen Höhlenmalereien lassen sich nicht zuletzt als Informationsgrafiken deuten, die in der Bildersprache Jagdgeschichten erzählen. Ausführlich zur Geschichte der Informationsgrafien Knieper (1995, S. 9 ff.) m. w. N.; Pörksen (1997, S. 186 ff.), zeigt, dass es einen engen Zusammenhang zwischen Informationsgrafiken und einer zunehmenden Bedeutung der Zahlen und Ziffern gibt. Weil Zahlen und Ziffern immer wichtiger geworden sind – und werden – ist ein Instrument notwendig, mit dem der entscheidende Inhalt großer Zahlen- und Datenmengen schnell sichtbar zu machen ist. Ein solches Instrument ist die Informationsgrafik.

[11] In Deutschland hat die Zeitschrift „Focus" als erstes Printmedium Infografiken konsequent als Mittel zur Aufbereitung von Informationen eingesetzt. In der Medienwissenschaft werden Infografiken seitdem als wichtiger Erfolgsfaktor für Zeitungen und Zeitschriften angesehen. Ausführlich und kritisch dazu Haller (1997, S. 561 ff.) m. w. N.

[12] Ausführlich dazu Schramm/Wirth (2006, S. 38 ff.) m. w. N.

Vielleicht liegt die Ursache aber noch viel tiefer? Womöglich dienen die vielen Bilder, die die Menschheit erzeugt, der Flucht des Menschen vor seiner Endlichkeit und Begrenztheit?[13] Der unbegrenzte und schrankenlose Konsum von Bildern suggeriert nämlich ein spezielles, sehr positives Gefühl – das Gefühl, in einer Welt ohne soziale und kulturelle Schranken zu leben.[14] Eine andere, ebenfalls tiefer liegende Triebfeder der Visualisierung wird bisher wenig diskutiert. In der modernen Medien- und Informationsgesellschaft dominieren die Bilder über die Dinge.[15] Nicht mehr das physische Objekt, sondern sein mediales Abbild bestimmt die Wahrnehmung und den Alltag. Das vermindert deutlich die sensorischen Erlebnisse und die sinnlichen Erfahrungen der Menschen.[16] Menschen verehren im Bild oder als Bild, was sie im Alltag vermissen oder verleugnen.[17] Möglicherweise sind – emotionale und sinnlichere – Bilder eher geeignet, den Mangel an sinnlichen Erlebnissen jedenfalls teilweise auszugleichen, als Texte oder Worte.[18] Mit anderen Worten: Je unsinnlicher und gefühlsärmer der Alltag in der technikgeprägten Informationsgesellschaft ist, desto größer ist der Bedarf an Bildern, um die emotionalen und sensorischen Defizite auszugleichen.

3.2 Das Ende der Schrift?

Die Visualisierung der Kultur hat eine dramatische Konsequenz: Die Bedeutung der Schrift relativiert sich. Das gilt für das Internet[19], aber auch für die Kultur insgesamt. Das bedeutet nicht, dass die Schrift als Kulturtechnik und Kommunikationsform verschwinden wird. Medienhistorische Untersuchungen zeigen ganz klar: Neue Medien – so dominant sie auch sein mögen – führen nicht dazu, dass die bisher bekannten Kommunikationsformen aussterben.[20] Aber: Sie ergänzen und modifizieren die alten Medien, so dass die Bandbreite an nutzbaren Medien insgesamt größer wird.[21] Das bedeutet: Ein Ende der Schrift ist nicht zu befürchten. Schrift bleibt ein wichtiger Faktor der Kultur.

---

[13] So Anders (1956/2002, S. 57). Ähnlich auch Belting (2005, S. 19).

[14] Belting (2005, S. 19).

[15] Wahl (2005, S. 482).

[16] Ähnlich Wahl (2005, S. 482 f.), der diese Entwicklung am Beispiel der E-Mail verdeutlicht. Wer Mails versendet, statt Briefe zu schreiben, macht erheblich weniger sinnliche Erfahrungen. Ein anderes Beispiel ist das Fernsehen im Vergleich zum „echten" Leben.

[17] Belting (2005, S. 24).

[18] Ausführlich zur Sinnlichkeitsfunktion von Bildern Schuck-Wersig (1993, S. 103 ff.) m. w. N.

[19] Je größer die Fortschritte der Spracherkennungstechnologien werden, desto stärker wird sich der Bedeutungsverlust der Schrift im Internet und im Bereich der Computer allgemein fortsetzen.

[20] Das ist die bahnbrechende, immer noch gültige Erkenntnis von Riepl (1913, S. 5), der das als das „Grundgesetz der Entwicklung des Nachrichtenwesens" bezeichnet. Die Mediengeschichte des 20. Jahrhunderts hat diese These bestätigt.

[21] So schon Riepl (1913, S. 5).

In ersten Ansätzen lässt sich das auch im Internet beobachten. Ein Aspekt der Visualisierung, der in der Internet-Technologie große Bedeutung gewonnen hat, ist der Hypertext.[22] Hypertext kann als Visualisierung der räumlichen Strukturen von Informationen angesehen werden.[23] Gleichzeitig sind Hypertexte aber auch Texte, keine bloßen Bilder. Das „alte“ Medium Schrift existiert noch im Internet. Die schriftlichen Texte haben aber zunehmend eine neue Qualität. Typische Internet-Texte sind keine linearen Texte mehr, sondern Hypertexte.[24]

3.3 Was ist ein Bild – und wozu dient es?

Was ist ein Bild?[25] Das ist eine große Frage und durchaus umstritten und unklar.[26] Ein einheitlicher Bildbegriff, der von allen akzeptiert wird, existiert bislang nicht.[27] Allerdings lassen sich unterschiedliche Definitionsversuche unterscheiden, die in engem Zusammenhang mit den unterschiedlichen Funktionen von Bildern stehen.[28] Als kleinster gemeinsamer Nenner lässt sich die semiotische Definition begreifen. Danach sind Bilder eine besondere Klasse von Zeichen[29], die spezielle Funktionen erfüllen.[30] Sie sind wahrnehmungsnahe Zeichen[31]: Ihr Inhalt wird nicht beliebig festgelegt, wie etwa bei Worten oder Zahlen. Was Bilder bedeuten, hängt von der visuellen Wahrnehmung durch den Menschen ab. Ohne Berücksichtigung der spe-

---

[22] Zum Zusammenhang von Visualisierung und Hypertext Pohl (2002, S. 117 ff.) m. w. N.

[23] Pohl (2002, S. 119 f.) m. w. N.

[24] Aus den Lesern werden deshalb auch User. Zur Änderung des Leseverhaltens durch Hypertexte ausführlich Wenz (2000, S. 24 ff.) m. w. N. Zur Linearität der Schrift und des Lesens differenzierend Türcke (2005, S. 136).

[25] So lautet eine grundlegende Untersuchung von Mitchell (1990, S. 17 ff.). Dazu auch Röhl (2003, S. 230 ff.), der, a. a. O., S. 239 ff., diese Frage für den Bedarf der Rechtswissenschaft zuspitzt. Zur Frage, was ein politisches Bild ist, Drechsel (2007, S. 106 ff.), der eine Politikwissenschaft als Bildwissenschaft fordert. So schon früher Drechsel (2005, S. 74 ff.) m. w. N.

[26] Belting (2002, S. 15), der feststellt, dass die elementare Frage nach dem Bild weiterhin der Klärung bedarf. Ausführlich zum Begriff des Bildes auch Scholz (2004, S. 5 ff.).

[27] Sachs-Hombach (2003, S. 73 ff.), bemüht sich um die Entwicklung eines Disziplinen übergreifenden Bildbegriffs. Durchgesetzt haben sich seine Ansätze allerdings noch nicht. Zum Bildbegriff der Kommunikationswissenschaften Knieper (2005, S. 57 ff.) m. w. N., der Politikwissenschaft Hofmann (2005, S. 72 ff.) m. w. N., der Kartographie Pápay (2005, S. 87 ff.) m. w. N., und der Informatik Nake (2005, S. 101 ff.) m. w. N.

[28] Einen Überblick über unterschiedliche Bildbegriffe geben Fellmann (1998, S. 188 ff.) m. w. N., und Marion Müller (2003, 18 ff.) m. w. N.

[29] Bilder und Zeichen werden heute nicht mehr als grundsätzlich gegensätzliche Phänomene verstanden. Dazu Belting (2005, S. 133 ff.) m. w. N. Unumstritten ist das aber nicht. Dazu Schulz (2005, S. 78), mit Nachweisen der Gegenstimmen.

[30] Ähnlich Fellmann (1998, S. 189); Schelske (1998, S. 63) m. w. N. Zur zeichentheoretischen Einordnung von Bildern Eco (2002, S. 246 ff.).

[31] So die grundlegende Begrifflichkeit von Sachs-Hombach (2003, S. 73 ff.). Zur Bedeutung und Kritik dieses bildsemiotischen Ansatzes Schulz (2005, S. 82 ff.) m. w. N.

zifischen Wahrnehmungskompetenzen des Menschen sind sie nicht verständlich. Diese enge Verklammerung von Zeichen und Wahrnehmung ist der charakteristische Unterschied zum sprachlichen Zeichen.[32]

So facettenreich und unscharf der Bildbegriff ist, so vielfältig sind die Funktionen von Bildern.[33] Worum geht es also bei der Produktion von Bildern?

Allgemein und grundsätzlich geht es bei Bildern sicher um *Veranschaulichung*.[34] Mit Bildern lässt sich die Welt prägnant und eindrücklich darstellen. Was man *angeschaut* hat, versteht man besser. Ist damit die Frage: „Wozu Bilder?" schon beantwortet? Sicher nicht. Kulturwissenschaftlich lässt sich noch tiefer graben. Die Bildproduktion ist von der Furcht vor dem Vergessen geprägt.[35] Bilder werden gemacht, damit Menschen und Kulturen sich erinnern. Durch Bilder wird also die biologisch bedingte Unfähigkeit des Menschen kompensiert, Erinnerungen an die nächste Generation weiterzuvererben. Wie ein kulturanthropologisch geprägter Blick auf die Geschichte des Bildes zeigt, beantwortet auch diese *Memorialfunktion* noch nicht erschöpfend die Frage, wozu Menschen seit jeher Bilder produzieren. Der tiefe Grund für die Bedeutung, die Bilder für den Menschen haben, liegt in der Erkenntnis der Vergänglichkeit und der Furcht vor dem Tod.[36] Um es auf einen kurzen Nenner zu bringen: *Bilder sind der Versuch, Unsterblichkeit zu erlangen.*[37] Deshalb wird die Sehnsucht nach Bildern auch besonders groß, wenn Menschen die Erfahrung von Abwesenheit machen.[38] Was oder wer nicht präsent ist, muss repräsentiert werden – durch ein Bild. Bilder sind also auch der Versuch des Menschen, Kontakt herzustellen mit dem Abwesenden und Verschwundenen.

Auf einer profaneren Ebene haben sich im Laufe einer jahrtausendelangen Bildgeschichte unterschiedliche, konkrete und praktische Funktionen von Bildern herauskristallisiert. Entsprechend ihren Funktionen unterscheidet man unterschiedliche Arten von Bildern.[39]Die ursprüngliche und älteste Funktion eines Bildes ist die *Abbildung*.[40] Diese Funktion darstellender Bilder[41] lässt sich bereits bei den prähistorischen Felsmalereien nachweisen.[42] Die Bandbreite darstellender Bilder wird

---

[32] Sachs-Hombach (2003, S. 86 f.); Kruse (2003, S. 40 ff.) m. w. N.

[33] Sachs-Hombach (2003, S. 262 ff.), entwickelt eine Systematik verschiedener Bildfunktionen.

[34] Sachs-Hombach (2005, S. 169), bezeichnet „Veranschaulichung als Grundfunktion bildhafter Darstellungen".

[35] Kruse (2006, S. 17).

[36] Das ist die These, die Belting (1996, S. 92 ff.) entfaltet. Ihm schließt sich Kruse (2003, S. 87 f.) m. w. N., an.

[37] Kruse (2006, S. 29) spricht in diesem Zusammenhang vom „Überleben in Bildern".

[38] Assmann (2001, S. 61).

[39] Zur grundsätzlichen Notwendigkeit einer Bild-Typologie Plümacher (2005, S. 132 ff.) m. w. N.

[40] Ausführlich zur Abbildungsfunktion Plümacher (1998, S. 52 ff.) m. w. N. Kritisch und differenziert zum Begriff der Abbildung Goodman (1997, S. 15 ff.). Zur Funktion von Abbildern im Allgemeinen Arnheim (1980, S. 134 ff.).

[41] Ausführlich zur Geschichte und Systematik darstellender Bilder Sachs-Hombach (2003, S. 192 ff.) m. w. N.

[42] Dazu Lenssen-Erz (2005, S. 163 ff.) m. w. N. Dass Felsbilder daneben sicher auch kultische, über das Abbilden weit hinausgehende Funktionen hatten, ist inzwischen aktueller Stand der Forschung.

von zwei Extremen markiert. Einen typologischen Pol bilden die naturgetreuen Bilder der illusionistischen Malerei, die auf eine möglichst exakte Abbildung zielen.[43] Auf der anderen Seite des Spektrums stehen ganz formreduzierte Bilder, die sich auf die Darstellung weniger, aber dafür unbedingt abbildungsrelevanter Formen beschränken. Beispiele dafür sind Ideogramme[44], Mythogramme, Hieroglyphen oder Icons.[45]

Bilder können – das ist eine weitere Aufgabe – *Handlungsorientierung* geben.[46] Bilder verfolgen nicht selten normative Absichten. Solche normativen Bilder finden sich traditionell im kultischen und religiösen Bereich.[47] Auch das Recht hat früh das normative Potenzial genutzt, das in Bildern stecken kann. Ein besonders eindrucksvolles Beispiel für Bilder, die eingesetzt werden, um normative Wirkungen zu erzielen, ist der Sachsenspiegel.[48] Moderne und profane Beispiele normativer Bilder sind Piktogramme[49], Verkehrsschilder und andere bildliche Hinweisschilder im öffentlichen Raum, die Hinweise geben oder Verbote und Gebote aussprechen.

Technobilder[50] sind eine weitere wichtige Kategorie von Bildern. Strukturen, Relationen oder dynamische Prozesse lassen sich oft besser verstehen, wenn sie durch Landkarten, Diagramme, Modelle, Konstruktionsplanungen oder Computersimulationen verdeutlicht werden. Projektionen zur Verdeutlichung sind deshalb ein wichtiges Ziel von Bildern.[51] Technobilder können ein unverzichtbares Hilfsmittel für das Verständnis von Theorien, Modellen oder Daten sein. Der Grund dafür ist einfach: Einzeldaten und Strukturen können vom Menschen in der Regel leichter visuell als durch Zahlenreihen oder sprachliche Beschreibungen erfasst werden.[52] Vor allem in der Medizin werden diese Bilder in der Diagnostik und in der Chirurgie

---

Dazu Schuck-Wersig (1993, S. 55, 65) m. w. N., und Lenssen-Erz (2005, S. 166 f.) m. w. N. So vor allem Leroi-Gourhan (1988, S. 240), der Höhlenmalerei als symbolische, schriftähnliche Umsetzung, nicht als Abbildung versteht. Allgemein zur Felsmalerei Haarmann (1991, S. 22 ff.).

[43] Sachs-Hombach (2003, S. 192 ff.) m. w. N.

[44] Besonders bekannte Ideogramme sind die *Emoticons*, die in der Online-Kommunikation eingesetzt werden. Ausführlich dazu Roessler (2000, S. 511 ff.) m. w. N. und vielen Beispielen.

[45] Sachs-Hombach (2003, S. 196 ff.) m. w. N. Ob zu dieser Kategorie auch Piktogramme gehören, wie Sachs-Hombach (2003, S. 197), annimmt, ist zweifelhaft. Sie könnten sich eher als normative Bilder einordnen lassen.

[46] Plümacher (1998, S. 51). Schuck-Wersig (1993, S. 80), spricht anschaulich vom „Bild als Orientierungshilfe".

[47] Ausführlich mit einer Fülle von Beispielen dazu Belting (2000, S. 54 ff.).

[48] Siehe dazu die eindrücklichen Belege bei Kocher (1992).

[49] Plümacher (1998, S. 54). Scholz (2004, S. 131) sieht Piktogramme als einen Grenzfall zwischen Bild und sprachlichem Zeichen an. Ausführlich zur Semiotik von Piktogrammen Blanke u. a. (2005, S. 149 ff.) m. w. N. Zur schwierigen Gestaltung von international verständlichen Piktogrammen Brugger (2005, S. 35 ff.).

[50] Den Begriff prägt Flusser (2007, S. 97, 137 ff.).

[51] Plümacher (1998, S. 55 f.).

[52] Sachs-Hombach (2003, S. 264 ff.) m. w. N., spricht in diesem Zusammenhang von der kognitiven Funktion von Bildern. Im Detail dazu, wie Landkarten vom Menschen wahrgenommen und „gelesen" werden, Arnheim (1986, S. 195 ff.).

eingesetzt.[53] Die Dokumentationsfunktion von Technobildern ist allerdings in zweifacher Hinsicht begrenzt: Nichtvisuelle Aspekte der Wahrnehmung wie etwa Temperatur, Geräusche[54] oder Gerüche können nicht abgebildet werden.[55] Gleichzeitig müssen die Bilder „gelesen“ und interpretiert werden. Das geht nur, wenn man weiß, welche Kausalmechanismen welche Bilder verursachen.[56] Fotografien, Röntgenbilder, Ultraschallaufnahmen, Neuro-Imaging-Bilder[57] oder ähnliche[58] Technobilder entstehen durch kausale Mechanismen.[59] Wer die Ursache-Wirkungs-Zusammenhänge kennt, kann auf die Realitäten zurückschließen, die von den Bildern dokumentiert werden.[60] Der Arzt kann aus einer Röntgenaufnahme viel schließen, dem Laien sagt dieses Technobild nichts.

Nachdenken durch Bilder – das ist der Sinn von reflexiven Bildern, einer weiteren Art von Bildern. Dabei geht es um künstliche, expressive Produkte des menschlichen Geistes[61], die nicht – jedenfalls nicht primär[62] – auf eine Abbildung zielen. Reflexive – oder ungegenständliche – Bilder stellen mit bildhaften Mitteln Ideen, Gedanken und Reflexionen dar.[63] Beispiele dafür sind die Kultbilder[64] nicht nur des Altertums und die hieroglyphisierten Schrift-Bilder der Renaissance, mit denen mystisch-esoterische Bedeutungen kommuniziert wurden.[65] Nicht zuletzt haben reflexive Bilder ästhetische Funktionen.[66] Bilder können und sollen ästhetische Effekte hervorrufen.[67] Sie sind eine wichtige „Sprache der Kunst“.[68]

---

[53] Zur bildbasierten medizinischen Diagnostik und Chirurgie Peitgen (2004, S. 151 ff.), und Boehm (2007, S. 109 ff.).

[54] Ganz ohne Einschränkung gilt das nicht. Zunehmend wird versucht, Bilder hörbar zu machen. Ein Beispiel dafür ist das Projekt „Atomare Klangwelten“: Die kristallografische Anordnung von Atomen wird gleichzeitig sichtbar und hörbar gemacht. Dazu Heckl (2004, S. 129) m. w. N.

[55] Plümacher (1998, S. 55).

[56] Das Paradebeispiel aus dem Alltag ist der Arzt, der Röntgenbilder oder computertomografische Abbildungen „lesen“ und interpretieren kann.

[57] Ausführlich zu den aktuellen Methoden des Neuro-Imaging Hüsing u. a. (2006, S. 5 ff.).

[58] Ein besonders ausgefeiltes Beispiel für die Dokumentation von Realität durch Bilder ist das Rastertunnelmikroskop. Dazu Heckl (2004, S. 136 ff.).

[59] Weibel (2004, S. 226) spricht in diesem Zusammenhang von epistemischen Bildern im Gegensatz zu mimetischen Bildern in der Kunst.

[60] Plümacher (1998, 54 f.) Ein instruktives Beispiel findet sich bei Liebert (2007, S. 176 f.): Aus unterschiedlichen Schattierungen einer Ultraschallaufnahme kann der Experte schließen, dass es sich um Drillinge in der 8. Schwangerschaftswoche handelt.

[61] So Mitchell (1990, S. 56.).

[62] Auch unter reflexiven Bildern gibt es Abbildungen, ohne dass es in erster Linie darum geht. Dazu Sachs-Hombach (2003, S. 208).

[63] Ähnlich Sachs-Hombach (2003, S. 208 ff.). Schuck-Wersig (1993, S. 89 ff.), spricht in diesem Zusammenhang von Spiegelbildern mit Identifikations- und Projektionsfunktion. Inhaltlich entspricht das den reflexiven Bildern.

[64] Dazu Belting (2000, S. 11 ff.) m. w. N.

[65] Im Einzelnen dazu Müller (2007, S. 83 ff.) mit eindrucksvollen Beispielen.

[66] Plümacher (1998, S. 56 f.) m. w. N.

[67] Ausführlich zum Bildbegriff in der Malerei Bauch (2001, S. 275 ff.) m. w. N.

[68] Ausführlich zu Bildern als einer Sprache der Kunst Goodman (1997, S. 183 ff.).

In illiteraten oder wenig alphabetisierten Gesellschaften erfüllen Bilder eine wichtige *Ergänzungsfunktion*. Sie sollen das Wort verstärken. Sie treten als Supplement der mündlichen Rede oder schriftlicher Texte in Erscheinung.[69] Denn sie veranschaulichen den Gegenstand und die Intention des Gesagten oder Geschriebenen und erhöhen dadurch die kommunikative Wirkung erheblich. Ein eindrückliches historisches Beispiel dafür: Die Ausbreitung der Reformation im 16. Jahrhundert zeigt, wie sich gesprochene Worte, geschriebene Texte und gemalte Bilder zu optimaler Kommunikationswirkung verbinden können.[70] Auch die Embleme, eine im Barock sehr populäre Kunstform belegen das. Ihre typische Kombination von *Motto*, *Pictura* und *Subscriptio* führt zu einem Zusammenspiel von grafischen Elementen und Textbestandteilen, die sich gegenseitig erläutern und zu neuen Bedeutungsebenen verschmelzen. Je stärker die westlichen Gesellschaften alphabetisiert wurden, desto mehr verloren Bilder ihre unterstützende Funktion. Nicht selten ist dabei vergessen worden, dass Text-Bild-Kombinationen auch dann meist wirkmächtiger als bloße Texte sind, wenn die Rezipienten gut lesen können.[71]

3.4 Abbilden oder Konstruieren: Wie werden Bilder rezipiert?

Die Neurowissenschaften[72] haben in den letzten Jahren verstärkt Erkenntnisse darüber erlangt, wie Bilder vom Menschen wahrgenommen, verarbeitet und gespeichert werden. Die neurophysiologischen und kognitionspsychologischen Besonderheiten erklären – nicht vollständig, aber zu weiten Teilen – die charakteristischen Eigenschaften der visuellen Kommunikation. Ein Blick auf die Neurophysiologie und Kognitionspsychologie lohnt sich also, um die Charakteristika der visuellen (Rechts-)Kommunikation besser verstehen zu können.

Die modernen[73] Neurowissenschaften verstehen Wahrnehmung und Erkennen nicht als passives Registrieren.[74] Menschliche Wahrnehmung ist *keine isomorphe Abbildung* einer wie auch immer gearteten Wirklichkeit.[75] Es geht keineswegs nur

---

[69] Müller (2007, S. 72).

[70] Das illustriert Müller (2007, S. 72 ff.) mit Beispielen aus der Reformationspublizistik.

[71] Ausführlich zur kommunikativen Wirkung von Text-Bild-Kombinationen siehe unten Abschn. 3.8.3.

[72] Dazu Singer (2004, S. 63 ff.).

[73] Schon im 19. Jahrhundert hat der Physiker Helmholtz die Erkenntnis formuliert, dass Bilder erst durch die Wahrnehmung beim Betrachter entstehen. Anders als die Alltagserfahrung nahelegt, ist der Eindruck, der beim Betrachter entsteht, nicht der Ausdruck des Betrachteten. Diese Einsicht ging verloren, bis die modernen Neurowissenschaften in den letzten Jahrzehnten empirisch zu ähnlichen Ergebnissen gelangten. Ausführlich dazu Frey (1999, S. 43 ff.) m. w. N.

[74] Dazu Pöppel (2000, S. 74 ff.), Goodman (1997, S. 50) spricht in diesem Zusammenhang von der „verdrehten Vorstellung" eines einer Spiegelung vergleichbaren Prozesses.

[75] Goodman (1997, S. 50), geht von einer symbolischen Beziehung zwischen Wirklichkeit und Zeichen aus. Das sieht er als Gegensatz zu einer physikalischen Spiegelung oder Abbildung der Wirklichkeit durch das Zeichen.

darum, passiv eine „objektive" Welt zu registrieren und im Kopf abzubilden.[76] Die Neuropsychologie weist empirisch nach, dass sinnliche Wahrnehmung im Gegenteil ein aktiver Prozess ist, in dem sich der Mensch mit seiner Umwelt auseinandersetzt.[77] Was bedeutet das im Einzelnen? Netzhautbilder sind nicht eindeutig, sondern unendlich vieldeutig.[78] Um aus den vieldeutigen Netzhautbildern eindeutige Wahrnehmungen realer Objekte zu machen, arbeitet der kognitive Apparat des Menschen mit Hypothesen über die Wirklichkeit.[79] Jeder Akt des Erkennens und der Wahrnehmung ist die Bestätigung oder Zurückweisung einer Hypothese, die jemand über die Welt hat.[80] Wahrnehmung und Erkenntnis sind das Ergebnis hochkomplexer Konstruktionen und Interpretationsprozesse, die sich sehr stark auf individuelles, subjektiv gefärbtes und abgespeichertes Vorwissen stützen.[81] Um es plakativ zuzuspitzen: Was verbirgt sich hinter Lichtreflexen, die auf der Netzhaut eines Menschen ankommen – ein lieber Mensch, der einen begrüßen will, oder ein tollwütiger Hund, der zum Sprung ansetzt? Es braucht Lebenserfahrung und komplexe kognitive Prozesse, um das zu erkennen.

Diese Sicht steht im Einklang mit den neuesten Ergebnissen der Hirnforschung.[82] Die Neurobiologie begreift das menschliche Gehirn als ein in hohem Maß aktives, selbstreferenzielles System, das aus den Sinnesreizen, die es aufnimmt, ein kohärentes Bild der Welt zusammensetzt. Das Gehirn entwirft – mit anderen Worten – Modelle der Welt, vergleicht dann die einlaufenden Signale mit diesen Modellen und sucht nach den wahrscheinlichsten Lösungen.[83] Kurz gesagt: Die menschliche Kognition fußt auf Wahrscheinlichkeitsberechnungen und Inferenzen.[84] Dieser Befund lässt sich konstruktivistisch zuspitzen. Indem Menschen die Welt erkennen, schaffen sie gleichzeitig diese Welt in ihrem Kopf. Wahrnehmen und Erkennen heißt also konstruieren. Wirklichkeit ist nicht das, was wirklich *ist*, sondern das, was die Menschen für wirklich *halten*.[85] Diese grundlegende Erkenntnis der Neurobiologie lässt sich auch auf die Rezeption von Bildern beziehen. Bilder werden danach nicht passiv registriert. Bildrezeption bedeutet vielmehr aktive *Konstruktion* von Bildern.[86]

---

[76] Messaris (1994, S. 118 f.).

[77] Pöppel (2000, S. 76.).

[78] Gregory (2001, S. 251.).

[79] Ausführlich zur These, dass Wahrnehmungen (bestätigte oder falsifizierte) Hypothesen sind, Gregory (2001, S. 26 ff., 253).

[80] Pöppel (2000, S. 76).

[81] Singer (2004, S. 65). Gregory (2001, S. 253).

[82] Dazu Singer (2004, S. 67 ff.).

[83] Singer (2004, S. 75).

[84] So ganz prägnant zugespitzt Singer (2004, S. 75).

[85] Merten (1997, S. 22).

[86] Dazu auch Weidenmann (1994, S. 29 f.) m. w. N. Diese Ansicht hat auch eine neurophysiologische Basis. Die Netzhaut, auf der Bilder fokussiert werden, ist im Unterschied zum fotografischen Film kein passiver Bilderempfänger. Sie verwandelt Bilder aktiv unter Einsatz von vielen hundert Millionen spezialisierten Zellen, die parallel arbeiten. Ausführlich dazu Hoffman (2001, S. 96 f.).

3.5 Bilder als Kommunikationswerkzeuge

Bilder haben – das ist fast banal – andere Eigenschaften als Worte und Sprache. Visuelle Kommunikation unterscheidet sich deshalb deutlich von oraler oder literaler Kommunikation. Vor allem die interdisziplinäre Imagery-Forschung hat in den letzten Jahren die Besonderheiten der visuellen Kommunikation herausgearbeitet.[87] Was sind die spezifischen Merkmale einer Kommunikation durch Bilder?

3.5.1 Tempo, Tempo – Die Geschwindigkeit visueller Kommunikation

Hohes Tempo – das ist typisch für Kommunikation mit Bildern. Bilder werden deutlich schneller als Wörter vom Gehirn aufgenommen.[88] Die kognitive Psychologie hat den zugrunde liegenden Mechanismus entschlüsselt, der diesem Phänomen zugrunde liegt: Die extrem schnelle Aufnahme und Verarbeitung von Bildern wird durch automatische und schematische Wahrnehmungsvorgänge im Gehirn ermöglicht.[89] Dabei werden die wahrgenommenen optischen Reize – sehr vereinfacht ausgedrückt – blitzschnell mit im Gehirn gespeicherten Mustern und Schemata[90] von Sachverhalten und Dingen verglichen und eingeordnet.[91] Entscheidend ist dabei: Dieser Erkennungs- und Konstruktionsvorgang läuft automatisch ab und kann gedanklich-kognitiv kaum kontrolliert werden.[92] Der erste Eindruck entsteht – mit anderen Worten –schnell, spontan und unkontrolliert. Erst danach wird das Bild in einem umfassenden neurophysiologischen Vorgang ganzheitlich verarbeitet.[93]

---

[87] Einen Überblick gibt Kroeber-Riel (1996, S. 25 ff.) m. w. N.

[88] Kroeber-Riel (1996, S. 53 f.) m. w. N. Plastisch wird das mit der *Theorie der fehlenden Halbsekunde* illustriert: Den Rezipienten fehlt danach – im Vergleich zur außermedialen Rezeption – etwa eine halbe Sekunde, um sich auf Inhalte einzustellen, die sie über Bildmedien aufnehmen. Dadurch wird die kognitive Verarbeitung beeinträchtigt und Emotionen stehen im Vordergrund. Ausführlich dazu Sturm (1984, S. 61 ff.), die diese These empirisch belegt.

[89] Grundlegend dazu Abelson (1981, S. 715 ff.). Ausführlich zum Forschungsstand der Kognitionswissenschaften Weidenmann (1994, S. 28 ff.) m. w. N.

[90] Die Kognitionspsychologie spricht in diesem Zusammenhang von „Skripten", die kognitive Strukturen darstellen. Dazu Abelson (1981, S. 716 ff.) m. w. N., und Zimbardo (1992, S. 292 ff., 313) m. w. N. Ausführlich zur Funktion von Schemata für das menschliche Denken und die Wahrnehmung Aronson u. a. (2004, S. 62 ff.) m. w. N.

[91] Dazu Weidenmann (1994, S. 29) m. w. N., der von einem „Matching-Prozess" zwischen dem optischen Reiz und erworbenen oder entwicklungsgeschichtlich bereitgestellten Schemata spricht, und Berendt (2005, S. 26). Die Bilderkennung mit Hilfe bereits bestehender Schemata wird auch bei der Entwicklung künstlicher Intelligenz eingesetzt. Dazu schon Abelson (1981, S. 715 f.) m. w. N.

[92] Ausführlich dazu Weidenmann (1994, S. 28 ff.) m. w. N., der die Bedeutung von bereits vorhandenen mentalen Schemata für die sogenannte prä-attentiven Rezeptionsprozesse betont.

[93] Die kognitive Psychologie bezeichnet diesen Vorgang als Top-down-Verarbeitung. Dazu ausführlich Spoehr/Lehmkuhle (1982, S. 166 ff.) m. w. N., Weidenmann (1994, S. 32 ff.) m. w. N. Aus zeichentheoretischer Sicht dazu Eco (2002, S. 205 f.).

3.5.2 Bilder anschauen – Die Konkretheit visueller Kommunikation

Der Mensch hat zwei grundsätzliche Möglichkeiten, sich mit der Wirklichkeit, mit der Natur und mit sich selber zu beschäftigen: Er kann sich der Wirklichkeit konkret oder abstrakt nähern.[94] Was ist der Unterschied zwischen diesen beiden Wegen? In einem umfassenderen Sinn bedeutet konkret dabei sinnlich-stofflich, abstrakt meint geistig-kategoriell.[95] In diesem Sinn sind Bilder per se konkret, Worte dagegen per se abstrakt.[96] Anders als Worte sind Bilder nämlich immer sinnlich fassbar, in der Regel durch den Sehsinn.[97] Auf dieser Grundlage lassen sich auch zwei idealtypische Formen des Denkens unterscheiden: abstrakt-begriffliches und bildhaft-anschauliches Denken.[98]

Konkretheit impliziert immer auch Individualität.[99] Ein gemaltes oder fotografiertes Portrait etwa ist viel individueller und unverwechselbarer als eine verbale Beschreibung einer Person. Hier liegt sicher einer der Gründe dafür, warum Bilder sehr auf Gesichter angewiesen sind.[100] Bildhaftes Denken ist sehr stark personalisiertes Denken. Wer bildhaft denkt, denkt weitgehend nicht nur in konkreten Kategorien, sondern auch in Gesichtern. Dass die Darstellung von Gesichtern schon immer ein wichtiges Thema der Kunst war, erklärt sich dadurch.[101] Das Fernsehen als Bildmedium par excellence muss deshalb sehr stark mit Gesichtern arbeiten und tut es auch.[102] In der modernen, von Bildern dominierten Gesellschaft sind deshalb Darstellungen von Gesichtern allgegenwärtig.[103]

Hier liegt auch der Grund dafür, dass Prominenz ein immer bedeutenderer Faktor in der Berichterstattung der Medien geworden ist. Das Phänomen *Prominenz und Medien* ist nicht neu.[104] Die Fokussierung der Medien auf Prominente hat aber seit

---

[94] Doelker (1989, S. 33).

[95] Doelker (1989, S. 33).

[96] Doelker (1989, S. 173).

[97] Doelker (1989, S. 33). In diesem Sinne sind auch abstrakte Bilder konkret, nämlich sinnlich stofflich fassbar. Dass sie ungegenständlich sind, ändert daran nichts.

[98] Grundlegend zum Denken in Bildern, zum anschaulichen Denken, Arnheim (1980, S. 101 ff.) m. w. N.

[99] Doelker (1989, S. 174) m. w. N.

[100] Grundsätzlich zur wichtigen kommunikativen Funktion von Gesichtern Eibl-Eibesfeldt/Sütterlin (1992, S. 371 ff.), und Landau (1993, S. 145 ff.). Neuere Forschungen arbeiten heraus, wie wichtig die Mimik für die Entstehung von Empathie ist. Dazu Adam (2004, S. 137) m. w. N. Schon sehr früh hat Charles Darwin betont, welche Bedeutung das Gesicht für den Ausdruck von Emotionen hat: Darwin (1872/1998, S. 33 f.) und pass.

[101] Ausführlich zur Darstellung des Gesichts in der Kunst Eibl-Eibesfeldt/Sütterlin (2007, S. 348 ff.) m. w. N.

[102] Ausführlich zum Gesicht im Fernsehen Schulz (2007, S. 290 ff.).

[103] Macho (1996, S. 87), der deshalb von einer „facialen Gesellschaft" spricht, „die ununterbrochen Gesichter produziert". In der Frühzeit der Kunst war die Darstellung von Gesichtern dagegen noch sehr selten. Ausführlich dazu Eibl-Eibesfeldt/Sütterlin (1992, S. 298 ff.), und Macho (1996, S. 93) m. w. N.

[104] Schierl (2007a, S. 98) m. w. N.

den 1970er Jahren ganz erheblich zugenommen.[105] Warum? Prominente liefern Gesichter für die Bildmedien, die die Aufmerksamkeit der Rezipienten auf sich ziehen (können).[106]

Die Konkretheit der visuellen Kommunikation – ist das eine Stärke oder eine Schwäche? Sie ist beides. Bildliches Denken ist anschaulich.[107] Seine große Stärke besteht darin, das Denken und den Menschen eng mit der Wirklichkeit zu verbinden.[108] Bildhaftes, konkretes Denken schützt also vor Wirklichkeitsverlust. Abstraktes Denken dagegen tendiert dazu, Begriffe von der Realität abzulösen. Die abstrakten Begriffe können sich dann selbstständig machen, ohne Rücksicht auf und ohne Verbindung mit der Wirklichkeit. Hier liegt eine Gefährdung des Rechtsdenkens durch den – manchmal unwiderstehlichen – *Sirenengesang des Abstrakten.*[109] Ein Denken in Bildern kann dem dagegen Recht helfen, die notwendige Bodenhaftung nicht zu verlieren.

Dass Bilder konkret sind, hat allerdings auch Nachteile. Bildhaftes Denken ist deshalb begrenzt. Abstraktion ist ein probates Mittel gegen Irrationalität. Verallgemeinerungen, Systematisierungen und allgemeine Regeln – also Abstraktion – erklären die Welt – und machen sie – vielleicht aber nur scheinbar – beherrschbar. Was in der Realität passiert, lässt sich – wenn auch nicht immer – aufgrund von abstrakten Überlegungen erklären. Ohne solche allgemein gültigen Erklärungsmuster müsste man stärker zu irrationalen Interpretationen Zuflucht nehmen. Dann ginge es um geheimnisvolle, unberechenbare, undurchschaubare Mächte, die den Lauf der Welt bestimmen. Ein einfaches Beispiel dafür: Ein Gewitter lässt sich rational mit Hilfe abstrakter Naturgesetze erklären. Oder irrational durch eine konkrete Geschichte, in der ein Gott in Wut gerät und Blitze schleudert. Die Kulturgeschichte ist unter diesem Aspekt ein Prozess der zunehmenden Rationalisierung durch Abstraktion begreifen.

Die Konkretheit von Bildern fördert auch eine *closed-world assumption.*[110] Bilder suggerieren, dass sie vollständig sind: Was nicht auf einem Bild zu sehen ist, scheint nicht zu existieren. Auch das ist eine – wenn auch überwindbare – Begrenzung bildhaften Denkens.

3.5.3 Ich mache mir ein Bild – Die Subjektivität der visuellen Kommunikation

Dass die Wahrnehmung von Bildern zutiefst subjektiv ist, ist eine uralte Erfahrung. Jedes Bild wird von verschiedenen Beobachtern verschieden wahrgenommen. An-

---

[105] Das weist Schierl (2007b, S. 19 ff.), in einer umfangreichen empirischen Studie nach.

[106] Ringlstetter u. a. (2007, S. 125 f.) m. w. N. Schierl (2007a, S. 98), bringt das auf die Formel: *Celebrity sells*.

[107] Arnheim (1980, S. 197).

[108] Arnheim (1980, S. 197 f.).

[109] Großfeld (1995, S. 41 f.), betont die Gefahr, die abstraktes Denken gerade für das Rechtsdenken hat. Dementsprechend plädiert er für bildhaftes Denken im Recht, damit das Recht in Verbindung mit dem konkreten Leben bleibt und seiner Aufgabe gerecht wird.

[110] Dazu Berendt (2005, S. 25).

ders ausgedrückt: Der Betrachteranteil[111] bei der Wahrnehmung und Interpretation von Bildern ist hoch.

Das ist wenig erstaunlich, wenn man die neurophysiologischen Grundlagen der Bildwahrnehmung berücksichtigt.[112] Wahrnehmung von Bildern heißt nicht geistige *Abbildung*, sondern geistige *Konstruktion*. Bilder werden wahrgenommen, indem der Beobachter aus den visuellen Reizen, die er empfängt, in seinem kognitiven System ein Bild konstruiert. Diese Konstruktion ist von den subjektiven Besonderheiten geprägt, die den Beobachter ausmachen. Der Betrachter eines Bildes steuert also – mit anderen Worten – zu jedem Bild, das er wahrnimmt, Elemente seines eigenen, im Gedächtnis gespeicherten Bildervorrats bei.[113]

Hat die strikte Subjektivität der Bildrezeption Konsequenzen für die Kommunikation mit Bildern? Ganz sicher: Sie macht visuelle Kommunikation äußerst schwierig. Denn Kommunikation ist kaum denkbar ohne einen Minimalbestand an objektiven, gemeinsamen Zeichen oder Codes. Und genau dieser gemeinsame Vorrat an objektiven Zeichen ist bei visueller Kommunikation deutlich kleiner als bei schriftlicher oder mündlicher. Offensichtlich ist visuelle Kommunikation aber dennoch möglich. Was ist der Grund dafür? Biologische und kulturelle Regeln für die Interpretation und Konstruktion von Bildern können dieses Defizit ausgleichen, allerdings nur begrenzt. Diese Regeln führen zu einer begrenzten Objektivierung und damit Vergleichbarkeit bei der Konstruktion subjektiver mentaler Bilder. Anders ausgedrückt: Diese Regeln vergrößern den Bestand an gemeinsamen objektiven visuellen Zeichen. So entsteht eine gemeinsame Basis, auf der Kommunikation durch Bilder verstanden wird – trotz aller Subjektivität. Welche Regeln sind das?

Auch wenn die Konstruktion von Bildern bei jedem Betrachter unterschiedlich ist: Es gibt biologisch fundierte, allgemeingültige Regeln, die bei jedem Menschen zum Tragen kommen, wenn er ein Bild wahrnimmt.[114] Ein einfaches, aber grundlegendes Beispiel für eine solche Regel ist: Gerade Linien in einem Bild werden stets als gerade Linien im dreidimensionalen Raum interpretiert und konstruiert.[115] Eine andere, deutlich kompliziertere Konstruktionsregel lautet: Allmähliche Veränderung von Farbtönen, Sättigung und Helligkeit in einem Bild werden als Beleuchtungsveränderungen interpretiert.[116] Diese allen Menschen gemeinsamen Konstruktionsregeln für Bilder schränken die Subjektivität der Bildrezeption ein. Bestimmte visuelle Reize werden also – biologisch bedingt – auf bestimmte, ähnliche Weisen interpretiert.

Neben den biologischen existieren auch *kulturelle Regeln für die individuelle Bildkonstruktion*. Weil visuelle Kommunikation sonst nicht möglich wäre, haben Gesellschaften seit jeher Regeln entwickelt, wie Bilder zu interpretieren

[111] Dazu Gombrich (1984, S. 142) m. w. N.

[112] Ausführlich dazu siehe oben Abschn. 3.4.

[113] Gombrich (1984, S. 142) m. w. N. spricht in diesem Zusammenhang vom Betrachteranteil.

[114] Ausführlich dazu Hoffman (2001, S. 19 ff.), der eine Fülle von einzelnen detaillierten Konstruktionsregeln herausarbeitet.

[115] Hoffman (2001, S. 47).

[116] Ausführlich dazu Hoffman (2001, S. 141 ff.) m. w. N.

und zu konstruieren sind. Erst eine ikonografische Analyse und eine noch weiter gehende ikonologische Interpretation erschließen den gesamten Bedeutungsgehalt von Bildern.[117] Beides – Ikonografie[118] und Ikonologie[119] – basiert auf kulturellen Inhalten. Ohne spezifische Kenntnisse der Kulturgeschichte, ohne Wissen um kulturelle Gestalten, Fabeln, Historien und Allegorien lassen sich jedenfalls anspruchsvolle Bilder kaum vollständig verstehen. Beispiele dafür sind etwa die griechische Mythologie oder die christliche Überlieferung. Beides gibt „Regeln" vor, wie bestimmte Bilder zu interpretieren und zu konstruieren sind. Dass diese Regeln von Kultur zu Kultur unterschiedlich sind, ist ein wichtiger Grund für die erheblichen Probleme und Schwierigkeiten der interkulturellen visuellen Kommunikation.

3.5.4 Exkurs: Kollektives Gedächtnis

Zu den kulturellen Faktoren, die das Verständnis von Bildern beeinflussen, gehört auch das kollektive Gedächtnis.[120] Denn kein individuelles Gedächtnis existiert im luftleeren Raum. Es ist beeinflusst vom gesamten materiellen und geistigen Leben der Gesellschaft[121] – also vom kollektiven Gedächtnis. Individuelle Erinnerungen stehen immer mit Erinnerungen in Verbindung, die eine Gruppe, eine Gesellschaft, eine Kultur haben.[122] Hat das einen objektivierenden Einfluss auf die Bildrezeption? Auf den ersten Blick könnte man das annehmen. Denn das subjektive individuelle Gedächtnis wird durch die kollektiven Erinnerungen ergänzt und modifiziert. Allerdings ist damit keine Objektivierung verbunden. Denn das kollektive Gedächtnis selbst ist nicht objektiv. Es ist das Destillat aus vielen individuellen, aber ebenfalls subjektiven Erinnerungen. Und die Summe subjektiver Erinnerungen ist nicht eine objektive Erinnerung. Dazu kommt: Wie das kollektive Gedächtnis das Gedächtnis

---

[117] Zur Bedeutung von Ikonografie und Ikonologie als Methoden der Bildanalyse bahnbrechend Panofsky (1939/1978, S. 38 ff.).

[118] Ausführlich zur Ikonografie Panofsky (1939/1978, S. 39 f.), der aber, a. a. O., S. 42 auch die Grenzen dieser Methode betont.

[119] Grundlegend zur Ikonologie Panofsky (1939/1978, S. 40 ff.).

[120] Bahnbrechend dazu Halbwachs (1985/1925, S. 71 f.) und pass. der das Paradigma vom kollektiven Gedächtnis entwickelt hat. Weiterführend Hirst/Manier (2002, S. 40 ff.), die das Konzept verfeinern eine Systematisierung unterschiedlicher kollektiver Gedächtnisse vornehmen.

[121] Halbwachs (1985/1925, S. 71 f.).

[122] Saar (2002, S. 271) bezeichnet Kulturen deshalb als „Erinnerungsgemeinschaften". Ein Ausschnitt aus dem kollektiven Gedächtnis könnte das europäische „Bildgedächtnis" sein, das Warburg in seinem Mnemosyne-Projekt rekonstruiert hat. Ausführlich dazu Warburg (2003, S. 3 ff.). Eine besondere Rolle bei der Konstituierung des kollektiven Gedächtnisses spielen (Bild-)Archive. Dazu Drechsel (2005, S. 106 ff.) m. w. N.

eines Einzelnen beeinflusst, hängt wiederum von der zutiefst subjektiven Prägung des Individuums ab.[123]

3.5.5 Bilder berühren – Die Emotionalität visueller Kommunikation

Bilder und Emotionen – das ist ein untrennbarer Zusammenhang. Bilder wirken unmittelbarer emotional. Viel stärker als Worte.[124] Bilder und Bildmedien sprechen mit der ihnen eigenen Suggestivkraft Emotionen der Betrachter an und erzeugen Immersionseffekte.[125] Sie haben eine geradezu erdrückende Präsenz, deren man sich – wenn überhaupt – nur durch aktives Wegsehen entziehen kann.[126] Das gibt ihnen einen Wirkungsvorsprung gegenüber anderen Medien: Affektiv intensive Medien erlangen automatisch Aufmerksamkeit.[127] Anders formuliert: Wer besonders viel Aufmerksamkeit erwecken und starke Effekte erzielen will, muss Bilder einsetzen.[128] Das ist beileibe keine neue Erkenntnis.[129] Die emotionale

---

[123] Halbwachs (1985/1925, S. 62 f.), betont, dass jedes Individuum seine Erinnerungen rekonstruiert. Und die Rekonstruktion ist natürlich individuell und subjektiv geprägt, auch wenn Elemente des kollektiven Gedächtnisses mit einfließen.

[124] Doelker (1989, S. 178 f.) m. w. N.; Meyer u. a. (2000, S. 133) m. w. N.; Kroeber-Riel (1996, S. 63 ff.) m. w. N.; Schuster (2003, S. 24 ff.) m. w. N. Leroi-Gourhan (1988, S. 264), betont in diesem Zusammenhang, dass die Schrift – anders als Bilder – viel weniger geeignet ist, irrationale Momente auszudrücken.

[125] Ganz pointiert vertritt das Grau (2005, S. 99), der den Gewinn an Suggestivmacht als Motivationskern und Hauptziel bei der Entwicklung neuer Bildmedien ausmacht. Besonders offensichtlich ist das bei Filmen: Über ihren kommerziellen Erfolg entscheidet, wie stark sie Emotionen beim Zuschauer erzeugen und lenken können. Dazu Eder (2005, S. 107 ff.) m. w. N. Einen konzisen Überblick über die Forschung zu den emotionalen Auswirkungen von Medien geben Schramm/Wirth (2006, S. 29 ff.) m. w. N.

[126] Frankenberg (2004, S. 2), der darin den entscheidenden Unterschied zu schriftlichen Texten sieht.

[127] Keil (2005, S. 138). Schramm/Wirth (2006, S. 39) m. w. N. bestätigen das mit empirischen Studien für die Fernsehnachrichten: Emotionale Bilder in den Nachrichtensendungen werden aufmerksamer wahrgenommen als Bildberichte mit nichtemotionalen Themen. Allerdings sind die Wirkungen von unterschiedlichen Bildern bei der Erregung von Aufmerksamkeit differenziert. Nicht jedes Bild erregt in gleicher Intensität Aufmerksamkeit. Der Aufmerksamkeitsfaktor wird gleichzeitig durch einen Gewöhnungseffekt wieder abgeschwächt. Ausführlich zu den Wechselwirkungen zwischen Medienentwicklung, Aufmerksamkeit und Gewöhnung Grau (2005, S. 71) m. w. N. Das Fernsehen ist ein besonders emotionales elektronisches Massenmedium. Ausführlich zu den Gründen und Implikationen dieser Tatsache Meyrowitz (1990, S. 207 ff.).

[128] Das wird zunehmend auch durch kognitionspsychologische und neurophysiologische Studien bekräftigt. Dazu Keil (2005, S. 139 ff.) m. w. N. Das Medium, das sich zum bilddominierten Medium par excellence entwickelt hat, ist das Fernsehen. Weil Bilder besonders gut geeignet sind, Aufmerksamkeit zu erregen, ist das nur folgerichtig. Ohne Bilder könnte das Fernsehen den Kampf um die Aufmerksamkeit der Zuschauer nicht gewinnen und ökonomisch kaum überleben.

[129] Instruktiv dazu Belting (2000, S. 11 ff.), der die Macht der Bilder vor allem darauf zurückführt, dass sie tiefere Schichten der menschlichen Persönlichkeit berühren als Worte.

Wirksamkeit von Bildern ist immer wieder in unterschiedlichen Formen eingesetzt worden. Besonders krasse Beispiele dafür sind die politische Propaganda[130] und die Werbung.[131] Subtiler werden Bilder zur Erzeugung von Emotionen in Filmen[132] und im Theater[133] herangezogen. Das Fernsehen – das Bildmedium par excellence – arbeitet ebenfalls stark mit Gefühlen. Fernsehen ist ganz weit gehend *Affektfernsehen*.[134]

Warum rufen Bilder (starke) Gefühle bei den Betrachtern hervor?[135] Die neurophysiologischen Ursachen für die starke Emotionalität von Bildern sind weitgehend unerforscht.[136] Bisher stehen anthropologische, stammesgeschichtliche Erklärungsversuche im Vordergrund.[137] Evolutionsbiologen betonen, dass die schnelle und heftige – also emotionale – Reaktion auf visuelle Reize der Umwelt ein wichtiger Überlebensmechanismus des Menschen in der Vorzeit war.[138] Visuelle Reize haben den Menschen schon vor Gefahren gewarnt, als Sprache oder gar Schrift noch völlig unbekannt waren.

Das evolutionsbiologische Argument ist nicht das einzige. Neurobiologie und Kognitionspsychologie liefern weitere Erklärungen für die emotionale Kraft von Bildern.[139] Die Emotionalität von Bildern hängt mit dem bereits mehrfach erwähnten Mechanismus zusammen, mit dem Bilder aufgenommen und verarbeitet werden. Bilder werden nicht emotionslos isomorph abgebildet. Sie werden vom Gehirn konstruiert.[140] Das „Konstruktionsmaterial" sind dabei vor allem die visuellen

---

[130] Zur Machtausübung durch Bilder Heinz (2002, S. 73 ff.) m. w. N. Ein eindrückliches – und abstoßendes – Beispiel dafür ist der strategische Einsatz von Bildern im Krieg. Dazu Lohoff (2007, S. 106 ff.) m. w. N., und Müller (2005, S. 405 ff.) m. w. N. Ein anderes, ebenso abstoßendes Beispiel: Das nationalsozialistische Regime hat den Film bewusst zu Propagandazwecken instrumentalisiert. Dazu etwa Ecke (2002, S. 54 ff.) m. w. N., und Isensee (2002, S. 70 ff.) m. w. N. Allgemein zum Verhältnis von Bildern und Politik Lesske (2005, S. 236 ff.) m. w. N.

[131] Werbung zielt geradezu darauf, beim Adressaten bestimmte Gefühle auszulösen und dadurch sein Verhalten zu beeinflussen. Instruktiv dazu Kroeber-Riel (1996, S. 155 ff.) Zur Instrumentalisierung von Emotionen durch die Werbung aus sozialpsychologischer Sicht Aronson u. a. (2004, S. 257 ff.) m. w. N.

[132] Einen Überblick über die Emotionsforschung im Film- und Fernsehbereich geben Schramm/Wirth (2006, S. 38) m. w. N. Ausführlich zur Affektlenkung im Film Eder (2005, S. 107 ff.) m. w. N.

[133] Zur Erzeugung von Emotionen im Theater durch Mimik, Gestik, Körperbewegungen und -haltungen ausführlich Fischer-Lichte (2003, S. 48 ff.) m. w. N.

[134] Zum Affektfernsehen Bente/Fromm (1997, S. 19 ff.) und pass.

[135] Dazu insgesamt Keil/Eder (2005, S. 224 ff.) m. w. N.

[136] Das liegt nicht zuletzt daran, dass schon die Definition und die Wirkungsweise von Emotionen stark umstritten sind. Ausführlich dazu Zimbardo/Gerrig (2004, S. 552 ff.) m. w. N. Allgemein zur Neurophysiologie von Emotionen Roth (2003, S. 290 ff.) m. w N.

[137] Dazu etwa Doelker (1989, S. 102 ff.) m. w. N.

[138] Merten (2003, S. 38) m. w. N. Ausführlich dazu Koenig (1975, S. 74 ff.) m. w. N.; Eibl-Eibesfeldt (1997, S. 62), mit vielen Beispielen aus empirischer Beobachtung und experimentellen Studien.

[139] Zur Kognitionspsychologie der Emotionen im Überblick Schramm/Wirth (2006, S. 28) m. w. N., und Zimbardo/Gerrig (2004, S. 556 f.) m. w. N.

[140] Ausführlich dazu siehe oben Abschn. 3.4.

Sinnesreize, die aus der Umwelt aufgenommen werden, und das individuelle Vorwissen, das im Gehirn bereits vorhanden ist. Beides ist subjektiv und emotional stark gefärbt. Schon deshalb sind der Konstruktionsprozess und das Konstruktionsergebnis durch Emotionen beeinflussbar.

Das Verhältnis von Kognition und Emotion, von Bewusstsein und Gefühl ist ein wichtiges Thema unterschiedlicher Wissenschaften, die sich mit Emotionen und Kognition beschäftigen.[141] Die bis heute kontroverse Frage heißt: Gehen Kognitionen den Emotionen voraus und rufen sie diese hervor[142], oder werden sie benutzt, um bereits ausgelöste Emotionen zu definieren?[143] Oder pointiert: Was ist zuerst da – die Kognition oder die Emotion? Die Kontroverse bewegt sich seit mehr als 100 Jahren um diese beiden Extrempositionen.[144] Inzwischen werden sie aber kaum noch vertreten. Zurzeit dominieren vielfach modifizierte, komplexere Modelle für das Verhältnis und die Wechselwirkungen von Kognition und Emotion.[145]

Auch wenn der Stand der Forschung noch weit davon entfernt ist, das Problem zu lösen, gibt es doch frappierende neue Ergebnisse. Neuere Erkenntnisse der experimentellen Kognitionsforschung machen deutlich, dass Emotionen unabhängig vom Bewusstsein entstehen können.[146] Das bedeutet: Reize aus der Umwelt können zu emotionalen Prozessen führen, ohne dass der Mensch bewusst etwas davon merkt.[147] Die Emotionen sind unabhängig vom Bewusstsein.[148] Das klingt in der Tat erschreckend: Das menschliche Bewusstsein ist keineswegs immer in der Lage, die Emotionen zu kontrollieren. In vielen Fällen „merkt" es überhaupt nicht, dass und warum Emotionen entstehen.

Was bedeutet diese Erkenntnis für die visuelle Kommunikation? Kommunikation durch Bilder ist deutlich emotionaler als verbale Kommunikation. Emotionale Prozesse lassen sich weniger stark vom Bewusstsein steuern. Daraus lässt sich zwingend schließen: Visuelle Kommunikation ist – jedenfalls potenziell – unbewusster, unkontrollierter und schwerer zu steuern als verbale Kommunikation. Verschärft wird dieser Befund durch eine weitere, empirisch gestützte Erkenntnis der Wahrnehmungspsychologie. Visuelle Reize sind viel stärker, wenn sie unterschwellig

---

[141] Einzelheiten dazu, wie dieses Thema in der Emotionspsychologie debattiert wird, referiert Merten (2003, S. 104 ff.) m. w. N.

[142] Das vertreten – in unterschiedlicher Akzentuierung – vor allem die kognitiven Emotionstheorien. Dazu Schramm/Wirth (2006, S. 28) m. w. N.

[143] Zimbardo/Gerrig (2004, S. 554 ff.) m. w. N.

[144] LeDoux (2004, S. 47 ff.), zeichnet die Diskussion nach.

[145] Ausführlich zum Stand der Forschung LeDoux (2004, S. 52 ff.) m. w. N.; Zimbardo/Gerrig (2004, S. 556 f.) m. w. N.

[146] Bahnbrechend für diese Erkenntnis Zajonc (1980, S. 151 ff.); Zajonc (1984, S. 119 ff.). Ausführlich dazu Zimbardo (1992, S. 388); LeDoux (2004, S. 58 ff.) m. w. N. Für die Psychoanalyse ist das keine neue Erkenntnis. Neu ist aber der empirisch-experimentelle Nachweis der psychoanalytischen Theorie.

[147] So prägnant LeDoux (2004, S. 59). Insofern bestätigen die neueren Forschungsergebnisse die These Sigmund Freuds von der Macht des Unbewußten.

[148] So ganz dezidiert Zajonc (1984, S. 121).

wahrgenommen werden.[149] Dieser Effekt wird nicht zuletzt im Marketing (aus)genutzt.[150]

Kommunikation mit und durch Bilder ist also emotionaler. Was bedeutet das für ihre Wirkung auf die Kommunikationspartner? Ihre Emotionalität macht visuelle Kommunikation stärker, nachhaltiger und distanzloser. Dass Bilder – jedenfalls potenziell – stärker als Worte wirken, ist keine neue Erfahrung. Das zeigt schon ein kurzer Blick auf die Geschichte der Kultbilder.[151] In jüngerer Zeit wird diese Erkenntnis durch empirische Forschungen zum Wissenserwerb mit Text und Bild untermauert. Wir können Texte viel besser verstehen und behalten, wenn Bilder (sinnvoll) hinzugefügt werden.[152] Informationen und Ereignisse, die mit Emotionen verbunden sind, werden grundsätzlich[153] besser, detaillierter und länger im Gedächtnis gespeichert.[154] Dieser Befund ist inzwischen von der Wahrnehmungspsychologie umfassend empirisch untermauert worden.[155] Ihre Emotionalität macht Bilder deshalb eindrücklicher: Sie werden besser und länger im Gedächtnis gespeichert. Auch das ist eine alte Erfahrung. Kanonische Bilder prägen seit Jahrhunderten das Denken und lassen sich kaum ändern oder ersetzen.[156] Beispiele dafür sind etwa das Bild des Stammbaums der Menschheitsgeschichte oder das Bild der Doppel-Helix des menschlichen Genoms.[157] Die Nachhaltigkeit von Bildern ist allerdings nicht unproblematisch.[158] Kanonische Bilder entwickeln nicht selten eine eigenständige Dynamik und prägen das Denken und die Erinnerung, unabhängig davon, ob sie die Wirklichkeit überhaupt zutreffend beschreiben.

Auch die Überzeugungskraft von Bildern ist potenziell größer als die bloßer Worte oder Texte. Vor allem lang anhaltende Einstellungsänderungen lassen sich mit Hilfe von Emotionen und Bildern eher erreichen als mit nüchternen Worten und

[149] Grundlegend dazu Bornstein (1992, S. 191 ff.). Zur Geschichte der Wahrnehmungsforschung LeDoux (2004, S. 64 ff.) m. w. N.

[150] LeDoux (2004, S. 62 f.) m. w. N. Instruktiv dazu Kroeber-Riel (1996, S. 155 ff.), der Erkenntnisse der Wahrnehmungspsychologie über die unbewusste Wahrnehmung in konkrete Marketingstrategien übersetzt.

[151] Dazu Belting (2000, S. 11 ff.) m. w. N. und vielen Beispielen.

[152] Weidenmann (1998, S. 243) m. w. N. Ähnlich, aber in Nuancen anders auf empirischer Grundlage Brosius (1993, S. 113), für den speziellen Fall bebilderter Nachrichtensendungen. Bilder werden schon immer benutzt, um Inhalte besser behalten zu können. Ausführlich zur Memorialfunktion von Bildern in der frühen Neuzeit Müller (2007, S. 75 ff.) m. w. N.

[153] Ganz undifferenziert gilt die Erkenntnis, dass Emotionen die Gedächtnisspeicherung verbessern, nicht. Zu Ausdifferenzierungen dieser Erkenntnis durch empirische Studien Schramm/Wirth (2006, S. 40 f.) m. w. N. Ein Gegenbeispiel sind etwa Nachrichtensendungen. Dort werden Informationen, die mit emotionalen Bildern verknüpft sind, nicht signifikant besser erinnert. Dazu Brosius (1993, S. 114).

[154] Besonders deutlich wird das an traumatischen Ereignissen. Dazu Schramm/Wirth (2006, S. 40) m. w. N.

[155] Weidenmann (1998, S. 243) m. w. N. von Metaanalysen empirischer Studien. Ausführlich zur Wirkung von Emotionen auf kognitive Funktionen Zimbardo/Gerrig (2004, S. 560 f.) m. w. N.

[156] Zur Wirkung kanonischer Bilder Pörksen (1997, S. 99 ff.) m. w. N.

[157] Diese Beispiele finden sich bei Pörksen (1997, S. 112 ff.) m. w. N.

[158] Sehr kritisch dazu Pörksen (1997, S. 115 ff.).

Argumenten.[159] Die persuasive Kraft von Bildern zeigt sich etwa in der Bedeutung, die das Fernsehen seit Mitte des 20. Jahrhunderts für Gesellschaft und Politik hat.[160] Nicht zuletzt sind es Bilder, die Wahlkämpfe entscheiden und die Macht in der Demokratie verteilen.[161] Es sind nicht nur Soldaten, Waffen und Strategien, sondern auch Bilder, die den Ausgang von Kriegen beeinflussen.[162]

Aus ihrer hohen Emotionalität ergibt sich eine weitere, wichtige Charakteristik visueller Kommunikation: Bilder kommen dem Menschen viel näher als Texte. Kommunikation durch Bilder ist in der Regel distanzloser als sprachliche Kommunikation.[163] Insbesondere Bilder, die durch elektronische Medien vermittelt werden, reduzieren die (kognitive) Distanz zwischen Beobachtung und dem Gesehenen.[164] Anders als die Verständigung durch Schrift und Text ist die visuelle Kommunikation deshalb von Distanzlosigkeit geprägt.

De facto ist die Bildbetrachtung zwar eine Sekundärerfahrung. Nicht selten wird sie aber gleichzeitig zu einem Primärerlebnis.[165] Der Grund dafür liegt auf der Hand: Wegen ihrer Emotionalität wirken Bilder – nicht ausschließlich und zwingend, aber weit gehend – unabhängig vom Bewusstsein des Menschen. Das Bewusstsein ist aber gerade die Instanz des Menschen, die Distanz zwischen ihm und seiner Umwelt herstellt. Kritische Distanz gegenüber Bildern ist deshalb besonders schwierig. Das ist ein wichtiger Ursprung für die „Macht der Bilder".[166] Gleichzeitig liegt hier eine wichtige Ursache für Probleme und Gefahren der visuellen Kommunikation.

Bei näherem Hinsehen wird der Befund allerdings noch komplizierter. Denn Bilder verringern nicht nur die Distanz. Sie mediatisieren andererseits die Erfahrungen, die Menschen machen. Das bedeutet: Erfahrungen werden nicht mehr unmittelbar gemacht, sondern über Bilder und Medien. Scheinbar paradox vermitteln die Bilder

---

[159] Grundsätzlich zur Bedeutung (guter und schlechter) Argumente bei der persuasiven Kommunikation Aronson u. a. (2004, S. 239 ff.) mit Nachweisen empirischer Studien.

[160] Meyer u. a. (2000, S. 133 f.). Das Bundesverfassungsgericht betont ebenfalls die besondere Wirksamkeit von Fernsehbildern. In BVerfGE 90, 60, 87 spricht es explizit von der überlegenen Breitenwirkung, Aktualität, Überzeugungs- und Suggestivkraft von Fernsehbildern.

[161] Ausführlich dazu Kepplinger (1987). Ein aktueller Beleg für diesen Befund sind die TV-Duelle der beiden Kanzlerkandidaten bei der Bundestagswahl 2002, die signifikante Auswirkungen auf das Wahlergebnis gehabt haben. Ausführlich dazu Klein (2005, S. 220 f.). Zum selben Ergebnis kommen Kepplinger/Maurer (2001, S. 118 ff.), aufgrund einer empirischen Analyse der Bundestagswahl 1998.

[162] Dazu Sontag (2006, S. 23 f.) Ein eindrückliches Beispiel dafür ist das berühmte Pressefoto von 1968 aus dem Vietnamkrieg, auf dem der Polizeichef von Saigon einen angeblichen Vietkong-Kämpfer aus nächster Nähe mit einem Kopfschuss tötet. Dieses Foto gilt in Amerika als das „photo that lost the war". Dazu Perlmutter (2003, S. 3) m. w. N.

[163] Zur Distanzlosigkeit bewegter Fernsehbilder allgemein Meyer u. a. (2000, S. 134).

[164] Darauf weisen ausdrücklich Meyer u. a. (2000, S. 73), hin.

[165] Grittmann (2003, S. 139) am Beispiel der Pressefotografie. Das lässt sich aber auf (fast) alle Arten von Bildern übertragen. Ähnlich Sontag (2006, S. 10): „Fotografieren heißt sich das fotografierte Objekt aneignen".

[166] Dazu unter historischen Gesichtspunkten Belting (2000, S. 11 ff.). Grundsätzlich zur Macht der Bilder Boehm (2001a, S. 330). Eine zusätzliche psychoanalytische Erklärung für die Macht der Bilder liefert Tisseron (2007, S. 308 f.).

der Massenmedien aber gleichzeitig das – völlig illusionäre – Gefühl, unmittelbar am Geschehen beteiligt zu sein – als Augenzeuge. Auch wenn Ereignisse gerade nicht live wahrgenommen werden, erzeugt vor allem das Fernsehen die Illusion von *Liveness*.[167] Was das für die Kommunikation bedeutet, ist noch weit gehend ungeklärt. Möglicherweise könnten die Theaterwissenschaften hier weiterhelfen. Denn sie beschäftigen sich schon länger mit der Frage, wie sich die Ko-Präsenz von Akteuren und Zuschauern auf die Rezeption der kommunizierten Inhalte auswirkt.[168]

3.5.6 Was will uns der Maler sagen? Die Vieldeutigkeit visueller Kommunikation

Bilder sind grundsätzlich vieldeutiger und offener als Worte.[169] Die ausgeprägte *Polysemie des Bildes* hat Konsequenzen für die visuelle Kommunikation. Sie macht spezifische Stärken, aber auch ebenso deutliche Schwächen der visuellen Kommunikation aus.

Sind Bilder tatsächlich vieldeutiger und offener als Worte und Sprache? Der erste Anschein spricht klar dafür. Dennoch wird diese Frage sehr kontrovers diskutiert. Vor allem in der Filmwissenschaft wird betont: Die Bildersprache sei genauso konventionell und soziokulturell festgelegt und gebunden wie die Wortsprache.[170] Genau wie die Wortsprache müsse die Sprache der Bilder gelernt und angeeignet werden.[171] Es gehe dabei um spezielle visuelle Codes, die analog zu sprachlichen Codes aufgebaut seien.[172] Zwischen visuellen und sprachlichen Codes besteht eine Fülle von Unterschieden im Detail. Prinzipielle Differenzen zwischen Wort und Bild sieht diese Ansicht aber nicht.

Diese Ansicht hat Charme. Dennoch greift sie zu kurz, weil sie den grundsätzlichen und prinzipiellen Unterschied zwischen Bildern und sprachlichen Zeichen ignoriert. Der Unterschied liegt im „ikonischen Charakter" des Bildes: der – mehr oder weniger stark ausgeprägten – Ähnlichkeit zwischen der Abbildung und dem Abgebildeten.[173] Das Wort hat in der Regel[174] keine Ähnlichkeit mit dem, was es

[167] Zur „Liveness" im Fernsehen Meyrowitz (1990a, S. 239 ff.) m. w. N.

[168] Zur „Liveness" im Theater Fischer-Lichte (2004, S. 114 ff.) m. w. N.

[169] Gombrich (1984, S. 243); Heinz (2002, S. 72 f.); Bätschmann (2001, S. 48 ff.). Zur Mehrdeutigkeit von Bildern aus kognitionswissenschaftlicher Sicht Hoffman (2001, S. 30 ff.).

[170] Ejchenbaum (1978, S. 36).

[171] Sonst seien Bilder nicht zu verstehen, so Kuchenbuch (1978, S. 36).

[172] Ausführlich dazu Eco (2002, S. 197 ff.) m. w. N.

[173] So ganz dezidiert Berghaus (1986, S. 284), und Boehm (2001a, S. 330). Ähnlich Sachs-Hombach (2003, S. 86 ff.), der Bilder deshalb als „wahrnehmungsnahe Zeichen" klassifiziert. Ähnlich Nöth (2000, S. 490), der das Bild als „Prototyp des ikonischen Zeichens" klassifiziert. Ausführlich zur Wirkung bildlicher Analogien Issing (1994, S. 149 ff.) m. w. N. Anders aber Scholz (2004, S. 21 ff.), der die Ikonizität von Bildern bestreitet. Grundsätzlich zur Ikonizität von Bildern aus semiotischer Perspektive Kruse (2003, S. 29 ff.) m. w. N.

[174] Bei Lautmalerei ist das ausnahmsweise anders.

bezeichnet. Das Bild dagegen ist mit seiner Vorlage durch eine mehr oder weniger starke Ähnlichkeit verbunden.[175] Nicht zuletzt darauf beruht die Macht der Bilder.[176]

Damit nicht genug: Ein weiterer prinzipieller Unterschied ist, dass die Anzahl möglicher Bilder unbegrenzt, die Anzahl der Worte in einer Sprache aber grundsätzlich begrenzt ist.[177] Es gibt kein abschließendes „Wörterbuch der Bilder".[178] Trotz aller Bemühungen um die Entwicklung einer Mediengrammatik oder einer „Grammar of Film" gibt es keine ausgearbeitete Bildgrammatik[179] und auch kein Alphabet der Bilder.[180] Wenn nicht alles täuscht, ist es wegen der Besonderheiten des Bildes auch prinzipiell unmöglich, eine geschlossene Bildgrammatik zu entwickeln.[181]

Es gibt weitere Charakteristika von Bildern, die zu ihrer Vieldeutigkeit beitragen. Ein Faktor ist ihre Multidimensionalität. Bilder haben deutlich mehr Aspekte und Dimensionen als Worte.[182] Anders als bei Worten hängt die Bedeutung von Bildern auch von ihrer Form, von ihrer Farbe[183], von ihrer Bewegung und von ihrer Lage im Raum ab.[184] Die Bedeutung von Bildern ist deshalb vielschichtiger als die von Texten oder Worten.[185] Und das macht Bilder dann vieldeutiger und ihre Hermeneutik

---

[175] Watzlawick u. a. (2000, S. 62); Berghaus (1986, S. 284). Zur Schwierigkeit, die mit dem Begriff der bildhaften Ähnlichkeit verbunden sind, Rehkämper (2005, S. 243 ff.).

[176] Boehm (2001a, S. 330); Heinz (2002, S. 26).

[177] Berghaus (1986, S. 281).

[178] Pasolini (1971, S. 39). Ähnlich skeptisch von Monkiewitsch (2004, S. 57 ff.), der die Rolle des (kreativen) Zufalls bei der Entstehung von Bildern stark betont.

[179] So Berghaus (1986, S. 281) m. w. N., zum Entwicklungsstand der Mediengrammatik. Ähnlich schon Langer (1957, S. 95 f.). Dieser These widerspricht Vollmer (2004, S. 19 ff.), der jedenfalls für fotografische Bilder von einer grundlegenden Grammatik ausgeht. Thürlemann (1990, S. 9 f.), hält eine Bildgrammatik jedenfalls für möglich. Wenn Bilder intuitiv verstanden werden, sei das ein Zeichen, dass es grundlegende, anthropologisch verankerte Verstehensregeln – und damit eine Bildgrammatik – gebe.

[180] Boehm (2001b, S. 267 f.), betont ganz dezidiert, dass Bilder nicht-notational seien. Allerdings wird immer wieder versucht, ein Alphabet der Bilder zu entwickeln: eine begrenzte Zusammenstellung von Bildelementen, durch deren immer neue Kombination sich jede Bildaussage treffen lässt. Ein instruktives Beispiel aus neuerer Zeit ist das Bildalphabet von Helmboldt (2006, S. 141 ff.).

[181] So jedenfalls Pasolini (1971, S. 40), der darin den Grund für die unbegrenzten Möglichkeiten des Filmautors sieht.

[182] Zur Multidimensionalität der Bilder Hoffman (2001, S. 157 ff.); Berendt (2005, S. 24 f.) m. w. N.

[183] Besonders die Farben, die in Bildern benutzt werden, vervielfachen die Bedeutungsmöglichkeiten noch einmal erheblich. Ausführlich zur Bedeutung von Farben Itten (2006, S. 68 ff.). Farbe ist – wie Albrecht (1974) prägnant formuliert – eine Sprache. Farben und Farbbeziehungen sind deshalb ein wichtiger – aber auch sehr schwieriger – Aspekt bei der Ikonografie und Ikonologie. Dazu Bätschmann (2001, S. 138 ff.) m. w. N. Grundsätzlich zur Bedeutung von Farben bei der Darstellung von Informationen Tufte (1990, S. 81 ff.).

[184] Umfassend zu den unterschiedlichen Dimensionen und Aspekten der Bilder Arnheim (2000).

[185] Das heißt selbstverständlich nicht, dass Worte und Texte nicht auch unterschiedliche Bedeutungsebenen hätten. Instruktiv dazu Doelker (2005, S. 255 ff.), der ein multidimensionales Schichtenmodell der Bildsemantik vorschlägt.

freier und überraschender – auch wenn Bilder nicht beliebig und unbegrenzt ausgelegt werden können.[186]

Das ist noch nicht alles. Auch die assoziative Kraft der Bilder[187] macht sie vieldeutig. Bilder lösen beim Betrachter Assoziationen[188] aus. Die Assoziationen, die ein Bild hervorruft, hängen von der Persönlichkeit des Adressaten und seiner zutiefst subjektiven Prägung ab. Dasselbe Bild evoziert bei unterschiedlichen Betrachtern daher unterschiedliche Assoziationen.[189] Die enorme Bandbreite der möglichen Assoziationsketten führt ebenfalls dazu, dass Bilder vieldeutig sind.

Die Polysemie der Bilder ist wenig überraschend, wenn man einen Blick auf die neurobiologischen und kognitionspsychologischen Aspekte der Bildrezeption wirft. Bilder werden nicht bei der Wahrnehmung lediglich abgebildet. Sie werden in einem äußerst komplexen Prozess im Gehirn des Menschen aus den empfangenen visuellen Reizen konstruiert.[190] Der Konstruktionsmechanismus ist nicht nur komplex, sondern auch ganz erheblich subjektiv geprägt und von Emotionen beeinflusst. In der Summe verhindert das die Eindeutigkeit der entstehenden Bilder. Der visuelle Reiz, der vom Auge aufgenommen wird, kann nur sehr begrenzt Auskunft über die Wirklichkeit geben.[191] Um ein Bild zu bekommen, muss das menschliche Gehirn konstruieren. Weil jedes Gehirn unterschiedlich ist, muss ein Bild also prinzipiell immer vieldeutig sein.[192]

Die Vieldeutigkeit von Bildern hat Konsequenzen für die visuelle Kommunikation. Kommunikation mit Bildern weist eine erheblich höhere Streubreite auf als die Kommunikation mit Worten. Die *hermeneutische Autonomie von Bildern* macht Kommunikation durch Bilder uneindeutiger, unberechenbarer und schwieriger zu steuern.[193] Die Werbung weiß ein Lied davon zu singen.[194] Positiv gewendet bedeutet das aber auch: Visuelle Kommunikation ist überraschender, anregender und inhaltlich – im doppelten Sinn – bunter.

---

[186] Berendt (2005, S. 25) m. w. N. Grundsätzlich zur Hermeneutik von Bildern Gadamer (1960/1990, S. 139 ff.).

[187] Zur assoziativen Kraft der Bilder Marion Müller (2003, S. 83) m. w. N.

[188] Zum assoziativen Denken allgemein Türcke (2005, S. 131 ff.) m. w. N.

[189] Dennoch können Bilder und Begriffe ähnliche Assoziationen bei unterschiedlichen Menschen auslösen. Die Kunst der visuellen Kommunikation besteht u. a. darin, solche Bilder zu finden. Dann lassen sich auch die Assoziationsnetze, die ein Bild aktiviert, (begrenzt) steuern. Dazu Kroeber-Riel (1996, S. 136 ff.) mit Beispielen.

[190] Ausführlich dazu siehe oben Abschn. 3.4.

[191] Gombrich (1984, S. 243).

[192] So ganz dezidiert Gombrich (1984, S. 243).

[193] Logische Relationen wären ein Mittel, Inhalte bewusst zu steuern. Denn logische Relationen verknüpfen unterschiedliche Elemente mit Hilfe fest definierter und damit vorhersehbarer Regeln. Das schränkt die Auslegungsmöglichkeiten ein. Allerdings arbeiten Bilder gerade nicht mit logischen Relationen.

[194] Ausführlich dazu, wie sich die assoziativen Wirkungen visueller Kommunikation steuern lassen, Kroeber-Riel (1996, S. 136 ff.).

3.5.7 Auf einen Blick – Prägnanz in der visuellen Kommunikation

Die Kognitionspsychologie unterscheidet zwei Arten der Bildwahrnehmung. Damit lassen sich bestimmte Charakteristika der visuellen Kommunikation näher erklären und verstehen.

Bei der Analyse von Bildrezeptionsprozessen lassen sich empirisch fundiert zwei unterschiedliche Arten unterscheiden: prä-attentive und attentive.[195] Prä-attentive Prozesse laufen automatisch, ohne Einfluss des Bewusstseins und in Sekundenbruchteilen ab. Sie sind die automatische, spontane und intuitive Bildinterpretation. Sie sind die Erklärung dafür, dass Bilder unter Umgehung des Bewusstseins auf den Betrachter wirken können.[196] Attentive Prozesse dagegen dauern länger, werden vom Bewusstsein gesteuert und verlangen einen höheren mentalen Aufwand.[197] Prä-attentive Prozesse sind – mit anderen Worten – das Erfassen eines Bildes „auf den ersten Blick". Attentive Prozesse dagegen laufen ab, wenn ein Bild eingehend angeschaut und analysiert wird.

Attentive Prozesse sind keine Besonderheit der Bildrezeption. Auch Texte werden in der Regel attentiv rezipiert. Der Unterschied zwischen Text- und Bildrezeption liegt in den prä-attentiven Prozessen. Sie sind eine Besonderheit der Bildrezeption. Texte lassen sich kaum automatisch, ohne Einfluss des Bewusstseins und in kürzester Zeit erfassen. Das kognitionspsychologische Charakteristikum der Bildrezeption ist also der prä-attentive Prozess: Bilder lassen sich auf den ersten Blick erfassen.

Weil prä-attentive Rezeptionsprozesse automatisch und schnell ablaufen, fördern sie eine Tendenz zur Wahrnehmung von Einfachheit und Ähnlichkeit.[198] Prä-attentive Wahrnehmung neigt dazu, vor allem einfache Formen und Objekte, die bereits bekannten ähneln, wahrzunehmen. Die Kognitionspsychologie spricht in diesem Zusammenhang vom Prägnanzprinzip.[199] Das bedeutet: Je prägnanter ein Bild ist, desto schneller und einfacher wird es aufgenommen.

Der aktuelle Stand der psychologischen und evolutionsbiologischen Forschung geht allerdings noch einen Schritt weiter. Bilder, die komplex und wenig prägnant

---

[195] Weidenmann (1994, S. 26) m. w. N.

[196] Schuster (2003, S. 26), spricht bildhaft davon, dass Informationen durch Bilder in das Gehirn gelangen können, „ohne die kritischen Tore des Bewusstseins passieren zu müssen".

[197] Weidenmann (1994, S. 26) m. w. N.

[198] Weidenmann (1994, S. 29) m. w. N.

[199] Der Begriff geht zurück auf die Gestaltpsychologen Max Wertheimer und Kurt Koffka. Siehe nur grundlegend Koffka (1935/1963, S. 110, 151), der vom „Law of Prägnanz" spricht. Ausführlich dazu Ertel (1981, S. 107 ff.); Weidenmann (1994, S. 29) m. w. N., und Eibl-Eibesfeldt (1997, S. 72 ff.) m. w. N. Zur neurobiologischen Basis des Prägnanzdenkens Eibl-Eibesfeldt/Sütterlin (2007, S. 173 ff.) m. w. N. Die Wirkung visueller Kommunikation lässt sich steigern, wenn dabei das Prägnanzprinzip beachtet wird. Konkrete Beispiele für die Anwendung des Prägnanzprinzips in der Bild- und Grafikgestaltung bringt Eberleh (1990, S. 76 ff.).

sind, werden durch das kognitive System des Menschen vereinfacht und in eine prägnante Form gebracht.[200] Die menschliche visuelle Wahrnehmung sucht aktiv nach Strukturen und sieht auch dort Ordnung und Regelmäßigkeit, wo sie primär *nicht* gegeben sind.[201] Dahinter steht die – auf der Grundlage empirischer Forschung gewonnene – Erkenntnis, dass die Wahrnehmung von Bildern keine bloße Registrierung, sondern eine komplexe Konstruktion ist, die auch Ordnung schafft.

So wichtig das Prägnanzprinzip für die Wahrnehmung und die Orientierung in der Welt[202] ist: Der Prägnanzdruck[203], unter dem der Mensch steht, führt auch zu Irrtümern und Fehlern.[204] Je prägnanter, desto besser – diese Formel geht nicht restlos auf. Denn das menschliche Bewusstsein hat Schwierigkeiten, sich von einmal gefundenen prägnanten Wahrnehmungs- und Erkenntnismustern wieder zu lösen. Je prägnanter eine Erkenntnis ist, desto schwieriger ist ihre Korrektur und Weiterentwicklung.[205] Harmlose Beispiele dafür sind die optischen Täuschungen.[206] Problematischere Auswirkungen des Prägnanzdenkens sind Dogmatismus und Fundamentalismus.[207]

3.6 Ein Bild oder tausend Worte? – Zur Überlegenheit von Bildern

Ein Vergleich der Eigenschaften von visueller Kommunikation mit sprachlicher Kommunikation führt oft zur These von der Überlegenheit des Bildes. Diese These hat nicht zuletzt eine biologische Wurzel in einer stammesgeschichtlich fundierten Hierarchie der menschlichen Sinne. Trotzdem ist zweifelhaft, ob pauschal von einer Überlegenheit des Bildes gesprochen werden kann.

---

200 Eibl-Eibesfeldt (1997, S. 72 ff.) mit Beispielen für dieses Phänomen.

201 Eibl-Eibesfeldt (1997, S. 75 f.) m. w. N.; Ertel (1981, S. 114). Ähnlich Arnheim (2000, S. 69), der noch zusätzlich zwischen Prägnanzprinzip und Tendenz zur einfachsten Struktur unterscheidet.

202 Zur Ordnungsleistung des Prägnanzprinzips in der Wahrnehmung und kognitiven Verarbeitung Ertel (1981, S. 123 f.) m. w. N.

203 Davon spricht Ertel (1981, S. 124).

204 Eibl-Eibesfeldt (1997, S. 76 ff.).

205 Ähnlich Ertel (1981, S. 124).

206 Zur optischen Täuschung aus kognitionsbiologischer Sicht Eibl-Eibesfeldt/Sütterlin (2007, S. 164 ff.) m. w. N. Allgemein zu unterschiedlichen Spielarten von optischen Täuschungen Grünewald (2007, S. 65 ff.) m. w. N., und frappierenden Beispielen.

207 Ausführlich zum Zusammenhang zwischen Prägnanzprinzip und Dogmatismus Eibl-Eibesfeldt (1997, S. 77 ff.) m. w. N.; Ertel, (1981, S. 124 ff.), der Beispiele aus der politischen Geschichte des 20. Jahrhunderts anführt.

3.6.1 Doppelte Encodierung. Wie Bilder verarbeitet werden

Neurowissenschaftliche Forschung zur Rezeption von Bildern hat in den letzten Jahrzehnten zu einer grundlegenden Erkenntnis geführt: Bilder und Texte werden im menschlichen Gehirn getrennt gespeichert und verarbeitet.[208] Man spricht in diesem Zusammenhang von der *doppelten Enkodierung*.[209] Kognition besteht nach dieser Theorie aus zwei separaten, aber dennoch miteinander verbundenen Systemen: einem sprachlich-abstrakten und einem bildhaft-räumlichen System.[210] Die Doppelkodierungstheorie ist keineswegs unumstritten.[211] Sie wird aber inzwischen von einer Fülle an empirischem Material gestützt.[212]

Die neuropsychologisch begründete Theorie der doppelten Encodierung hat zwei Konsequenzen, die von Bedeutung für das Verstehen und Behalten von Bildern, also auch für die visuelle Kommunikation sind.[213] Bilder könnten Informationen vermitteln, die in Texten gar nicht wiederzugeben sind. Und: Die Bildverarbeitung beruht auf speziellen Verarbeitungsprozessen, die bei der Textverarbeitung ungenutzt bleiben. Weil die Bildverarbeitung mehr kognitive Ressourcen nutzt, lassen sich Bilder in der Regel schneller verstehen und besser behalten.

3.6.2 Biologische Basis: Hierarchie der Sinne

Neben dem Tastsinn ist der Gesichtssinn der verlässlichste und wichtigste Sinn des Menschen.[214] Er erfüllt eine eminent wichtige Funktion in der sozialen Kommunikation und beim Aufbau sozialer Strukturen.[215] Denn er kann Mimik[216], Gestik[217],

---

[208] Bahnbrechend dazu Paivio (1971).

[209] Die inzwischen in einer Fülle von Studien empirisch gestützte Hypothese von der dualen Kodierung von Bildern geht zurück auf Paivio (1971). Ausführlich zur Weiterentwicklung und Modernisierung dieser These Engelkamp (1998, S. 230 ff.) m. w. N. Zur Rezeption informierender Bilder auch Weidenmann (1994, S. 25 ff.) m. w. N.

[210] Ausführlich dazu Paivio (1986).

[211] Sehr kritisch dazu Pylyshyn (1984). Dagegen aber Paivio (1986). Einen Überblick über die beiden Denkschulen, die sich in dieser Frage gegenüberstehen, gibt Schumacher (1998, S. 44 f.) m. w. N.

[212] Kosslyn (1994, S. 9 ff.). Einen prägnanten Überblick über das vorliegende empirische Material gibt Peeck (1994, S. 73 ff.) m. umfangr. N. Wichtige Argumente für die Theorie der doppelten Enkodierung liefern neuere Forschungen zum eidetischen (fotografischen) Gedächtnis. Dazu Zimbardo (1992, S. 287 f.) m. w. N.

[213] Hasebrook (1995, S. 113).

[214] Singer (2004, S. 59). Ähnlich Leroi-Gourhan (1988, S. 238).

[215] Singer (2004, S. 60).

[216] Die Wahrnehmung von Mimik ist deshalb wichtig, weil Mimik ihrerseits ein wichtiges Kommunikationsmittel ist. Ausführlich zur kommunikativen Bedeutung von Mimik Eibl-Eibesfeldt/Sütterlin (1992, S. 371 ff.); Landau (1993, S. 145 ff.) und Todorov u. a. (2005, S. 1623 ff.).

[217] Zur kommunikativen Bedeutung der Gestik ausführlich Boehm (2007, S. 21 ff.).

Bewegung, Eleganz und Körperbau anderer Menschen wahrnehmen und dadurch wichtige Rückschlüsse auf die Stimmung und das Wesen einer Person ermöglichen.

Die herausragende Stellung, die der Gesichtssinn in der Hierarchie der menschlichen Sinne einnimmt, hat ein neurobiologisches Fundament. Von allen Sinnessystemen beansprucht nämlich das visuelle System den meisten Platz in der Großhirnrinde des menschlichen Gehirns.[218] Darüber hinaus gliedert es sich in zwei parallele Subsysteme, die unterschiedliche, aber komplementäre und sich selbst verstärkende Funktionen erfüllen.[219] Beide arbeiten zusammen, um Objekte zu identifizieren und ihren Ort und ihre Bewegung im Raum zu bestimmen.

Lässt sich aus der Hierarchie der Sinne auf eine Überlegenheit des Bildes schließen? Die hervorragende, auf neurobiologischen Grundlagen beruhende Bedeutung des Gesichtssinns legt es tatsächlich nahe, von einer Überlegenheit des Bildes auszugehen. Denn das Bild ist gleichzeitig Objekt und Instrument des Gesichtssinns.

Das wird gestützt durch eine Beobachtung, die sich in der abendländischen[220] Kulturgeschichte machen lässt. Die Hierarchie der Sinne war nicht in jeder kulturellen Epoche die selbe. Das Mittelalter etwa lässt sich als „Epoche des Ohrs" bezeichnen.[221] Das Hören war wichtiger als das Sehen. Diese Hierarchie war theologisch unterfüttert: A*m Anfang war das Wort*[222] – und nicht das Bild. Die Wahrheit ließ sich also nur über das Hören erkennen.[223] Das Sehen führte – das war die damals herrschende Auffassung – in die Irre. In der Renaissance fand dann eine kulturelle Umwertung statt, die bis heute nachwirkt. Der Gesichtssinn rückte an die Spitze der Sinnes-Hierarchie.[224] Die Neuzeit ist eine „Epoche des Auges". Spätestens seit der Erfindung des Buchdrucks findet auch ein tief greifender Wandel von der „hearing public" zur „reading public" statt.[225] Wissensvermittlung findet nicht mehr durch kollektives Hören, sondern durch individuelles Lesen statt.[226] Angesichts dieser kulturellen Relativität unterschiedlicher menschlicher Sinne lässt sich – allen neurobiologischen Befunden zum Trotz – keine eindeutige und dauernde Hierarchie der menschlichen Sinne erkennen.

---

[218] Singer (2004, S. 64).

[219] Singer (2004, S. 64).

[220] Diner (2005, S. 112 ff.) zeigt, dass die Entwicklung in der islamischen Welt anders verlaufen ist. An den Folgen, die der Primat der Mündlichkeit hat, leidet die arabische Welt bis heute. Zu dieser These ausführlich Diner (2005, S. 112 ff.) m. w. N.

[221] Assmann (2006, S. 91) m. w. N.

[222] Johannes 1, 1.

[223] Die Redetexte von Spitzenpolitikern werden in der Regel schon an die Journalisten verteilt, *bevor* die Rede überhaupt gehalten wurde. Dann werden die Manuskripte aber mit dem Vermerk versehen: „Es gilt das *gesprochene* Wort". Das ist ein Relikt aus der Zeit, als das Hören besonders wichtig war.

[224] Assmann (2006, S. 92).

[225] Eisenstein (1979, S. 12 9 ff.).

[226] Diner (2005, S. 112).

So wichtig der Gesichtssinn ist: Der Mensch hat auch andere Sinne. Die Leistungsfähigkeit des menschlichen Wahrnehmungsapparates entfaltet sich erst dann voll, wenn unterschiedliche Sinne zusammenwirken. Die Frage nach der Überlegenheit des Bildes wird also schon deshalb differenzierend zu beantworten sein.

3.6.3 Bilder sind besser! Sind Bilder besser?

Dem überlegenen Rang des Gesichtssinns in der stammesgeschichtlich gewachsenen Hierarchie der Sinne scheint – jedenfalls auf den ersten Blick – eine Überlegenheit des Bildes als Kommunikationsmedium zu entsprechen. Bilder erregen leichter und stärker Aufmerksamkeit als andere Medien.[227] Bilder kommen dem Menschen in der Regel fast genauso überzeugend vor wie die Wirklichkeit selbst.[228] Der Einsatz von Bildern erhöht – das zeigen empirische Studien – das Verständnis von Texten ganz erheblich.[229] Gleichzeitig werden Bilder in der Regel besser und länger erinnert als rein sprachliche Bezeichnungen.[230] Also scheint die Folgerung geradezu zwingend: Bilder sind Worten grundsätzlich überlegen.[231] Diese pauschale Feststellung fordert Widerspruch heraus. Erste Zweifel an einer Bildüberlegenheitswirkung wecken Studien, die den Zusammenhang zwischen Bildüberlegenheitseffekt und visueller Komplexität empirisch untersuchen.[232] Der Bildüberlegenheitseffekt ist danach nicht statisch. Er hängt nicht nur von der Komplexität der Bilder ab, sondern auch von anderen phonemischen und konzeptuellen Informationen.[233] Wie diese Korrelationen im Einzelnen aussehen, soll hier offenbleiben.[234] Klar ist allerdings, dass Bilder nicht immer und in jedem Kontext den Worten überlegen sind.

3.6.4 Bilder: Kommunikation ohne Grenzen?

Trotz aller Stärken: Bilder haben – was ihre Aussagemöglichkeiten angeht – klare Grenzen, die sich aus ihrer Eigenart ergeben. Das wird besonders deutlich im Vergleich zur verbalen Sprache.[235]

---

[227] Keil (2005, S. 138) m. w. N.

[228] Singer (2004, S. 59).

[229] Weidenmann (1998, S. 243) m. w. N.

[230] Engelkamp (1998, S. 227) m. w. N.

[231] So etwa Engelkamp (1998, S. 227).

[232] Dazu Engelkamp (1998, S. 232) m. w. N.

[233] Engelkamp (1998, S. 232 f.) m. w. N.

[234] Engelkamp (1998, S. 230 ff.) m. w. N. referiert die Ergebnisse der einschlägigen Studien ausführlich. Dazu auch ausführlich Berendt (2005, S. 28 ff.) m. w. N.

[235] Grundsätzlich zur Bedeutung der Verbalsprache und ihren Grenzen aus semioptischer Sicht Eco (1999, S. 46 ff.).

Wenn es um Beschreibungen geht, sind die Unterschiede zwischen Bildern und Worten weniger groß.[236] Gerade Darstellungen sind ein wichtiges Anwendungsgebiet für Bilder. Die kommunikativen Grenzen von Bildern werden aber deutlich, wenn es um die Analyse geht.[237] Analysen lassen sich mit Hilfe von Bildern kaum durchführen. Woran liegt das? Analysen arbeiten mit allgemeinen Kategorien, Hypothesen und Wahrscheinlichkeitsschätzungen, um damit Kausalitäten und Beziehungen herauszuarbeiten. Die Sprache hat dafür Begrifflichkeiten entwickelt, die in der visuellen Kommunikation fast vollständig fehlen.[238]

Auch im Bereich des Abstrakten geraten Bilder schnell an ihre Grenzen. Sie sind nicht oder jedenfalls kaum in der Lage, abstrakte Begriffe und Sachverhalte darzustellen.[239] Bilder haben – anders als die Sprache der Wörter – kein systematisches Arsenal von Symbolen und syntaktischen Regeln, um abstrakte Begriffe zu bilden.[240] Aus diesem Grund ist es auch sehr schwer, wenn nicht unmöglich, nichtvisuelle Erfahrungen durch Bilder darzustellen. Wie etwa lässt sich rein visuell die Erfahrung eines lauten Geräuschs oder eines stechenden Geruchs darstellen?

Können Bilder „nein“ sagen? Ob es möglich ist, dass Bilder Verneinungen darstellen können, ist heftig umstritten.[241] Ganz undifferenziert wird sich nicht mehr behaupten lassen, Bilder seien nicht in der Lage, Verneinungen auszudrücken.[242] Immerhin hat sich international ein visuelles Zeichen für Verneinungen durchgesetzt: Ein roter Kreis, durch den ein diagonaler Strich geht.[243] Dennoch haben Bilder mehr Mühe mit Verneinungen als Worte.[244]

Besonders problematisch ist die bereits erwähnte *closed-world assumption*, die mit Bildern verbunden ist.[245] Bilder suggerieren, dass sie immer die *ganze* Wirklichkeit zeigen. Was auf einem Bild nicht zu sehen ist, wird (vor)schnell als nicht existent angesehen. Das führt nicht nur zu Schwierigkeiten von Bildern bei der Darstellung von Quantitäten und Implikationen, sondern auch zu inhaltlichen Verzerrungen, wenn nicht Verfälschungen. Denn Bilder zeigen in der Regel nur Ausschnitte der Welt und gerade nicht die ganze Welt – obwohl sie das vorspiegeln.

---

[236] Messaris (1994, S. 22).

[237] Messaris (1994, S. 22).

[238] Messaris (1994, S. 22), betont, dass es von diesem Grundsatz einzelne Ausnahmen gibt.

[239] Messaris (1994, S. 114); Brunschwig (2001, S. 106); Plümacher (1998, S. 53), die aber zu Recht darauf hinweist, dass Bilder in bestimmten Kontexten abstrakte Ideen repräsentieren können.

[240] Messaris (1994, S. 115), sieht das zu Recht als einen entscheidenden Unterschied zwischen Sprache und Bildern an. Instruktiv sind die Beispiele, die Messaris (1994, S. 116), anführt.

[241] Brunschwig (2001, S. 106) m. w. N.

[242] So aber ganz dezidiert Edson (1990, S. 261) und Berendt (2005, S. 25).

[243] Darauf weisen Messaris (1994, S. 114), und Brunschwig (2001, S. 106), hin. Zu den unterschiedlichen Varianten, die dabei möglich sind, Brugger (2005, S. 45 f.).

[244] Ähnlich Messaris (1994, S. 114 f.).

[245] Den Begriff prägt Berendt (2005, S. 25).

3.7 Alle Bilder lügen?

Bilder genießen eine besondere Glaubwürdigkeit. „Ich habe es doch mit eigenen Augen gesehen“ – das gilt im Alltag als Beweis. In Wirklichkeit ist die Authentizität und Glaubwürdigkeit von Bildern aber eine Illusion. Vor allem die digitale Technologie macht spurenlose Manipulationen an Bildern mit geringem Aufwand möglich. Wenn sich diese Erkenntnis durchsetzt, wird das Auswirkungen auf die generelle Glaubwürdigkeit von Bildern im Verhältnis zu Worten haben (müssen).

3.7.1 Glaubwürdigkeit von Bildern – eine Illusion?

Bilder wirken authentisch.[246] Ein Beispiel: Fotos liefern Beweismaterial[247], das wenig oder gar nicht angezweifelt wird. Diese Wirkung ergibt sich aus der speziellen ikonischen Eigenschaft von Bildern: Ein Bild weist eine – stärkere oder schwächere – Ähnlichkeit mit dem abgebildeten Gegenstand auf.[248] Auf dieser grundsätzlichen Ähnlichkeit beruhen die Macht der Bilder und ihre Überzeugungskraft.[249] Denn die Ähnlichkeit suggeriert, dass Bilder die Wirklichkeit *abbilden*.[250] Wer also Bilder sieht, scheint auch die Wirklichkeit selbst zu erfassen.[251] Bilder wirken deshalb per se glaubwürdiger und sogar „wahrer“ als Worte.[252]

Die Glaubwürdigkeit von Bildern ist allerdings zu großen Teilen eine Illusion. Auch wenn es anders scheint: Kein Bild stellt die Wirklichkeit dar.[253] Jedes Bild ist nur eine *Behauptung* über die Realität.[254] Das ergibt sich aus der Art und Weise, wie Bilder gemacht werden und wie sie dann rezipiert werden. Schon wer Bilder herstellt, bildet nicht lebensecht die Wirklichkeit ab. Er entnimmt der Wirklichkeit

---

246 Mitchell (2001, S. 23 f.).

247 Sontag (2006, S. 11 f.).

248 Watzlawick u. a. (2000, S. 62 f.); Heinz (2002, S. 26). Sachs-Hombach (2003, S. 86 ff.), klassifiziert Bilder deshalb als „wahrnehmungsnahe Zeichen“. Anders aber Scholz (2004, S. 21 ff.).

249 Boehm (2001a, S. 330).

250 Boehm (2001a, S. 330). Dazu Bolz (2001, S. 73): „Die Natur schreibt sich selbst auf – als Foto“.

251 Kritisch und grundsätzlich dazu Kepplinger (1987, S. 302) m. w. N.; Bentele (1988, S. 407 ff.) m. w. N. Instruktiv dazu die Studien zum Zuschauerverständnis von Fernsehsendungen bei Messaris (1994, S. 149) m. w. N. Ausführlich dazu auch Frey (1999, S. 40 ff.), der in diesem Zusammenhang von der dogmatischen Natur des visuellen Eindrucks spricht.

252 Röhl/Ulbrich (2000, S. 355, 380); Meyer u. a. (2000, S. 135).

253 Das veranlasst Schreitmüller (2005) zur pointierten Zuspitzung: „ Alle Bilder lügen“.

254 Sontag (2006, S. 12) betont völlig zu Recht, dass „Fotos genauso eine Interpretation der Welt [sind] wie Gemälde und Zeichnungen“. In diesem Zusammenhang spricht Kepplinger (1987, S. 302), vom „essentialistischen Trugschluss“. Etwas überpointiert bringt das Albrecht (2007, S. 29), auf den Punkt: „Bilder lügen immer“.

begrenztes Material[255], das er auswählt, formt, organisiert und dann abbildet.[256] Auch die Bildrezeption hat mit der Wirklichkeit nur begrenzt zu tun. Bilder werden nicht isomorph und objektiv abgebildet, sondern vom menschlichen Gehirn subjektiv auf der Grundlage der empfangenen visuellen Reize *konstruiert*.[257]

Die subjektive Alltagserfahrung der Menschen ist seit Jahrhunderten allerdings eine andere. Dinge, die unmittelbar wahrgenommen werden, gelten als wahr, authentisch oder glaubwürdig.[258] Daran hat auch eine lange Geschichte der Bilderfälschung und der visuellen Manipulation nichts geändert.[259] Das Bild ist seit Jahrtausenden ein wichtiges Mittel der politischen Machtausübung gewesen.[260] Durch die Inszenierung, Komposition oder Verfälschung von Bildern sind seit jeher Menschen beeinflusst und dadurch politische Machtkämpfe entschieden worden. Im Laufe der Jahrtausende hat sich ein ganzes Arsenal an Bilderfälschungs- und Bildmanipulationsmöglichkeiten entwickelt.[261]

Vor der Aufklärung war das Bewusstsein, dass die Authentizität von Bildern eine Illusion ist, allerdings stärker verbreitet.[262] Bilder wurden lange Zeit nicht als „wörtlich" authentisch verstanden, sondern als Illustration oder grundsätzliche Verdeutlichung.[263] Im 15. und 16. Jahrhundert wurden nicht selten identische Bilder

---

[255] Sontag (2006, S. 12). Zur noch unterschätzten Bedeutung des Materials in der modernen Kunst ausführlich Wagner (2002, S. 57 ff.).

[256] Arnheim (1993/2004, S. 56 f.). Wie die Selektion in der Praxis einer Bildredaktion abläuft, schildert Miener (2004, S. 44 ff.) m. w. N., kenntnisreich im Detail.

[257] Ausführlich dazu siehe oben Abschn. 3.4.

[258] Singer (2004, S. 56 f.). Wie Ong (1982, S. 117), zeigt, war allerdings auch schon in der Antike das Bewusstsein für die Fälschungsanfälligkeit des Bildes im Vergleich etwa zum Gehörten vorhanden. Das ist eine Problematik, die beim Übergang von der oralen zur literalen Kultur ins Bewusstsein gerückt war. Hickethier (1997, S. 525), weist darauf hin, dass der Wahrheitsgehalt von Bildern schon immer kaum zu überprüfen war.

[259] Einen Überblick mit spektakulären Beispielen gibt Jaubert (1989, S. 17 ff.).

[260] Dazu Heinz (2002, S. 73 ff.) m. umfangr. N., und Jaubert (1989, S. 17 ff.), mit vielen Beispielen.

[261] Ausführlich dazu Brugioni (1999, S. 25 ff.) m. w. N. Jaubert (1989, S. 10 ff.) systematisiert die unterschiedlichen Techniken, mit denen sich Fotos verfälschen lassen. Forster (2003, S. 66 ff.), gibt einen historischen Rückblick über spektakuläre Beispiele. Am Beispiel der Fotografie entwickeln Brugioni (1999, S. 17 ff.), und Mitchell (2001, S. 191 ff.), eine Typologie der Bildmanipulation. Ähnlich Knieper (2005a, S. 41 ff.), für Bilder in den Massenmedien. Eindrucksvolle Beispiele aus dem Altertum stellt Heinz (2002, S. 73 ff.), dar. Zu den neurophysiologischen und kommunikationspsychologischen Hintergründen des Manipulationspotenzials, das in Bildern steckt, Kroeber-Riel (1996, S. 93 ff.) m. w. N.

[262] Das heißt allerdings nicht, dass die Vorstellung, Bilder seien wirklichkeitsgetreue Abbilder, unbekannt gewesen wäre. Ein instruktives Beispiel sind die Acheiropoiten der byzantinischen Spätantiken: Bilder, in denen sich das Heilige, das dargestellt wurde, quasi selbst ausdrückt. Größere Authentizität lässt sich kaum denken. Ausführlich zu den „nicht von Menschenhand gemachten" Bildern Wortmann (2003, S. 32 ff.) mit Nachweisen des damaligen Diskussionsstandes.

[263] Schierl (2003, S. 152 f.) m. w. N. Die Authentizität von Bildern wurde nicht an ihrer Ähnlichkeit mit dem Abgebildeten gemessen. Sie hing von anderen Kriterien ab. Zu den unterschiedlichen

verwendet, um unterschiedliche Ereignisse zu illustrieren.[264] Mit der Aufklärung und dem positivistischen Denken hat sich das allerdings ganz grundlegend gewandelt: Von Bildern wird jetzt eine authentische Abbildung erwartet.[265] Der Mythos der Authentizität[266] hat hier seine Wurzeln. Perfekt verwirklicht wird der Anspruch auf Authentizität durch die Techniken der Fotografie und des Films[267] – aber nur scheinbar.

3.7.2 Photoshop & Co. – Bildmanipulation in Zeiten der Digitalisierung

Die Digitaltechnologie eröffnet eine neue Dimension der Bildbearbeitung, aber auch der Bildmanipulation und Bildverfälschung. Bei der Digitalisierung lassen Bilder sich durch Algorithmen darstellen.[268] So leicht sich ein Algorithmus verändern lässt, so leicht lassen sich deshalb auch digitalisierte Bilder verwandeln. Sie sind – anders formuliert – nicht statisch, sondern programmierbar.[269] Die digitale Bildbearbeitungstechnologie hat ein fast unübersehbares Arsenal an „Tools" entwickelt, mit denen sich Bilder bearbeiten lassen.[270] Sie erhöht die gestaltende Kraft[271] des Bildherstellers ganz erheblich.[272] Die entscheidende neue Dimension der digitalen

---

Authentisierungsvorstellungen in der bildenden Kunst seit der Spätantike Wortmann (2003, S. 79 ff., 119 ff.).

[264] Schierl (2003, S. 152 f.) mit Beispielen. Ein eindrückliches Beispiel zeigt auch Gombrich (1984, S. 140 f.): Berichte über das Erdbeben von Ferrara (1570) und die Wasserflut im Voigtland (1573) werden mit einem identischen Bild illustriert. Dazu auch Wortmann (2003, S. 63 ff.) m. w. N. Der Künstler sieht sich als *alter deus* und nimmt sich dementsprechend die Freiheit, sich von der Wirklichkeit zu lösen und selbst schöpferisch tätig zu werden. Ähnliche Erscheinungen lassen sich aber auch in den modernen Massenmedien beobachten. Nicht selten werden aktuelle Ereignisse mit alten Bildern illustriert, ohne dass die Bilder ausdrücklich als Archivmaterial gekennzeichnet werden. Dazu Doelker (1997, S. 23 f.) und Berens/Hagen (1997, S. 545 f.) jeweils mit Beispielen.

[265] Schierl (2003, S. 153 f.) m. w. N.

[266] So ganz pointiert Schierl (2003, S. 153 f.).

[267] Ausführlich zur Bedeutung, die die Entwicklung der Fotografie auf die Vorstellung von und die Ansprüche an Authentizität gehabt hat, Wortmann (2003, S. 124 ff.) m. w. N.

[268] Manovich (2001, S. 27 f.), Heidenreich (2005, S. 381), spricht treffend von einer „Doppelexistenz" des digitalen Bildes „als Datensatz und als sichtbares Bild".

[269] Manovich (2001, S. 27).

[270] Ausführlich dazu Brugioni (1999, S. 6 ff., 173 ff.) und Mitchell (2001, S. 59 ff.) mit vielen Beispielen. Zur digitalen Bildbearbeitung in den Medien Hickethier (2003, S. 97 f.) m. w. N., und Manovich (2001, S. 152 ff.).

[271] Den Begriff prägt Arnheim (1993/2004, S. 62).

[272] Nicht selten geschieht die Bildmanipulation bereits automatisch. Roßnagel/Knopp (2006, S. 988), weisen darauf hin, dass digitale Fotos sofort und automatisch von entsprechender Software noch in der Kamera optimiert – also verändert – werden.

Bildbearbeitung liegt aber weniger in der Mühelosigkeit, mit der sich Bilder verändern und verfälschen lassen. Von entscheidender Bedeutung ist vielmehr die *Spurenlosigkeit* der Bildmanipulation.[273] Die Veränderungen analoger Bilder – etwa Fotomontagen oder Fotoretuschierungen – waren jedenfalls für Experten immer an speziellen Bearbeitungsspuren erkennbar.[274] Scharfe Ränder von Skalpellschnitten etwa sind Indizien von Fotomontagen und Bildcollagen.[275] Vor allem mehr oder weniger deutlich ausgeprägte Inkonsistenzen waren ein untrügliches Zeichen für visuelle Manipulation.[276] Grafiksoftware verwischt diese Spuren, so dass Manipulationen kaum oder gar nicht mehr nachzuweisen sind.[277] Völlig spurlos sind allerdings auch die digitalen Manipulationen nicht. Bildforensiker sind den Fälschern auf der Spur. Für Experten lassen sich Manipulationen durch Untersuchungen des Datensatzes nachweisen, der die Grundlage des digitalen Bildes ist.[278] Auch der sorgfältigste alltägliche Betrachter kann das allerdings nicht. Zugespitzt lässt sich also sagen: Mit der Digitalisierung ist die Geschichte des authentischen Bildes an ihrem Ende angekommen.

Es herrscht keine Waffengleichheit zwischen Bildproduzent und Bildrezipient.[279] Wer Bilder produziert, weiß vieles über Inhalt, Entstehung, Hintergrund und Zielrichtung seiner Bilder. Wer sie dagegen rezipiert, hat normalerweise deutlich weniger Informationen. Diese Informationsasymmetrie ist die Grundlage für visuelle Täuschungen und Manipulationen.[280] Durch die Digitaltechnologie wird die Kluft zwischen Bildproduzent und Bildrezipient noch vergrößert. Das wird Auswirkungen auf die Glaubwürdigkeit von Bildern haben (müssen).[281]

---

[273] Die Spurenlosigkeit digitaler Veränderungen betont Plümacher (1998, S. 54). Bolz (2001, S. 73), spricht in diesem Zusammenhang davon, dass Digitalität das „Reich der spurlosen Fälschung" sei.

[274] Zu weiteren Kriterien zur Beurteilung der Authentizität von Fotografien Mitchell (2001, S. 43 ff.).

[275] Plümacher (1998, S. 55).

[276] Mitchell (1994a, S. 49); Mitchell (2001, S. 31 ff.).

[277] Hickethier (2003, S. 97), zeigt an Beispielen aber, dass Manipulationen durch das Kontextwissen auch für den laienhaften Betrachter erkennbar sein können. Das entscheidende Problem ist dabei aber, ob Kontextwissen vorhanden ist.

[278] Instruktiv dazu Brugioni (1999, S. 193 f.), der exemplarisch vorführt, wie sich Fotomanipulationen erkennen lassen.

[279] Zur asymmetrischen Position zwischen Zeichengeber und Zeichenleser im Allgemeinen Pörksen (1997, S. 165 f.).

[280] Dazu am Beispiel der Produktion von scheinbar authentischen Pressefotos Schierl (2003, S. 162).

[281] Besonders brisant ist die Problematik im Fotojournalismus, der auf den Glaubwürdigkeitsvorschuß angewiesen ist, den Bilder genießen. Dazu Grittmann (2003, S. 131) m. w. N.

3.7.3 Gesundes Misstrauen – Zur Einschätzung von Bildern im digitalen Zeitalter

Die Manipulations- und Verfälschungsmöglichkeiten von Bildern sind viel stärker gewachsen als das Misstrauen gegenüber Bildern.[282] Bis heute wird Bildern ein Glaubwürdigkeitsvorschuss eingeräumt. Bilder werden zu weiten Teilen immer noch als authentische Dokumente wahrgenommen. Das gilt gerade auch im Recht. Fotos etwa sind – als Augenscheinsbeweis – beliebte und wirkungsvolle Beweismittel.[283] Sie scheinen einen objektiven Beweis zu versprechen und lügen – angeblich – nicht. Dabei hat die Digitaltechnologie den Dokumentcharakter von Bildern längst beseitigt. Das ist in der hoch entwickelten Medien- und Informationsgesellschaft brisant. Der weitaus größte Teil der (politischen) Wirklichkeit und der relevanten Informationen wird über elektronische Bildmedien – vor allem das Fernsehen – vermittelt. Elektronische – und das sind extrem manipulationsanfällige – Bilder prägen ganz maßgeblich die Wahrnehmung der Wirklichkeit und damit auch die Wirklichkeit selbst.[284]

Die Brisanz des Problems wird allerdings etwas entschärft. Denn die Glaubwürdigkeit von Bildern hängt nicht nur vom Bild selbst ab, sondern auch vom gesamten *Kontext*, in dem ein Bild gezeigt wird.[285] Das gibt dem Bildbetrachter zusätzliche Möglichkeiten, sich zu orientieren und das Bild zu kontrollieren. Aber auch das ist ambivalent. Denn die Kontextabhängigkeit von Bildern erweitert auch das Manipulationsarsenal des Bildproduzenten: Irreführende Kontextualisierungen sind wirksame Manipulationstechniken.[286]

Aus dieser Diagnose läßt sich letztlich nur eine Therapie ableiten. Der Stellenwert von Bildern und die Sehgewohnheiten werden sich ändern (müssen).[287] Neue digitale

---

[282] Röhl/Ulbrich (2000, S. 355, 380), und Brugioni (1999, S. 193 f.). Anders aber Forster (2003, S. 98) m. w. N., mit der m. E. zweifelhaften, empirisch nicht belegten These: Dass Bilder schon immer manipuliert worden seien, sei allen Betrachtern von Anfang an bewusst gewesen.

[283] Zum Foto als Beweismittel um 1900 Karallus (2007, S. 152 ff.) m. w. N. und vielen Beispielen.

[284] Dazu Plümacher (1998, S. 55).

[285] So Hickethier (1997, S. 525), am Beispiel journalistischer Nachrichtensendungen. Ein praktisch sehr relevantes Beispiel dafür sind die Bildunterschriften bei veröffentlichten Fotos. Problematische Beispiele dafür aus der Praxis schildern Freund (1997, S. 172 ff.), und Hickethier (2003, S. 97). Hier liegt natürlich auch ein Potenzial zur Manipulation von Bildern: die Kontextfälschung. Ausführlich dazu Albrecht (2007, S. 32 ff.) m. w. N.

[286] Dazu Albrecht (2007, S. 32 ff.) m. w. N., und Knieper (2005a, S. 43 f.) m. w. N. Ein banales, aber im Pressebereich verbreitetes Beispiel dafür sind irreführende Bildüberschriften oder fehlerhafte Benennungen von Bildelementen. Dazu Forster (2003, S. 95 f.).

[287] Spohn (2002, S. 255 ff.) m. w. N., gibt einen historischen Überblick darüber, wie die Entwicklung der Medientechnik immer wieder die Sehgewohnheiten der Menschen geändert hat. Albrecht (2007, S. 47), plädiert sogar für „eine neue Bilderfeindlichkeit". Das ist aber wohl kaum eine vernünftige Strategie, mit der modernen Bilderflut umzugehen. Realistischer ist Lüthe (2007, S. 62), der betont, dass man von Bildern nicht mehr Wahrhaftigkeit erwarten könne als von der alltäglichen menschlichen Kommunikation insgesamt.

Methoden der Bildproduktion und -manipulation müssen zu Weiterentwicklungen im Bildwissen und im Bildgebrauch der Betrachter führen. Gesundes Misstrauen wäre eine gute Einstellung, mit der sich Bilder angemessen rezipieren ließen. Das wäre nichts grundlegend Neues. Dass Fortschritte in der Bildtechnik anthropologische Auswirkungen haben, ist ein bekanntes Phänomen.[288] Schon Fotocollage und Fotomontage, die Massenmedien und die Videotechnik haben das Vertrauen in das Bild erschüttert und den Blick der Menschen auf das Bild geändert. Die Wahrnehmung ist analytischer geworden. Das einfache Sehbild existiert kaum noch.[289] Ein Umorientierungsprozess – angestoßen durch die digitale Bildbearbeitung – scheint inzwischen tatsächlich zu beginnen:[290] Die Manipulation von Bildern wird – allerdings nur in allerersten Ansätzen – bereits als „neue Normalität" akzeptiert, an der man selbst nach Kräften mitwirkt.[291] Allerdings ist die Akzeptanz sehr unterschiedlich:[292] Bei fotografischen Illustrationen werden digitale Manipulationen eher gebilligt, bei Pressefotos wird Authentizität – Echtheit, Zuverlässigkeit, Glaubwürdigkeit – erwartet und Manipulation strikt abgelehnt.[293] Aber auch dort ist Authentizität schon immer – mehr oder weniger weit gehend – eine Illusion gewesen.[294] Eines der berühmtesten Fotos des 20.Jahrhunderts illustriert diesen Befund eindrücklich. Das Bild eines sowjetischen Soldaten, der am Ende des zweiten Weltkriegs die rote Fahne der Sowjetunion auf dem weitgehend zerstörten Reichstag in Berlin hisst, ist keine authentische Aufnahme. Es ist für die Aufnahme inszeniert und nach der Aufnahme durch Retuschen und Montagen bearbeitet worden.[295] Die Pressefotografie muss also einen schwierigen Spagat ausführen: Einerseits ist es für sie unmöglich, Bilder nicht zu konstruieren. Andererseits erhebt sie aber den Anspruch, Wirklichkeit authentisch abzubilden. Diese Gratwanderung gelingt nur, wenn ethische und qualitative Standards eingehalten werden, die dieser Problematik gerecht werden.[296]

---

[288] Darauf weist Belting (2002, S. 41), hin.

[289] Belting (2002, S. 41).

[290] Belting (2002, S. 40 f.), sieht Anzeichen für einen beginnenden Evolutionsprozess im Bildwissen und im Bildgebrauch der Menschen.

[291] Bolz (2001, S. 73).

[292] Forster (2003, S. 73 ff.) m. w. N., auf der Basis von Befragungen von Lesern im Printmedienbereich.

[293] Sehr instruktiv dazu die Umfrageergebnisse bei Forster (2003, S. 86, 90, 92).

[294] Beispiele, die diese These belegen, schildert Freund (1997, S. 172 ff.). Besonders brisant ist das bei der Kriegsberichterstattung. Ausführlich zu Pressebildern vom Krieg Lohoff (2007, S. 107 ff.) m. w. N.

[295] Ausführlich dazu Volland (2008, S. 20 ff.).

[296] Ausführlich zur Problematik und Ethik des Fotojournalismus Grittmann (2003, S. 129 ff.) m. w. N.

3.8 Schrift und Bild: Kongruenz und Konkurrenz

Die Unterschiede zwischen Text und Bild sind groß und offensichtlich.[297] Allerdings gibt es keine strikte Opposition zwischen beidem: In der Schrift lassen sich pikturale Elemente ausmachen[298], Bilder enthalten skripturale Dimensionen.[299] Deshalb ist ein Vergleich nicht unsinnig, sondern verspricht Erkenntnisgewinn.[300] Diese Einsicht hat sich in jüngster Zeit vor allem in der Literaturwissenschaft durchgesetzt, die sich zunehmend dem Zusammenhang von Text und Bild widmet.[301] Auch die Kunstgeschichte beschäftigt sich ausführlich mit dem Verhältnis von Bildern und Texten.[302]

3.8.1 Sprachbilder – Zur Bildhaftigkeit der Sprache

Sprache und Schrift sind keineswegs nur nüchtern beschreibend oder erzählend. Schon der Begriff des *Sprachbildes* legt nahe, dass Sprache auch bildhaft sein kann.[303] Die Bildhaftigkeit der Sprache hängt mit der Art und Weise zusammen, wie Sprache rezipiert wird. Sprachbilder und Metaphern stimulieren die Vorstellungs- und Einbildungskraft des Lesers. Dabei entstehen geistige Bilder.[304] Neben der Metapher sind es vor allem die Personifikation und die Allegorie, die die Bildlichkeit der Sprache ausmachen.[305] Ein anderer literarischer Kunstgriff zur Erzeugung

---

[297] Dazu etwa ausführlich Langer (1957, S. 79 ff.). Allerdings haben sich – anthropologisch gesehen – Sprache und bildende Kunst seit der Altsteinzeit aus einer gemeinsamen Wurzel entwickelt: der Fähigkeit des *homo sapiens*, das Denken in materiellen Symbolen zu fixieren. Ausführlich dazu Leroi-Gourhan (1988, S. 237 ff.).

[298] Noch weiter geht Krämer (2006, S. 79 ff.) m. w. N., die „Schrift als Hybrid aus Sprache und Bild" versteht.

[299] Stetter (2005, S. 117).

[300] Ähnlich Belting (1989, S. 38).

[301] Wenzel (1995, S. 292 ff.) m. w. N. Er konstatiert dabei eine enge Affinität von Bild und Text, die er mit dem Begriffspaar der „Bildhaftigkeit der Sprache" und „Narrativik des Bildes" beschreibt. Dazu auch Pörksen (1997, S. 151 ff.), und Nöth (2000, S. 490) m. w. N.

[302] Bätschmann (2001, S.).

[303] Nöth (2000, S. 490), spricht von der „Ikonizität der Sprache". Auch wenn der juristischen Sprache bildhafte Metaphern nicht fremd sind, werden sie dort doch nur sehr sparsam eingesetzt. Dazu Jung (1994, S. 416 ff.), und Baer (2004, S. 240 ff.) m. w. N. Ob das zwangsläufig so sein muss, ist durchaus zweifelhaft.

[304] Das ist für die Philosophie und die Literaturwissenschaft keine neue Erkenntnis. Dazu Wenzel (1995, S. 416) m. w. N. Im Mittelalter haben Dichter auch geistige „Bauwerke" erschaffen, die bildhaft vor den Lesern/den Zuhörern entstanden. Sie verstanden sich nicht selten als „Architekten der Poesie". Ausführlich dazu Wandhoff (2003, S. 51 f.) m. w. N.

[305] Ausführlich zur Personifikation und Allegorie aus literaturwissenschaftlicher Sicht Wenzel (1995, S. 450 ff.) m. w. N. Personifikationen sind umgekehrt auch ein wichtiges Mittel, um Inhalte

mentaler Bilder ist die Ekphrasis, die sehr anschauliche – bildliche – Beschreibung oder Schilderung eines Gegenstands oder eines Bildes in einem Text.[306] Sprache und Schrift – das lässt sich zuspitzend sagen – haben also Visualisierungsstrategien entwickelt, um ihre Wirksamkeit zu erhöhen.[307]

Sehr eindrücklich lässt sich die These von der Bildhaftigkeit der Sprache[308] durch die Manuskriptkultur des 13. und 14. Jahrhunderts untermauern. Die damals verbreiteten Initialen zeigen deutlich, wie die Schrift zum Bild tendiert.[309] Dem entspricht konsequent der philologische Befund, dass die Begriffe Schreiben und Malen im Mittelalter synonym verwendet wurden.[310] Eine Ursache für die starke Affinität von Text und Bild speziell im Mittelalter ist sicher die handwerkliche Nähe des Schreibens und Malens.[311] Mittelalterliche Quellen beschreiben detailliert, wie in den Schreibstuben der Mönche Texte weniger geschrieben, als vielmehr kalligrafisch gemalt wurden.[312] Als einzige Erklärung greift diese Überlegung allerdings zu kurz. Stärker biologisch orientierte Theorien betonen, dass der Gesichtssinn sowohl für das Schreiben als auch für das Malen von grundlegender Bedeutung ist.[313] Hinzu kommt, dass historische Rahmenbedingungen in verschiedenen Phasen der Geschichte die enge Verbindung von Bild und Wort begünstigt haben. Ein hervorragendes Beispiel dafür ist das Wachstum volkssprachlicher Schriftlichkeit im 12. und 13. Jahrhundert.[314] Weil sich die Schriftlichkeit in Konkurrenz zur – stark bildhaft geprägten – Mündlichkeit behaupten musste, gab es eine deutliche Tendenz, den schriftlichen Inhalten gleichzeitig visuellen Ausdruck zu verleihen. Texte mussten rhetorische Visualisierungsstrategien entwickeln, um sich behaupten zu können.[315] Später – als sich die Schrift gegenüber dem Bild längst durchgesetzt hatte – waren Sprachbilder ein wichtiges künstlerisches Mittel in der Literatur, das die Darstellungs- und Reflexionsmöglichkeiten stark erweiterte.[316]

---

in Bildern darzustellen. Zur Personifikation aus kunstgeschichtlicher Sicht Warncke (2005, S. 79 ff.).

306 Ekphrasen sind also intratextuelle Fenster, die den Zuhörer zum Zuschauer machen (wollen). Ausführlich dazu Rippl (2006, S. 96 ff.) m. w. N., Wandhoff (2003, S. 41 ff.) und Wandhoff (2001, S. 175 ff.) m. w. N. Ein berühmtes Beispiel aus der Weltliteratur schildert Eco (1999, S. 48).

307 Dazu Wenzel (1995, S. 422, 444 f.) m. w. N.

308 Mitchell (1990, S. 30 ff.) m. w. N. gibt einen kurzen Überblick über die Geschichte der sprachlichen Bildhaftigkeit.

309 Wenzel (1995, S. 298 f.) m. w. N.

310 Wenzel (1995, S. 293) m. w. N. zum Stand der philologischen Forschung.

311 Wenzel (1995, S. 296).

312 Ausführlich dazu Wenzel (1995, S. 296) m. w. N.

313 Yates (1990, S. 46 f.) m. w. N.

314 Wenzel (1995, S. 300) m. w. N.

315 Grundsätzlich zu sprachlichen Bildern als rhetorischer Visualisierungsstrategie Voßkamp (2007, S. 118 ff.).

316 Das zeigt Voßkamp (2007, S. 212 ff.) eindrücklich am Beispiel von Goethes Bildungsromanen.

Texte können selbst Bilder darstellen. Das ist die extreme Form der Bildhaftigkeit von Texten.[317] Einen solchen Text kann man nicht mehr nur lesen. Er muss auch betrachtet – genauer: ikonografisch analysiert – werden. Eindrucksvolle Beispiele dafür finden sich schon in der Antike,[318] in den Figurengedichten,[319] der barocken Bilderlyrik[320], der skripturalen Malerei, der konkreten Poesie[321] oder der modernen Werbung.[322] Die europäische Literatur hat eine lange Tradition der visuellen Poesie.[323] Text-Bild-Kompositionen sind also eine Konstante in der Literaturgeschichte[324], auch wenn sie nicht selten heftig kritisiert wurden.[325] Deshalb betrachten die Literaturwissenschaften inzwischen die Schrift zunehmend als Hybrid aus Sprache und Bild.[326]

3.8.2 Bildergeschichten – Zur Erzählkunst der Bilder

Bilder enthalten eine Erzählung, auch wenn sie keine Erzählung sind.[327] Bilder sollen nicht nur zeigen, sondern auch erzählen.[328] Mit anderen Worten: Bilder sprechen

[317] Zu Bildern aus Schrift aus typografischer Perspektive ausführlich Gorbach (2005, S. 304 ff.), mit instruktiven Beispielen.

[318] Ausführlich zur visuellen Poesie in der Antike Adler/Ernst (1990, S. 21 ff.), mit eindrucksvollen Beispielen.

[319] Zu den Technopägnien oder Figurengedichten Rippl (2006, S. 94 f.) mit einem eindrucksvollen Beispiel, und Adler/Ernst (1990, S. 33 ff.). Einen, wenn nicht den Gipfelpunkt der Geschichte des Figurengedichts stellt Hrabanus Maurus' *Liber de laudibus sanctae crucis* dar, das zwischen 806 und 814 entstanden ist. Ausführlich dazu Adler/Ernst (1990, S. 39 ff.) m. w. N., und Ernst (2003, S. 17 ff.).

[320] Adler/Ernst (1990, S. 73 ff., 183 ff.), mit Beispielen.

[321] Arnheim (1986, S. 93 ff.), belegt eindrucksvoll, dass Gedichte auch Bilder sein können.

[322] Nöth (2000, S. 495) m. w. N. Zur Bedeutung einer Text-Bild-Verbindung in der Werbung Kroeber-Riel (1996, S. 178 ff.) m. w. N.

[323] Adler/Ernst (1990, S. 212 ff.) zeichnen den Neubeginn der Gattung seit Laurence Sternes *Tristram Shandy* von 1760 nach.

[324] Ernst (1990, S. 197 ff.). Ähnlich Nöth (2000, S. 495) m. w. N.

[325] Bis heute berühmt – aber schlicht falsch – ist die Auffassung von Lessing, der 1766 in seiner kunsttheoretischen Schrift *Laokoon oder Über die Grenzen der Malerei und Poesie* strikt zwischen Bild und Text, Malerei und Poesie unterscheidet. Der Text ist abgedruckt bei Adler/Ernst (1990, S. 221). Willems (1990, S. 424 f.), führt Beispiele der bildenden Kunst und der Literatur an, die eindrücklich belegen, dass Lessings strikte Abgrenzung sinnlos und falsch ist – und das auch schon zu seiner Zeit war. Allerdings ist der Text sehr einflussreich geworden und hat die intellektuelle Abwertung der Bilder bis in beginnende 20. Jahrhundert gefördert. Zur Wirkungsgeschichte von Lessings Laokoon ausführlich Warncke (2006, S. 51 ff.) m. w. N.

[326] Diese These vertritt Krämer (2006, S. 79 ff.) m. w. N.

[327] Belting (2000, S. 20). Ähnlich Wenzel (1995, S. 300), der darauf hinweist, dass diese Erkenntnis schon in der Antike sprichwörtlich geworden ist.

[328] So ganz prägnant Wenzel (1995, S. 320). Ausführlich zum „Bild als Geschichte" Varga (1990, S. 358 f.), der die aristotelische Unterscheidung zwischen argumentativen und narrativen Textsorten auf Bilder überträgt.

auch. Sprechende Bilder – wie läßt sich das erreichen? Einfach und direkt bringt man Bilder zum Sprechen, indem Texte in Bilder integriert werden.[329] Ein hervorragendes Beispiel dafür sind die Schriftleisten und Sprechbänder in den mittelalterlichen Miniaturen.[330] Die Miniaturen des „Hamburger Stadtrechts" von 1497 enthalten Spruchbänder, die Rechtstexte in Rechtsbilder integrieren.[331] Eine etwas andere Ausformung des Texts im Bild-Konzept sind die Bildbuchstaben, die in den Bilderhandschriften des Sachsenspiegels vorkommen. Moderne Beispiele dafür sind Comics und Plakate.[332] Vollständig ineinander übergegangen sind Schrift und Bild bei den Bildersprachen, etwa den ägyptischen Hieroglyphen.[333]

Es geht allerdings auch deutlich subtiler. Bilder erzählen auch dann, wenn sie bildliche Muster verwenden, die auf Texte und Geschichten Bezug nehmen.[334] Das Mittel dazu sind etwa Personifikationen[335], Allegorien und Symbole[336]. Textliche, erzählende Aussagen von Bildern finden sich daneben auch in der Form visueller Stereotypen.[337] Dabei handelt es sich um Bildelemente, die – mit einer bestimmten Bedeutung versehen – im Werk oder in den Werken eines oder mehrerer Urheber immer wiederkehren. Zugespitzt lassen sich diese visuellen Stereotype als Vokabular des Künstlers bezeichnen.[338] Konsequent weitergedacht: Bilder, die aus visuellen Stereotypen komponiert werden, sind Sätze.[339]

Insgesamt sind Bilder gut geeignet, zu sprechen und zu erzählen. Es sind ihre spezifischen Charakteristika, die sie zu „geborenen Erzählern" machen. Die Mehrdimensionalität von Bildern, ihre Synoptizität und ihre Synchronizität lassen sich hervorragend einsetzen, um visuell zu erzählen.[340] Bilder können zeitlich aufeinander folgende Ereignisse oder Handlungen synchron darstellen. Dank der Mehrdimensionalität lassen sich so zeitlich aufeinander aufbauende Geschehnisse visualisieren. Sowohl in der Kunstgeschichte allgemein als auch in der Rechtsikonografie gibt es dafür eine Fülle von Beispielen.[341]

---

329 Brunschwig (2001, S. 55) m. w. N. spricht in diesem Zusammenhang treffend vom „Text im Bild". Ausführlich dazu Kliemann (1990, S. 83 ff.), am Beispiel profaner Wandmalereien im Italien des 15. und frühen 16. Jahrhunderts.

330 Beispiele aus Italien analysiert Bätschmann (2001, S. 36 ff.).

331 Brunschwig (2001, S. 56) m. w. N.

332 Eberleh (1990, S. 70 f.). Zur Gestaltung von Plakaten mit Hilfe von Bild-Wort-Kombinationen ausführlich Paul (2005, S. 73 ff.) mit praktischen Beispielen.

333 Eberleh (1990, S. 67).

334 Brunschwig (2001, S. 57), bezeichnet das als „Textuelles im Bild".

335 Zur Personifikation aus kunstgeschichtlicher Sicht van Straten (2004, S. 37 ff.) mit Beispielen. Zur Theorie der Personifikation Warncke (2005, S. 82 ff.) m. w. N.

336 Brunschwig (2001, S. 57). Grundsätzlich Allegorien und Symbolen in der Malerei van Straten (2004, S. 49 ff.) mit vielen Beispielen.

337 Brunschwig (2001, S. 58).

338 Bätschmann (2001, S. 102).

339 Bätschmann (2001, S. 102). Zurückhaltender Brunschwig (2001, S. 58 f.).

340 Brunschwig (2001, S. 36) m. w. N.

341 Brunschwig (2001, S. 36 f.) m. w. N., schildert einige eindrucksvolle Belege dafür.

3.8.3 Kongruenz und Konkurrenz

Bild und Text – sind sie kongruent oder stehen sie doch eher in Konkurrenz zueinander?[342] Bilder und Texte haben unterschiedliche Charakteristika und Funktionen. Gleichzeitig gibt es aber Bereiche, in denen die Grenzen zwischen Text und Bild verschwimmen. Also beides: Konkurrenz und Kongruenz. Das lässt sich anthropologisch erklären. Sprache und Bilder haben sich seit den Anfängen des *homo sapiens* aus einer gemeinsamen Wurzel entwickelt: der Fixierung des Denkens in materiellen Symbolen.[343] Bilder stehen deshalb der Sprache sehr nahe.[344] Gleichzeitig haben sich beide im Lauf der Jahrtausende aber auseinander entwickelt. Vor allem die Alphabetisierung und Linearisierung der Schrift vor etwa 4000 Jahren hat die Trennung von Kunst und Sprache beschleunigt.[345] Was bedeutet dieser historisch-anthropologische Befund für die Kommunikation?

Das Verhältnis von Text- und Bildkommunikation ist – das zeigt ein Blick in die Kommunikationsgeschichte – keineswegs immer dasselbe gewesen. Das kulturelle Verhältnis zwischen Bildern und Texten hängt stark von den technischen Medien ab, die einer Gesellschaft zur Verfügung stehen.[346] Das klassische Beispiel dafür ist die Entwicklung des Buchdrucks: Seit Bücher gedruckt werden können, ist die Welt verschriftlicht worden. Die mündliche Kommunikation hat ihre alles dominierende Bedeutung eingebüßt.[347] Vor diesem historischen Hintergrund lässt sich die gegenwärtige Visualisierung der Kommunikation als Entwicklungsprozess deuten, in dem sich die Wort-Bild-Balance der aktuellen Kommunikation ändert.[348] Die Dominanz der Schrift geht ihrem Ende zu.[349] Die Digitalisierung der Medien fördert eine immer engere Integration von Texten und Bildern.[350]

Möglicherweise führt das zu einer wirkungsvolleren Kommunikation. Denn sowohl eine reine Text- als auch eine pure Bildkommunikation haben Schwächen.[351] Beide ergänzen sich aber vielfältig komplementär und können ihre spezifischen

---

[342] Wenzel (1995, S. 299).

[343] Leroi-Gourhan (1988, S. 237). Stetter (2005, S. 115), bringt das auf die Formel: „Der Ursprung der Schrift liegt im Bild." Ausführlich zur stammesgeschichtlichen Entwicklung des menschlichen Gehirns und der Sprache Niemitz (1989, S. 95 ff.) m. w. N.

[344] Leroi-Gourhan (1988, S. 240). Niemitz (1989, S. 105), betont, dass Sprache phylogenetisch primär optisch, nicht akustisch ist.

[345] Leroi-Gourhan (1988, S. 244). Ähnlich Stetter (2005, S. 115 f.).

[346] Schmitz (2003, S. 242).

[347] Zur Dominanz der mündlichen Kommunikation bis zum Ende des Mittelalters Schmitz (2003, S. 241 f.).

[348] Schmitz (2003, S. 242 ff.) m. w. N. Ausführlich zur Wort-Bild-Balance in der rechtlichen Kommunikation siehe unten Abschn. 8.3.

[349] Schmitz (2003, S. 243) m. w. N. Das beklagt Postman (1999, S. 95 ff.), sehr.

[350] Schmitz (2003, S. 248 ff.).

[351] Zu den unterschiedlichen Darstellungspotenzialen von Bildern und Texten Schmauks (1998, S. 4).

Schwächen ausgleichen.[352] Das zeigt sich vor allem bei der Kombination von Texten und Bildern, die besonders starke und spezifische kommunikative Wirkungen entfalten.[353] Das sind keine neuen Erkenntnisse und das ist keine innovative Praxis. Das Mittelalter etwa war eine Hoch-Zeit der Bild-Text-Kombinationen – und der erkenntnistheoretischen Reflexion über die Wechselwirkungen zwischen Text und Bild.[354] Auch die Embleme, die als Kunstform vom 16. bis zum 18. Jahrhundert eine Blüte erlebten, zeigen ganz praktisch, wie die Kombination von Texten und Bildern die Kommunikationswirkung erhöht.[355] Gar nicht selten sind allerdings auch Text-Bild-Kombinationen, die von einem zusammenhanglosen Nebeneinander oder sogar von einem Widerspruch zwischen Text und Bild charakterisiert sind.[356] Dann ist die Kommunikationswirkung in der Regel gering.

3.9 Die Anarchie der Bilder

Menschliche Gesellschaften üben soziale Kontrolle aus und setzen Regeln durch. Ein wichtiges – nicht das einzige – Instrument dafür ist die gesprochene und geschriebene Sprache. Sprache wird streng sozialer kontrolliert – und sie übt soziale Kontrolle aus. Das ist bei Bildern anders. Bilder genießen deutlich mehr soziale Freiheit und können nur sehr eingeschränkt als Mittel der Sozialkontrolle herangezogen werden.

3.9.1 Worte versus Bilder – Kontrolle oder Freiheit?

Die Sprache transportiert Inhalte und Regeln, die für ihre Nutzer zwingend sind.[357] Sie ist damit eines der wichtigsten Integrationsmittel, das eine Gesellschaft zusammenhält.[358] Man kann es sogar noch schärfer formulieren: Sprache ist als Kontroll-

[352] Nöth (2000, S. 492 f.) m. w. N.

[353] Nöth (2000, S. 493) m. w. N., hebt hervor, dass aus dem Nebeneinander von Text und Bild nicht selten eine holistische Neuinterpretation der Gesamtbotschaft entstehen kann. Das exemplifiziert Cramer (2001, S. 133), in seiner detaillierten Studie zu den Illustrationen in einer berühmten Fabelsammlung von 1566. Einen interessanten Sonderfall der Text-Bild-Kombination analysiert Schmauks (1998, S. 6 ff.): Im Text werden brisante Informationen verschwiegen, in der dazugehörigen Illustration aber aufgedeckt.

[354] Ausführlich dazu Meier (1990, S. 47 ff.).

[355] Instruktive Beispiele dafür schildert Gilbert Heß (2006, S. 174 f.) m. w. N.

[356] Zur Diskrepanz und Kontradiktion in Text-Bild-Kombinationen Nöth (2000, S. 493 f.) m. w. N. Manchmal kann der erste Eindruck aber auch täuschen und eine Diskrepanz zwischen Texten und Bildern existiert nur scheinbar. Ausführlich zu dieser Problematik Cramer (2001, S. 135 ff.).

[357] Durkheim (1973, S. 119).

[358] Berghaus (1986, S. 283).

mittel die wichtigste soziale Institution überhaupt.[359] Das zeigt sich nicht zuletzt auch im Recht. Die Sprache beeinflusst rechtliche Entscheidungen und das Rechtsleben insgesamt.[360] Offensichtlich ist das bei der Auslegung: Der Wortlaut einer Norm ist der Ausgangspunkt, an dem jede Auslegung ansetzt. Auch wenn die Auslegung beim Wortlaut nicht stehen bleibt: Die Richtung, in die sich die Auslegung – und damit auch die Entscheidung – bewegt, ist damit festgelegt.[361]

Bei Bildern ist die soziokulturelle Bindung erheblich geringer als bei Sprache. Bildsprache ist weitgehend – wenn auch nicht vollständig – universal und oft nur wenig von einer spezifischen Kultur und Gesellschaft geprägt.[362] Wie das Beispiel der Piktogramme zeigt, werden Bilder oft kulturübergreifend verstanden. Trotzdem gibt es auch bei Bildern gesellschaftlich geprägte Interpretationsvorgaben und Verständnismuster.[363] Es gibt nicht nur eine universale, sondern auch eine kulturell geprägte Sprache der Bilder, die ohne gesellschaftliche und kulturelle Kenntnisse und Prägung nicht verständlich ist.[364] Ein bekanntes Beispiel dafür sind Symbole und Tabuisierungen. Sie sind kulturabhängig und ohne Kenntnis des soziokulturellen Kontextes nicht verständlich.[365]

Dennoch: visuelle Kommunikation ist freier und unkontrollierter als sprachliche Kommunikation. Bilder sind jedenfalls teilweise *außersozial*.[366] Die Möglichkeiten, Wörter und Texte zu interpretieren, sind grundsätzlich begrenzt. Bilder dagegen lassen mehr Freiraum zur inneren Ausgestaltung und Interpretation. Der größere Spielraum ermöglicht den Rezipienten weitaus stärker, ihre eigenen Vorstellungen zu entfalten.[367] Bilder lassen – anders als die geschriebene oder gesprochene Sprache – den totalen regelnden Eingriff auf das Individuum nicht zu.[368] Bilder sind potentiell anarchischer als Worte.

Das zeigt das Beispiel der Kunst. Eine – nicht die einzige – wichtige Funktion von Kunst war und ist die Externalisierung von Phantasien.[369] Was heißt das? In den modernen durchregulierten Gesellschaften verkümmern individuelle

---

[359] So ganz dezidiert Berghaus (1986, S. 283). Ausführlich zu den Auswirkungen der Sprache auf die Gesellschaft und das Denken siehe oben Abschn. 2.1. und 2.2.

[360] Ausführlich dazu Schauer (1988, S. 524 ff.) m. w. N, der in diesem Zusammenhang vom „linguistic constraint“ spricht, dem das Recht ausgesetzt ist. Allgemein zum Verhältnis von Recht und Sprache Rüthers (1999 Rn. 150 ff.) m. w. N.

[361] Grundsätzlich zur Frage, wie Sprache das Rechtsdenken begrenzt und leitet, Schauer (1988, S. 530 ff.) m. w. N.

[362] Brunschwig (2001, S. 37) m. w. N.

[363] Berghaus (1986, S. 283).

[364] Ausführlich zur Bildsprache Schuster (2003, S. 54 ff.). Zur Bildsprache am konkreten Beispiel der Filmsprache Kuchenbuch (1978, S. 36).

[365] Schuster (2003, S. 55 ff.), mit vielen Beispielen.

[366] So die These von Berghaus (1986, S. 283).

[367] Berghaus (1986, S. 285).

[368] Berghaus (1986, S. 285).

[369] Ausführlich dazu Schuster (2003, S. 270 ff.).

Erlebnismöglichkeiten.[370] Die Leistungs- und Industriegesellschaft braucht berechenbare, funktionierende Mitglieder. Für Emotionen, Phantasie und Spontaneität bleibt wenig Platz. Hier liegt eine wichtige Funktion der Kunst: Kunst im Allgemeinen und Bilder im Besonderen bieten die Möglichkeit, Phantasien auszuleben und die Gleichförmigkeit der Alltagsroutine zu kompensieren.[371] Kunst und Bilder bieten – mit anderen Worten – Schlupflöcher aus der soziokulturellen Verbindlichkeit.[372] Die These der partiellen Außersozialität von Bildern lässt sich sowohl durch anthropologische Erkenntnisse als auch durch Ergebnisse der Hirnforschung stützen.[373]

Allerdings ist auch die *große Freiheit der Bilder* nicht grenzenlos. Denn auch Bilder können eingesetzt werden, um soziale Kontrolle auszuüben. Das lässt sich deutlich am Beispiel der elektronischen – bilddominierten – Medien beobachten. Sie wirken tief in alle Bereiche der Gesellschaft und den Alltag hinein. Dabei fokussieren und selektieren sie nicht nur die Informationsaufnahme.[374] Sie prägen – weit darüber hinausgehend – Tagesabläufe, Gewohnheiten, Ansichten, Verhalten, Ziele und Weltsichten ihrer Rezipienten.[375] Das ist eine Kontrolle – sogar subtile Überwachung – durch die Macht der Bilder und der Medien.[376]

Das Verhältnis von Bildern zur Freiheit ist also ambivalent. Vor allem in der Kunst dominiert der Freiheitsaspekt: Malerei und bildende Kunst sind Bereiche, in denen anarchische, sogar asoziale Teile der Persönlichkeit ausgelebt werden können. Im Mediensystem dominiert dagegen eher die sozial kontrollierende Dimension von Bildern.

---

[370] Schuster (2003, S. 271).

[371] Schuster (2003, S. 271).

[372] Ähnlich Berghaus (1986, S. 285).

[373] So Berghaus (1986, S. 287 ff.) m. w. N.

[374] Zur Selektion der Informationen durch die Medien Altheide (1985, S. 97 ff.), der die Kriterien analysiert, nach denen TV-Medien den Nachrichtenwert von Ereignissen definieren. Ausführlich dazu auch Winterhoff-Spurk (2001, S. 157 ff.) m. w. N., der das ideale Fernsehereignis als „kurz, dramatisch, blutig" charakterisiert.

[375] Grundlegend Altheide (1985, S. 131 ff.) m. w. N. Ausführlich dazu auch Winterhoff-Spurk (2005, S. 141 ff.) m. w. N., der das Fernsehen pointiert als „heimlichen Erzieher" charakterisiert. Einen Überblick zur Wirkungsforschung des Fernsehens gibt Winterhoff-Spurk (2001, S. 95 ff.) m. w. N.

[376] Sehr weit gehend spricht Winterhoff-Spurk (2005, S. 165 ff.), sogar davon, dass das Fernsehen den Charakter forme. Zur Macht der Bilder aus psychoanalytischer Sicht Tisseron (2007, S. 308 f.).

3.9.2 *Bilderskepsis des Rechts – Reaktion auf die Anarchie der Bilder?*

Modernes Recht ist sehr sprachlastig und skeptisch bis ablehnend gegenüber Bildern. Dafür gibt es unterschiedliche Gründe, nicht zuletzt auch historische.[377] Eine wichtige Ursache dafür dürfte in der unterschiedlichen Eignung von Worten und Bildern zur sozialen Kontrolle liegen. Recht hat – nicht nur, aber unter anderem – die Funktion, soziales Verhalten in der Gesellschaft zu regulieren und zu steuern.[378] Das passt zur Sprache als sozialer Institution und gesellschaftlichem Kontrollmittel. Sprache ist deshalb das ideale Instrument für das Recht, soziale Kontrolle auszuüben. Bilder dagegen haben – jedenfalls teilweise – eben gerade eine entgegengesetzte Funktion: Sie sollen dem Individuum Freiräume eröffnen, in denen es dem sozialen und rechtlichen Anpassungsdruck der Gesellschaft entfliehen kann. Auf den ersten Blick sind Bilder deshalb tatsächlich eher kein geeignetes Mittel für das Recht, seine Regulierungs- und Kontrollfunktion zu erfüllen. Das moderne Recht hat seine Aufgabe deshalb eher darin gesehen, das freiheitliche, fast anarchische Potenzial von Bildern zu bändigen. Dass sich dieses misstrauische und ablehnende Verhältnis zwischen Recht und Bildern möglicherweise tief greifend ändert, wird in dieser Untersuchung noch zu analysieren sein.

Literatur

Abelson, Robert P., (1981): Psychological Status of the Script Concept, in: American Psychologist 36/7, S. 715 ff.

Adam, Meike (2004): Symbol oder Symptom? Lesbarmachung des Gesichts, in: Petra Löffler/Leander Scholz (Hrsg.): Das Gesicht ist eine starke Organisation. Dumont, Köln, S. 121 ff.

Adler, Jeremy/Ernst, Ulrich (1990): Text als Figur. Visuelle Poesie von der Antike bis zur Moderne. 3. Auflage, VCH, Weinheim.

Albrecht, Clemens (2007): Wörter lügen manchmal, Bilder lügen immer. Wissenschaft nach der Wende zum Bild, in: Wolf-Andreas Liebert/Thomas Metten (Hrsg.): Mit Bildern lügen. Halem, Köln, S. 29 ff.

Albrecht, Hans Joachim (1974): Farbe als Sprache. Dumont, Köln.

Altheide, David L. (1985): Media Power. Sage, Beverly Hills, London.

Anders, Günther (1956/2002): Die Antiquiertheit des Menschen 1. Über die Seele im Zeitalter der zweiten industriellen Revolution. 1. Auflage, Beck, München 1956 (hier zitiert nach der 2. Auflage, in der Beck´schen Reihe, München 2002).

Arnheim, Rudolf (1980): Anschauliches Denken – Zur Einheit von Bild und Begriff. 4. Auflage, Dumont, Köln.

Arnheim, Rudolf (1986): New Essays on the Psychology of Art. University of California Press, Berkeley/Los Angeles.

Arnheim, Rudolf (1993/2004): Die beiden Authentizitäten der photographischen Medien, in: Rudolf Arnheim: Die Seele in der Silberschicht. Suhrkamp, Frankfurt am Main (ursprünglich erschienen in: The Journal of Aesthetics and Art Criticism, Nr. 4, Fall 1993 S. 537 ff.).

---

[377] Ausführlich dazu siehe unten Abschn. 4.1.

[378] Zur Steuerungsfunktion des Rechts Rehbinder (2007, Rn. 100 ff.) m. w. N.

Arnheim, Rudolf (2000): Kunst und Sehen. Eine Psychologie des schöpferischen Auges. 3. Auflage, De Gruyter, Berlin/New York.
Aronson, Elliot/Wilson, Timothy B./Akert, Robin M. (2004): Sozialpsychologie. 3. Auflage, Pearson, München.
Assmann, Aleida (2006): Einführung in die Kulturwissenschaft. Grundbegriffe, Themen, Fragestellungen. Erich Schmidt, Berlin.
Assmann, Jan (2001): Bildverstrickung. Vom Sinn des Bilderverbots im biblischen Monotheismus, in: Gerhart von Graevenitz/Stefan Rieger/Felix Thürlemann (Hrsg.): Die Unvermeidlichkeit der Bilder. Narr, Tübingen, S. 60 ff.
Baer, Susanne (2004): Schlüsselbegriffe, Typen und Leitbilder als Erkenntnismittel zur Rechtsdogmatik, in: Eberhard Schmidt-Aßmann/Wolfgang Hoffmann-Riem (Hrsg.): Methoden der Verwaltungsrechtswissenschaft. Nomos, Baden-Baden, S. 223 ff.
Bätschmann, Oskar (2001): Einführung in die kunstgeschichtliche Hermeneutik. Die Auslegung von Bildern. 5. Auflage, Wissenschaftliche Buchgesellschaft, Darmstadt.
Bauch, Kurt (2001): Imago, in: Gottfried Boehm (Hrsg.): Was ist ein Bild? 3. Auflage, Fink, München.
Belting, Hans (1989): Das Bild als Text. Wandmalerei und Literatur im Zeitalter Dantes, in: Belting Hans/Blume Dieter (Hrsg.): Malerei und Stadtkultur in der Dante-Zeit. Die Argumentation der Bilder. Hirmer, München, S. 23 ff.
Belting, Hans (1996): Aus dem Schatten des Todes. Bild und Körper in den Anfängen, in: Constantin von Barloewen (Hrsg.): Der Tod in den Weltkulturen und Weltreligionen. Diederichs, München, S. 92 ff.
Belting, Hans (2000): Bild und Kult. Eine Geschichte des Bildes vor dem Zeitalter der Kunst. 5. Auflage, Beck, München.
Belting, Hans (2002): Bild-Anthropologie. 2. Auflage, Fink, München.
Belting, Hans (2005): Das echte Bild. Bildfragen als Glaubensfragen. Beck, München.
Bente, Gary/Fromm, Bettina (1997): Affektfernsehen. Motive, Angebotsweisen und Wirkungen. Leske + Budrich, Opladen.
Bentele, Günter (1988): Der Faktor Glaubwürdigkeit. Forschungsergebnisse und Fragen für die Sozialisationsperspektive, in: Publizistik, S. 405–426.
Berendt, Bettina (2005): Kognitionswissenschaft, in: Klaus Sachs-Hombach (Hrsg.): Bildwissenschaft. Disziplinen, Themen, Methoden. Suhrkamp, Frankfurt am Main, S. 21 ff.
Berens, Harald/Hagen, Lutz M. (1997): Der Fall „Brent Spar" in den Hauptnachrichtensendungen. Ansätze zur Operationalisierung von Qualitätskriterien für die Bildberichterstattung, in: Günter Bentele/Michael Haller (Hrsg.): Aktuelle Entstehung von Öffentlichkeit: Akteure – Strukturen – Veränderungen. UVK, Konstanz, S. 539 ff.
Berghaus, Margot (1986): Zur Theorie der Bildrezeption, in: Publizistik, S. 278 ff.
Blanke, Börries/Giannone, Antonella/Vaillant, Pascal (2005): Semiotik, in: Klaus Sachs-Hombach (Hrsg.): Bildwissenschaft. Disziplinen, Themen, Methoden. Suhrkamp, Frankfurt am Main, S. 149 ff.
Boehm, Gottfried (2001a): Die Wiederkehr der Bilder, in: Gottfried Boehm (Hrsg.): Was ist ein Bild? 3. Auflage, Fink, München.
Boehm, Gottfried (2001b): Botschaften ohne Worte. Vom Sprachcharakter der bildenden Kunst, in: Oswald Panagl/Hans Goebl/Emil Brix (Hrsg.): Der Mensch und seine Sprache(n). Böhlau, Wien/Köln/Weimar, S. 11 ff.
Boehm, Gottfried (2007): Wie Bilder Sinn erzeugen. Die Macht des Zeigens. Akademie Verlag, Berlin.
Bolz, Norbert (2001): Weltkommunikation. Fink, München.
Bornstein, R. S. (1992): Subliminal Mere Exposure Effects, in: R. S. Bornstein/T. S. Pittman (Hrsg.): Perception without Awareness: Cognitive, clinical and social perspectives. Guilford Press, New York, S. 191 ff.
Brosius, Hans-Bernd (1993): The Effects of Emotional Pictures in Television News, in: Communication Research, Vol. 20/1, S. 105 ff.

Brugger, Christof (2005): Verständlichkeit von grafischen Symbolen und Piktogrammen, in: Martin Scholz/Ute Helmbold (Hrsg.): Bilder lesen lernen. Wie werden Bilder rezipiert? VS, Wiesbaden, S. 35 ff.

Brugioni, Dino A. (1999): Photo Fakery. The History and Techniques of Photographic Deception and Manipulation. Brassey's, Dulles/Virginia.

Brunschwig, Colette (2001): Visualisierung von Rechtsnormen. Schulthess, Zürich.

Cramer, Thomas (2001): Fabel als emblematisches Rätsel. Vom Sinn der Illustrationen in den Fabelsammlungen von Posthius und Schopper, 1566. Ein Beitrag zur Kulturgeschichte des nichtlinearen Lesens, in: Horst Wenzel u. a. (Hrsg.): Audiovisualität vor und nach Gutenberg. Zur Kulturgeschichte der medialen Umbrüche. Skira, Wien, S. 133 ff.

Darwin, Charles (1872/1998): The Expression of the Emotions in Man and Animals. John Murray, London (hier zitiert nach der 3. Auflage, Oxford 1998).

Diner, Dan (2005): Versiegelte Zeit. Über den Stillstand in der arabischen Welt. Propyläen, Berlin.

Doelker, Christian (1989): Kulturtechnik Fernsehen – Analyse eines Mediums. Klett-Cotta, Stuttgart.

Doelker, Christian (1997): Ein Bild ist mehr als ein Bild. Klett-Cotta, Stuttgart.

Doelker, Christian (2005): Die semantische Tiefe von Bildern, in: Klaus Sachs-Hombach (Hrsg.): Bildwissenschaft zwischen Reflexion und Anwendung. Halem, Köln, S. 251 ff.

Drechsel, Benjamin (2005): Politik im Bild. Wie politische Bilder entstehen und wie digitale Bildarchive arbeiten. Campus, Frankfurt am Main.

Drechsel, Benjamin (2007): Was ist ein politisches Bild? Einige Überlegungen zur Entwicklung der Politikwissenschaft als Bildwissenschaft, in: Helga Mitterbauer/Helga Tragatschnig (Hrsg.): Moderne. Kulturwissenschaftliches Jahrbuch 2 (2006). S. 106 ff.

Durkheim, Emile (1973): Erziehung, Moral und Gesellschaft. Luchterhand, Neuwied.

Eberleh, Edmund (1990): Komplementarität von Text und Bild, in: Thomas Becker u. a.(Hrsg.): Sprache und Technik. Alano, Aachen, S. 67 ff.

Ecke, Felix (2002): Braune Leinwand. Antisemitische Rechtspropaganda im Film des Dritten Reichs, in: Stefan Machura/Stefan Ulbrich (Hrsg.): Recht im Film. Nomos, Baden-Baden, S. 54 ff.

Eco, Umberto (1999): Im Labyrinth der Vernunft. Texte über Kunst und Zeichen. 4. Auflage, Aufbau Verlag, Leipzig.

Eco, Umberto (2002): Einführung in die Semiotik. 9. Auflage, Fink, München.

Eder, Jens (2005): Affektlenkung im Film. Das Beispiel *Triumph des Willens*, in: Oliver Grau/ Andreas Keil (Hrsg.): Mediale Emotionen. Zur Lenkung von Gefühlen durch Bild und Sound. Fischer, Frankfurt am Main, S. 107 ff.

Edson, Laurie (1990): Das Durchbrechen der Konvention: Sprachliche und bildliche Darstellung von Alltagsobjekten bei Francis Ponge und René Magritte, in: Volker Bohn (Hrsg.): Bildlichkeit. Suhrkamp, Frankfurt am Main, S. 254 ff.

Eibl-Eibesfeldt, Irenäus (1997): Die Biologie des menschlichen Verhaltens. Seehamer, Weyarn.

Eibl-Eibesfeldt, Irenäus/Sütterlin, Christa (1992): Im Banne der Angst. Zur Natur- und Kunstgeschichte menschlicher Abwehrsymbolik. Piper, München.

Eibl-Eibesfeldt, Irenäus/Sütterlin, Christa (2007): Weltsprache Kunst. Zur Natur- und Kunstgeschichte bildlicher Kommunikation. Skira, Wien.

Eisenstein, Elizabeth L. (1979): The printing press as an agent of change. Communications and cultural transformations in early-modern Europe. Vol. I und II. Cambridge University Press, Cambridge.

Ejchenbaum, Boris (1978): Probleme der Filmstilistik, in: Joachim Paech (Hrsg.): Film – und Fernsehsprache. 2. Auflage, Suhrkamp, Frankfurt am Main.

Engelkamp, Johannes (1998): Gedächtnis für Bilder, in: Klaus Sachs Hombach/Klaus Rehkämper (Hrsg.): Bild – Bildwahrnehmung – Bildverarbeitung. Interdisziplinäre Beiträge zur Bildwissenschaft. DUV, Wiesbaden, S. 243 ff.

Ernst, Ulrich (1990): Labyrinthe aus Lettern. Visuelle Poesie als Konstante europäischer Literatur, in: Wolfgang Harms (Hrsg.): Text und Bild, Bild und Text. Metzler, Stuttgart, S. 197 ff.

Ernst, Ulrich (2003): Die Kreuzgedichte des Hrabanus Maurus als multimediales Kunstwerk. Textualität – Ikonizität – Numeralität, in: Ulrich Schmitz/Horst Wenzel (Hrsg.): Wissen und neue Medien. Bilder und Zeichen von 800 bis 2000. Erich Schmidt, Berlin, S. 13 ff.
Ertel, Suitbert (1981): Wahrnehmung und Gesellschaft – Prägnanztendenzen in Wahrnehmung und Bewusstsein, in: Semiotik 3, S. 107 ff.
Fellmann, Ferdinand (1998): Von den Bildern der Wirklichkeit zur Wirklichkeit der Bilder, in: Klaus Sachs Hombach/Klaus Rehkämper (Hrsg.): Bild – Bildwahrnehmung – Bildverarbeitung. Interdisziplinäre Beiträge zur Bildwissenschaft. DUV, Wiesbaden, S. 187 ff.
Fischer-Lichte, Erika (2003): Semiotik des Theaters. Band 1: Das System der theatralischen Zeichen. 4. Auflage 1998 (Nachdruck 2003). Narr, Tübingen.
Fischer-Lichte, Erika (2004): Ästhetik des Performativen. Suhrkamp, Frankfurt am Main.
Flusser, Vilém (2007): Kommunikologie. 4. Auflage, Fischer, Frankfurt am Main.
Forster, Klaus (2003): Rezeption von Bildmanipulationen, in: Thomas Knieper/Marion G. Müller (Hrsg.): Authentizität und Inszenierung von Bilderwelten. Halem, Köln, S. 66
Frankenberg, Günter (2004): Der normative Blick. Recht, Ethik und Ästhetik der Bilderverbote, in: Günter Frankenberg/Peter Niesen (Hrsg.): Bilderverbot. Recht, Ethik und Ästhetik der öffentlichen Darstellung. LIT, Münster, S. 1 ff.
Freund, Gisèle (1997): Photographie und Gesellschaft. Rowohlt Taschenbuch, Reinbek.
Frey, Siegfried (1999): Die Macht des Bildes. Der Einfluss der nonverbalen Kommunikation auf Kultur und Kommunikation. Huber, Bern u. a.
Gadamer, Hans-Georg (1960/1990): Wahrheit und Methode. Grundzüge einer philosophischen Hermeneutik. 6. Auflage, Mohr Siebeck, Tübingen.
Gombrich, Ernst H. (1984): Bild und Auge: Neue Studien zur Psychologie der bildlichen Darstellung. Klett-Cotta, Stuttgart.
Goodman, Nelson (1997): Sprachen der Kunst – Entwurf einer Symboltheorie. Suhrkamp, Frankfurt am Main.
Gorbach, Rudolf Paulus (2005): Typografie, in: Klaus Sachs-Hombach (Hrsg.): Bildwissenschaft. Disziplinen, Themen, Methoden. Suhrkamp, Frankfurt am Main, S. 296 ff.
Grau, Oliver (2005): Immersion & Emotion. Zwei bildwissenschaftliche Schlüsselbegriffe, in: Oliver Grau/Andreas Keil (Hrsg.): Mediale Emotionen. Zur Lenkung von Gefühlen durch Bild und Sound. Fischer, Frankfurt am Main, S. 70 ff.
Gregory, Richard L. (2001): Auge und Gehirn. Psychologie des Sehens. Rowohlt Taschenbuch, Reinbek.
Grittmann, Elke (2003): Die Konstruktion von Authentizität. Was ist echt an den Pressefotos im Informationsjournalismus? in: Thomas Knieper/Marion G. Müller (Hrsg.): Authentizität und Inszenierung von Bilderwelten. Halem, Köln, S. 123 ff.
Großfeld, Bernhard (1995): Zeichen und Zahlen im Recht. Zahlen in Rechtsgeschichte und Rechtsvergleichung. 2. Auflage, Mohr Siebeck, Tübingen.
Grünewald, Dietrich (2007): Das ästhetische Spiel mit der Täuschung. Optische Täuschungen und unmögliche Bilder, in: Wolf-Andreas Liebert/Thomas Metten (Hrsg.): Mit Bildern lügen. Halem, Köln, S. 65 ff.
Haarmann, Harald (1991): Universalgeschichte der Schrift. 2. Auflage, Campus, Frankfurt am Main, New York.
Halbwachs, Maurice (1985/1925): Das Gedächtnis und seine sozialen Bedingungen. Suhrkamp, Frankfurt am Main (orig.: Les cadres sociaux de la mémoire. Paris 1925).
Haller, Michael (1997): Vertextete oder visualisierte Information? in: Günter Bentele/Michael Haller (Hrsg.): Aktuelle Entstehung von Öffentlichkeit: Akteure – Strukturen – Veränderungen. UVK, Konstanz, S. 561 ff.
Hasebrook, Joachim (1995): Multimedia-Psychologie. Spektrum, Heidelberg u. a.
Heckl, Wolfgang M. (2004): Das Unsichtbare sichtbar machen – Nanowissenschaften als Schlüsseltechnologie des 21. Jahrhunderts, in: Christa Maar/Hubert Burda (Hrsg.): Iconic Turn – Die neue Macht der Bilder. Dumont, Köln, S. 128 ff.
Heidenreich, Stefan (2005): Neue Medien, in: Klaus Sachs-Hombach (Hrsg.): Bildwissenschaft. Disziplinen, Themen, Methoden. Suhrkamp, Frankfurt am Main, S. 381 ff.

Heinz, Marlies (2002): Bild und Macht in drei Kulturen, in: Marlies Heinz/Dominik Bonatz (Hrsg.): Bild – Macht – Geschichte. Visuelle Kommunikation im alten Orient. Reimer, Berlin, S. 70 ff.

Helmboldt, Ute (2006): 40 Bilder und nicht mehr. Der Modulkasten „Bildalphabet", in: Martin Scholz/Ute Helmboldt (Hrsg.): Bildsampling. Wie viele Bilder brauchen wir? DUV, Wiesbaden, S. 70 ff., 141 ff.

Heß, Gilbert (2006): Text und Bild in der frühen Neuzeit: Die Emblematik, in: Torsten Hoffmann/ Gabriele Rippl (Hrsg.): Bilder. Ein (neues) Leitmedium? Wallstein, Göttingen, S. 170 ff.

Hickethier, Knut (1997): Fernsehnachrichten als Erzählung der Welt, in: Günter Bentele/Michael Haller (Hrsg.): Aktuelle Entstehung von Öffentlichkeit: Akteure – Strukturen – Veränderungen. UVK, Konstanz, S. 511 ff.

Hickethier, Knut (2003): Einführung in die Medienwissenschaft. Metzler, Stuttgart/Weimar.

Hirst, William/Manier, David (2002): The Diverse Forms of Collective Memory, in: Gerald Echterhoff/Martin Saar (Hrsg.): Kontexte und Kulturen des Erinnerns. Maurice Halbwachs und das Paradigma des kollektiven Gedächtnisses. UVK, Konstanz, S. 37 ff.

Hoffman, Donald D. (2001): Visuelle Intelligenz. Wie die Welt im Kopf entsteht. 3. Auflage, Klett-Cotta, Stuttgart.

Hofmann, Wilhelm (2005): Bild und Macht. Von der Theorie visueller Kommunikation zur Theorie postmoderner Politik, in: Klaus Sachs-Hombach (Hrsg.): Bildwissenschaft zwischen Reflexion und Anwendung. Halem, Köln, S. 71 ff.

Hüsing, Bärbel/Jäncke, Lutz/Tag, Brigitte (2006): Impact Assessment of Neuro-Imaging. Zürich/Singen.

Isensee, Eycke (2002): Das Bild der Justiz im NS-Film am Beispiel der Filme „Der Verteidiger hat das Wort" und „Der Gasmann", in: Stefan Machura/Stefan Ulbrich (Hrsg.): Recht im Film. Nomos, Baden-Baden, S. 70 ff.

Issing, Ludwig J. (1994): Wissenserwerb mit bildlichen Analogien, in: Bernd Weidenmann (Hrsg.): Wissenserwerb mit Bildern. Huber, Bern u. a., S. 149 ff.

Itten, Christian (2006): Farbe und Kommunikation. Seeman, Leipzig.

Jaubert, Alain (1989): Fotos, die Lügen. Politik mit gefälschten Bildern. Fischer, Frankfurt am Main.

Jung, Heike (1994): Bilder in der Sprache des Rechts, in: Forschungsgruppe Konsum und Verhalten (Hrsg.): Konsumentenforschung. Vahlen, München, S. 415 ff.

Karallus, Christine (2007): Bildattacken. Die Fotografie vor Gericht um 1900, in: Jean-Baptiste Joly u. a. (Hrsg.): Bildregime des Rechts. Akademie Schloss Solitude, Stuttgart, S. 149 ff.

Katsh, Ethan M. (1995): Law in a digital world. Oxford University Press, New York, Oxford.

Keil, Andreas (2005): Eintauchen in Lenins Welt: Plädoyer für eine multivariante Emotionspsychologie in der affektiven Medienanalyse, in: Oliver Grau/Andreas Keil (Hrsg.): Mediale Emotionen. Zur Lenkung von Gefühlen durch Bild und Sound. Fischer, Frankfurt am Main, S. 133 ff.

Keil, Andreas/Eder, Jens (2005): Audiovisuelle Medien und emotionale Netzwerke, in: Oliver Grau/Andreas Keil (Hrsg.): Mediale Emotionen. Zur Lenkung von Gefühlen durch Bild und Sound. Fischer, Frankfurt am Main, S. 224 ff.

Kepplinger, Hans Matthias (1987): Darstellungseffekte. Experimentelle Untersuchungen zur Wirkung von Pressefotos und Fernsehfilmen. Alber, Freiburg/München.

Kepplinger, Hans Matthias/Maurer, Marcus (2001): Der Einfluss verbaler und visueller Eindrücke auf die Wahrnehmung von Kohl und Schröder anhand der Fernsehberichterstattung im Bundestagswahlkampf 1998, in: Thomas Knieper/Marion G. Müller (Hrsg.): Kommunikation visuell. Das Bild als Forschungsgegenstand – Grundlagen und Perspektiven. Halem, Köln, S. 118 ff.

Klein, Markus (2005): Der Einfluss der beiden TV-Duelle im Vorfeld der Bundestagswahl 2002 auf die Wahlbeteiligung und die Wahlentscheidung, in: Zeitschrift für Soziologie, S. 207 ff.

Kliemann, Julian (1990): Programme, Inschriften und Texte zu Bildern. Einige Bemerkungen zur Praxis in der profanen Wandmalerei des Cinquecento, in: Wolfgang Harms (Hrsg.): Text und Bild. Bild und Text. Stuttgart, S. 79 ff.

Knieper, Thomas (1995): Infografiken: Das visuelle Informationspotential der Tageszeitung. Fischer, München.
Knieper, Thomas (2005): Kommunikationswissenschaftliche Beiträge zu einer interdisziplinären Bildwissenschaft, in: Klaus Sachs-Hombach (Hrsg.): Bildwissenschaft zwischen Reflexion und Anwendung. Halem, Köln, S. 56 ff.
Knieper, Thomas (2005a): Kommunikationswissenschaft, in: Klaus Sachs-Hombach (Hrsg.): Bildwissenschaft. Disziplinen, Themen, Methoden. Suhrkamp, Frankfurt am Main, S. 37 ff.
Kocher, Gernot (1992): Zeichen und Symbole des Rechts. Beck, München.
Koenig, Otto (1975): Urmotiv Auge. Piper, München.
Koffka, Kurt (1935/1963): Principles of Gestalt psychology. Unveränderte Neuauflage der Originalausgabe von 1935. New York.
Kosslyn, Stephen (1994): Image and Brain. MIT Press, Cambridge/Mass. u. a.
Krämer, Sybille (2006): Die Schrift als Hybrid aus Sprache und Bild. Thesen über die Schriftbildlichkeit unter Berücksichtigung von Diagrammatik und Kartographie, in: Torsten Hoffmann/Gabriele Rippl (Hrsg.): Bilder. Ein (neues) Leitmedium? Wallstein, Göttingen, S. 79 ff.
Kroeber-Riel, Werner (1996): Bildkommunikation. Vahlen, München.
Kruse, Christiane (2003): Wozu Menschen malen. Historische Begründungen eines Bildmediums. Fink, München.
Kruse, Christiane (2006): Vom Ursprung der Bilder aus der Furcht vor Tod und Vergessen, in: Torsten Hoffmann/Gabriele Rippl (Hrsg.): Bilder. Ein (neues) Leitmedium? Wallstein, Göttingen, S. 15 ff.
Kuchenbuch, Thomas (1978): Filmanalyse. Prometh, Köln.
Landau, Terry (1993): Von Angesicht zu Angesicht. Was Gesichter verraten und was sie verbergen. Spektrum, Heidelberg/Berlin/Oxford.
Langer, Susanne K. (1957): Philosophy in a new Key. 3. Auflage, Cambridge, Mass.
LeDoux, Joseph (2004): Das Netz der Gefühle – Wie Emotionen entstehen. 3. Auflage, München.
Lenssen-Erz, Tilman (2005): Archäologie und Prähistorie, in: Klaus Sachs-Hombach (Hrsg.): Bildwissenschaft. Disziplinen, Themen, Methoden. Suhrkamp, Frankfurt am Main, S. 163 ff.
Leroi-Gourhan, André (1988): Hand und Wort. Die Evolution von Technik, Sprache und Kunst. Suhrkamp, Frankfurt/Main.
Lesske, Frank (2005): Politikwissenschaft, in: Klaus Sachs-Hombach (Hrsg.): Bildwissenschaft. Disziplinen, Themen, Methoden. Suhrkamp, Frankfurt am Main, S. 236 ff.
Liebert, Wolf-Andreas (2007): Mit Bildern Wissenschaft vermitteln. Zum Handlungscharakter visueller Texte, in: Wolf-Andreas Liebert/Thomas Metten (Hrsg.): Mit Bildern lügen. Halem, Köln, S. 175 ff.
Lohoff, Markus (2007): Krieg im Wohnzimmer. Fernsehzuschauer im Kreuzfeuer von Propaganda und Wahrheitsfindung, in: Wolf-Andreas Liebert/Thomas Metten (Hrsg.): Mit Bildern lügen. Halem, Köln, S. 105 ff.
Lüthe, Rudolf (2007): Die Wirklichkeit der Bilder. Philosophische Überlegungen zur Wahrheit bildlicher Darstellungen, in: Wolf-Andreas Liebert/Thomas Metten (Hrsg.): Mit Bildern lügen. Halem, Köln, S. 50 ff.
Macho, Thomas (1996): Vision und Visage. Überlegungen zur Faszinationsgeschichte der Medien, in: Wolfgang Müller-Funk/Hans-Ulrich Reck (Hrsg.): Inszenierte Imagination. Beiträge zu einer historischen Anthropologie der Medien. Springer, Wien/New York, S. 87 ff.
Manovich, Lev (2001): The Language of New Media. MIT Press, Cambridge, Mass/London.
Meier, Christel (1990): Malerei des Unsichtbaren. Über den Zusammenhang von Erkenntnistheorie und Bildstruktur im Mittelalter, in: Wolfgang Harms (Hrsg.): Text und Bild. Bild und Text. Stuttgart, S. 35 ff.
Merten, Jörg (2003): Einführung in die Emotionspsychologie. Kohlhammer, Stuttgart.
Merten, Klaus (1997): Die Rolle der Medien bei der Vermittlung zwischen Recht und Gesellschaft, in: Zeitschrift für Rechtssoziologie, S. 16 ff.
Messaris, Paul (1994): Visual literacy. Image, mind and reality. Westview Press, Boulder/Colorado.

Meyer, Thomas/Ontrup, Rüdiger/Schicha, Christian (2000): Die Inszenierung des Politischen. VS, Wiesbaden.
Meyrowitz, Joshua (1990): Überall und Nirgends. Die Fernsehgesellschaft I. Beltz, Weinheim, Basel.
Miener, Frank (2004): Bilder, die lügen. Fotos in den Printmedien im digitalen Zeitalter. Eine Betrachtung der Risiken und Sicherung für die Redaktionen. Norderstedt.
Mitchell, William J.T. (1990): Was ist ein Bild? in: Volker Bohn (Hrsg.): Bildlichkeit. Suhrkamp, Frankfurt am Main, S. 17 ff.
Mitchell, William J.T. (1994a): When is seeing believing? in: Scientific American. Februar 1994, S. 44 ff.
Mitchell, William J.T. (1994b): The Pictorial Turn, in: W.J.T. Mitchell: Picture Theory. Essays on Verbal and Visual Representation. Chicago, S. 3 ff.
Mitchell, William J.T. (2001): The Reconfigured Eye. 4. Auflage Cambridge/Mass.
Monkiewitsch, Lienhard von (2004): Gibt es Regeln für die Bildgestaltung? in: Martin Scholz/Ute Helmboldt (Hrsg.): Stolpersteine. Gibt es Regeln für die Bildgestaltung? DUV, Wiesbaden, S. 57 ff.
Müller, Jan-Dirk (2007): Das Bild – Medium für Illiterate? Zu Text und Bild in der Frühen Neuzeit, in: Ryozo Maeda/Teruaki Takahashi/Wilhelm Voßkamp (Hrsg.): Schriftlichkeit und Bildlichkeit. Visuelle Kulturen in Europa und Japan. Fink, München, S. 71 ff.
Müller, Marion G. (2003): Grundlagen der visuellen Kommunikation. UTB, Konstanz
Müller, Marion G. (2005): Burning Bodies. Visueller Horror als strategisches Element kriegerischen Terrors – eine ikonologische Betrachtung ohne Bilder, in: Marion G. Müller/Thomas Knieper (Hrsg.): War Visions. Bildkommunikation und Krieg. Halem, Köln, S. 405 ff.
Nake, Frieder (2005): Algorithmus, Bild und Pixel: Das Bild im Blickfeld der Informatik, in: Klaus Sachs-Hombach (Hrsg.): Bildwissenschaft zwischen Reflexion und Anwendung. Halem, Köln, S. 101 ff.
Niemitz, Carsten (1989): Die Stammesgeschichte des menschlichen Gehirns und der menschlichen Sprache, in: Carsten Niemitz (Hrsg.): Erbe und Umwelt. Zur Natur von Anlage und Selbstbestimmung des Menschen. Suhrkamp, Frankfurt am Main, S. 95 ff.
Nöth, Winfried (2000): Der Zusammenhang von Text und Bild, in: Klaus Brinker u. a. (Hrsg.): Text- und Gesprächslinguistik. Linguistics of Text and Conversation. De Gruyter, Berlin/New York, S. 489 ff.
Ong, Walter J. (1982): Orality and Literality. Methuen, London/New York. Die Zitate beziehen sich auf den Reprint der Originalausgabe von 2002.
Paivio, Allan (1971): Imagery and verbal processes. University of Western Ontario Press, New York, Chicago.
Paivio, Allan (1986): Mental representations: A dual-coding approach. Oxford University Press, New York/Oxford.
Panofsky, Erwin (1939/1978): Ikonographie und Ikonologie. Eine Einführung in die Kunst der Renaissance, in: Erwin Panofsky (Hrsg.): Sinn und Deutung in der bildenden Kunst. Dumont, Köln, S. 36 ff. (zuerst erschienen in: Studies in Iconology. New York 1939.)
Pápay, Gyula (2005): Die Beziehung von Kartographie, allgemeiner Bildwissenschaft und Semiotik, in: Klaus Sachs-Hombach (Hrsg.): Bildwissenschaft zwischen Reflexion und Anwendung. Halem, Köln, S. 86 ff.
Pasolini, Pier Paolo (1971): Die Sprache des Films, in: Friedrich Knilli (Hrsg.): Semiotik des Films. Mit Analysen kommerzieller Pornos und revolutionärer Agitationsfilme. Hanser, München, S. 38 ff.
Paul, Klaus (2005): Das grafische Plakat – Bild und Text als gegenseitige Ergänzung, Kommentierung und Paradoxie, in: Martin Scholz/Ute Helmbold (Hrsg.): Bilder lesen lernen. Wie werden Bilder rezipiert? DUV, Wiesbaden, S. 104 ff.
Peeck, Joan (1994): Wissenserwerb mit darstellenden Bildern, in: Weidenmann, Bernd (Hrsg.): Wissenserwerb mit Bildern. Halem, Bern u. a., S. 59 ff.

Peitgen, Heinz-Otto (2004): Vom Strom der Innovation – Wohin geht das Internet?, in: Christa Maar/Hubert Burda (Hrsg.): Iconic Turn – Die neue Macht der Bilder. Dumont, Köln, S. 142 ff.

Perlmutter, David D. (2003): The Internet: Big Pictures and Integrators, in: Larry Gross/John Stuart Katz/Jay Rubin (Hrsg.): Image Ethics in the Digital Age. University of Minnesota Press, Minneapolis/London, S. 3 ff.

Plümacher, Martina (1998): Sinn der Bilder, in: Klaus Sachs Hombach/Klaus Rehkämper (Hrsg.): Bild – Bildwahrnehmung – Bildverarbeitung. Interdisziplinäre Beiträge zur Bildwissenschaft. DUV, Wiesbaden, S. 49 ff.

Plümacher, Martina (2005): Bildtypologie als Grundlage der Bildwissenschaft, in: Klaus Sachs-Hombach (Hrsg.): Bildwissenschaft zwischen Reflexion und Anwendung. Halem, Köln, S. 132 ff.

Pohl, Margit (2002): Hypertext und analoge Wissensrepräsentation. Peter Lang, Frankfurt am Main.

Pöppel, Ernst (2000): Grenzen des Bewusstseins. Wie kommen wir zur Zeit und wie entsteht Wirklichkeit? Insel, Frankfurt am Main/Leipzig.

Pörksen, Uwe (1997): Weltmarkt der Bilder. Eine Philosophie der Visiotype. Klett-Cotta, Stuttgart.

Postman, Neill (1999): Wir amüsieren uns zu Tode, 12. Auflage, Fischer, Frankfurt am Main.

Pylyshyn, Z. W. (1984): Computation and cognition. MIT Press, Cambridge, Mass.

Rehbinder, Manfred (2007): Rechtssoziologie. 6. Auflage München.

Rehkämper, Klaus (2005): Ist der Begriff der bildhaften Ähnlichkeit wirklich undefinierbar? in: Klaus Sachs-Hombach (Hrsg.): Bildwissenschaft zwischen Reflexion und Anwedung. Halem, Köln, S. 242 ff.

Riepl, Wolfgang (1913): Das Nachrichtenwesen des Altertums. Mit besonderer Rücksicht auf die Römer. Teubner, Leipzig/Berlin (hier zitiert nach dem Nachdruck 1972, Hildesheim/New York).

Ringlstetter, Max/Kaiser, Stephan/Knittel, Susanne/Bode, Philipp (2007): Der Einsatz von Prominenz in der Medienbranche: eine Analyse des Zeitschriftensektors, in: Thomas Schierl (Hrsg.): Prominenz in den Medien. Zur Genese und Verwertung von Prominenten in Sport, Wirtschaft und Kultur. Halem, Köln, S. 122 ff.

Rippl, Gabriele (2006): Intermediale Poetik: Ekphrasis und der „iconic turn“ in der Literaturwissenschaft, in: Torsten Hoffmann/Gabriele Rippl (Hrsg.): Bilder. Ein (neues) Leitmedium? Wallstein, Göttingen, S. 93 ff.

Roessler, Paul (2000): Von der Virgel zum Slash. Zur Zeichensetzung zwischen Gutenberg und Internet, in: Zeitschrift für Germanistik. Neue Folge, Band 3, S. 508 ff.

Röhl, Klaus F. (2003): Was ist ein Bild?, in: Dieter Dölling (Hrsg.): Jus humanum. Grundlagen des Rechts und Strafrecht. Duncker & Humblot, Berlin, S. 227 ff.

Röhl, Klaus F./Ulbrich, Stefan (2000): Visuelle Rechtskommunikation, in: Zeitschrift für Rechtssoziologie Band 21, S. 355 ff.

Roßnagel, Alexander/Knopp, Michael (2006): Mobilisierte Verwaltung: Perspektiven und rechtlicher Gestaltungsbedarf, in: Die öffentliche Verwaltung, S. 982 ff.

Roth, Gerhard (2003): Fühlen, Denken, Handeln. Suhrkamp, Frankfurt am Main.

Rüthers, Bernd (1999): Rechtstheorie. Beck, München.

Saar, Martin (2002): Wem gehört das kollektive Gedächtnis? Ein sozialphilosophischer Ausblick auf Kultur, Multikulturalismus und Erinnerung, in: Gerald Echterhoff/Martin Saar (Hrsg.): Kontexte und Kulturen des Erinnerns. Maurice Halbwachs und das Paradigma des kollektiven Gedächtnisses. UVK, Konstanz, S. 267 ff.

Sachs-Hombach, Klaus (2003): Das Bild als kommunikatives Medium. Hamburg.

Sachs-Hombach, Klaus (2005): Vom Text zum Bild – Wege für das Recht, in: Eric Hilgendorf (Hrsg.): Beiträge zur Rechtsvisualisierung. Logos, Berlin, S. 163 ff.

Sandbothe, Mike (1998): Theatrale Aspekte des Internet. Prolegomena zu einer zeichentheoretischen Analyse theatraler Textualität, in: Herbert Willems/Martin Jurga (Hrsg.): Inszenierungsgesellschaft. Wiesbaden, S. 583 ff.

Sauerländer, Willibald (2004): *Iconic Turn*? Eine Bitte um Ikonoklasmus, in: Christa Maar/Hubert Burda (Hrsg.): Iconic Turn – Die neue Macht der Bilder. Dumont, Köln, S. 407 ff.

Schauer, Frederick (1988): Formalism, in: The Yale Law Journal, Vol 97, S. 509 ff.

Schelske, Andreas (1998): Zeichen einer Bildkultur als Gedächtnis, in: Klaus Sachs-Hombach/Klaus Rehkämper (Hrsg.): Bild – Bildwahrnehmung – Bildverarbeitung. Interdisziplinäre Beiträge zur Bildwissenschaft. DUV, Wiesbaden, S. 59 ff.

Schierl, Thomas (2003): Der Schein der Authentizität: Journalistische Bildproduktion als nachfrageorientierte Produktion scheinbarer Authentizität, in: Thomas Knieper/Marion G. Müller (Hrsg.): Authentizität und Inszenierung von Bilderwelten. Halem, Köln, S. 150 ff.

Schierl, Thomas (2007a): Prominenz aus medienökonomischer Perspektive, in: Thomas Schierl (Hrsg.): Prominenz in den Medien. Zur Genese und Verwertung von Prominenten in Sport, Wirtschaft und Kultur. Halem, Köln, S. 98 ff.

Schierl, Thomas (2007b): Prominenz in den Medien. Eine empirische Studie zu Veränderungen in der Prominenzberichterstattung im Zeitraum 1973 bis 2003, in: Thomas Schierl (Hrsg.): Prominenz in den Medien. Zur Genese und Verwertung von Prominenten in Sport, Wirtschaft und Kultur. Halem, Köln, S. 11 ff.

Schmauks, Dagmar (1998): Schweigende Texte, sprechende Bilder, in: Hans Czap u. a. (Hrsg.): Herausforderungen an die Wissensorganisation: Visualisierung, multimediale Dokumente, Internetstrukturen. Ergon, Würzburg, S. 3 ff.

Schmitz, Ulrich (2003): Text-Bild-Metamorphosen in Medien um 2000, in: Ulrich Schmitz/Horst Wenzel (Hrsg.): Wissen und neue Medien. Bilder und Zeichen von 800 bis 2000. Erich Schmidt, Berlin, S. 241 ff.

Scholz, Oliver R. (2004): Bild, Darstellung, Zeichen. 2. Auflage, Klostermann, Frankfurt am Main.

Schramm, Holger/Wirth, Werner (2006): Medien und Emotionen. Bestandsaufnahme eines vernachlässigten Forschungsfeldes aus medienpsychologischer Perspektive, in: Medien & Kommunikationswissenschaft, S. 25 ff.

Schreitmüller, Andreas (2005): Alle Bilder lügen. Foto – Film – Fernsehen – Fälschung. Universitätsverlag Konstanz, Konstanz.

Schuck-Wersig, Petra (1993): Expedition zum Bild – Beiträge zur Analyse des kulturellen Stellenwerts von Bildern. Peter Lang, Frankfurt am Main.

Schulz, Martin (2005): Ordnungen der Bilder. Eine Einführung der Bildwissenschaft. Fink, München.

Schulz, Martin (2007): Ent-Larvung der Bilder. Zum Anachronismus der TV-Gesichter, in: Hans Belting (Hrsg.): Bilderfragen. Die Bildwissenschaften im Aufbruch. Fink, München, S. 285 ff.

Schumacher, Ralph (1998): Über die Anwendungsbedingungen des Bildbegriffs, in: Hans Czap u. a. (Hrsg.): Herausforderungen an die Wissensorganisation: Visualisierung, multimediale Dokumente, Internetstrukturen. Ergon, Würzburg, S. 41 ff.

Schuster, Martin (2003): Wodurch Bilder wirken. Psychologie der Kunst. 4. Auflage, Dumont, Köln.

Singer, Wolf (2004): Das Bild in uns – Vom Bild zur Wahrnehmung, in: Christa Maar/Hubert Burda (Hrsg.): Iconic Turn – Die neue Macht der Bilder. Dumont, Köln, S. 56 ff.

Sontag, Susan (2006): Über Fotografie. 17. Auflage, Fischer, Frankfurt am Main.

Spoehr, K.T./Lehmkuhle, S.W. (1982): Visual Information Processing. Freeman, San Francisco.

Spohn, Annette (2002): What you see is what you want. Paradigmenwechsel in der digitalen Kultur, in: Stefan Münker/Alexander Roesler (Hrsg.): Praxis Internet. Suhrkamp, Frankfurt am Main, S. 249 ff.

Stetter, Christian (2005): Bild, Diagramm, Schrift, in: Gernot Grube/Werner Kogge/Sybille Krämer (Hrsg.): Schrift. Kulturtechnik zwischen Auge, Hand und Maschine. Fink, München, S. 115 ff.

Sturm, Herta (1984): Wahrnehmung und Fernsehen: Die fehlende Halbsekunde. Plädoyer für eine zuschauerfreundliche Mediendramaturgie, in: Media Perspektiven, S. 58 ff.

Türcke, Christoph (2005): Vom Kainszeichen zum genetischen Code. Kritische Theorie der Schrift. Beck, München.

Thürlemann, Felix (1990): Vom Bild zum Raum. Beiträge zu einer semiotischen Kunstwissenschaft. Dumont, Köln.

Tisseron, Serge (2007): Unser Umgang mit Bildern. Ein psychoanalytischer Zugang, in: Hans Belting (Hrsg.): Bilderfragen. Die Bildwissenschaften im Aufbruch. Fink, München, S. 307 ff.

Todorov, Alexander/Mandisodza, Anesu N./Goren, Amir/Hall, Crystal C. (2005): Inferences of Competence from Faces Predict Election Outcomes, in: Science, Vol. 308, S. 1623 ff.

Tufte, Edward R. (1990): Envisioning Information. Graphics Press, Cheshire/Connecticut.

van Straten, Roelof (2004): Einführung in die Ikonographie. 3. Auflage, Reimer, Berlin.

Varga, Aron Kibédi (1990): Visuelle Argumentation und visuelle Narrativität, in: Wolfgang Harms (Hrsg.): Text und Bild. Bild und Text. Stuttgart, S. 356 ff.

Volland, Ernst (2008): Das Banner des Sieges. Berlin Story, Berlin.

Vollmer, Wolfgang (2004): Gibt es Regeln für die Bildgestaltung? in: Martin Scholz/Ute Helmboldt (Hrsg.): Stolpersteine. Gibt es Regeln für die Bildgestaltung? DUV, Wiesbaden, S. 19 ff.

Voßkamp, Wilhelm (2007): Bilder der Bildung in Goethes Romanen *Wilhelm Meisters Lehrjahre und Wilhelm Meisters Wanderjahre*, in: Ryozo Maeda/Teruaki Takahashi/Wilhelm Voßkamp (Hrsg.): Schriftlichkeit und Bildlichkeit. Visuelle Kulturen in Europa und Japan. Fink, München, S. 117 ff.

Wagner, Bernd (2002): Kulturelle Globalisierung – Von Goethes „Weltliteratur" zu den weltweiten Teletubbies, in: Aus Politik und Zeitgeschichte B12/2002, S. 10 ff.

Wahl, Hendrik (2005): Bildprozesse, in: Klaus Sachs-Hombach (Hrsg.): Bildwissenschaft zwischen Reflexion und Anwedung. Halem, Köln, S. 482 ff.

Wandhoff, Haiko (2001): Ekphrasis: Bildbeschreibungen in der Literatur von der Antike bis in die Gegenwart, in: Horst Wenzel u. a. (Hrsg.): Audiovisualität vor und nach Gutenberg. Zur Kulturgeschichte der medialen Umbrüche. Skira, Wien, S. 175 ff.

Wandhoff, Haiko (2003): Im virtuellen Raum des Textes: Bild, Schrift und Zahl in Chrétiens de Troyes „Erec et Enide", in: Ulrich Schmitz/Horst Wenzel (Hrsg.): Wissen und neue Medien. Bilder und Zeichen von 800 bis 2000. ESV, Berlin, S. 39 ff.

Warburg, Aby (2003): Der Bilderatlas MNEMOSYNE., in: Horst Bredekamp/Michael Diers/Kurt W. Forster/Nichalos Mann/Salvatore Settis/Martin Warnke (Hrsg.): Aby Warburg Gesammelte Schriften. Zweite Abteilung, Band II.1. 2. Auflage, Berlin, S. 1 ff

Warncke, Carsten-Peter (2005): Symbol, Emblem, Allegorie. Die zweite Sprache der Bilder. Deubner, Köln.

Warncke, Carsten-Peter (2006): Das missachtete Medium. Eine kritische Bild-Geschichte, in: Torsten Hoffmann/Gabriele Rippl (Hrsg.): Bilder. Ein (neues) Leitmedium? Wallstein, Göttingen, S. 43 ff.

Watzlawick, Paul/Beavin, Janet H./Jackson, Don D. (2000): Menschliche Kommunikation. Formen Störungen Paradoxien. 10. Auflage, Huber, Bern.

Weibel, Peter (2004): Wortlosigkeit und Bilderfülle – Auf dem Weg zur Telegesellschaft, in: Christa Maar/Hubert Burda (Hrsg.): Iconic Turn – Die neue Macht der Bilder. Dumont, Köln, S. 216 ff.

Weidenmann, Bernd (1994): Informierende Bilder, in: Bernd Weidenmann (Hrsg.): Wissenserwerb mit Bildern. Huber, Bern u. a., S. 9 ff.

Weidenmann, Bernd (1998): Psychologische Ansätze zur Optimierung des Wissenserwerbs mit Bildern, in: Klaus Sachs – Hombach/Klaus Rehkämper (Hrsg.): Bild – Bildwahrnehmung – Bildverarbeitung. Interdisziplinäre Beiträge zur Bildwissenschaft. DUV, Wiesbaden, S. 243 ff.

Wenz, Karin (2000): Vom Leser zum User? Hypertextmuster und ihr Einfluss auf das Leseverhalten, in: Sprache und Datenverarbeitung, S. 23 ff.

Wenzel, Horst (1995): Hören und Sehen. Schrift und Bild. Kultur und Gedächtnis im Mittelalter. München.

Willems, Gottfried (1990): Kunst und Literatur als Gegenstand einer Theorie der Wort-Bild-Beziehungen. Skizze der methodischen Grundlagen und Perspektiven, in: Wolfgang Harms (Hrsg.): Text und Bild. Bild und Text. Stuttgart, S. 414 ff.

Winterhoff-Spurk, Peter (2001): Fernsehen. Fakten zur Medienwirkung. 2. Auflage, Huber, Bern.

Winterhoff-Spurk, Peter (2005): Kalte Herzen. Wie das Fernsehen unseren Charakter formt. Klett-Cotta, Stuttgart.

Wortmann, Volker (2003): Authentisches Bild und authentisierende Form.Halem, Köln.

Yates, Frances A. (1990): Gedächtnis und Erinnern. Mnemonik von Aristoteles bis Shakespeare. VCH, Weinheim.

Zajonc, R. (1980): Feeling and Thinking: Preferences need no inferences, in: American Psychologist 35, S. 151 ff.

Zajonc, R. (1984): On the Primacy of affects, in: American Psychologist 39, S. 117 ff.

Zimbardo, Philip D. (1992): Psychologie. 5. Auflage, Berlin. u. a.

Zimbardo, Philip D./Gerrig, Richard J. (2004): Psychologie. 16. Auflage, Pearson, München/ Boston u. a.

Kapitel 4
Recht und Bilder – eine schwierige Beziehung

Im modernen Recht finden sich fast keine Bilder. Das Recht kultiviert eine bilderskeptische, um nicht zu sagen: bilderfeindliche Haltung. Muss das so sein? Die Bilderskepsis des modernen Rechts ist das Ergebnis einer historischen Entwicklung. Zwingend aus dem Charakter und der inneren Rationalität des Rechts folgt sie nicht. Deshalb überrascht es nicht, dass inzwischen immer öfter Bilder und Grafiken auch im modernen Recht zu entdecken sind. Das könnte der Beginn eines neuen Trends sein: Der Visualisierung des Rechts. Man sollte sich aber keinen Illusionen hingeben: Visualisierung – das wird das Recht insgesamt sehr verändern.

4.1 Wo sind die Bilder geblieben? – Modernes Recht ohne Bilder

Recht und Bilder – das ist, wie ein Blick in die Rechtsgeschichte zeigt, ein äußerst zwiespältiges Verhältnis. Jedenfalls die westlichen Rechtstraditionen und -institutionen haben sich sowohl mit und durch als auch gegen Bilder entwickelt.[1] Im Augenblick ist das Recht eher bilderfeindlich. Möglicherweise muss – und wird – sich das aber in Zukunft ändern.

4.1.1 Zwischen Idolatrie und Ikonoklasmus – Das Bild in der Gesellschaft

Historisch gesehen ist die Stellung des Bildes immer sehr umstritten gewesen.[2] Bild und Bildersturm waren stets gleichwertige Größen.[3] Das hängt mit der Kommuni-

[1] Ausführlich dazu Goodrich (1995, S. 41 ff.) m. umfangr. N.

[2] Arnheim (2000, S. 167), bringt das auf die Formel vom „Coming and Going of Images". Brunschwig (2001, S. 77), spricht in diesem Zusammenhang treffend vom „Oszillieren des Bildes zwischen Gering- und Wertschätzung". Ein ähnliches Hin-und-her-Schwanken lässt sich auch in der Geschichte des Christentums beobachten, das immer zwischen Ikonoklasmus und Ikonophilie schwankte (und schwankt). Dazu Belting (2000, S. 54 ff.).

[3] Das ist die bahnbrechende These von Bredekamp (1975).

DOI 10.1007/978-3-642-03877-8_4,

kationsfunktion von Bildern zusammen[4] – und mit ihrer Wirkmächtigkeit. Bilder vermitteln nicht nur Inhalte, sondern auch Werturteile und Gefühle. Das hat starke Auswirkungen auf die Betrachter und provoziert nicht selten heftige Reaktionen, die sich bis zum Ikonoklasmus steigern können. Bild und Kunst waren immer Mittel, mit denen sich Macht etabliert und gefestigt hat.[5] Nicht selten war der Kampf um die Bilder so auch Ausdruck sozialer Konflikte und Kämpfe.[6] Gleichzeitig wurden Macht und Herrschaft durch Bild und Kunst immer wieder herausgefordert und angegriffen.[7] Bildersturm war – und ist – ein ideologisches Instrument, das in beliebiger Richtung eingesetzt werden kann.[8]

Das lässt sich mit einem kurzen historischen Abriss der Bildergeschichte seit der Antike illustrieren.[9] In der abendländischen Antike hatten Bilder einen hohen Stellenwert. Die gesamte Religiosität etwa drehte sich um das Kultbild.[10] Auch im weltlichen Bereich waren Bilder selbstverständlich und allgegenwärtig. Kaiserbilder wurden ebenso verehrt wie Abbildungen berühmter Philosophen.[11] Kultische Bilder schufen soziale Identität und gesellschaftliche Gemeinschaft[12] – oder (zer)störten sie.[13] Friedensstifter oder Störenfried – nicht zuletzt diese Ambivalenz des Bildes erklärt, warum historisch bilderfreundliche Phasen immer wieder von Ikonoklasmen abgelöst wurden – und umgekehrt.[14]

---

[4] Auf diesen Zusammenhang macht schon Metzler (1973), S. 14, aufmerksam.

[5] Ausführlich zur bildlichen Darstellung von Herrschern und Herrschaft in der Neuzeit v. Beyme (1998, S. 53 ff.) m. w. N. Grundsätzlich dazu, wie sich Macht bilden kann, Popitz (1992, S. 185 ff.).

[6] Belting (2000, S. 166). Nicht selten war eine Revolution auch ein Bilderkampf. So Bredekamp (1975, S. 251 ff.) Ein Beispiel dafür ist der byzantinische Bilderstreit zwischen 730 und 841 n. Chr. Ausführlich dazu Brock (1973, S. 30 ff.).

[7] von Beyme (1998, S. 145 ff.), der treffend von der „Gegenmacht der Kunst" spricht. Zum Bildersturm als Angriff auf die Herrschaftssymbole Warnke (1973, S. 84 ff.).

[8] So ganz pointiert Metzler (1973, S. 28). Ein instruktives Beispiel dafür sind etwa die Diskussionen und Auseinandersetzungen, die dem nationalsozialistischen Bildersturm vorangingen. Dazu Struwe (1973, S. 122 ff.).

[9] Die Auseinandersetzung zwischen Idolatrie und Ikonoklasmus lässt sich natürlich noch viel weiter in die Vergangenheit verfolgen. Zum Bilderverbot im alten Ägypten etwa Assmann (2003, S. 83 ff.) Ausführlich zur Dialektik von Bild und Bilderverbot in Afrika Goody (1997, S. 35 ff.) m. w. N.

[10] Bauch (2001, S. 282). Weil Kultbilder so wichtig waren, bedurften sie einer theologischen Legitimation. Auf der Basis der religiösen Bilder entwickelte sich deshalb eine differenzierte Theologie des Bildes. Dazu Schwindt (2005, S. 197 f.) m. w. N.

[11] Bauch (2001, S. 282).

[12] Douzinas (2003, S. 152).

[13] Belting (2005, S. 176).

[14] Instruktiv dazu Metzler (1973, S. 14 ff.), der die unterschiedlichen Motive für ikonoklastische Episoden im Altertum herausarbeitet. Instruktiv dazu sind auch die Auseinandersetzungen zwischen dem eher bilderfreundlichen Buddhismus und dem sehr bilderskeptischen Konfuzianismus. Dazu Goody (1997, S. 60 ff.) m. w. N.

Das Urchristentum[15] bekämpfte diesen Bilderkult in der Antike zwar noch ganz vehement.[16] Das Bilderverbot des Alten Testaments schien eindeutig.[17] Wie Judentum, Islam und Buddhismus empfanden auch die frühen Christen die bildliche Darstellung als Versuch, Gott, das Transzendente, das Unvorstellbare auf ein menschliches Maß zu reduzieren.[18] Für die frühchristlichen Gemeinden im römischen Herrschaftsbereich wurde die Ablehnung von Bildern zu einem wichtigen Profilierungsinstrument und Abgrenzungsfaktor – theologisch, sozial und politisch.[19] Die Bilderfeindlichkeit war ein Mittel, sich gegenüber den anderen, bildfixierten Religionen abzusetzen.[20] Die christliche Religion konnte sich mit ihrer bilderfeindlichen Einstellung nicht durchsetzen. Im Gegenteil: Ab dem 7. Jahrhundert öffnete sich auch das Christentum für die visuelle Kommunikation[21] und eine lange Geschichte des christlichen Kultbildes begann.[22] Für Jahrhunderte lässt sich sogar von einer Theologie der Bilderverehrung sprechen.[23] Seit Papst Gregor I. im 6. Jahrhundert galt das Bild als die Bibel der Laien.[24]

---

[15] Belting (2000, S. 164), Gombrich (1996, S. 135). Schwindt (2005, S. 197), führt das darauf zurück, dass das Christentum am Anfang noch ganz im Zeichen des jüdischen Bilderverbots stand. Belting (2005, S. 11), weist darauf hin, dass die urchristliche Bilderfeindlichkeit auch eine Möglichkeit zur Profilierung gegenüber den bilddominierten polytheistischen Nachbarreligionen war. Ähnlich auch Assmann (2003, S. 98 ff.), der eine Wurzel des Bilderverbots im Monotheismus sieht. Allerdings hat nicht nur das Christentum eine bilderskeptische Tradition. Auch andere Weltreligionen haben eine starke ikonoklastische Tendenz. Dazu Douzinas (2003, S. 154 f.).

[16] Wortmann (2003, S. 25 f.), und Brumlik (2006, S. 57). Bauch (2001, S. 283), betont, dass der Kampf zwischen heidnischen Religionen und Christentum um das Bild geführt wurde, theologisch und ganz praktisch.

[17] Deuteronomium 5, 8 und Exodus 20, 4. Dazu Grabar (1977, S. 86 f.), Boehm (2007, S. 57 ff.).

[18] v. Brück (2006, S. 209). Ähnlich Boehm (2007, S. 58). Zur Anikonik des Islam Naef (2007, S. 15 ff.) m. w. N.

[19] Kopp-Schmidt (2004, S. 67). Andere Gründe für die anfängliche Ablehnung von Bildern durch das Christentum waren seine Herkunft aus dem – ebenfalls dezidiert bilderfeindlichen – Judentum und theologische Argumente. Ausführlich dazu Kopp-Schmidt (2004, S. 67 ff.).

[20] Zur theologisch-systematischen Begründung für das christliche Bilderverbot Höhn (2004, S. 45 ff.) Dabei geht es im Kern um ein Verbot, den Schöpfergott abzubilden, um seine Transzendenz, Unverfügbarkeit, eben Göttlichkeit zu betonen.

[21] Brumlik (2006, S. 57 f.) m. w. N. Kopp-Schmidt (2004, S. 68 ff.), zeichnet nach, wie Bilder zunehmend an Bedeutung gewannen und im selben Maß theologisch immer stärker gerechtfertigt wurden. Trotz seiner grundsätzlichen Bilderskepsis kennt auch der Buddhismus bereits früh bildliche Darstellungen von Buddha – als Mittel der visualisierten Meditation. Dazu von Brück (2006, S. 209 f.).

[22] Dazu Gombrich (1996, S. 135), Belting (2000, S. 164 ff.), Bauch (2001, S. 282, 288 ff.) Ausführlich zur „Zersetzung des christlichen Bilderverbots" in der Spätantike Bredekamp (1975, S. 15 ff.).

[23] Bauch (2001, S. 284), Schwindt (2005, S. 197 f.) m. w. N. Bredekamp (1975, S. 45 ff.), zeichnet die theologischen Konfliktlinien in der Spätantike nach, die mit der Entwicklung von der Bilderabwehr zur Bildbefürwortung verbunden waren.

[24] Damit reagierte Papst Gregor 590–604 auf die Kommunikationsschwierigkeiten der Kirche im zersplitterten und auseinander fallenden Römischen Reich. Dazu Müller (2007, S. 73 f.) m. w. N.

Andere Religionen kennen ein ähnliches Oszillieren zwischen Bildverehrung und Bildersturm.[25] Der Islam ist immer stark von einem Bilderverbot geprägt gewesen.[26] Dennoch kennt er – das zeigt die Geschichte der arabischen, persischen und osmanischen Kunst – auch Phasen, in denen Bilder weniger verpönt waren.[27] Seit dem 19. Jahrhundert werden Bilder in der islamischen Welt immer wichtiger.[28] Wie in anderen Religionen auch, führt das zu heftigen Konflikten und scharfen Auseinandersetzungen.[29]

Im christlichen Abendland ändert sich der Stellenwert der Bilder gegen Ende des Mittelalters wieder deutlich. Ab dem Spätmittelalter setzt sich der Glaube an die *ratio scripta* allmählich durch.[30] Was wichtig scheint, wird in Schriftform gebracht und gesichert. Lange erliegt man danach dem Umkehrschluss, der aber ein Trugschluss ist: Alles, was in Schriftform vorliegt, sei richtig und wahr.[31] Die seit dem katholischen Spätmittelalter zunehmende Kritik am Bilderkult[32] steigerte sich zum Bildersturm.[33] Als Begleiterscheinung der Reformation waren ikonoklastische Bewegungen und Ausbrüche ab dem 16. Jahrhundert überall in Europa anzutreffen.[34] Der Stellenwert von Bildern nahm rapide ab. Spätestens seit dem späten 16. Jahrhundert wurde das *illustrierte* Buch zur Ausnahme.[35]

Es ist letztlich die Reformation, die den harten Bruch mit der bildgeprägten Kultur markiert.[36] Der Protestantismus hat sich mit seiner Schriftkultur bewusst und

---

[25] Instruktiv dazu Grabar (1977, S. 104), der eine „in jeder Kultur latente Ikonophobie" erkennt.

[26] Ausführlich zu den religiösen Wurzeln und den kulturellen Auswirkungen des islamischen Bilderverbots Heine (2005, S. 828 ff.) m. w. N. Das Bilderverbot hat nicht zuletzt auch die islamische Architektur bis heute beeinflusst. Dazu Scharabi (2005, S. 839). Grundsätzlich und sehr differenziert zum Verhältnis von Islam und Bildern Grabar (1977, S. 79 ff.).

[27] Sehr instruktiv dazu Naef (2007, S. 36 ff.) mit vielen Beispielen.

[28] Ausführlich dazu Naef (2007, S. 73 ff.), die das auf den Begriff bringt: „Von der Seltenheit zum Überfluss".

[29] Naef (2007, S. 110 ff.) schildert die Auseinandersetzungen innerhalb der islamischen Geistlichkeit.

[30] Senn (2003, S. 57).

[31] Senn (2003, S. 56), spricht in diesem Zusammenhang treffend von „einer Art des Fetischismus", der erst im Humanismus allmählich überwunden wird. Denn erst dann beginnt man, Texte auch quellenkritisch zu bearbeiten.

[32] Schnitzler (1996, S. 29 ff.) m. w. N., zeichnet die Veränderungen in der theologischen Rhetorik seit dem 14. Jahrhundert nach, die den bilderstürmerischen Aktionen des 16. Jahrhunderts vorausgingen.

[33] Belting (2000, S. 511 ff.).

[34] Schnitzler (1996, S. 145 ff.) m. w. N., der detailliert den europäischen Bilderstreit vom beginnenden 16. bis in das 17. Jahrhundert hinein schildert. Zur Theorie und Praxis der Bilderstürme nach der Reformation Warnke (1973, S. 69 ff.).

[35] Röhl/Ulbrich (2000, S. 362), die das aber zu Unrecht auf den Einfluss der Renaissance zurückführen. In der Renaissance erlebten Bild und Kultur eine ungeheure Blüte. Dazu Belting (2000, S. 284 ff.) m. w. N.

[36] Allerdings ist die Ablösung der Bilderkultur durch die Textkultur kein einzelnes Ereignis, sondern ein längerer, vorwärts-, aber auch wieder rückwärtsschreitender Prozess. Kopp-Schmidt (2004, S. 150 ff.), beschreibt die Auseinandersetzungen zwischen Bildverehrung und Bildersturm,

polemisch von der katholischen Bilderkultur abgesetzt.[37] Luther rückt das Wort und die Schrift in den Mittelpunkt des Evangeliums und der Verkündung.[38] Seitdem dominiert das Wort, nicht mehr das Bild zunehmend die westliche Kultur.

4.1.2 Tiefe Skepsis – modernes Recht und Bilder

Bilder führen im modernen Recht ein Schattendasein.[39] Juristische Texte – seien es Gesetze, Urteile oder wissenschaftliche Texte – enthalten in der Regel keine Bilder oder Grafiken. Text-Bücher ohne Bilder sind geradezu zum Symbol des Rechts geworden.[40] Allerdings bestätigen auch hier – wie überall im Leben – Ausnahmen die Regel. Die Straßenverkehrsordnung mit ihren Abbildungen von Verkehrsschildern ist das prominenteste Beispiel. Auch im Urheber-, Patent- und Markenrecht sind Bilder nicht nur üblich, sondern unverzichtbar. Eine weitere Ausnahme sind die Sprachbilder, die auch im modernen Recht gebräuchlich sind. Dennoch: Bilder sind die Ausnahmen. Warum ist das so? Ist die Bilderskepsis des modernen Rechts eine zwingende funktionale Notwendigkeit oder eine Folge kontingenter historischer Prozesse unter bestimmten Rahmenbedingungen? Oder hat das Recht etwa Angst vor Bildern?

Recht war nicht immer bilderfeindlich. In der Rechtsgeschichte spiegelt sich aber natürlich das Oszillieren zwischen Idolatrie und Ikonoklasmus wider, das die Kulturgeschichte des Bildes kennzeichnet. Das klassische römische Recht etwa war stark in den alltäglichen Anschauungen und Erfahrungen der Wirklichkeit verhaftet. Rechtliche Argumentationen waren konkret und bildhaft.[41] Das entsprach dem allgemein hohen Stellenwert der Bilder in dieser Zeit. Noch im Recht des Mittel-

---

zwischen Reformation und Gegenreformation im Einzelnen. Zur durchaus unterschiedlich ausgeprägten Bilderfeindlichkeit der unterschiedlichen Reformatoren ausführlich Brumlik (2006, S. 67 ff.).

[37] A. Assmann (2001, S. 203), die von einer „konfessionspolitisch verschärften Frontstellung" spricht. Dennoch gibt es noch im 16. und 17. Jahrhundert eine spezifische Bild-Wort-Sprache. Ausführlich dazu Harasimowicz (1990, S. 264 ff.) m. w. N.

[38] Harasimowicz (1990, S. 262) m. w. N. Höhn (2004, S. 52) spricht von Abwertung des Kultbildes zugunsten von Schrift und Predigt. Luther redet von *sola scriptura*, nicht von *sola pictura*. Allerdings hat Luther insgesamt ein differenzierteres Verhältnis zum Bild als die Bilderstürmer des 16. Jahrhunderts. Das betonen Belting (2000, S. 515 f.), und Brumlik (2006, S. 69). Das wird auch aus den Schriften von Luther deutlich, die Belting (2000, S. 609), abdruckt. Wenzel (2001, S. 193 f.), zeigt, dass Luther Sprachbilder ganz bewusst einsetzt, um die Überzeugungskraft seiner Argumente zu erhöhen. Das ist sicher eine Ursache für die „Bildkräftigkeit der lutherischen Sprache".

[39] Dieses schöne Bild findet Baer (2004, S. 240), um den Stellenwert von Bildern im modernen Recht zu charakterisieren. Ähnlich Brunschwig (2001, S. 150), Röhl (2005a, S. 247). Anders, aber nicht wirklich überzeugend Vismann (2007, S. 18 f.).

[40] So ganz pointiert Röhl/Ulbrich (2000, S. 362).

[41] Wesel (2001, S. 156)., Großfeld (1995, S. 26 f.) m. w. N.

alters spielten Bilder und Illustrationen große Rolle.[42] Mittelalterliche Rechtstexte und Rechtsquellen sind in der Regel reich bebildert.[43] Das bekannteste Beispiel – keineswegs aber das einzige[44] – ist die Bilderhandschrift des Sachsenspiegels.[45] Die mittelalterlichen Rechtstexte setzten Illustrationen gezielt ein, um bestimmte kommunikative Wirkungen zu erzielen.[46] Die grausige Darstellung unterschiedlicher Strafen etwa sollte potenzielle Täter abschrecken.[47] Bilder der Gerechtigkeit in vielen Variationen waren keine bloße Dekoration: Sie ermahnten die Richter, recht und gerecht zu richten.[48] Die Erfindung des Holzschnitts und des Buchdrucks im 15. Jahrhundert hat die Verbreitung von Bildern in Rechtstexten zunächst sogar noch forciert.[49] Ein anderer Beleg dafür, wie offen das mittelalterliche Recht für Bilder war, sind die Effigien des späten Mittelalters und der frühen Renaissance. Recht wurde an *Effigies*[50] – also Abbildern oder moderner: „Doubles" – vollzogen, wenn die realen Personen nicht greifbar waren. Hinrichtungen *in effigie* waren ebenso üblich wie aufwändige Trauerzeremonien, bei denen wirklichkeitsgetreue Nachbildungen der Verstorbenen – Effigies – verwendet wurden.[51] Visuelle Rechtskommunikation war also im Mittelalter eine gängige Praxis. Zwischen Rechtstext und Rechtsbild existierte ein Gleichgewicht.[52] Das hat sich allerdings mit der Reformation geändert.[53]

---

[42] Ausführlich dazu Blümle (2007, S. 84 ff.) und Hibbitts (1992, S. 912 ff.), mit vielen Beispielen dafür, wie juristische Sachverhalte visuell ausgedrückt wurden.

[43] Einen Eindruck davon verschafft das Material, das Fehr (1923) und Kocher (1992) ausbreiten. Schon die Rechtswissenschaft des 17. und 18. Jahrhunderts – die *iurisprudentia picturata* und die *iurisprudentia symbolica* – erforscht die Bildersprache des mittelalterlichen Rechts. Dazu Carlen (1995b, S. 260).

[44] Ein anderes Beispiel sind die Schweizerischen Bilderchroniken seit dem 15. Jahrhundert, die reichhaltiges rechtshistorisches Material enthalten. Dazu Carlen (1995b, S. 267 f.) Auch die aus dem 14. Jahrhundert stammenden Handschriften zum *corpus iuris civilis* sind reich bebildert. Dazu Carlen (1995c, S. 256) m. w. N.

[45] Kocher (1992, S. 10), Brunschwig (2001, S. 150).

[46] Ausführlich dazu Ott (1986, S. 33 ff.) m. w. N., Schmidt-Wiegand (1986, S. 11 ff.) m. w. N. Schon früher dazu Fehr (1923, S. 20 ff.), der eine erste Typologie unterschiedlicher Rechtsbilder vorschlägt.

[47] Carlen (1995b, S. 265). Schon früher Fehr (1923, S. 25) mit Beispielen.

[48] Carlen (1995b, S. 264), Carlen (1995c, S. 246 ff.) m. w. N. Dazu schon Fehr (1923, S. 25) mit Beispielen.

[49] Röhl/Ulbrich (2000, S. 362).

[50] Zur Effigies grundlegend und ausführlich Kantorowicz (1992, S. 422 ff.) m. w. N.

[51] Dazu ausführlich Marek (2007, S. 48 ff.) Im 16. Jahrhundert wurde das Königsbild für das Begräbnisritual wichtiger als die Leiche selbst. Zu den Gründen dafür Kantorowicz (1992, S. 425 f.) m. w. N. Dass auch heute in modernen Demokratien Effigien benutzt werden, zeigt die instruktive Darstellung von Manow (2008, S. 129 ff.) mit Beispielen.

[52] Großfeld (1995, S. 27).

[53] Anders aber Röhl (2005b, S. 270), der die Bedeutung der Reformation für die Bilderfeindlichkeit des Rechts stark relativiert.

4.1.3 Sola Scriptura – Das logozentrische Vorurteil des Rechts

Nicht erst seit der Reformation stehen Bilder für Sinnlichkeit[54], Sünde[55], Emotionalität und Irrationalität.[56] Hier liegen wichtige Wurzeln für das logozentrische Vorurteil[57]: Vor allem Sprache in schriftlicher Form ist rational. Bilder sind tendenziell primitiv oder allenfalls dekorativ.[58] In dieser hoch problematischen[59] Tradition steht noch das moderne Rechtsdenken. Recht soll nicht emotional und irrational sein. Die Kunst – und auch die Bilder – gelten als zutiefst subjektiv.[60] Mit seiner Bilderskepsis knüpft das moderne Recht auch an Hegel und seine Unterscheidung zwischen vernünftigem und objektivem Recht einerseits und sinnlicher und freiheitlicher Kunst andererseits an.[61] Ziel des Rechts ist es, in einem rationalen Verfahren durch die Anwendung vernünftiger Methoden „die Wahrheit" zu erforschen. Dabei seien Bilder – so die herrschende Doktrin[62] – nicht nützlich, sondern sogar kontraproduktiv.[63] Ob das allerdings richtig ist, ist schon empirisch sehr zweifelhaft. Denn der Blick in die Rechtsgeschichte hat gezeigt, dass Recht und Bild nicht immer als Widerspruch angesehen wurden. Das moderne Recht ist wohl immer noch in seinem logozentrischen Vorurteil gefangen.

---

[54] Ausführlich zur Sinnlichkeitsfunktion von Bildern Schuck-Wersig (1993, S. 103 ff.) m. w. N.

[55] Das knüpft an Tertullian an, der in seinem *De Idolatria* von der „Sünde" der Bildverehrung spricht. Dazu Goodrich (1995, S. 56 f.) m. w. N.

[56] Dazu Goodrich (1995, S. 56) m. w. N.

[57] Den Begriff „Logozentrismus" prägt Derrida (1983, S. 11 ff.) Noch weiter zurück bei der Suche nach den kulturgeschichtlichen Wurzeln dieser Einstellung geht A. Assmann (2001), 204, die schon bei Horaz eine Betonung der schriftgeprägten Dichtkunst gegenüber den anderen Künsten findet. Instruktiv sind die kurzen, aber vernichtenden Bemerkungen von Habermas (1985, S. 136 f.), über die logozentrische Rationalität.

[58] Exemplarisch dafür die – nicht unberechtigte – Kritik von Postman (1999, S. 95 ff.), am Fernsehen, dem Bildmedium schlechthin.

[59] Douzinas (2003, S. 150). Lévi-Strauss (1978, S. 294), weist auf die Rolle hin, die die Schrift bei der Ausbeutung und Kolonisierung gespielt hat. Das greift Derrida (1983, S. 178 ff.), auf, der in diesem Zusammenhang von der „Gewalt des Buchstabens" spricht.

[60] Douzinas (2003, S. 147).

[61] Darauf weist Douzinas (2003, S. 147), hin.

[62] Für die herrschende Meinung Schulze-Fielitz (2003, S. 444 f.) m. w. N., der die „strikt juridische Rationalität" vor allem auf die „abstrahierende bilderlose Sprache von geschriebenen Texten" zurückführt. Schuppert (2004, S. 75 ff.) zeigt im Detail, dass die Rechtsprechung des BGH die Schwierigkeiten des modernen Rechts mit Bildern widerspiegelt. Erste Stimmen widersprechen der herrschenden Meinung aber. Bahnbrechend wirkt vor allem Brunschwig (2001, S. 208 ff.) und pass., die die Stärken und die erweiterten Möglichkeiten einer visuellen Rechtskommunikation hervorhebt.

[63] Exemplarisch dafür Schulze-Fielitz (2003, S. 444 f.) m. w. N., der die „abstrahierende bilderlose Sprache von geschriebenen Texten" als wichtiges Instrument von Rechtswissenschaft und Rechtsprechung hervorhebt. Hier gibt es eine interessante Parallele zu den Fernsehnachrichten. Wie das Recht sind sie der Objektivität verpflichtet. Bilder und Emotionalität sind deshalb auch für sie ein Problem. Dennoch lässt sich eine zunehmende Visualisierung der Fernsehnachrichten feststellen. Ausführlich zu dieser Problematik Schramm/Wirth (2006, S. 38 f.) m. w. N.

4.2 Symbole – Auf der Suche nach den Bildern im Recht

Bilder enthalten unterschiedliche Bedeutungsebenen.[64] Deshalb sind sie besonders gut als Symbole geeignet.[65] Das Symbolpotenzial, das in Bildern steckt, wird denn auch seit Jahrhunderten ausgeschöpft. Es ist deshalb wenig erstaunlich, dass Symbole auch im Recht wichtige Funktionen wahrnehmen.[66] Die Geschichte der Rechtssymbole ist lang. Was macht die Bedeutung von Symbolen aus? Warum prägen sie die Welt und das Leben? Welche Bedeutung haben sie für das Recht?

4.2.1 Symbole

Was ein Symbol ist, wird unterschiedlich beantwortet.[67] Als Minimaldefinition eines Symbols lässt sich vielleicht der zeichentheoretische Symbolbegriff heranziehen. In der Zeichentheorie wird unter einem Symbol im engeren Sinne jedes kommunikative Zeichen verstanden, das besondere Eigenschaften hat: Anschaulichkeit und repräsentative Bedeutung.[68] Ein Symbol ist also ein Zeichen, das nicht nur für sich steht, sondern auf etwas anderes verweist, für das es stellvertretend – als Repräsentant – steht.[69] Das kommt auch der üblichen Übersetzung von Symbol ins Deutsche nahe: Sinnbild.

Symbole sind – mit anderen Worten – Ausdrucksformen, die die Artikulations- und Verständnismöglichkeiten des Menschen erweitern.[70] Sie sind ein wichtiges

---

[64] Ausführlich dazu siehe oben Abschn. 3.3.

[65] Kroeber/Riel (1996, S. 133).

[66] Zur Rechtssymbolik allgemein Carlen (2002, S. 202 f.) m. w. N.

[67] Zum Begriff des Symbols aus philosophischer Sicht grundlegend Cassirer (1956, S. 175 f.); Schwemmer (2006, S. 7). Andere Definitionen des Symbols finden sich in anderen Wissenschaftszweigen. Eine kursorischen Überblick gibt Sarcinelli (1987, S. 55 ff.) m. w. N. Instruktiv dazu Schlesinger (1912), der mehrere hundert unterschiedliche Symbolbegriffe gesammelt hat.

[68] Grundlegend zum Symbolbegriff aus semiotischer Sicht Peirce (1934/1991, 5.73 ff., S. 362 ff.).

[69] So etwa Luhmann (1998, S. 319) m. w. N. Ähnlich schon früher Noll (1981, S. 347). Um das an einem der bekanntesten Symbole überhaupt zu verdeutlichen: Das Kreuz ist keineswegs nur eine Konstruktion aus zwei übereinander gelegten Holzbalken. Es verweist auf und steht stellvertretend für den christlichen Glauben und seine Inhalte. Daneben hat es noch weitere, rechtlich relevante symbolische Inhalte. Zum Kreuz als Rechtssymbol Carlen (2002, S. 132 f.) m. w. N. Ein anderes Beispiel ist die weiße Taube: Sie bildet nicht nur ein spezielles Tier ab, sondern steht auch für die abstrakte Idee des Friedens.

[70] Prägnant bezeichnet Burke (1989, S. 56), den Menschen als „symbol-using animal". Ernst Cassirer prägt die Begrifflichkeit der symbolischen Formen und betont ihre Bedeutung für das Denken und die Erkenntnis. Ausführlich dazu Cassirer (1923, S. 5 ff., 17 ff.), Cassirer (1956, S. 175 ff.).

Mittel des Denkens[71] und der Kommunikation.[72] Erst durch Symbole entstehen Kommunikationssysteme, die Kultur und Wissenschaft möglich machen. Symbole sind ein Mittel der Sinngebung: Mit ihnen lässt sich dem Chaos entgegentreten und Ordnung schaffen.[73] Sie haben deshalb eine große Bedeutung für die Entwicklung von – individueller und kollektiver – Identität. Sie sind ein Mittel, Identität auszudrücken[74], und noch mehr: Sie *stiften* Identität in Gruppen und sichern so den kollektiven Zusammenhalt.[75] Kurz gesagt: Ohne Symbole funktionieren moderne Gesellschaften nicht.[76]

4.2.2 Symbole im Recht

Das Recht steht von Anfang an vor der Herausforderung, hoch abstrakte Inhalte möglichst anschaulich zu kommunizieren. Dabei hat es eine differenzierte und formenreiche Symbolsprache entwickelt.[77]

Das bekannteste Bild ist die Justitia, deren Augen verbunden sind[78] und die eine Waage und ein Schwert in ihren Händen hält.[79] Das Kreuz etwa war ein wichti-

[71] Cassirer (1923, S. 18), der das Zeichen als notwendiges und wesentliches Organ des Gedankens bezeichnet. Ähnlich Langer (1957, S. 60 ff.), die Symbole als „vehicles for the conception of objects" bezeichnet. Goodman (1997, S. 237), betont, dass das Ziel von Symbolisierungen immer der Wunsch nach Aufklärung und Verstehen ist.

[72] Goodman (1997, S. 236 f.), der Symbole als „Medien der Kommunikation" charakterisiert. Ausführlich zur Sprache als symbolischem Handeln Burke (1989, S. 77 ff.) m. w. N.

[73] So ganz pointiert Kertzer (2006, S. 365). Ähnlich Soeffner (2000, S. 208.).

[74] Bonus/Bayer (2000, S. 288) m. w. N.

[75] Durkheim (1994, S. 317 f.) Ein eindrückliches historisches Beispiel dafür analysiert Brunn (1989, S. 104 ff.) Er belegt den großen Einfluss, den die Figur der „Germania" auf die Entwicklung eines Nationalgefühls und die Entstehung des deutschen Nationalstaates im 19. Jahrhundert hatte. Die Wirkung von politischen Symbolen lässt sich auch am Beispiel des NS-Regimes beobachten: Die nationalsozialistische Weltanschauung arbeitete mit starken, massenpsychologischen Symbolen. Ausführlich dazu Ueberhorst (1989, S. 157 ff.) m. w. N., und Schug (2007, S. 328 ff.) m. w. N.

[76] Ähnlich schon Durkheim (1994, S. 317). Zur Macht der Symbole grundsätzlich Schwemmer (2006, S. 7 ff.) Zur Bedeutung von Symbolen in der Politik Kertzer (2006, S. 366 ff.) m. w. N.

[77] Das wird deutlich, wenn man sich die vielfältigen Formen vergegenwärtigt, mit denen das Recht den Begriff des Friedens symbolisch dargestellt hat. Ausführlich und detailliert dazu Kocher (1986, S. 405 ff.) m. w. N., und vielen Beispielen.

[78] Zur durchaus differenzierten und strittigen symbolischen Bedeutung der Augenbinde ausführlich Schild (1995, S. 195 ff.), und Kissel (1997, S. 82 ff.) mit vielen Beispielen unterschiedlicher Darstellungen der Justitia.

[79] Ausführlich zum symbolischen Gehalt dieser und anderer Darstellungen der Gerechtigkeit Carlen (1995a, S. 262 ff.) Ausführlich zur Bedeutung und Symbolgeschichte von Waage und Schwert Schild (1995, S. 181 ff.), und Kissel (1997, S. 92 ff.) m. w. N. Auch Kocher (1986, S. 412 ff.), betont die hervorgehobene Bedeutung, die die Waage als juristisches Symbol bis heute hat.

ges Rechtssymbol[80] – und ist es jedenfalls teilweise heute immer noch.[81] Bis heute wird die Bedeutung von Rechtssymbolen besonders deutlich im *Gerichtsverfahren.* Symbolische Kommunikation durchzieht die juristischen Prozesse.[82] Das fängt schon bei der Kleidung der Prozessbeteiligten an.[83] Bis heute symbolisieren die Roben der Richter, Staatsanwälte und Rechtsanwälte die Gleichheit vor dem Gesetz und dem Gericht.[84] Der Symbolgehalt der Richterrobe reicht sogar noch weiter. Ihre äußerliche Ähnlichkeit mit dem Priestergewand[85] umgibt den Richter mit der Aura des Sakralen, des Bedeutenden und des Letztverbindlichen. Im Mittelalter waren Strafen üblich, die auch einen symbolischen Gehalt hatten.[86] Sogar die vom Gericht verhängte Strafe an sich ist nicht nur eine operative Sanktion, sondern gleichzeitig ein Symbol. Sie steht dafür, dass das Recht seine Verletzung nicht hinnimmt und seine Macht verteidigt.

Man kann noch einen Schritt weiter gehen. Der Gerichtsprozess selbst *ist* ein Symbol. Solange Prozesse geführt werden, funktioniert das Rechtssystem. Jeder Prozess symbolisiert deshalb letztlich die Herrschaft des Rechts. Aufsehenerregende Prozesse, die in der Öffentlichkeit zur Kenntnis genommen werden, haben eine symbolische Bedeutung, die über ihren eigentlichen Inhalt hinausgeht. Sie lassen sich als „Sozialrollendrama" deuten.[87] In ihnen werden nicht selten grundsätzliche psychologische, gesellschaftliche oder wirtschaftliche Konflikte am Beispiel eines konkreten Falls vorgeführt. Gerichtsverfahren symbolisieren dadurch kulturelle Konflikte, die durch den Prozess sichtbar und greifbar werden.

Eines der wichtigsten Symbole des Rechts ist das *Gesetz.*[88] Gesetze haben symbolische, über ihren sachlichen Inhalt weit hinausgehende Wirkungen.[89] Gesetze haben – mit anderen Worten – eine Doppelnatur.[90] Sie haben eine operative, instrumentale Aufgabe; der Gesetzgeber will mit ihrer Hilfe seinen Willen durchsetzen. Das ist aber noch nicht alles. Darüber hinaus haben sie auch symbolische Funktio-

---

[80] Carlen (2002, S. 132), Carlen (1995a, S. 360).

[81] Das wird am Kruzifix-Beschluss des Bundesverfassungsgerichts (BVerfGE 93, 1 ff.) und der damit verbundenen Kontroverse schlaglichtartig deutlich. Dazu Vorländer (2006, S. 10) m. w. N. Die Heftigkeit der Debatte hängt auch damit zusammen, dass das Kreuz ein so starkes Symbol ist.

[82] Ausführlich zur symbolischen Kommunikation und ihrer Funktion Babendererde (2004, S. 51 ff.) mit Beispielen aus der Gerichtspraxis des Spätmittelalters.

[83] Zur symbolischen Wirkung von Kleidung im Recht allgemein Kocher (1986, S. 407 f.) m. w. N.

[84] Allgemein zur symbolischen Bedeutung von speziellen Kleidungsstücken vor Gericht Watkin (2004, S. 151 ff.) m. w. N.

[85] Auf diese Ähnlichkeit macht Gephart (2006, S. 254), aufmerksam, der, a. a. O., S. 257, sogar von „Richter-Priestern" spricht.

[86] Dazu mit Beispielen Watkin (2004, S. 162 f.).

[87] Sherwin (2000, S. 73 ff.).

[88] Ähnlich Siehr (2005, S. 546), die jedem Gesetz per se eine symbolische Dimension zuschreibt.

[89] Ähnlich Struck (2001, S. 374) und Schild (1986, S. 197), speziell auf das Strafgesetz bezogen.

[90] Grundlegend dazu Gusfield (1986, S. 169). Hegenbarth (1981, S. 201). Ausführlich zur symbolischen Gesetzgebung Newig (2003, S. 51 ff.), der drei Formen unterscheidet.

nen. Beide Funktionen sind oft miteinander verbunden.[91] Was symbolisieren Gesetze? Gesetze sind immer noch Symbole dafür, dass alles seinen rechtlichen Gang geht und seine Ordnung hat. Das kann durch die Länge und Detailliertheit eines Gesetzestexts noch – wieder symbolisch – unterstrichen werden.[92] Gesetze signalisieren, dass der (Rechts-)Staat funktioniert und Probleme löst.

Die *Rechtssprache* ist – über ihre instrumentelle Funktion hinaus – ebenfalls ein Symbol.[93] Ihre stark formale Prägung und ihr imperativer Modus signalisieren Autorität und Entschlossenheit.[94] Die Sprache des Rechts ist betont nüchtern, (scheinbar) sehr präzise[95] und nicht selten auch schwer verständlich.[96] So erzeugt sie den Eindruck, dass es ein nüchternes, objektives, vernünftiges und gut funktionierendes Recht gibt. Insgesamt ist die Rechtssprache deshalb ein Symbol für einen entschlossenen, handelnden und funktionierenden Staat. Dass die Rechtssprache nur selten elegant und gut verständlich ist, ist also kein Zufall[97]: Sie soll eben nicht literarische Qualität haben oder Volksnähe symbolisieren.[98] Ein weiteres Beispiel sind die Präambeln von Verfassungen.[99] Pathetisch im Ton beziehen sie sich oft auf höhere Mächte oder hehre Werte und Ideen, die größer als das Individuum sind. Das symbolisiert die zeitlose Bedeutung der Verfassung.

Rechtliche *Institutionen* haben ebenfalls einen hohen Symbolgehalt. Ein wichtiges Beispiel dafür ist das Bundesverfassungsgericht.[100] Neben seiner operativen

---

[91] Kindermann (1989b, S. 229).

[92] Zur kommunikativen Wirkung langer Gesetzestexte Struck (2001, S. 382 f.).

[93] Zum Symbolcharakter der Rechtssprache schon Edelman (2005, S. 174).

[94] Ähnlich schon Edelman (2005, S. 177). Zu den sprachlichen Charakteristika der Rechtssprache aus linguistischer Sicht Hansen-Schirra/Neumann (2004, S. 169 ff.) m. w. N.

[95] Kritisch zur Präzision der Juristensprache Edelman (2005, S. 174). Die Notwendigkeit und die Grenzen der Präzision der Rechtssprache untersucht Schroth (1992, S. 93 ff.) m. w. N. am Beispiel des Strafrechts.

[96] Die Rechtssprache ist von langen Sätzen, nominalen Umschreibungen, Derivationen, Substantivketten und Genitivattributen geprägt. Das macht sie schwer verständlich. Dazu ausführlich und detailliert Hansen-Schirra/Neumann (2004, S. 169 ff.) m. w. N., Schendera (2004, S. 321 ff.) m. w. N. Grundsätzlich zur Rechtssprache als Fachsprache aus juristischer Sicht Neumann (1992, S. 110 ff.), und aus linguistischer Sicht Wimmer (1998, S. 8 ff.) m. w. N.

[97] Ähnlich Enzensberger (2004, S. 83): „Unverständlichkeit gehört zum Nimbus des Gesetzes". Nur eine unverständliche Rechtssprache sei als Herrschaftssprache geeignet. Fish (2004, S. 85 ff.), weist auf einen weiteren Grund für die formalisierte und schwer verständliche Rechtssprache hin: Unverständlichkeit und Formalismus sichern dem Recht seine Autonomie.

[98] Ob das Recht und die Rechtssprache in der Demokratie nicht besser verständlich sein müssten, ist eine heiß diskutierte Problematik. Ganz dezidiert für eine bessere Allgemeinverständlichkeit von Gesetzen als demokratisches Postulat Klein (2004, S. 197 ff.) Dazu am Beispiel des deutschen Verfassungsrechts Häberle (2004, S. 155 ff.) Differenzierend zur Verständlichkeit als Pflicht für den Gesetzgeber Lerch (2004, S. 239 ff.) m. w. N. Zur Verständlichkeit der Gesetzessprache ganz grundsätzlich und im Detail Hoffmann (1992, S. 124 ff.) mit instruktiven Beispielen. Christensen (2004, S. 21 ff.), betont die Aufgabe der Gerichte, Recht verständlich zu machen. Ob die Gerichte dieser Aufgabe in der Praxis tatsächlich nachkommen, ist aber zweifelhaft.

[99] Dazu Noll (1981, S. 356 f.).

[100] Ausführlich und kritisch zur Symbolfunktion des Bundesverfassungsgerichts Massing (1989, S. 235 ff.) m. w. N. Das BVerfG genießt in der Bevölkerung ein sehr hohes institutionelles

Funktion ist es auch ein Symbol: Es steht für die funktionierende Verfassung. Ein global bekanntes Symbol sind die Vereinten Nationen. Ihre rechtlichen Kompetenzen sind begrenzt, ihr machtpolitischer Einfluss ist eher gering. Umso wichtiger ist ihre symbolische Bedeutung.[101] Die UNO ist ein Hoffnungsträger[102] von globaler Reichweite: Sie verkörpert die Hoffnung auf Frieden, eine effektive Welt-Innenpolitik[103] und eine globale „Civil Society".[104] Umgekehrt taugen die Vereinten Nationen auch als negatives Symbol. Sie können als „Prügelknabe" oder „Sündenbock" fungieren, wenn sie die hochgesteckten Erwartungen nicht erfüllt haben.[105] Beides sollte in ihrer Bedeutung für die internationale Politik, die Diplomatie und nicht zuletzt auch die Innenpolitik der Mitgliedstaaten nicht unterschätzt werden.

Symbole spielen nicht nur *im* Recht eine große Rolle. Man kann sogar noch einen Schritt weiter gehen. Das Recht an sich hat symbolische Bedeutung und symbolische Funktionen.[106] Zugespitzt formuliert: Das Recht selbst ist ein Symbol. Ob das Recht Stabilität und Sicherheit in der Zukunft tatsächlich garantieren kann, soll hier dahinstehen. Aber Recht als solches steht jedenfalls für die allgemeine Erwartung, dass Gesellschaften in Zukunft stabil und sicher sein sollen.[107] Bis jetzt erreicht diese symbolische Botschaft des Rechts auch ihre Adressaten. In den modernen rechtsstaatlichen Demokratien herrscht weithin das Gefühl, im Rechtssystem werde Sicherheit und Gerechtigkeit produziert. Ein Indiz dafür ist das große Vertrauen, das rechtlichen Institutionen von der Bevölkerung entgegengebracht wird. Das Bundesverfassungsgericht etwa ist eine der angesehensten gesellschaftlichen Institutionen. Richter genießen in der Bevölkerung ein besonders hohes Sozialprestige.[108] Dass Recht in großem Ausmaß auch gebrochen wird, scheint an dieser Grundeinstellung noch nichts geändert zu haben.

Vertrauen. Ausführlich dazu Vorländer/Brodocz (2006, S. 261 ff.), auf der Basis einer breiten repräsentativen Befragung. Das erklärt sich – wie Vorländer/Brodocz (2006, S. 294), zu Recht annehmen – aus seiner Symbolfunktion.

[101] Ausführlich zu den Leistungen der UNO als Symbol Wesel (2004, S. 135 ff.) Bahnbrechend zur Sicht der UNO als sakralem Drama und Symbol O'Brien schon (1971, S. 10 ff.) und pass., und Boyd (1967, S. 14 ff.).

[102] Wesel (2003, S. 611), Wesel (2004, S. 137 ff.) m. w. N.

[103] Wesel (2003, S. 604 ff.) m. w. N.

[104] Wesel (2004, S. 139 f.).

[105] Wesel (2003, S. 611 f.) mit Beispielen aus der UN-Geschichte.

[106] Noch weiter geht Greenhouse (1989, S. 1640), die dem Recht eine mythische Dimension zuschreibt.

[107] Ähnlich Luhmann (1993, S. 129 ff.) m. w. N.

[108] Ausführlich dazu auf empirischer Grundlage Raiser (2007, S. 336) m. w. N. Zum Vertrauen der Bevölkerung in das BVerfG Vorländer/Brodocz (2006, S. 259 ff.), auf der Basis einer repräsentativen Befragung.

4.2.3 Symbolisches Recht

Von Recht, das symbolische Funktionen und Bedeutungen hat[109], lässt sich eine andere Kategorie von Recht unterscheiden: symbolisches Recht.[110] Mit diesem Begriff wird Recht bezeichnet, das juristische Problemlösungen suggeriert, tatsächlich *rechtlich* aber nicht oder kaum relevant ist.[111]

Symbolische Gesetzgebung ist weit verbreitet,[112] obwohl ihr rechtlicher Nutzen sehr gering ist. Was ist der Grund für diesen, auf den ersten Blick irritierenden Befund? Symbolische Gesetzgebung verfolgt unterschiedliche Zwecke. Es gibt Grundentscheidungen des Gesetzgebers, die nur wenige Menschen real betreffen und vor allem als Wertentscheidung Bekenntnischarakter tragen.[113] Ihre Bedeutung liegt deshalb vor allem in ihrer symbolischen Wirkung. Ein Paradebeispiel[114] dafür ist das Verbot der Todesstrafe in Artikel 102 GG. Gar nicht selten sind Gesetze, die vor allem der Beruhigung der Bürger dienen[115] oder entschlossenes politisches Handeln *demonstrieren* sollen.[116] Lassen sich politische Streitfragen nicht entscheiden,

---

[109] Allgemein zum symbolischen Gehalt von Rechtsnormen Raiser (2007, S. 243 ff.) m. w. N.

[110] Dazu Raiser (2007, S. 249 f.) m. w. N.

[111] Dazu am Beispiel des symbolischen Umweltrechts Lübbe-Wolff (2000a, S. 25). Symbolisches Recht kann aber in anderen Bereichen neben dem Recht – etwa der Politik, der Gesellschaft oder der Wirtschaft – wirkungsvoll und wichtig sein. Sehr kritisch zu symbolischen Recht, das nicht vollzogen werden kann oder sogar soll, Bryde (1993, S. 13 ff., der, a. a. O., S. 17 f.), aus dem Gleichheitssatz und dem Verhältnismäßigkeitsgrundsatz sogar ein „Verfassungsverbot" des symbolischen Rechts ableitet.

[112] Einen Überblick über die Begriffsgeschichte und die unterschiedlichen Facetten des Phänomens gibt Newig (2003, S. 32 ff.) m. w. N. Die Begrifflichkeiten sind aber nicht immer einheitlich. Dazu Siehr (2005, S. 548 f.) m. w. N., und Kindermann (1989b, S. 225), die strikt zwischen symbolischer Gesetzgebung und symbolischem Gesetz unterscheiden wollen. Ausführlich zum symbolischen Strafrecht Hassemer (1989, S. 554 ff.) m. w. N.

[113] Noll (1981, S. 358). Instruktive Beispiele dafür aus dem Strafrecht trägt Hassemer (1989, S. 554), zusammen.

[114] Ein anderes Beispiel ist die Abtreibungsgesetzgebung. Dazu Kindermann (1989b, S. 231 f.) m. w. N.

[115] Newig (2003, S. 51), und schon früher Noll (1981, S. 361), der vor allem die Terrorismus-Gesetzgebung in den siebziger Jahren des letzten Jahrhunderts als Beispiel anführt. Gusfield (1986, S. 117 ff.), illustriert das anhand der Prohibitionsgesetzgebung in den USA am Anfang des 20. Jahrhunderts. Beispiele dafür aus den siebziger Jahren des letzten Jahrhunderts schildert Hegenbarth (1981, S. 202 ff.) Ein besonders abstoßendes Beispiel eines symbolischen Gesetzes ist das „Gesetz über Maßnahmen der Staatsnotwehr" des Nazi-Regimes vom 3. Juli 1934. Dazu Struck (2001, S. 379).

[116] Kindermann (1989a, S. 268), spricht in diesem speziellen Fall der symbolischen Gesetzgebung von „Alibigesetz". Hegenbarth (1981, S. 204), sieht einen prekären Zusammenhang zwischen symbolischen Gesetzen und einem Realitätsverlust der Gesetzgebung. Ob alle seine Beispiele dafür überzeugend sind, ist zweifelhaft. Dennoch ist die These zumindest plausibel, dass symbolische Gesetzgebung und fiktive Problemlösungen durch die Politik die Gefahr bergen, dass langfristig die Fiktionen, nicht die Wirklichkeit zum Maßstab des Handelns werden.

entstehen oft Kompromiss-Gesetze.[117] Sie sind instrumentell ineffektiv, spiegeln aber der Bevölkerung vor, der Staat habe die Kraft zu einer Lösung gefunden.[118] Nicht selten sind gerade Gesetze, die ausschließlich oder überwiegend Symbolcharakter haben, politisch besonders heftig umstritten.[119]

Ein anderes Muster für symbolisches Recht sind *Programmsätze*, die vor allem im Umweltrecht zu finden sind.[120] Programmsätze sind Normen, die nur eingeschränkt justiziabel sind. Ihre rechtliche Steuerungskraft ist deshalb bescheiden.[121] Artikel 20a GG ist das prominenteste Beispiel.[122] Ähnliche, vor allem symbolisch wirksame Normen finden sich etwa im Abfallrecht: Das Abfallvermeidungsgebot in § 4 Abs. 1 KrW-/AbfG ist wohl ebenso symbolisch gemeint wie das Prinzip der Produktverantwortung in § 22 KrW-/AbfG.[123] Denn beides lässt sich rechtlich kaum punktgenau durchsetzen und steuern.[124]

Das völkerrechtliche *Soft Law* ist eine weitere Spielart des symbolischen Rechts. Dabei geht es um Recht, das nicht verbindlich ist und nicht von einer übergeordneten zentralen Macht durchgesetzt werden kann.[125] Deshalb hat Soft Law *als Recht* an sich keine Bedeutung. Es hat ja gerade die typischen Eigenschaften, die Recht von allgemeinen, sozialen Regeln unterscheidet, nicht.[126] Soft Law symbolisiert aber – und darin liegt seine psychologische und politische Bedeutung – in deutlicher Form Erwartungen, die an das Verhalten der Beteiligten gestellt werden. Ähnlich

---

[117] Diese Kategorie symbolischer Gesetzgebung schlägt Newig (2003, S. 52 f.) m. w. N. vor.

[118] Rehbinder (2007), Rn. 202 a. E. betont, dass in manchen politischen Situationen die Akteure eine ineffiziente Lösung für besser halten als gar kein Gesetz. Dann hat das Gesetz ausschließlich eine symbolische Funktion. Schild (1986, S. 198 f.) weist aber zu Recht darauf hin, dass auch symbolische Gesetze eine instrumentelle Wirkung haben (können). Gegen eine pauschale Unterschätzung symbolischer Gesetze wendet sich auch Bryde (1987, S. 37), der berichtet, dass im nachkolonialen Afrika moderne Gesetze nicht selten vor allem symbolische Funktionen hatten: Sie sollten Modernität und Souveränität symbolisieren. Sie als instrumentell ineffektiv zu kritisieren greift deshalb zu kurz.

[119] Noll (1981, S. 350 ff.), der instruktive Beispiele dafür aus der jüngeren Rechtsgeschichte schildert.

[120] Lübbe-Wolff (2000a, S. 37 ff.) m. w. N.

[121] Lübbe-Wolff (2000a, S. 38). Ob Recht überhaupt fähig ist, menschliches Handeln und gesellschaftliche Entwicklungen zu steuern, ist grundsätzlich umstritten. Die Systemtheorie hält eine Steuerung anderer Systeme durch das Recht für unmöglich. Paradigmatisch dazu etwa Luhmann (1985, S. 7). Grundsätzlich anders Schuppert (1990, S. 224 ff.), und Nahamowitz (1985, S. 29 ff.) m. w. N., und empirischen Gegenbeispielen, die aber nicht immer vollständig überzeugen.

[122] Zur – auch, nicht ausschließlich – symbolischen Bedeutung von Art. 20a GG Steinberg (2000, S. 90 f.), und Lübbe-Wolff (2000b, S. 222 ff.) m. w. N.

[123] Ausführlich und sehr kritisch dazu Schink (2000, S. 108 ff.) m. w. N.

[124] Instruktiv dazu Lübbe-Wolff (2000a, S. 28 f.): Die wichtigste Erscheinungsform symbolischer Umweltrechtspolitik bestehe in der Produktion umweltrechtlicher Vorschriften, ohne auch die Möglichkeit ihrer Umsetzung zu schaffen. Der Gedanke lässt sich aber über das Umweltrecht hinaus erweitern.

[125] Dazu Röhl/Röhl (2008, S. 222).

[126] Deshalb sehr kritisch zum Soft Law und zum verhandelnden Staat Rehbinder (1995, S. 251 f.) Ob zwangsweise Durchsetzbarkeit ein konstituierendes Merkmal des Rechtsbegriffs ist, ist allerdings umstritten. Ausführlich zu dieser Kontroverse Raiser (2007, S. 175 ff.) m. w. N.

ist die Lage bei den *Soft Institutions*.[127] Damit lassen sich Institutionen beschreiben, deren Entscheidungen von den Betroffenen befolgt werden, obwohl sie rechtlich nicht verbindlich sind. Beispiele dafür sind etwa „runde Tische“ oder Koordinierungsgespräche.

Wenn es rechtlich weit gehend irrelevant ist: Welchen Nutzen hat symbolisches Recht dann? Symbolisches Recht ist nicht per se ineffektiv oder sinnlos. Es wirkt zwar nicht durch das rechtliche Instrumentarium von Verbindlichkeit und Zwang. Rechtliche Symbole entwickeln aber eigene, politisch wirksame psychologisch-moralische Dynamiken. So können sie menschliches Verhalten extrem stark beeinflussen.[128] Anders formuliert: Symbolisches Recht kann außerrechtliche, informelle Prozesse in Gang setzen, die zur Beachtung des an sich unverbindlichen Rechts führen.[129] Symbolisches Recht steht nicht selten auch für inhaltliche Ziele, die erst noch erreicht werden sollen.[130] Prägnante Beispiele dafür sind die Resolutionen der UNO.[131] Sie sind kein zwingendes Recht und können – jedenfalls in der Praxis – auch von keiner übergeordneten Instanz durchgesetzt werden. Ihre Inhalte stehen aber für einen inhaltlichen Konsens in der Staatengemeinschaft und ihre Erwartungen an das Verhalten ihrer Mitglieder. Die feierlich veröffentlichte Erwartung entfaltet psychologischen und politischen Handlungsdruck auf den Adressaten einer Resolution.[132] Selbst wenn sie nicht erfüllt wird, hat eine Resolution ihren *symbolischen* Zweck erfüllt: Der Adressat wird moralisch an den Pranger der Weltöffentlichkeit gestellt, weil er Normen und Werte, die von allen anerkannt werden, missachtet.[133] Allerdings ist die Wirkung – das zeigen die Erfahrungen der internationalen Politik – nicht immer die gleiche. Die Empfindlichkeit unterschiedlicher Staaten gegenüber dem psychologischen Druck der Völkergemeinschaft und der Weltöffentlichkeit ist unterschiedlich stark ausgeprägt.[134]

---

[127] Den Begriff prägt die Enquete-Kommission Globalisierung der Weltwirtschaft in ihrem Schlussbericht: Enquete-Kommission (2002, S. 445).

[128] Noll (1981, S. 353 f.) m. w. N. Ähnlich Schild (1986, S. 198 ff.) m. w. N.

[129] Deshalb beurteilt Schink (2000, S. 138 f.), die symbolischen Normen des KrW-/AbfG wohl zu negativ. Insgesamt ist die inhaltliche Übereinstimmung rechtlicher Normen mit den Wertvorstellungen der Bevölkerung ein wichtiger Faktor der Wirksamkeit von Recht. Je größer die Übereinstimmung ist, desto eher werden Normen freiwillig befolgt – und umgekehrt. Zur *Knowledge and Opinion about Law*-Forschung, die sich mit diesen Zusammenhängen beschäftigt, ausführlich Raiser (2007, S. 258 ff., 327 ff.) m. w. N.

[130] Schink (2000, S. 103) am Beispiel des Umweltrechts.

[131] Ausführlich zu den UN-Resolutionen aus sprachwissenschaftlicher und politologischer Sicht Wesel (2004, S. 173 ff.) m. w. N. Schon früher aus linguistischer Perspektive Thiel/Thome (1987, S. 27 ff.) m. w. N.

[132] Thiel/Thome (1987, S. 29).

[133] Ähnlich Thiel/Thome (1987, S. 29), die Resolutionen deshalb – sicher etwas zu optimistisch – für ein zeitgemäßes „Mittel gewaltloser Interessendurchsetzung gegenüber souveränen Staaten“ halten.

[134] Wesel (2004, S. 176) entwickelt ansatzweise eine Regel, nach der die Effektivität von Resolutionen prognostiziert werden kann. Resolutionen sind desto wirksamer, je kleiner und schwächer die angesprochenen Staaten sind und je klarer und eindeutiger der Verstoß gegen die Politik und das Recht der UNO ist.

In der Mediengesellschaft kommt es auf Skandale an. Die *Skandalisierung* mit Hilfe der Massenmedien ist ein wichtiger Mechanismus, durch den Symbole Wirkungen erlangen.[135] Hier, an der Schnittstelle von Medien und Recht liegt ein Schlüssel zum Verständnis dessen, wie *Soft Law* wirkt. Der Verstoß gegen rechtlich unverbindliches Soft Law wird durch die Berichterstattung der Massenmedien zum öffentlichen Skandal. Der dadurch aufgebaute politische Druck der öffentlichen Meinung[136] kann zur politischen Durchsetzung rechtlich an sich unverbindlicher Normen und Verhaltenserwartungen führen.[137] Das bedeutet also: In der modernen Mediengesellschaft kann symbolisches Recht faktisch genauso zwingend wie verbindliches Recht sein. Lediglich der Durchsetzungsmechanismus ist anders.

Ungefährlich ist symbolisches Recht allerdings nicht. Zu viele symbolische Gesetze haben psychologische Auswirkungen: Sie zerrütten das Rechtsbewusstsein und erschüttern das Vertrauen in die Funktionsfähigkeit des Rechts.[138] Ob man daraus allerdings verfassungs*rechtliche* Grenzen für symbolische Gesetzgebung entwickeln kann, ist sehr zweifelhaft.[139] Hier ist der weite gesetzgeberische Gestaltungsspielraum der Parlamente betroffen, der in erster Linie politisch, weniger verfassungsrechtlich begrenzt wird. Die Parlamente müssen also das wirksame Instrument *symbolisches Recht* sensibel einsetzen. Ein unbedachter, übermäßiger Gebrauch richtet Schaden an.

4.3 Immer öfter – Bilder *im* modernen Recht

In der modernen Welt werden Bilder immer wichtiger.[140] Das Bild ist dabei, das Buch als kulturelles Leitmedium abzulösen. Dieser Entwicklung kann sich auch das Recht nicht entziehen.[141] In letzter Zeit häufen sich Anzeichen dafür, dass die Bedeutung von Bildern *im* Recht allmählich zunimmt.[142]

---

[135] Zur Skandalisierung – allerdings in einem anderen Zusammenhang – Luhmann (1996, S. 61 f.) Grundsätzlich zur Skandalisierung in der modernen Mediengesellschaft Kepplinger (2001, S. 62 ff.) m.w.N.

[136] Falk/Strauss (2001, S. 212) sprechen plastisch von „mobilization of shame“.

[137] Luhmann (1993, S. 581) bringt das prägnant auf den Punkt, wenn er sagt, „daß Rechte erst durch ihre Verletzung und durch entsprechende Empörung … in Geltung gesetzt werden“. Ein Paradebeispiel für die Durchsetzung von Soft Law mit Hilfe öffentlicher Skandalisierung ist die „Brent-Star-Aktion“ von Greenpeace gewesen. Siehe dazu Bonus/Bayer (2000, S. 291). Ausführlich zur Skandalisierung als Mittel der Rechtsdurchsetzung und ihren Grenzen Fischer-Lescano (2002, S. 359 ff.) m. w. N.

[138] Auf diese Gefahr weist Kindermann (1989a, S. 270), ganz dezidiert hin.

[139] Instruktiv dazu Siehr (2005, S. 554 ff.) m. w. N., die symbolische Gesetze verfassungsrechtlich am Verhältnismäßigkeitsprinzip und am Gleichheitsgrundsatz messen will. Damit verkennt sie aber den gesetzgeberischen Gestaltungsspielraum des demokratisch gewählten und legitimierten Parlaments.

[140] Boehm (2001, S. 11 ff.) konstatiert eine „Wiederkehr der Bilder“. Ausführlich dazu siehe oben Abschn. 3.1.

[141] Boehme-Neßler (2003b, S. 530 ff) m. w. N.

[142] Brunschwig (2001, S. 151) m. w. N., Röhl (2005a, S. 248).

Besonders deutlich sind Visualisierungstendenzen in der *Prozesspraxis* zu beobachten. Erstaunlich ist das nicht. Prozesse sind seit jeher vom Grundsatz der Mündlichkeit geprägt. Mündliche Kommunikation ist – anders als schriftliche – sehr stark auch visuelle Kommunikation. Neben die verbale Kommunikation tritt zwingend die nonverbale Kommunikation.[143] Mimik[144], Gestik[145], Körperhaltungen, Blickverhalten und die Benutzung des Raumes sind Kommunikationssignale[146], die nicht oral, sondern visuell wirken.[147] Es ist deshalb kein Wunder, dass es ein Gerichtsverfahren war, in dem zum ersten Mal ein Dokumentarfilm als Beweismittel eingesetzt wurde: Im Nürnberger Kriegsverbrecherprozess war ein Dokumentarfilm der amerikanischen Armee über die Konzentrationslager der Nazis ein wichtiger Bestandteil der Anklage.[148]

Die forensische Arbeit im Prozess besteht schon immer weniger aus abstraktem rechtlichem Argumentieren. Im Vordergrund steht die Entwicklung und Konstruktion einer konkreten Geschichte, die dem Urteil zugrunde gelegt werden kann. Um es plakativ zuzuspitzen: Forensische Arbeit ist „Storytelling".[149] Insbesondere in US-amerikanischen Gerichtssälen werden dabei moderne Technologien eingesetzt, die auch und gerade eine Visualisierung der rechtlichen Argumentation bewirken sollen.[150] Das US-amerikanische Rechtssystem ist schon länger offen für moderne Bildtechnologien. Schon früh sind etwa Zeugenaussagen, die auf Video aufgenom-

---

[143] Die Psychologie hat nachgewiesen, dass es unmöglich ist, mündlich zu kommunizieren, ohne gleichzeitig nonverbale Signale zu geben. Siehe dazu Zimbardo (1992, S. 336) m. w. N. Zu Begriff und Erscheinungsformen der nonverbalen Kommunikation Frindte (2001, S. 97 f.) m. w. N. Ausführlich zur nonverbalen Kommunikation aus sozialpsychologischer Sicht Aronson u. a. (2004, S. 103 ff.) m. w. N.

[144] Zur kommunikativen Funktion der Mimik Eibl-Eibesfeldt/Sütterlin (1992, S. 371 ff.) Wie wichtig Mimik in der Kommunikation ist, zeigen die *Emoticons* in der Online-Kommunikation. Weil mimische Äußerungen in Chats oder bei der Email-Kommunikation naturgemäß nicht wahrgenommen werden können, arbeiten die Nutzer mit Zeichen, die sich an Mimik anlehnen und emotionale Zustände visualisieren. Der „Urvater der Emoticons" ist der bekannte und verbreitete Smiley. Ausführlich dazu Roessler (2000, S. 511 ff.) m. w. N.

[145] Nicht selten finden sich Gesten in ritualisierter Form in der gesellschaftlichen Kommunikation. Dazu am Beispiel des antiken Rom Flaig (2004, S. 99 ff.).

[146] Zu diesen sogenannten kinesischen Zeichen aus der Sicht der Theatersemiotik Fischer-Lichte (2003a, S. 47 ff.) m. w. N. Fischer-Lichte (2003b, S. 131 ff.), führt am Beispiel einer konkreten Inszenierungsanalyse vor, wie kinesische Zeichen bei Theaterinszenierungen eingesetzt werden – und wie sie entschlüsselt werden können.

[147] Dazu Zimbardo (1992, S. 335 f.) m. w. N. Eibl-Eibesfeldt (1997, S. 676), betont, dass die meisten – nicht alle – mimischen Ausdrucksbewegungen Universalien sind. Sie werden deshalb nicht nur grenzüberschreitend, sondern sogar kulturübergreifend verstanden. Das ist ein wichtiger Faktor, der neben anderen ihre kommunikative Bedeutung ausmacht.

[148] Douglas (2000, S. 198 ff.) Später wurde der Film in weiteren Prozessen als Beweismittel eingesetzt: im Eichmann-Prozess in Jerusalem und 1987 in einem kanadischen Verfahren gegen den Neonazi und Holocaust-Leugner Ernst Zündel. Ausführlich dazu Douglas (2000, S. 216 f.) m. w. N.

[149] Sherwin (2000, S. 43), der plastisch von *legal storytelling* spricht. Perritt (1994), 1075, bezeichnet das Verfahren vor einer Jury sogar als „in part a dramatic event."

[150] Katsh (1995, S. 159) m. w. N.; Röhl/Ulbrich (2000, S. 367) m. w. N.

men wurden, in amerikanischen Gerichtssälen akzeptiert worden.[151] Seit geraumer Zeit existieren Spezialfirmen, die sogenannte *legal videos* herstellen.[152] Diese Videos werden – jedenfalls bei größeren Prozessen – als Bestandteil der Plädoyers eingesetzt. Die USA sind der Vorreiter bei der Visualisierung des Gerichtsprozesses. Das hängt nicht zuletzt mit dem amerikanischen Jury-System zusammen, das die Übernahme aktueller Kulturtechniken und des „Zeitgeistes" in das Rechtssystem beschleunigt. Juristen leben immer noch in einer professionellen Umgebung, die eher bilderskeptisch geprägt ist. Das ist bei den Mitgliedern einer Jury völlig anders. Denn in der Jury sitzen juristische Laien, die viel stärker und vorbehaltloser in die bilderdominierte Alltagswelt eingebunden sind.

Visualisierungstendenzen, die durch moderne Medientechnologien gefördert werden, lassen sich auch im Rechtsverkehr außerhalb von Gerichtsverhandlungen feststellen.[153] In den USA sind *Testamente*, die auf Video aufgenommen werden und rechtliche Wirkungen entfalten, juristische Alltagspraxis.[154] In Deutschland wird neuerdings vorsichtig die mediale Aufbereitung von *Hauptversammlungen* von Aktiengesellschaften in der Praxis erprobt.[155] Auch im Bereich der Verwaltung finden sich erste, vorsichtige Anzeichen für eine Öffnung zur Bilderkultur. In gestuften *Genehmigungsverfahren*, in denen über die Zulässigkeit hochkomplexer technischer Anlagen entschieden wird, gerät das immer noch papierfixierte Verwaltungsrecht in der Praxis an die Grenzen seiner Leistungsfähigkeit.[156] Der Einsatz von Bildern könnte helfen, die komplexen Problemstellungen in der Praxis effektiver zu bearbeiten. Interdisziplinäre Arbeitsgruppen arbeiten deshalb an einem Medienwechsel im Verwaltungsrecht: Sie entwickeln multimediale Systemmodelle, um technikrechtliche Genehmigungsverfahren elektronisch, nicht mehr primär papiergestützt durchzuführen.[157] Bilder sollen dem Recht helfen, komplexe Zusammenhänge und Kausalitäten besser zu verstehen und dann zu managen. Das soll sich positiv auf die rechtliche Qualität der Verwaltungsentscheidung auswirken.

Visualisierung lässt sich auch in ganz unspektakulären Formen im Rechtsalltag beobachten. Textverarbeitungsprogramme sind inzwischen in der juristischen Fachkommunikation akzeptiert und üblich. Die technisch möglichen Formatierungs- und

---

[151] Dazu Perritt (1994, S. 1072 ff.).

[152] Stachenfeld/Nicholson (1996, S. 903 ff.) m. w. N. Instruktiv dazu Kantor (1999, S. 3 ff.), die konkrete Visualisierungsstrategien für unterschiedliche Prozesse entwickelt.

[153] Dazu Röhl/Ulbrich (2000, S. 365).

[154] Dazu Collins/Skover (1992, S. 540 ff.) m. w. N.

[155] Grundsätzlich zu den bereits in der Praxis gebräuchlichen Modellen und den Problemen Noack (1998, S. 2533 ff.) m. w. N.

[156] Ausführlich dazu am Beispiel immissionschutzrechtlicher Verfahren Henhapl/Roßnagel/Schroeder (1999, S. 13 ff.).

[157] Bahnbrechend dazu die Überlegungen in Roßnagel/Schroeder (1999) pass.

Gestaltungsmöglichkeiten für Texte werden zunehmend genutzt.[158] Die ästhetisch-visuelle Qualität eines Textes wird zum (zusätzlichen) Qualitätsmerkmal.[159] Aus dem juristischen Fließ*text* wird ein Schrift*bild*.[160] Die Informationsgrafik beginnt ein akzeptiertes Mittel der juristischen Kommunikation zu werden – wenn auch vorerst vor allem in der Ausbildungsliteratur.[161] Über die grafische Gestaltung des reinen Textes hinaus werden in immer stärkerem Maße auch in juristischen Fachpublikationen Tabellen, Synopsen, grafische Darstellungen, Entscheidungsbäume und Flussdiagramme benutzt. Räumliche Beziehungen werden grafisch dargestellt. Zahlenangaben werden durch ästhetisch gestaltete Diagramme dargestellt, mindestens verdeutlicht.[162] Juristische Lehrbücher beginnen ebenfalls, sich der Visualisierung zu öffnen.[163] Eher selten sind grafische Darstellungen noch in den *Urteilen* von Gerichten. Aber selbst hier hat – das zeigt die Praxis – eine Trendwende eingesetzt.[164]

Die demografische Entwicklung wird die Visualisierung des Rechts vorantreiben. Worauf lässt sich diese Prognose stützen? Jüngere Generationen wachsen in einer Lebenswelt auf, die von Bildern geprägt, wenn nicht dominiert ist. Sie entwickeln deshalb Kommunikationsfähigkeiten und -gewohnheiten, die stark visuell gefärbt sind. Ihr Kommunikationshabitus wird eher visuell sein, weniger von Schrift und Texten geprägt. Über den Generationswechsel im juristischen Personal wird auch der rechtliche Bereich sukzessive seine Kommunikationsformen ändern. Visuelle Kommunikation wird an Gewicht gewinnen.

4.4 Der fremde Blick – Bilder *vom* Recht

So selten Bilder im Recht noch sind: Als Sujet von Bildern aller Art ist das Recht seit jeher beliebt. Bilder vom Recht sind alles andere als eine Seltenheit. Aber hat das Auswirkungen auf das Recht? Nach den Erkenntnissen der modernen Medienwissenschaft muss man diese Frage bejahen. Die Darstellung des Rechts in unterschiedlichen Formen verändert auch das Recht selbst.

---

[158] Zur bildhaften Gestaltung von Texten aus typografischer Sicht Gorbach (2005, S. 296 ff.) mit eindrücklichen Beispielen.

[159] So ganz dezidiert Röhl/Ulbrich (2000, S. 364).

[160] Röhl (2005a, S. 248).

[161] Röhl (2005a, S. 248).

[162] Röhl/Ulbrich (2000, S. 365) weisen darauf hin, dass besonders baurechtliche Publikationen, in denen es um räumliche Beziehungen geht, zu den Vorreitern beim Einsatz grafischer Darstellungen in der Rechtsliteratur gehören.

[163] Grundsätzlich zur Notwendigkeit, im Rechtsunterricht „Bilderbücher" einzusetzen, Brunschwig (2001a, 363 ff.) m. w. N.

[164] Darauf weisen Röhl/Ulbrich (2000, S. 365) m. w. N., hin.

4.4.1 (Rechts)Bild und (Rechts)Wirklichkeit

Justiz und Recht sind seit Jahrtausenden ein Thema der Kunst[165] und der Literatur.[166] Nicht zuletzt die Malerei[167] und die bildende Kunst[168] haben sich immer wieder mit dem Recht befasst und sich ein *Bild vom Recht* gemacht. Auch die Filmgeschichte ist reich an Filmen, die sich mit Recht und Justiz auseinandersetzen.[169] Erst recht das Fernsehen: Ohne Kriminalfilme oder Gerichtsdramen, neuerdings auch TV-Court-Shows[170], ist (fast) kein Programm eines Fernsehsenders mehr denkbar.[171] Eine besondere Spielart der Bilder vom Recht sind die Bilder und Zeichnungen von Juristen. Seit der Antike werden immer wieder einzelne Juristenpersönlichkeiten mit den Mitteln der Malerei und der bildenden Kunst dargestellt.[172] Ebenso verbreitet wie die Darstellung individueller Persönlichkeiten sind die – oft sehr kritischen[173] – Darstellungen juristischer Berufszweige durch die Abbildung von Menschen, nicht selten aber auch durch stilisierte Tiere.[174]

---

[165] Grundlegend dazu Fehr (1923, S. 11 ff.) Aus neuerer Zeit. ausführlich Pleister (1988b, S. 8 ff.) Zur Darstellung des Rechts in der Volkskunst ausführlich Carlen (1995a, S. 356 ff.) m. w. N., der auch die wechselseitigen Beeinflussungen von rechtlichen und religiösen Bildern herausarbeitet.

[166] Heinrich von Kleists *Michael Kohlhaas* oder Franz Kafkas *Der Prozess* sind berühmte Beispiele. Ein modernes Beispiel analysiert Porsdam (1999, S. 39 ff.): Tom Wolfes *The Bonfire of the Vanities* von 1987.

[167] Grundsätzlich zum Recht und zur Gerechtigkeit als Thema der Malerei Fehr (1923, S. 20 ff.) Ausführlich aus jüngerer Zeit Schild (1988a, S. 130). Ein herausragendes Thema ist dabei das *Jüngste Gericht*. Dazu Carlen (1995c, S. 249 ff.) Gott als Richter ist ein weit verbreitetes Thema der Kunst. Dazu Schild (1988b, S. 44 ff.) mit vielen Beispielen.

[168] Grundsätzlich zum Recht als Thema der bildenden Kunst Carlen (1995c, S. 238 ff.) m. w. N. Zum Recht in der bildenden Kunst der Schweiz Carlen (1995b, S. 262 ff.).

[169] Im Vordergrund stehen dabei die Gerichtsfilme, in denen Recht unmittelbar praktiziert wird. Grundlegend dazu Rafter (2000, S. 93 ff.), die die Charakteristika und die Entwicklungslinien der *court room dramas* herausarbeitet. Ein Bild vom Recht aus anderen Perspektiven zeichnen auch die weit verbreiteten Polizisten- und Gefängnisfilme. Ausführlich zu diesen Genres Rafter (2000, S. 71 ff., 117 ff.) Einen Überblick über die amerikanischen Gerichtsfilme geben Bergmann/Asimov (2006).

[170] Ausführlich zur Entstehung von Court-Shows seit 1981 in den USA Porsdam (1999, S. 92 ff.). Zum Genre der Gerichtsshows in Deutschland Brauer (2007), S. 34 ff.).

[171] Zum Bild vom Recht, das in amerikanischen TV-Serien vermittelt wird, Friedman (1989, S. 1598 ff.) m. w. N.

[172] Carlen (1995c, S. 257 f.) m. w. N. Ein Bild der Juristen im weiteren Sinn entwirft auch die (schöngeistige und Fach)Literatur.

[173] Besonders bekannt sind die beißenden Karikaturen von Honoré de Daumier. Dazu die Darstellung und Analyse von Gephart (2006, S. 260 ff.) m. w. N. Schon früher hat sich Gustav Radbruch (1954, S. 115 f.), mit Daumier befasst und ihn als hellsichtigen Kulturkritiker und Moralphilosophen gewürdigt. Ausführlich dazu auch Radbruch (1947, S. 19 ff.) mit Besprechungen einzelner Karikaturen. Andere Künstler waren aber nicht weniger kritisch oder spöttisch. Dazu Carlen (1995c, S. 258) mit Beispielen. Zu Gustav Klimt als Maler von Rechtsbildern Gephart (2006, S. 271 ff.) m. w. N. Ausführlich zur Kritik am herrschenden Recht in der Kunst der Neuzeit Latz (1988, S. 222 ff.).

[174] Carlen (1995c, S. 258 f.) m. w. N. Ausführlich zur Darstellung rechtlicher Themen durch Tiere und Tierphysiognomik Pleister (1988a, S. 172 ff.) mit vielen Beispielen.

Was hat das mit dem Recht zu tun? Auf den ersten Blick scheint dieser Befund für das Rechtssystem ohne Relevanz zu sein. Wie jeder wichtige Bereich des Alltags wird auch das Recht zum Gegenstand der Kunst. Das scheint eine banale Erkenntnis zu sein. Entscheidend ist aber, dass die Beziehung zwischen Kunst und Recht keine einseitige ist. Denn der Gegenstand von Kunst wird nicht nur abgebildet: Durch die Abbildung beeinflusst und verändert Kunst ihr Sujet auch. Nicht nur Bilder *im* Recht verändern das Recht. Auch die Bilder, die sich die Gesellschaft *vom* Recht macht[175], beeinflussen das Recht. Diese auf den ersten Blick vielleicht überraschende Erkenntnis ergibt sich aus den Wirkungsmechanismen der modernen Mediengesellschaft.[176]

Medien sind ein wichtiger Teil des kulturellen Umfelds und dadurch an einer Modellierung des Menschen beteiligt.[177] Die Auswirkungen der Medien auf den Menschen sind noch nicht in allen Facetten erforscht. Eine ganze Reihe von Effekten lässt sich aber schon ausmachen.[178] Vor allem die technisch-apparativen Medien haben tief greifende Auswirkungen: Sie strukturieren oder konstruieren sogar das Zeitgefühl[179], sie fokussieren Aufmerksamkeit, sie setzen Prioritäten und ordnen die Welt.[180] Kurz gesagt: Sie liefern Modelle und Muster zum Verständnis der Welt. Die elektronischen Medien strukturieren und prägen nicht nur die Informationsordnung einer Gesellschaft.[181] Sie beeinflussen – weit darüber hinausgehend – auch die soziale Ordnung und das persönliche Leben in der Gesellschaft.[182] Es entsteht eine „Fernsehwirklichkeit“.[183]

Was bedeutet das? In der Mediengesellschaft hat das Bild, das Medien von einem Gegenstand zeichnen, Auswirkungen auf den Gegenstand selbst. Das Medienbild prägt die Vorstellungen der Öffentlichkeit über einen Gegenstand. Mit diesen Vorstellungen wird der Gegenstand konfrontiert. In der Auseinandersetzung zwischen Vorstellung und Wirklichkeit verändert sich auch die Wirklichkeit, keineswegs nur das Bild von der Wirklichkeit. Konkret auf das Recht bezogen bedeutet das: Das Rechtssystem ist mit den Vorstellungen konfrontiert, die in der Öffentlichkeit über

---

[175] Die griffigeUnterscheidung zwischen Bildern im Recht und Bildern vom Recht hat Röhl (2005a, S. 247 f.) geprägt.

[176] Grundsätzlich zur Wirkung und zur Wirkungsforschung moderner Medien Merten (1994, S. 291 ff.) m. w. N.

[177] So ganz pointiert Hickethier (2003, S. 230).

[178] Siehe dazu die Aufzählung bei Hickethier (2003, S. 230 ff.) m. w. N.

[179] Altheide/Snow (2001, S. 31 f.) Ausführlich dazu Neverla (1990, S. 3 ff.), die das Fernsehen als „sozialen Zeitgeber“ bezeichnet. Bahnbrechend dazu schon früher Altheide (1985, S. 136 ff.).

[180] Hickethier (2003, S. 231).

[181] Zu den Umwälzungen in der Informationsordnung der amerikanischen Wirtschaft und Gesellschaft durch die elektronischen Medien Altheide (1985, S. 97 ff.).

[182] Dazu grundlegend Altheide (1985, S. 131 ff.) m. w. N. Winterhoff-Spurk (2005, S. 141 ff.) m. w. N. bezeichnet das Fernsehen sogar als „heimlichen Erzieher“, der unseren Charakter forme.

[183] Elsner u. a. (1994, S. 184 f.) m. w. N. Grundsätzlich dazu, wie Massenmedien die Vorstellung von der Wirklichkeit – und damit die Wirklichkeit selbst – prägen, Jäckel (2005, S. 185 ff.) m. w. N. Bahnbrechend dazu schon früher Fiske (1987), pass., der Merkmale einer *television culture* herausarbeitet und untersucht, wie sie die Gesellschaft beeinflusst.

das Recht bestehen.[184] Nicht zuletzt wird seine Leistungsfähigkeit an dem *Bild* gemessen, das die Öffentlichkeit von einem funktionierenden und gerechten Rechtssystem hat. Und dieses Bild ist zunehmend vom Fernsehen geprägt.[185] Ob es will oder nicht: In dieser Auseinandersetzung entwickelt und ändert sich das Rechtssystem.[186] Um es an einem kleinen, profanen Beispiel aus dem Gerichtsalltag zu verdeutlichen: Weil Rechtsanwälte den – vom Fernsehen geprägten – Erwartungen ihrer Mandanten entsprechen müssen, beginnen sie zunehmend, vor Gericht eine „Show abzuziehen".[187]

4.4.2 Richterin Barbara Salesch lässt grüßen

Das Bild vom Recht wird – allerdings nicht in Deutschland – von der Live-Berichterstattung aus realen Gerichtsprozessen[188] und dem fiktiven, aber dokumentarisch verbrämten Gerichtsfernsehen, den Justizshows[189], geformt. Daneben spielen auch Gerichts- und Kriminalfilme im Fernsehen und im Kino eine nicht zu unterschätzende Rolle.[190]

Seit 1981 ist in den USA die Liveberichterstattung aus dem Gerichtssaal grundsätzlich zulässig.[191] In der Grundlagenentscheidung *Chandler vs. Florida*[192] hat der

---

[184] Ähnlich Sherwin (2000, S. 244 ff.) m. w. N. der vor der daraus resultierenden Gefahr eines populistischen Rechts warnt. Ausführlich zu den Auswirkungen, die das Bild der Öffentlichkeit vom Recht auf das Recht selbst hat, Lenz (2003, S. 169 ff.).

[185] Ausführlich dazu Asimow/Mader (2004, S. 15, 54 ff.)m. w. N.

[186] Lenz (2003, S. 169). Asimow/Mader (2004, S. 53 ff.) m. w. N. belegen diese These und ihre Auswirkungen im Einzelnen. Zum Einfluss der Öffentlichkeit in Form der Medien auf das Recht schon früh Luhmann (1969, S. 126 ff.) m. w. N.

[187] Röhl (2005a, S. 252). Eindrückliche Beispiele aus dem Bereich der Strafjustiz schildert Hamm (1997, S. 27 ff., 64 ff., 83 ff.).

[188] Die Liveberichterstattung aus Gerichtssälen ist vor allem in den USA verbreitet. Ausführlich zum Court-TV in den USA Thaler (1994, S. 55 ff.) In Deutschland ist die Möglichkeit, live aus Gerichtsverhandlungen zu berichten, auf der Grundlage von § 169 S. 2 GVG und § 55 VwGO sehr eingeschränkt. Ausführlich dazu Kuß (1999, 225 ff.) m. w. N.

[189] Dazu Boehme-Neßler (2003b, S. 532).

[190] Grundlegend und ausführlich dazu Kuzina (2000), Machura/Ulbrich (2002). Exemplarisch und vertiefend dazu schon früher Friedman (1989, S. 1579 ff.) Dezidiert zum Einfluss amerikanischer Kriminalfilme auf die Vorstellung der öffentlichen Meinung von Gerechtigkeit Lenz (2003, S. 169 ff.).

[191] Eine Einschränkung gilt nur für den Fall, dass spezifische Beweise negativer Beeinflussung der Verhandlung vorliegen. Ausführlich dazu Goldfarb (1998, S. 61 ff.) Und eine Einschränkung gilt auch für Verhandlungen vor dem Supreme Court. Dort sind auch keine Fernsehkameras zugelassen. Kritisch dazu Brodocz (2007, S. 193 ff.) m. w. N.

[192] Chandler vs. Florida, 449 U.S. 560 (1981). In der Rechtssache Estes vs. Texas, 381 U.S. 532 (1965) hatte der Supreme Court 1965 noch ausdrücklich entgegengesetzt argumentiert und entschieden. Ausführlich und sehr kritisch zu dieser Entscheidung Sherwin (2000, S. 152 ff.) m. w. N. und – eher zustimmend – Goldfarb (1998, S. 56 ff.).

US Supreme Court die Auffassung vertreten: Tatsächliche Beeinträchtigungen eines Prozesses und negative psychische Auswirkungen auf die Prozessbeteiligten seien mit der Fernsehberichterstattung aus Gerichtsverhandlungen nicht verbunden.[193] Aus sozialpsychologischer Sicht spricht tatsächlich vieles für diese Ansicht, die der Alltagserfahrung des einzelnen widersprechen mag.[194] Jedenfalls hat sich in den USA seitdem die Liveberichterstattung aus Gerichtsverhandlungen als fester Bestandteil des Fernsehprogramms etabliert. Der – vorläufige – Schlusspunkt dieser Entwicklung ist das *Court-TV*.[195]

In Deutschland ist die Rechtslage dagegen deutlich restriktiver.[196] § 169 S. 2 GVG, der vom Bundesverfassungsgericht mehrfach für verfassungsgemäß erklärt wurde[197], verhindert Liveaufnahmen von Prozessen grundsätzlich.[198] § 17 a BVerfGG, der Liveübertragungen von Verhandlungen vor dem Bundesverfassungsgericht – wenn auch in sehr engen Grenzen – zulässt, ist eine Ausnahme von dieser Regel, die sich aus der Besonderheit des obersten Verfassungsgerichts erklärt.[199] Die Verbannung der Fernsehkameras aus den Gerichtssälen hat Auswirkungen auf das kulturelle Gedächtnis der Gesellschaft. Denn Massenmedien sind wichtige Gedächtnis- und Erinnerungs*generatoren*.[200] Gerichtsverhandlungen können nur schwer in das kulturelle Gedächtnis aufgenommen werden, wenn sie nicht in Fernsehbildern verbreitet und konserviert werden. Die Justiz behält dadurch die Kontrolle darüber,

---

[193] Das sieht das Bundesverfassungsgericht völlig anders: BVerfGE 103, 44, 68. Einen empirischen Beleg für seine Ansicht kann es aber nicht anführen. Gephart (2006, S. 278), behauptet – ebenfalls ohne empirische Grundlage – „daß Menschen sich vor laufender Kamera oder Tonband schlichtweg ändern“.

[194] Gehring (1998, S. 8 ff.), führt sozialpsychologische Untersuchungen an, die negative Auswirkungen von Fernsehkameras im Gerichtssaal widerlegen. Ähnlich argumentiert auch Goldfarb (1998, S. 96 ff.), auf der Basis – allerdings weniger – empirischer Studien. Aus juristischer Sicht widerspricht allerdings Sherwin (2000, S. 154 ff.), energisch, ohne aber auf die empirischen Materialien einzugehen. Skeptisch auch Gerhardt (1998, S. 528), allerdings nur auf der Grundlage seiner persönlichen Erfahrungen.

[195] Ausführlich dazu Goldfarb (1998, S. 124 ff.) m. w. N., und Thaler (1994, S. 55 ff.).

[196] Ausführlich dazu von Cölln (2005, S. 301 ff.) m. w. N. und Kuß (1999), pass. Über den Zugang der Medien zum Gerichtssaal wird in Deutschland allerdings schon seit über 40 Jahren intensiv diskutiert. Dazu Prütting (1999, S. 686 ff.), der die Diskussion nachzeichnet. Zur ebenso restriktiven Rechtslage in Großbritannien Nead (2004, S. 179 ff.).

[197] Siehe zuletzt BVerfGE 103, 44, 59 ff. Detailliert zeichnet von Cölln (2005, S. 337 ff.) m. w. N., die Rechtsprechung des Bundesverfassungsgerichts nach.

[198] Von Zeit zu Zeit werden aber von offizieller Seite Arbeitsgruppen eingesetzt, um die Einsatzmöglichkeiten elektronischer Medien in Gerichtsverfahren zu untersuchen. Dabei geht es allerdings weniger um die Übertragung von Gerichtsverhandlungen durch das Fernsehen als um die Integration medialer Instrumente in die Gerichtsverhandlung selbst. Siehe dazu Röhl/Ulbrich (2000, S. 369 ff.) m. w. N.

[199] Das betont der Gesetzgeber in der Begründung zu § 17 a BverfGG, BTDrs. 13/7673, S. 6 f., explizit. Ausführlich zum Ausnahmecharakter von § 17a BVerfGG von Cölln (2005, S. 460 ff.) m. w. N. Sehr kritisch dazu Brodocz (2007, S. 182 ff.), der von „Bilderfeindlichkeit des Bundesverfassungsgerichts“ spricht.

[200] Reinhardt/Jäckel (2005, S. 101 ff.) m. w. N.

wie sie im kulturellen Gedächtnis der Gesellschaft gespeichert wird.[201] Für die Gesellschaft ist das ein Verlust. Für die Justiz ist das nicht ungefährlich.[202]

Dennoch werden Gerichte und damit das Recht allgemein auch in Deutschland zunehmend ein wichtiges Thema im Fernsehen. Was ist der Grund dafür? Um die Aufmerksamkeit der Zuschauer zu gewinnen, tendiert das Fernsehen dazu, emotionale Themen zu behandeln oder Themen wenigstens zu emotionalisieren. Fernsehen ist weit gehend *Affektfernsehen.*[203] Juristische Themen sind nicht per se trocken oder langweilig. Sie sind hoch emotional. Bei gerichtlichen Auseinandersetzungen geht es oft um Konflikte und Gefühle. Vor Gericht werden Regelverletzungen und Abweichungen von der Norm verhandelt – und manchmal sogar ein Skandal. Es geht um reale Personen und ihre Verfehlungen und Schwächen. Im Prozess wird nicht die langweilige Normalität verhandelt, sondern die aufregende *Anormalität.*[204] Das interessiert viele Zuschauer. „Rechtsgeschichten" sind deshalb ein sehr dankbares Thema für das Fernsehen.[205]

Weil das Fernsehen reale Verhandlungen nicht übertragen darf, weicht es auf inszenierte, fiktive Prozesse aus. Sowohl im öffentlich-rechtlichen als auch im privaten Fernsehen lässt sich zurzeit ein – was die Quote angeht – erfolgreicher Trend zur Gerichtsshow feststellen: Unter Beteiligung echter Juristen werden von Schauspielern fiktive Gerichtsverhandlungen dargestellt.[206] Dadurch wird in der Öffentlichkeit der abstrakte Begriff „Recht" zunehmend sichtbar gemacht. Das ist eine Visualisierungstendenz, deren Einfluss auf das Recht insgesamt noch kaum abgeschätzt werden kann.

4.4.3 Die Öffentlichkeit als Richter? Recht unter dem Druck der öffentlichen Meinung

Weil das Bild, das sich die Öffentlichkeit von einem Gegenstand macht, im Medienzeitalter aber Auswirkungen auf den Gegenstand selbst hat, sollte die Wirkung, die echte und fiktive Bilder aus dem Gerichtssaal auf zukünftige reale Prozesse haben, nicht unterschätzt werden.[207]

---

[201] Das ist die spannende These von Brodocz (2007, S. 188ff.).

[202] Dazu Brodocz (2007, S. 208) m. w. N.

[203] Zum *Affektfernsehen* Bente/Fromm (1997, S. 19 ff.) und pass.

[204] Ähnlich Hörisch (2005, S. 154).

[205] Deshalb gehört die Beschäftigung mit rechtlichen Themen schon sehr früh zum Programm des Fernsehens. Nur ein Beispiel dafür: Bereits ab 1961 lief in der ARD die Sendung „Das Fernsehgericht tagt"

[206] Ausführlich zum Genre der Gerichtsshow Brauer (2007, S. 34 ff.).

[207] Dass und wie Medien die öffentliche Meinung formen, zeigt Lenz (2003, S. 169 ff.), am Beispiel der amerikanischen Rechtspolitik, die – nicht nur, aber auch – vom Gerechtigkeitsbild im Kino und im amerikanischen Fernsehen beeinflusst wurde. Grundsätzlich zur Wirkung des Fernsehens Gerbner (2000, S. 111 ff.), McCombs (2000, S. 123 ff.) und Rubin (2000, S. 137 ff.) m. w. N.

Welche Wirkungen haben Fernsehbilder vom Recht? Bilder aus dem Gericht können über Recht aufklären, sie können Kriminelle abschrecken und das Vertrauen der Bürger in die Justiz stärken.[208] Der amerikanische Pionier der TV-Court-Shows, der amerikanische Richter Joseph A. Wapner, war in den 1980er Jahren fest davon überzeugt, dem Rechtssystem zu nützen. Seine Popularität bei den Zuschauern und sein hohes Ansehen in der Öffentlichkeit könnten ein Indiz dafür sein, dass er mit seiner Sendung *The People's Court* tatsächlich das Bild der Öffentlichkeit vom Rechtssystem positiv beeinflusst hat.[209]

Kameras im Gerichtssaal bergen allerdings erhebliche Risiken für das Rechtssystem.[210] Problematisch ist an Liveübertragungen aus Gerichtsverhandlungen weniger, dass das Verhalten der Akteure kurzfristig durch die Kameras beeinflusst und dadurch ein ordnungsgemäßer Prozess verhindert wird.[211] Sozialpsychologische Studien zum sogenannten *Zuschauereffekt* belegen, dass Personen ihr Verhalten *nicht* ändern, wenn Zuschauer anwesend sind.[212] Im Gegenteil: Vor Zuschauern zeigen Menschen in der Regel das Verhalten, das sie schon vorher erfolgreich eingeübt haben.[213] Kameras im Gerichtssaal würden also – legt man diese sozialpsychologische Erkenntnis zugrunde – das Verhalten der Prozessbeteiligten nicht wesentlich verfälschen.[214] Dennoch ist mit den Fernsehkameras im Gerichtssaal eine Gefahr verbunden, allerdings eine andere. Die Gefahr liegt in der subtilen *Fiktionalisierung der Rechtswirklichkeit* durch das Fernsehen. Fernsehen dokumentiert in der Regel Prozesse nicht detailgetreu.[215] Das Bildmaterial wird stattdessen bearbeitet, damit es der – dramaturgischen und ökonomischen – Logik des Fernsehens entspricht.

[208] Ähnlich Barber (1987, S. 95 ff.), auf der Grundlage empirischer Studien. Zurückhaltender ist der Bericht des New York State Committee über die Berichterstattung aus Gerichtssälen von 1997: New York State Committee (1997, S. 69 ff.).

[209] Ausführlich dazu Porsdam (1999, S. 105 f.).

[210] Die Risiken analysiert im Detail Barber (1987, S. 98) auf empirischer Grundlage. Ähnlich warnend aus der Sicht eines Richters Garapon (1996, S. 231 ff.).

[211] Das ist aber der Fokus, unter dem das Problem in der deutschen Literatur diskutiert wird. Siehe dazu nur Kuß (1999), pass. Ausführlich zu den Ängsten und möglichen Gefahren, die mit Liveberichten aus den Gerichten verbunden sind Barber (1987, S. 36 ff.) m. w. N., die aber, (a. a. O., S. 86 f.), die Gefahren in der Praxis nicht verwirklicht sieht. Ebenso aus empirischer Sicht das New York State Committee (1997, S. 75 ff.).

[212] Bahnbrechend dazu Zajonc (1965, S. 269 ff.) Ausführlich belegt das die Studie des New York State Committee (1997, S. 74 ff.) Das verkennt Gerhardt (1998, S. 528), der irrig behauptet, es gebe keine empirischen Studien darüber, wie Kameras im Gerichtssaal das Verhalten der Beteiligten ändern.

[213] Gehring (1998, S. 9) m. w. N.

[214] So im Ergebnis auch das New York State Committee (1997, S. 74 ff.) Allerdings kann es dabei Unterschiede zwischen unterschiedlichen Prozessbeteiligten geben. Richter und Anwälte werden eher nicht beeinflusst, bei Zeugen und Angeklagten kann das möglicherweise etwas anders sein. Das legen jedenfalls empirische Studien nahe, über die Barber (1987, S. 72 ff.), ausführlich berichtet.

[215] Eine Ausnahme sind etwa Justizkanäle im US-amerikanischen Fernsehen, die tatsächlich Prozesse ungeschnitten und live übertragen.

Kein Prozess wird ungeschnitten und ungekürzt dokumentiert und gesendet.[216] Darin liegt die entscheidende Problematik von Fernsehbildern aus dem Gerichtssaal. Wegen der Bearbeitung können sie dem Fernsehpublikum ein verzerrtes Bild der juristischen Realität vermitteln, das falsche Vorstellungen und unrealistische Erwartungen weckt.[217] Mittelfristig werden sich diese Erwartungen auf das Rechtssystem im Allgemeinen und die Beteiligten eines Prozesses auswirken.

Dass die Öffentlichkeit Einfluss auf die Entstehung von Rechtsnormen und die Entwicklung des Rechtssystems nimmt, ist in einer Demokratie der Normalfall. Die Parlamente sollen – das ist Ausdruck der Volkssouveränität – von den Bürgern, der Öffentlichkeit und den Medien beeinflusst werden. Eine wichtige Errungenschaft der Demokratie und des modernen Rechtsstaates ist auch die grundsätzliche Öffentlichkeit von Gerichtsverhandlungen.[218] Problematisch ist allerdings die *Einflussnahme* der Öffentlichkeit und der Medien auf die – von der Verfassung in Artikel 97 Abs. 1 GG als unabhängige Institution konstruierte – Justiz. Führt Medienöffentlichkeit tatsächlich zu einem erhöhten Druck auf die Justiz?

Medienöffentlicher Druck, der Auswirkungen hat, lässt sich vor allem im Bereich der Strafjustiz feststellen.[219] Denn vor allem dort geht es um die Fälle, die für die Massenmedien interessant sind.[220] Immerhin geht es um menschliche Dramen, spannende Geschichten, schwierige Beziehungen und „Menschen wie du und ich". Das entspricht den Erwartungen und Interessen des Fernsehpublikums. Die Staatsanwaltschaft ist anfällig für Druck der Medien.[221] Das hängt auch mit ihrer institutionellen Struktur zusammen: Staatsanwälte unterstehen dem Landesjustizminister, der seinerseits dem Parlament politisch verantwortlich ist. Das Parlament ist – demokratietheoretisch gewollt – der Öffentlichkeit (politisch) rechenschaftspflichtig. Das ist nicht nur eine demokratische Notwendigkeit, sondern gleichzeitig auch ein „Einfallstor" für politischen Druck der Öffentlichkeit. Auch Hauptverhandlungen stehen nicht selten unter öffentlichem Druck, und die Strafrichter müssen reagieren – wie auch immer.[222] Schon wenn Journalisten nur im Gerichtssaal sitzen, verändert

---

[216] Ausführlich zur Selektion und Filterung der Wirklichkeit durch das Fernsehen siehe unten Abschn. 7.1.2.

[217] Die empirische Untersuchung von Thym (2003, S. 121 f.) zeigt am Beispiel der Gerichtsshows, dass Fernsehbilder Auswirkungen auf die Vorstellung der Zuschauer von einem Prozess haben. Grundsätzlich dazu, wie das Fernsehen die Weltsicht seiner Zuschauer beeinflusst und nicht selten dominant prägt, Gerbner u. a. (2002, S. 203 ff.) m. w. N. und empirischem Material. Ausführlich dazu auch Abschn. 7.1.2.

[218] Kameras im Gerichtssaal können durchaus die öffentliche Kontrolle und Kritik der Justiz fördern. Dazu New York Committee (1997, S. 31 ff., 69 ff.) und Prütting (1999, S. 686 ff.).

[219] Zum Druck der Öffentlichkeit auf Richter und Staatsanwälte ausführlich auf empirischer Grundlage Kepplinger/Zerback (2009, S. 221 ff.). Kritisch dazu Wagner (1987, S. 97 ff.), der sogar einen „Autonomieverlust der Strafjustiz in der Mediengesellschaft" konstatiert.

[220] Dazu Garapon (1996, S. 233 ff.) am Beispiel von Straftaten, in denen Kinder die Opfer sind.

[221] Spektakuläre Beispiele beschreibt Hamm (1997, S. 25 ff.) Ausführlich zum Mediendruck auf die Staatsanwaltschaft Wagner (1987, S. 60 ff., S. 85 f.) Wagner (1987, S. 33 ff.), schildert allerdings auch Praxisbeispiele, in denen Staatsanwälte versuchen, die Öffentlichkeit durch Indiskretionen gegenüber der Presse für ihre Zwecke zu instrumentalisieren.

[222] Instruktive Fallstudien dazu finden sich bei Hamm (1997, S. 64 ff.), und Wagner (1987, S. 104 ff.).

sich das „Klima"; es wird anders verhandelt.[223] Empirische Forschung zur Frage, wie öffentlicher Druck auf Strafrichter wirkt, ist bisher dünn gesät.[224] Aus Indizien lässt sich aber zumindest eine belastungsfähige Hypothese formulieren: Richter spüren den Druck und die Erwartungen der Öffentlichkeit persönlich und werden davon beeinflusst.[225] Selbstverständlich wirkt sich der Einfluss nicht direkt und unmittelbar auf die Urteile aus. Die Wirkungszusammenhänge sind eher – wie es der Psychologie der Kommunikation entspricht – indirekt.[226]

4.4.4 *Vertrauensverlust? Wenn das Recht die Erwartungen enttäuscht*

Das Fernsehen hat ein großes Aufklärungspotential – auch und gerade über das Recht. Fernsehbilder erreichen Bevölkerungsschichten, die üblicherweise wenig Interesse an, geschweige denn Verständnis für rechtliche Fragestellungen und Problemlösungen haben. Wenn durch Fernsehbilder – etwa Gerichtsfilme, Court-TV oder Gerichtsshows – in breiten Bevölkerungskreisen Interesse und Verständnis für das Rechtssystem geweckt wird, ist das sicher gut für den Rechtsstaat. Denn das fördert die Akzeptanz des Rechtsstaates – und des Rechts ganz grundsätzlich – in der Bevölkerung. Fernsehen kann auch im juristischen Bereich im besten Sinne aufklärend sein.[227] Um es klar zu sagen: Infotainment und Information schließen sich nicht prinzipiell aus.[228] Das gilt natürlich auch, wenn das Recht zum Gegenstand von Infotainment wird.

Aber nutzt das Fernsehen sein Aufklärungspotential? Empirische Untersuchungen von Gerichtsshows und ähnlichen Sendungen zeigen eher das Gegenteil. Gerichtsshows sind fiktionale Formate, die nach allen Regeln der (Fernseh)Kunst gestaltet werden.[229] Das Fernsehen verzerrt und verfälscht dabei – im Interesse der

---

[223] Gerhardt (1990, S. 26, 29 f.).

[224] Eine empirische Untersuchung u. a. zu dieser Frage hat das New York State Committee (1997, S. 79 f.), vorgelegt. Eine neuere demoskopische Befragung von Richterinnen und Richtern zu diesem Thema haben Gerhardt u. a. (2007, S. 38), und Kepplinger/Zerback (2009, 216 ff.) durchgeführt.

[225] Diesen Schluss lassen die Ergebnisse der Studie von Gerhardt u. a. (2007, S. 38), zu. Wagner (1987, S. 87 ff.), hat schon früher Indizien aus der Praxis der Strafjustiz zusammengetragen, die diese These stützen. Ähnlich auch New York State Committee (1997, S. 79 f.).

[226] Ein Beispiel dafür schildert Hamm (1997, S. 67).

[227] Instruktiv dazu sind erste empirische Ergebnisse, die Machura (2007, S. 89 f.) vorlegt. Danach flößen Gerichtsfilme und Gerichtsshows den Zuschauern eher Vertrauen in die staatlichen Gerichte ein. Skeptisch aber Gerbner (2002, S. 462).

[228] Ähnlich auch das Bundesverfassungsgericht NJW 2000, 1021, 1024 – Caroline I: „Meinungsbildung und Unterhaltung sind keine Gegensätze".

[229] Zur Dramaturgie und Gestaltung der aktuellen Gerichtsshows im deutschen Fernsehen im Detail Brauer (2007, S. 45 ff.) m. w. N. Grundsätzlich zur Bearbeitung der Wirklichkeit durch das Fernsehen Saxer (2007, S. 73 ff.) m. w. N., der von Personalisierung, Eventisierung, Equilibrierung und Euphorisierung spricht.

Unterhaltung – nicht selten das Bild des Rechtssystems. Das ist natürlich gedeckt durch die künstlerische Freiheit, die auch das Fernsehen in Anspruch nehmen kann und nimmt. Das mag ein ästhetisches Problem sein. Aber was hat das mit dem realen Recht im Alltag zu tun?

Fernsehen ist ein künstlerisches Medium. Aber – anders als etwa das Theater – ist es darauf nicht beschränkt. Es erhebt zusätzlich den Anspruch, über die Wirklichkeit zu berichten und sie dokumentarisch abzubilden. Und es suggeriert gleichzeitig, dass es genau dies auch tut. Dabei verschwimmen die Grenzen zwischen Dokumentation und Berichterstattung einerseits und künstlerischer Gestaltung andererseits zunehmend. Das Phänomen der *Reality-Shows* oder *Doku-Fiction*-Formate[230] sind nur das deutlichste Beispiel dafür. In vielen Fällen ist die Grenzüberschreitung undeutlicher, aber dennoch existent.[231] Das gipfelt dann in der absurden Tatsache, dass – rein fiktive, aber bekannte – Fernsehärzte tausende von Briefen bekommen, in denen sie um medizinischen Rat gefragt werden.[232] *Dr. House wird zum echten Hausarzt.*

Das lässt sich auch bei den Gerichtsshows beobachten. Obwohl sie fiktive Fälle abhandeln, verfolgen sie auch Authentisierungsstrategien, um genau diese Fiktionalität wieder zu *verschleiern*.[233] Es sind etwa echte Juristen, die in ihnen auftreten. Grundlage der Verhandlung und der richterlichen Entscheidung ist das reale, gültige Recht. Diese problematische Strategie zielt darauf, die Glaubwürdigkeit zu erhöhen.[234] Nicht zuletzt deshalb wird die – scheinbar realistische, tatsächlich aber fiktionale – Darstellung von Recht im Fernsehen zum Problem für das reale Recht. Denn das Fernsehen weckt bei den Zuschauern falsche Vorstellungen vom realen Recht und seinen Möglichkeiten im Alltag. Die Menschen gründen ihre Einstellungen zu Recht und Justiz dann auf dieser falsch verstandenen und verzerrten Fernsehrealität.[235] Denn Gerichtsshows prägen tatsächlich die Vorstellung der Zuschauer von der Realität des Gerichtsalltags.[236] Wer viel fernsieht, kultiviert Ansichten, die mit dem Gesehenen übereinstimmen.[237] Vielseher tendieren dazu, das für die Wirk-

---

[230] Einzelheiten zu den dokumentarisch-fiktionalen Mischformen im Fernsehen Hickethier (2001, S. 204 ff.).

[231] Ähnlich Spiesel/Sherwin/Feigenson (2005, S. 235) mit einem Beispiel aus dem amerikanischen Fernsehen.

[232] Diese und ähnliche Beispiele schildern Gerbner/Gross (2002, S. 232 f.).

[233] Brauer (2007, S. 66).

[234] Ähnlich Spiesel/Sherwin/Feigenson (2005, S. 237), die weitere Strategien zur Glaubwürdigkeitssteigerung zeigen.

[235] Dazu Podlas (2001, S. 21 f.).

[236] Ähnlich Spiesel/Sherwin/Feigenson (2005, S. 236). Instruktiv dazu ist die empirische Untersuchung von Podlas (2001, S. 11 ff.), die signifikante Auswirkungen der Gerichtsshows belegt. Zu einem ähnlichen Ergebnis kommt Machura (2007, S. 93 f.), ebenfalls aufgrund einer empirischen Untersuchung. Ausführlich dazu, wie das Fernsehen die Vorstellung vom Recht und vom Justizsystem prägt, schon früher Thaler (1994, S. 6 ff.).

[237] Ausführlich zu dieser *Kultivierungsthese* Gerbner (2000, S. 111 ff.) m. w. N.

lichkeit zu halten, was das Fernsehen zeigt.[238] Empirische Untersuchungen belegen, dass vor allem – realitätsfremde – Schlussfolgerungen über die Arbeit der Polizei und der Justiz davon betroffen sind.[239] Ein kaum merkliches, aber erschreckendes Beispiel für die subtilen Wirkungen der Gerichtsfilme und Gerichtsshows: Amerikanische Fernsehsender tendieren dazu, den Angeklagten in einem Prozess durch die Kameraführung und die Bildeinstellungen eher als unsympathisch und schuldig darzustellen.[240] Das konterkariert auf subtile, visuelle Weise die prinzipielle Unschuldsvermutung, die im modernen Rechtsstaat den Prozess dominieren sollte. Ein anderes Beispiel: Beeinflusst von der Dramaturgie und den Stilelementen der Gerichtsshow glauben Fernsehzuschauer nicht selten, Gerichtsverhandlungen seien aggressiv, hoch emotional und kontingent.[241] Das kann ein Problem für den Rechtsstaat werden. Denn dadurch könnte sich die Hemmschwelle der Bürger erhöhen ihr Recht vor Gericht zu suchen.

Hier liegt ein noch stark unterschätztes Problem: Die Realität des Rechts und die weit verbreiteten, aber falschen Vorstellungen vom Recht, die vom Fernsehen geprägt und immer wieder verstärkt werden, klaffen auseinander.[242] Dann sind Enttäuschungen der Bürger programmiert. Um es an einem Punkt zuzuspitzen: Wenn Fälle im Fernsehen in einer halben Stunde klar und eindeutig entschieden werden, warum brauchen die realen Gerichte dann Monate für Entscheidungen, die auch noch wenig verständlich und kompliziert sind? Die Erfahrung zeigt: Das ist dann kein Problem des Fernsehens, sondern ein Problem des Rechts. Die Enttäuschungen führen zur Entfremdung der Bürger vom realen Recht und erodieren auf Dauer die Akzeptanz und Legitimität des Rechts. Die Zuschauer – und Bürger – verlieren auf die Dauer das Vertrauen in das Recht und das Rechtspersonal. Fernsehbilder vom Recht können also aufklärerisch wirken und die Akzeptanz von Recht und Justiz in der Bevölkerung erhöhen. Sie können aber die Akzeptanz im Gegenteil sogar verringern. Wie wirken die zahlreichen Justizshows, die zurzeit im Fernsehen zu sehen sind? Klären Sie auf über Recht und festigen sie das Vertrauen in das Rechtssystem? Oder wecken sie unerfüllbare Erwartungen an das Recht, die zu einem Vertrauensverlust führen müssen? Neuere empirische Studien zur Wirkung von Gerichtsshows ergeben ein widersprüchliches Bild.[243] Wirklich beantworten lässt sich die Frage noch nicht. Dazu sind weitere empirische Untersuchungen notwendig.

---

[238] Gerbner u. a. (2002, S. 203). Ausführlich zur Kultivierung der Weltsicht durch das Fernsehen siehe unten Abschn. 7.1.2.

[239] Gehring (1998, S. 9) m. w. N. Frappierende Beispiele schildern Gerbner/Gross (2002, S. 232) und Röhl (2005a, S. 252) m. w. N. Ausführlich und differenzierend dazu Thym (2003, S. 65 ff.) Dazu passt, dass Vielseher die Gesellschaft für viel gewalttätiger halten, als sie es ist. Dazu Gerbner (2000, S. 111 f.) m. w. N. und Gerbner u. a. (2002, S. 203) sprechen in diesem Zusammenhang vom „mean world syndrome“.

[240] Thaler (1994, S. 10).

[241] Machura (2007, S. 98 f.) auf der Grundlage einer empirischen Untersuchung.

[242] Instruktiv dazu Thym (2003, S. 15 ff.) die im Detail zeigt, wie realitätsfern die aktuellen Gerichtsshows im deutschen Fernsehen sind.

[243] Machura (2006, S. 174 ff.) kommt eher zu dem Ergebnis, dass Gerichtsshows das Vertrauen der Zuschauer in die Justiz nicht untergraben. Zu einem teilweise anderen Schluß kommt Thym

4.5 Überzeugungskraft – Chancen visueller Rechtskommunikation

Im Mittelpunkt der rechtlichen Kommunikation steht die Überzeugungskraft: Juristische Kommunikation zielt auf Überzeugung. Die Überzeugungskraft von Gesetzen, Rechtsfiguren, Gerichtsurteilen und praktischen Argumentationen ruht auf drei Säulen: auf der Aufmerksamkeit der Angesprochenen, auf dem Inhalt selbst und auf der Form, in der dieser Inhalt präsentiert wird.[244] Die *Qualität* der rechtlichen Argumente besteht unabhängig davon, ob sie mit Worten oder Bildern vorgetragen werden. Am Inhalt einer juristischen Argumentation ändern Bilder nichts. Die beiden anderen Faktoren der Überzeugungskraft – *Aufmerksamkeit* und *Form* – werden durch den Gebrauch von Bildern aber erheblich modifiziert.

4.5.1 Bilder als Eye-catcher: mehr Aufmerksamkeit für das Argument

Anders als Worte erregen Bilder *automatisch* Aufmerksamkeit.[245] Rechtskommunikation, die mit Bildern arbeitet, schafft es deshalb leichter, die Aufmerksamkeit der Angesprochen zu erreichen. Das erleichtert die Überzeugungsarbeit erheblich. Denn ohne Aufmerksamkeit werden Argumente von den Zuhörern nicht zur Kenntnis genommen und wirken kaum.[246] Im amerikanischen Rechtssystem sind Bilder in unterschiedlichsten Varianten schon lange ein gängiges Instrument der juristischen Kommunikation.[247] Denn es geht darum, eine Jury zu überzeugen. In Deutschland spielen juristische Laien im Prozess eine viel geringere Rolle. Das mag einer der Gründe sein, warum Bilder in deutschen Gerichten bisher viel seltener sind: Juristen, die traditionell bilderskeptisch eingestellt und auf verbale Kommunikation trainiert und fixiert sind, bleiben unter sich. Bilder als *Eye-catcher* sind hier bisher offensichtlich weniger nötig.

Die demografische Entwicklung wird das aber ändern. Die jüngeren Generationen wachsen in einer Welt auf, die viel stärker von Bildern geprägt ist. Das bleibt nicht ohne Folgen für ihr Verhältnis zu Bildern und ihre Fähigkeit zu visueller Kommunikation. Sie sind es viel mehr als frühere Generationen gewohnt, visuell zu

---

(2003, S. 121 ff.) Beide Untersuchungen sind aber nur beschränkt aussagekräftig. Sie basieren nicht auf einer repräsentativen Befragung, sondern auf einer Stichprobe, für die nur Studentinnen und Studenten befragt worden sind.

[244] Ähnlich aus sozialpsychologischer Sicht Aronson u. a. (2004, S. 238.).

[245] Keil (2005, S. 138). Dazu auch schon siehe oben Abschn. 3.5.7. und 3.6.

[246] Aronson u. a. (2004, S. 238 ff.) m. w. N.

[247] Instruktiv dazu Ciccone (1986, S. 17 ff.), der diskutiert, welche visuellen Mittel in unterschiedlichen Phasen eines Prozesses eingesetzt werden können – und sollten. Grundsätzlich zum Problem, dass und wie eine Jury von den Prozessbeteiligten beeinflusst werden kann, Adler (1994, S. 51 ff.).

kommunizieren. Um es zuzuspitzen: Die *Generation X* wächst in der Bilderwelt auf und kommuniziert mit Bildern, nicht mit Texten. Für die Aufmerksamkeit hat das Folgen: Juristische Kommunikation wird die Aufmerksamkeit der jüngeren Generationen ohne Bilder kaum gewinnen können.[248] Droht dann Entfremdung und Sprachlosigkeit? Der Generationswechsel des juristischen Personals wird das Problem entschärfen. Jüngere Rechtsanwender, die in ihrer Entwicklung stärker visuell sozialisiert wurden, werden auch stärker visuell kommunizieren. Die Prognose ist nicht kühn: Die juristische Kommunikation wird allein durch den Generationswechsel zwangsläufig deutlich visueller.

4.5.2 Form follows function? Bilder in der juristischen Formensprache

Es kommt nicht nur auf den Inhalt an. Dass die Form eine wichtige Rolle spielt, ist eine uralte Erkenntnis. Nicht nur der Stellenwert, den die Rhetorik im Gerichtssaal hat, zeigt, dass sich auch das Recht dieser Erkenntnis nicht verschlossen hat.[249] Die Formensprache des Rechts würde sich durch deutlich erweitern, wenn es Bilder benutzen würde. Die Überzeugungskraft des Rechts könnte – nein: würde – zunehmen.[250] Ein archaisches Beispiel für die argumentativen Möglichkeiten, die visuelle Kommunikation bietet, ist die nonverbale Kommunikation. Nonverbale Kommunikation kann die Informationen, die durch Worte übermittelt werden, unterstreichen, betonen, präzisieren und damit ihre Überzeugungskraft steigern.[251] Vor allem Gestik und Mimik sind Instrumente, die auch in der rechtlichen Kommunikation eingesetzt werden.[252] Allerdings haben sie in der modernen westlichen, von Texten und vom Schreiben dominierten Kultur erheblich an Bedeutung verloren.[253] In anderen Kulturen ist das völlig anders.[254]

---

[248] Instruktiv dazu Reske (1995, S. 14), der dieses Problem am Beispiel von jüngeren Jury-Mitgliedern diskutiert, die von Plädoyers ohne Bildern nicht erreicht werden.

[249] Ausführlich dazu Sherwin (2000, S. 41 ff.), der die Rhetorik des juristischen Geschichtenerzählens im Gerichtssaal näher untersucht.

[250] So ganz dezidiert Katsh (1995, S. 159 ff.) m. w. N. Kroeber-Riel (1996, S. 81 ff.) m. w. N. gibt einen Überblick über die Wirkungen von Bildern auf das Verhalten von Menschen, also über die Überzeugungskraft von Bildern.

[251] Zur nonverbalen Kommunikation aus kommunikationswissenschaftlicher Sicht Merten (1985, S. 27). Ähnlich ist auch die politikwissenschaftliche Sicht: Meyer u. a. (2000, S. 84 ff.) m. w. N.

[252] Ausführlich zur kommunikativen Bedeutung der Mimik aus anthropologischer Sicht Eibl-Eibesfeldt (1997, S. 619 ff.) m. w. N., und aus dem neurobiologischen Blickwinkel Roth (2003, S. 418 f). m. w. N. Die kommunikative Bedeutung der Gestik untersucht Boehm (2007, S. 21 ff.) Zur Bedeutung und Notwendigkeit ritueller Gesten im antiken Rom ausführlich Flaig (2004, S. 99 ff.) m. w. N.

[253] Hibbitts (1992, S. 911).

[254] Zur Bedeutung von Gestik, Mimik und Tanz in performativen Kulturen Hibbitts (1992, S. 906 ff.) m. w. N.

Die Welt, mit der sich das Recht befassen muss, ist hoch kompliziert. Rechtliche Kommunikation befasst sich deshalb nicht selten mit komplexen, diffizilen und ausdifferenzierten Beziehungen und Problemen. Hier können Visualisierungen sehr helfen. Komplexität lässt sich durch bildliche Darstellung reduzieren, jedenfalls aber verständlicher machen.[255] Die neurophysiologischen Besonderheiten der visuellen Kommunikation können also die Effektivität des Rechts bei der Bewältigung komplexer und ausdifferenzierter Probleme deutlich erweitern.[256] Komplizierte Rechtsverhältnisse zwischen vielen Beteiligten etwa lassen sich visuell übersichtlicher wiedergeben als ausschließlich mit Worten. Probleme des Familienrechts, des Gesellschafts- und des Konzernrechts könnten durch visuelle Kommunikation sicher klarer dargestellt und besser gelöst werden. Ausdifferenzierte Organisationsmuster sind ohne visuelle Darstellung fast unverständlich. Je komplizierter Verwaltungsstrukturen sind, desto nötiger wird visuelle Kommunikation, um sie darstellen und verstehen zu können. Gerade die immer stärker vernetzten Verwaltungen in modernen Industriegesellschaften lassen sich mit visueller Kommunikation besser analysieren. Ein anderes einleuchtendes Beispiel: Das Recht stellt oft ausgeklügelte Alternativen mit unterschiedlichen, aber weitreichenden Konsequenzen zur Verfügung. Solche Regelungen ließen sich als interaktive Diagramme darstellen. Dann könnten die Rechtsanwender die unterschiedlichen Alternativen mühelos durchspielen.[257]

Auch beim räumlichen Denken können Bilder und Grafiken sehr helfen. Die räumliche Vorstellungskraft des Menschen ist begrenzt. Juristische Argumentationen, in denen es auf räumliche Sachverhalte und Zusammenhänge ankommt, benutzen deshalb nicht selten Bilder. Beispiele dafür sind baurechtliche Prozesse und Verfahren, in denen es um Verkehrsunfälle geht. Auch im amerikanischen Strafverfahren ist der Einsatz von Landkarten und Ortsskizzen schon lange üblich.[258] Große Überzeugungskraft entfalten auch visuelle 3-D-Rekonstruktionen von Tatabläufen, die aber in deutschen Gerichtssälen noch kaum zu sehen sind.[259]

Nicht nur Komplexität, sondern auch Dynamik lässt sich mit visueller Kommunikation besser bewältigen. Bildliche Darstellungen sind deshalb vor allem dann nützlich, wenn mit rechtlichen Mitteln dynamische Prozesse kontrolliert oder begleitet werden. In der digitalen Wissensgesellschaft werden Dateninformationen kontinuierlich und andauernd gesammelt, verarbeitet und verteilt.[260] Für das Recht

---

[255] Tufte (1990, S. 31): „Courtroom graphics can overcome the linear, nonreversible, one-dimensional sequencing of talk talk talk". Sehr instruktiv dazu die unterschiedlichen Beispiele, die Kantor (1999, S. 47 ff.) schildert.

[256] So völlig zu Recht Johnson (2006, S. 247 f.) Ein ganz frappierendes Beispiel aus der Gerichtspraxis zeigt Tufte (1990, S. 31): eine Matrix, in der Verteidiger die Vorstrafen unterschiedlicher Zeugen gegen ihren Mandanten aufgelistet haben. Die visuelle Wirkung ist stark und erschüttert die Glaubwürdigkeit der Tatzeugen nachhaltig. Unterschiedliche visuelle Instrumente vergleicht Ciccone (1986, S. 17 ff.).

[257] Johnson (2006, S. 248).

[258] Ausführlich zum Einsatz von Landkarten im Prozess McDermott (1986, S. 56 ff.) m. w. N.

[259] Instruktiv Kantor (1999, S. 105 ff.).

[260] Darauf weist zu Recht Katsh (1995, S. 161), hin.

hat das Konsequenzen: Es geht weniger darum, einzelne Fälle und fest umrissene Projekte „abzuarbeiten“. Das Recht muss vielmehr verstärkt dynamische, kontinuierliche Prozesse kontinuierlich begleiten, kontrollieren und steuern. Dieser Aufgabe wird sich das Recht kaum gewachsen zeigen, wenn es nicht auf Mittel visueller Kommunikation zurückgreift. Ein Beispiel dafür ist das Vertragscontrolling bei Verträgen mit langer Laufzeit und kontinuierlichem Leistungsaustausch. Ein anderer Anwendungsfall ist das Verwaltungsverfahren. Vor allem komplexe, mehrfach gestufte und deshalb dynamische Verwaltungsverfahren lassen sich mit visueller Unterstützung erheblich effizienter gestalten.[261]

4.5.3 Schnelles Recht ist gutes Recht: Beschleunigung der Rechtskommunikation

Die Mühlen der Justiz mahlen langsam – das ist bekannt. Trotzdem: Ob ein Rechtssystem gut ist und effektiv funktioniert, hängt auch von seiner Arbeitsgeschwindigkeit ab. Seine Aufgaben kann ein Rechtssystem nur erfüllen, wenn es Entscheidungen in angemessenen Zeiträumen generiert. Zu späte Entscheidungen von Gerichten etwa verschlechtern die Konfliktlösungsfähigkeit und die Steuerungsfähigkeit des Rechtssystems. Ein Beispiel aus dem Alltag: Weil Gerichtsverfahren lange dauern, geht die internationale Wirtschaft zunehmend dazu über, Streitigkeiten vor privaten Schiedsgerichten auszutragen.[262] Staatliches Recht und Gerichte verlieren dadurch an Relevanz und Steuerungsfähigkeit. Weniger rechtssoziologisch, sondern verfassungsrechtlich gesprochen: Die Rechtsschutzgarantie in Artikel 19 Abs. 4 GG hat auch eine zeitliche Komponente. Prozesse, die zu lange dauern, sind ein Verstoß gegen Artikel 19 Abs. 4 GG.[263] Können Bilder helfen, Artikel 19 Abs. 4 GG optimal zu verwirklichen?

Bilder werden schneller erfasst und verstanden als Texte.[264] Je komplexer der Gegenstand der Kommunikation ist, desto deutlicher ist der Geschwindigkeitsvorteil des Bildes. Eine – jedenfalls partielle – Visualisierung kann also diese Besonderheit der Wahrnehmungsbiologie nutzen und die Verarbeitung rechtlicher Informationen beschleunigen. Allerdings ist die Beschleunigung der Rechtskommunikation ambivalent. Dass Recht langsamer ist als andere Teile der Gesellschaft, ist nicht nur ein Mangel, der aus unzureichenden Ressourcen und schlechter Organisation resultiert. Es ist auch ein Vorteil: Das Recht soll alle Beteiligten berücksichtigen, alle Aspekte umfassend erörtern und rational abwägen. Diese Art der Kommunika-

---

[261] Roßnagel/Schroeder (1999, S. 13 ff.), die auch eine konkrete Simulationsstudie durchgeführt haben und vorstellen.

[262] Tietje (2003, S. 1091 f.) m. w. N. Kritisch zu dieser Entwicklung Scheuerman (1999, S. 6 ff.).

[263] Art. 19 IV GG gewährt einen Anspruch auf *effektiven* Rechtsschutz. Dazu BVerfGE 35, 263, 274 f.; 67, 43, 58 ff.; 101, 106, 121 ff. Zur Effektivität gehört natürlich auch die Erledigung innerhalb eines akzeptablen Zeitraums.

[264] Schierl (2001, S. 197 f.) m. w. N.

tion erfordert – neben anderem – vor allem auch Zeit. Das macht eine Folgerung zwingend. Eine Beschleunigung der Rechtskommunikation durch Bilder und Grafiken ist rechtspolitisch wünschenswert. Grenzenlos darf das Tempo der juristischen Kommunikation aber nicht verschärft werden. Sonst verliert das Recht einen Teil seiner typischen und wertvollen Stärken.

4.5.4 Widerspruch zwecklos. Der Imperativ der Bilder

Bilder sind per se hochkomplex. Das hat – unter anderem – eine Konsequenz, die für ihren Einsatz im juristischen Bereich besonders brisant ist: Man kann ihnen kaum effektiv widersprechen. Das hat zwei Gründe.[265] Widerspruch gegen Bilder ist wirklich wirksam nur möglich durch Bilder, weniger durch Worte. Spontan oder schnell lassen sich kaum Bilder erzeugen, mit denen auf ein visuelles Argument reagiert werden könnte. Mündlicher Widerspruch dagegen kann spontan und schnell sein. Visuelle Gegenbilder lassen sich nur relativ langsam aufbauen. Das ist ein Grund dafür, dass visuell vorgetragene Argumente nur schwer entkräftet werden können. Schneller Widerstand gegen Bilder scheitert – das ist der zweite Grund – auch an der Komplexität der Bilder. Weil Bilder so komplex sind, bieten sie potentiellem Widerspruch unendlich viele Ansatzpunkte. Praktisch bedeutet das, dass der Widerspruch mit großer Wahrscheinlichkeit wirkungslos verpufft. Denn er greift immer nur einen kleinen, beschränkten Aspekt des Bildes auf. Um es auf den Punkt zu bringen: Bilder sind weit gehend imperativ.[266] Das ist keine neue Erkenntnis. Imperative Bilder werden seit Jahrhunderten eingesetzt, um menschliches Verhalten zu steuern.[267] Auf der imperativen Kraft der Bilder beruht nicht zuletzt die moderne Wirtschaftswerbung. Hat das Bedeutung für die juristische Kommunikation?

Der *Imperativ der Bilder* ist für die visuelle Rechtskommunikation hoch interessant. In der Forensik etwa kommt es nicht unbedingt auf das bessere Argument an. Entscheidend ist das Argument, dem man nicht widersprechen kann – und das deshalb überzeugt. Das spricht sehr dafür, juristische Argumente viel stärker visuell zu kommunizieren, wenn sie sich durchsetzen sollen. Allerdings ist für juristischen Verfahren grundsätzlich typisch, dass sie langwierig sind und viele Beratungs- und Diskussionsphasen enthalten.[268] Das kann den visuellen Imperativ dann wieder relativieren. Denn bei längerer und eingehenderer Betrachtung und Analyse kann die Überzeugungskraft von Bilder durchaus geringer werden.

---

[265] Streeck (2006, S. 69).

[266] Schmidt (2000, S. 236): „...imperative Bilder...sagen nicht, wie die Dinge sind, sondern wie sie sein sollen..."

[267] Streeck (2006, S. 70) m. w. N.

[268] Das Rechtssystem ist bewusst ein „langsamerer", weniger dynamischer Teil der Gesellschaft. Das hat Nachteile, aber auch große Vorteile. Ausführlich zu den zeitlichen Funktionen des Rechts Boehme-Neßler (2008, S. 482 ff.) m. w. N.

4.5.5 Darf man Bildern glauben? Bilder als Beweise

Visuelle Kommunikation hat im öffentlichen Bewusstsein ein paradoxes Image. Auf der einen Seite suggerieren Bilder Glaubwürdigkeit und Authentizität. Was man mit eigenen Augen sehen kann, hält man in der Regel auch für wahr.[269] Auf der anderen Seite nimmt aber das Bewusstsein für die Fälschungsanfälligkeit und das Manipulationspotenzial von Bildern zu.[270] Verschärft wird das Glaubwürdigkeitsproblem von Bildern durch die digitale Technologie, die neue und weitreichende, kaum zu entdeckende Möglichkeiten für Bildmanipulationen schafft.[271] Deshalb besteht die Möglichkeit, dass visuelle Kommunikation in einen grundsätzlichen und undifferenzierten Manipulationsverdacht gerät. Dann wäre eine Visualisierung des Rechts nicht nur wenig effektiv, sondern sogar gefährlich. Immerhin lebt das Recht zum großen Teil davon, dass es als glaubwürdig und seriös wahrgenommen wird. Das Recht muss sich – das wird eine wichtige Aufgabe in der Zukunft sein – visualisieren, gleichzeitig aber seine Seriosität und Glaubwürdigkeit, die bisher wort- und textgebunden ist, bewahren. Es muss also – mit anderen Worten – die optimale Wort-Bild-Balance finden. Das ist keine Herausforderung, die nur das Recht betrifft. Letztlich stehen alle Bereiche der Gesellschaft vor dieser Aufgabe. Andere Segmente sind allerdings auf diesem Weg weiter fortgeschritten.[272]

Die Glaubwürdigkeitsproblematik erfasst nicht nur das Recht als Ganzes. Sie wirkt sich auch in konkreten Bereichen des juristischen Alltags aus. Ein wichtiges Beispiel ist das Beweisverfahren vor Gericht.[273] Bilder sind in der Forensik als Beweismittel sehr beliebt. Gerichte ziehen Beweise in Form von Fotografien und Videofilmen gern heran und vertrauen dabei auf den Realitätseffekt der Bilder.[274] Die richterliche Beweiswürdigung muss in der Praxis in Rechnung stellen, dass digitale Bildmanipulationen sehr leicht zu bewerkstelligen sind und nur schwer aufgedeckt werden können. Was bedeutet das für den Gerichtsalltag? Bei der Frage, wie authentisch ein Bild ist, muss verstärkt Experten-Sachverstand herangezogen werden. Der Richter muss der Versuchung widerstehen, Bilder als Beweise allein zu würdigen. Der Sachverständige für Bilder – ein Kunstgeschichtler, ein Experte für Visual Computing o. Ä. – muss zunächst die Authentizität eines visuellen Beweisstücks

[269] Kritisch und grundsätzlich dazu Kepplinger (1987, S. 302) m. w. N.; Bentele (1988, S. 407 ff.) m. w. N. Bolz (2001, S. 73) weist auf die technischen Hintergründe für dieses Gefühl hin.

[270] Bolz (2001, S. 73). Zu den neurophysiologischen und kommunikationspsychologischen Hintergründen des Manipulationspotenzials, das in Bildern steckt, Kroeber-Riel (1996, S. 93 ff.) m. w. N.

[271] Siehe dazu nur Mitchell (1994, S. 69) m. w. N. Ausführlich dazu siehe oben Abschn. 3.7.

[272] Ein Beispiel dafür sind die grafischen Plakate aus der Werbung und der Kunst. Dazu Paul (2005, S. 73 ff.).

[273] Allgemein tun sich Gerichte mit der Beweiswürdigung noch schwer, wenn digital generierte Objekte betroffen sind. Ein praktisch bedeutsames Beispiel ist die Beweiswürdigung von E-Mails. Grundsätzlich dazu Roßnagel/Pfitzmann (2003, S. 1209 ff.) m. w. N.

[274] Baer (2004, S. 239) m. w. N. Zur besonders großen Bedeutung von Videos in US-amerikanischen Prozessen Collins/Skover (1992, S. 510 f.) m. w. N.

klären.[275] Erst dann, im zweiten Schritt, kann der Richter die eigentliche Beweiswürdigung durchführen.

4.6 Abschied von der Abstraktion?

Jedenfalls das kontinentaleuropäische Recht ist sehr abstrakt. Damit sind Vorteile, aber auch Nachteile verbunden. Bilder haben eine Besonderheit: Sie sind grundsätzlich konkret.[276] Visualisierte Rechtskommunikation wird deshalb das abstrakte, schriftdominierte Recht konkretisieren. Was bedeutet das für das moderne Recht?

4.6.1 Abstraktion im Recht – Bedeutung und Grenzen

Was ist der Sinn und Zweck von Abstraktion? Kurz gesagt: Abstraktion ist ein Mittel der Rationalität. Die gesamte Kulturgeschichte lässt sich unter diesem Aspekt als ein Prozess der zunehmenden Rationalisierung durch Abstraktion begreifen. Das gilt natürlich auch für die Rechtsgeschichte, die ein Abstraktions- und Rationalitätsprozess gewesen ist.[277] Frühe Formen des Rechts waren noch irrationale, magisch formale Regelungen, die von charismatischen Rechtspropheten „offenbart" wurden.[278] Die Verflechtung von Recht und Religion ist – wenig verwunderlich – in frühen Gesellschaften sehr eng.[279] Viele Entwicklungsstufen[280] später ist das moderne Recht ein zweckrationales System mit logischer Strenge und Systematik, das die Rechtspflege weitgehend berechenbar macht.[281] Besonders eindrückliche Beispiele dafür sind die kontinentaleuropäischen Kodifikationen des 19. Jahrhunderts.[282]

---

[275] Eine Zusammenarbeit zwischen Recht und Ästhetik ist nichts Neues. Im Bereich der Kunstfreiheit und der Satire etwa müssen sich Gerichte schon immer auf Maßstäbe und Bewertungen der Ästhetik einlassen. Zum Verhältnis von Recht und Ästhetik sehr instruktiv Frankenberg (2004, S. 7 ff.) Anders ist es aber dann, wenn ein Bild nicht Gegenstand des Prozesses, sondern Beweismittel ist.

[276] Ausführlich dazu siehe oben Abschn. 3.5.2.

[277] Diese These von der zunehmenden Rationalität des Rechts entwickelt Max Weber (1972, S. 456 ff.), mit umfangreichem rechtsanthropologischem und rechtsvergleichendem Material. Rehbinder (2007), Rn. 92 m. w. N., spricht von einer „Tendenz zur Verwissenschaftlichung des Rechts". Zur Rationalität des Rechts auch Luhmann (1993, S. 275, S. 562 ff.) m. w. N.

[278] Max Weber (1972, S. 459 f.).

[279] Wesel (1985, S. 342) für die segmentären Gesellschaften.

[280] Max Weber (1972, S. 456 ff.) versucht eine Typologie unterschiedlicher Stufen in der Entwicklung eines rationalen Rechts. Ob sich die Rechtsentwicklung allerdings tatsächlich in Stufen vollzieht, ist sehr umstritten. Dazu Wesel (1985, S. 44 ff.) m. w. N.

[281] Luhmann (1993, S. 563 f.) m. w. N.

[282] Zur Bedeutung von Kodifikationen für die Rationalität von Recht Max Weber (1972, S. 488).

Das Mittel, das diese Entwicklung ermöglicht hat, war die zunehmende Abstraktion im Recht. Denn Recht, das keine abstrakten Regeln hat, tendiert zur Irrationalität.[283] Warum? Konkretes Recht kennt keine durchkonstruierte Ordnung, keine Dogmatik und keine ausgefeilten Rechtsinstitute. Normen lassen sich deshalb kaum rational ableiten und begründen. Dennoch müssen sie erklärt und legitimiert werden. Sonst werden sie nicht befolgt. Ohne Rückgriff auf magische, irrationale Topoi geht das in der Regel dann nicht.

Abstraktion ist also eine wichtige kulturelle und zivilisatorische Leistung. Gleichzeitig ist Abstraktion im Recht aber nicht unproblematisch. Abstraktes Recht ist immer in der Gefahr, eine starke Eigendynamik[284] zu entwickeln und sich von der Wirklichkeit zu entfernen. Die Begriffsjurisprudenz zeigt in teilweise absurder Zuspitzung, welche Folgen das haben kann.[285] Realitätsfremdes Recht ist im Zweifel schlechtes Recht.[286] Die Probleme, die es lösen soll, kann es nicht mehr lösen. Denn zu ihnen hat es die Verbindung verloren. Gleichzeitig schafft die zunehmende Abstraktion zusätzliche, aber künstliche Probleme, die nur auf begrifflicher Ebene, aber nicht in der Wirklichkeit bestehen.[287] Diese Schwächen der Abstraktion erklären – jedenfalls zum Teil – die Renaissance der narrativen Jurisprudenz, die sich in den letzten Jahrzehnten abzeichnet.

4.6.2 *Die Einzelfallabwägung – Das Gegenteil von Abstraktion*

Was Konkretisierung des Rechts heißt, zeigt die Methode der Einzelfallabwägung in besonderer Deutlichkeit. Die Einzelfallabwägung berücksichtigt potenziell alle[288] Umstände eines konkreten Einzelfalls.[289] Nur wenig ist von vornherein irrelevant.

Das Bundesverfassungsgericht hat die Abwägung im Einzelfall zur Methode seiner Wahl gemacht.[290] Das zeigt, dass auch das abstrakte kontinentaleuropäische Verfassungsrecht in der Rechtspraxis an Grenzen stößt, die nur durch Konkretisierung zu überwinden sind. So notwendig diese Praxis zu sein scheint: Sie ist natürlich mit den Risiken und Problemen behaftet, die Abstraktion an sich vermeiden will.

---

[283] Ähnlich Raiser (2007, S. 98).

[284] Zur Eigendynamik juristischer Begriffe Röhl/Röhl (2008, S. 71 ff.) m. w. N.

[285] Ausführlich zur Kritik an den Auswüchsen der Begriffsjurisprudenz Rüthers (1999, Rn. 463 ff.) m. w. N.

[286] Großfeld (1995, S. 41 f.), betont die Gefahr, die (zu) abstraktes Denken gerade für das Rechtsdenken hat. Dementsprechend plädiert er für bildhaftes Denken im Recht, damit das Recht in Verbindung mit dem konkreten Leben bleibt und seiner Aufgabe gerecht wird.

[287] Ähnlich Röhl/Röhl (2008, S. 69).

[288] Luhmann (1993, S. 345), betont zu Recht, dass eine tatsächliche Berücksichtigung aller Umstände praktisch natürlich nicht möglich ist. Deshalb hält er die Methode der Einzelfallabwägung auch für unanwendbar.

[289] Röhl/Röhl (2008, S. 665).

[290] So ganz dezidiert Röhl/Röhl (2008, S. 665) m. w. N.

Juristische Normen werden kommunikativ „verflüssigt“[291], juristische Kommunikation läuft Gefahr, zum unverbindlichen Diskurs zu werden, der mit zufälligen oder: willkürlichen Ergebnissen endet.

4.6.3 Gesichter und Geschichten – Die Personalisierung des Rechts

Bilder brauchen Gesichter.[292] Wer bildhaft denkt, denkt weitgehend nicht nur in konkreten Kategorien, sondern auch in Gesichtern. Bildhaftes Denken ist gleichzeitig personalisiertes Denken. Dieser Zusammenhang hat einen biologisch-anthropologischen Hintergrund.[293] Je stärker Recht also visualisiert wird, desto stärker wird es gleichzeitig personalisiert. Was bedeutet das für das moderne Rechtssystem?

Typisch für das westliche Recht der Gegenwart ist grundsätzlich, dass es „ohne Ansehen der Person“ angewendet wird.[294] Deshalb trägt die Justitia in vielen Darstellungen der Gerechtigkeit eine Augenbinde.[295] Solange die Schrift das entscheidende Medium des Rechts ist, ist es möglich, Recht weitgehend zu entpersonalisieren. Schriftliches Recht scheint unpersönlich, neutral und objektiv zu sein.[296]

Das wird sich ändern, wenn die Logik der Bilder das Recht erreicht. Denn dann werden die Personen, die an rechtlichen Prozessen beteiligt sind, immer wichtiger. Beispiele für den *Trend zur Personalisierung* lassen sich bereits überall finden, wenn Massenmedien über rechtliche Sachverhalte berichten. Beispiel Gesetzgebung: Wenn ein neues Gesetz Gegenstand der Berichterstattung ist, geht es in vielen Fällen nicht primär um den abstrakten Inhalt des Gesetzes. Genauso wichtig ist – nicht immer, aber immer öfter –, welche Person das Gesetz initiiert hat und welche Person Widerstand geleistet hat. In der Darstellung durch die bilddominier-

---

[291] So ganz kritisch Eder (1985, S. 158).

[292] Zur Personenfixiertheit der Bildmedien Luhmann (1996, S. 66 ff.) m. w. N.; Postman (1999, S. 151 f.) Zur Geschichte der Gesichterdarstellung in den Medien Schulz (2007, S. 293 f.) Macho (1996, S. 107) attestiert der modernen Gesellschaft eine „Hyperdominanz des Gesichts“. Zur kulturgeschichtlichen Bedeutung von Gesichtern Eibl-Eibesfeldt/Sütterlin (1992, S. 283 ff., 371 ff.).

[293] Ähnlich Berghaus (1986, S. 288) m. w. N. Allgemein zur Bedeutung des Gesichts und der Mimik für die Kommunikation Eibl-Eibesfeldt (1997, S. 619 ff.) mit umfangr. Nachw. Zur Bedeutung der Bilder aus psychoanalytischer Perspektive Tisseron (2007, S. 307 ff.).

[294] Röhl/Ulbrich (2000, S. 382 f.) m. w. N. hin. In Franz Kafkas *Der Prozess* wird diese Vorstellung bis zum unmenschlichen Extrem weitergedacht.

[295] Schild (1995, S. 197), der diese Interpretation der Augenbinde aber kritisch hinterfragt. Die Interpretation der Augenbinde war aber nicht immer dieselbe. Sie war abhängig von den kulturellen und politischen Rahmenbedingungen. Die heutige Interpretation – Augenbinde als Symbol der Unparteilichkeit und der Gleichbehandlung vor dem Gesetz – entwickelte sich in Europa erst im 16. und 17. Jahrhundert. In den Jahrhunderten davor war die Augenbinde eher ein Symbol für die willkürliche und machtversessene Justiz, die blind für das wirkliche Recht ist. Dazu Asimow/Mader (2004, S. 9 f.) Ähnlich Collins/Skover (1992, S. 546) m. w. N., die auf die in den USA verbreitete Tradition der „sehenden“ Justitia hinweisen.

[296] Katsh (1995, S. 164).

ten Massenmedien sind Gesetzgebungsverfahren dann keine trockenen, farblosen Prozesse, in denen unterschiedliche Interessen austariert werden. Parlamentsarbeit wird zu farbigen, spannenden Duellen unterschiedlicher Kombattanten.[297] Ein anderes Beispiel ist die zunehmende „Angeklagten-PR“,[298] die inzwischen als strategisches Instrument eingesetzt wird.[299] In prominenten Einzelfällen präsentieren sich die Angeklagten werbewirksam in den Massenmedien und versuchen, durch die Mobilisierung von Massensympathie das Urteil des Gerichts zu beeinflussen.[300] Das schließt nahtlos an den Trend der modernen Medien zur Prominenzberichterstattung an.[301]

Ob das Auswirkungen auf die Rechtsprechung hat, ist empirisch bisher nicht untersucht. Einzelne Beispiele für einen Rechtsprechungswandel durch Mediendruck gibt es aber.[302] In jüngster Zeit betonen Richter immer öfter, dass sie sich bei ihrem Urteil von den Erwartungen der Öffentlichkeit nicht haben beeinflussen lassen.[303] Ob das tatsächlich so ist, mag dahinstehen.[304] In jedem Fall zeigt das aber, dass Richter und Richterinnen den Erwartungsdruck der Öffentlichkeit spüren, der auf ihnen als Person lastet.[305] In der Bilderwelt der Medien sind sie nicht mehr nur ein unbekannter Teil eines anonymen, unpersönlichen Gerichts. Sie werden – jedenfalls in spektakulären Prozessen – zu prominenten Gesichtern und Personen auf der öffentlichen Bühne.[306] Und Prominente in der Öffentlichkeit sind stark von den

[297] Noch deutlicher und schon länger lässt sich diese Entwicklung in der Wahlkampfberichterstattung beobachten: Politische Themen werden immer stärker über Personen vermittelt. Ausführlich dazu Jucknat (2007, S. 147 ff.) Damit ist aber – wie Jucknat (2007, S. 153 ff.), auf der Basis umfangreichen empirischen Materials zeigt – keineswegs eine Themenarmut verbunden.

[298] Ausführlich dazu Gerhardt (1998, S. 515 ff.) Wagner (1987, S. 81 ff.), spricht plastisch davon, dass es der Verteidigung in solchen Fällen darum gehe, Journalisten zu Freunden zu machen. Kritisch dazu Hamm (1997, S. 117 f.) Instruktive und spektakuläre Beispiele schildert Wagner (1987, S. 104 ff.), in drei Fallstudien.

[299] Ausführlich zur „Litigation-PR“ als strategischem Instrument in juristischen Auseinandersetzungen Holzinger/Wolff (2009, S. 19 ff.) m. w. N. und pass.

[300] Dazu schon Wagner (1987, S. 97 ff.), der in diesem Zusammenhang sogar einen „Autonomieverlust der Strafjustiz in der Mediengesellschaft“ konstatiert. Kritisch auch Hamm (1997, S. 53 ff.).

[301] Ausführlich dazu Schierl (2007, S. 11 ff.), mit umfangreichem empirischem Material. Instruktiv dazu ist das Interview mit Brigitte Koppenhöfer, einer Richterin am LG, die an mehreren spektakulären Wirtschaftsstrafprozessen beteiligt war. Es ist abgedruckt bei Holzinger/Wolff (2009, S. 89 ff.).

[302] Wagner (1987, S. 90 ff.).

[303] Zu einem Beispiel dafür Hamm (1997, S. 67).

[304] Luhmann (1969, S. 126 f.) m. w. N., hat schon früh die potenzielle Möglichkeit gesehen, dass Medien die Rechtsprechung beeinflussen können. Dazu auch Merten (1997, S. 24 ff.) m. w. N. Einzelne Indizien aus der Praxis hat auch Wagner (1987, S. 87 ff.), zusammengetragen.

[305] Dazu auch Merten (1997, S. 25), und Gerhardt (1998, S. 515) m. w. N. Wagner (1987, S. 89), betont, dass vor allem die Laienrichter durch den Druck der Medien gefährdet seien.

[306] Das kritisiert Schulze-Fielitz (1997, S. 29 f.), am Beispiel der personalisierten Kritik, die an Entscheidungen des BVerfG geübt wird, heftig als rechtsstaatswidrig.

Medien abhängig.[307] Prominente Akteure im rechtlichen Bereich unterliegen dann nicht mehr ausschließlich der rechtlichen Logik, sondern immer stärker auch der Medien- und Prominentenlogik. Juristische und Medienlogik sind allerdings nur beschränkt kompatibel. Der Prominentenstatus für juristische Akteure ist deshalb für das rechtliche System nicht ungefährlich.

Ist die Personalisierung, die bereits begonnen hat, nun gut oder schlecht für das Recht? Das ist noch offen. Auf den ersten Blick scheint die zunehmende Personalisierung der Justiz und des Rechts eher negative Folgen zu haben: Die Objektivität des Rechts scheint verloren zu gehen.[308]

Bei näherem Hinsehen wird der Befund allerdings differenzierter. Denn Rechtssysteme funktionieren auf Dauer nur, wenn die betroffenen Bürger Vertrauen in das Recht selbst, die Rechtsetzer[309] und die Rechtsanwender haben.[310] Rechtsnormen können zwar mit staatlichem Zwang durchgesetzt werden. Dennoch ist Recht auch auf Akzeptanz angewiesen.[311] Sozialer Frieden ist nur dann möglich, wenn die rechtlichen Normen jedenfalls weitgehend von der Bevölkerung als legitim akzeptiert werden. Akzeptanz entsteht – nicht nur, aber auch – durch Vertrauen.[312] Ein stammesgeschichtliches Erbe des Menschen sind die Mechanismen, wie und warum Vertrauen entwickelt und wieder entzogen wird.[313] Von besonderer Bedeutung im diffizilen Prozess der Vertrauensbildung sind Personen. Ob Vertrauen geschenkt wird, lässt sich einfacher und effektiver entscheiden, wenn es um eine Person geht. Wie weit man einer abstrakten Idee oder einer politischen Partei oder Gruppe vertrauen kann, ist eine Frage, mit der sich Menschen erheblich schwerer tun. Diese Erkenntnis führt zu einer positiveren Bewertung der Personalisierung im Recht. Wenn das Recht personalisiert wird, kann dadurch das Vertrauen der Bürger in das Rechtssystem (wieder) gestärkt werden.

Unabhängig von der Frage der Bewertung: Die Personalisierung des Rechts wird den Trend zur Konkretisierung des Rechts insgesamt verstärken. Gesichter und per-

---

[307] Ausführlich dazu, wie Prominente von den Medien geschaffen und wieder demontiert werden, Fröhlich u. a. (2007, S. 143 ff.) m. w. N.

[308] Ob und wie weit das Recht überhaupt objektiv ist, ist allerdings eine sehr problematische und heftig umstrittene Frage, die hier nicht vertieft werden soll.

[309] Parallel zur Personalisierung des Rechts lässt sich auch eine immer weiter gehende Personalisierung der Politik im Allgemeinen und der Wahlkämpfe im Besonderen konstatieren. Ausführlich zu diesem Befund etwa Jucknat (2007, S. 147 ff.) m. w. N. Dazu auch Klein (2005, S. 207 ff.) m. w. N., der den Einfluss der beiden TV-Duelle auf das Ergebnis der Bundestagswahl 2002 untersucht. Entgegen vielen Kritikern dieser Entwicklung sieht Lübbe (2004, S. 153), das eher positiv. Denn die Entscheidung der Wähler sei notwendig eine Vertrauensentscheidung. Und Vertrauen lasse sich besser zu einzelnen Personen als zu abstrakten Ideen oder Parteien entwickeln. Auch Jucknat (2007, S. 159), sieht die Entwicklung eher positiv: Die Personalisierung sei ein probates Mittel, um komplexe Politiksachverhalte zu vereinfachen und zu kommunizieren.

[310] Zur Bedeutung von Vertrauen für das Recht allgemein Raiser (2007, S. 327 ff.) m. w. N.

[311] Raiser (2007, S. 327).

[312] Ausführlich zum engen Zusammenhang von Akzeptanz und Vertrauen Lucke (1995, S. 31 ff.) m. w. N.

[313] Zum Vertrauen aus psychologischer Sicht Oswald (1994, S. 115 ff.) m. w. N. Zur – stammesgeschichtlich gesehen – neuen Frage, wie Vertrauen in elektronischen Räumen entstehen kann, im Überblick Kuhlen (2008, S. 37 ff.).

sönliche Geschichten und Schicksale sind in der Bildergesellschaft die entscheidenden Topoi.[314] Abstrakte, allgemein gültige Regeln werden in den Hintergrund treten, Einzelfallgerechtigkeit wird das entscheidende Kriterium sein.[315] Adversarische Verfahren werden Relevanz gewinnen.[316] Kompromisse, Vergleiche und andere Konsensverfahren werden möglicherweise an Bedeutung einbüssen. Die typischen juristischen Methoden wie deduktive oder induktive Logik, Analogieschlüsse oder Syllogismus sind denkbar bilduntauglich.[317] Hoch abstrakte Argumentationsketten lassen sich nur schwer mit Bildern darstellen.[318] Visualisierung des Rechts macht das rechtliche Argumentieren zum Geschichtenerzählen.[319] Plausible, farbige, bildhafte Geschichten erregen in der entsprechenden dramatischen Inszenierung das Interesse des Massenpublikums.[320] Nüchterne, abstrakte, möglicherweise sogar schriftliche Erörterungen sind dazu kaum in der Lage.

4.7 Angst vor Nähe? Emotionen in der Rechtskommunikation

Bilder sind grundsätzlich deutlich emotionaler als Texte und Worte.[321] Ganz im Gegensatz dazu legt das Recht großen Wert auf seine Nüchternheit, seine Objektivität, kurz: seine fehlende Emotionalität. Recht und Gefühle – das sind im modernen Rechtsdenken zwei Welten, die nichts miteinander zu tun haben (sollen). Was passiert dann, wenn die emotionalen Bilder auf das gefühlskalte Recht treffen? Wenn das Recht visualisiert wird, wird die rechtliche Kommunikation als Folge emotionalisiert. Welche Auswirkungen auf das Recht hat diese Entwicklung? Gibt es dann etwa eine *Jurisdiction of Emotions*, die hoch emotionalisiert und populistisch ist.[322] Das ist bisher kaum erforscht. Allerdings lassen sich Erkenntnisse gewinnen, wenn man sich die gut dokumentierten und analysierten Auswirkungen des Fernsehens auf die Gesellschaft anschaut. Warum?

Visualisierung ist keine isolierte Tendenz. Sie tritt in engem Zusammenhang auf mit der Kultur der elektronischen Massenmedien. Visualisierung geht insbesondere

---

[314] Grundsätzlich zur Bedeutung von Gesichtern in der modernen Gesellschaft Macho (1996, S. 87 ff.), der, a. a. O., S. 107, sogar von „Hyperdominanz des Gesichts“ spricht.

[315] Das prognostiziert Katsh (1989, S. 15).

[316] Das prognostizieren Röhl/Ulbrich (2000, S. 383 f.) m. w. N. Besonders in der amerikanischen Rechtskultur sind adversarische Verfahren fest verwurzelt. Ausführlich dazu Asimow (2004, S. 621 ff.) m. w. N.

[317] Boehme-Neßler (2003a, S. 127).

[318] Exemplarische Ansätze dazu finden sich aber bei Brunschwig (2001, S. 217 ff.) und Hilgendorf (2003).

[319] So ganz prägnant Sherwin (2000, S. 42). Jedenfalls im amerikanischen Jury-System lässt sich juristisches Argumentieren vor Gericht jedenfalls auch als „Geschichtenerzählen“ verstehen. So etwa Friedman (1989, S. 1595): „A trial is also a *narrative* competition.“

[320] Dramatisierung ist ein lange bekanntes Inszenierungs- und Kompositionsmittel in der Kunst. Dazu Shusterman (2001, S. 126 ff.) m. w. N.

[321] Ausführlich dazu s. o. Abschn.. 3.5.5.

[322] Das ist die Schreckensvision von Garapon (1996, S. 235 ff.).

mit der Fernsehkultur eine enge Verbindung ein.[323] Welche Folgen eine Visualisierung insbesondere durch das Fernsehen hat, wird von der Kommunikationswissenschaft und der Politikwissenschaft intensiv erforscht. Ein Ergebnis lässt sich in jedem Fall festhalten: Visualisierung und Fernsehen führen zu einem Distanzverlust.[324] Das Medium Fernsehen ist in den Alltag der Menschen eingebettet.[325] Fernsehbilder sind greifbar nahe und suggerieren, dass das Geschehen, das sie zeigen, ebenso nahe ist.[326]

Die Erkenntnisse über den Distanzverlust durch Fernsehbilder lassen sich vorsichtig verallgemeinern. Die Visualisierung verringert die Distanz zwischen dem Rechtssystem und dem Alltag der Bürger. Das ist eine ambivalente Entwicklung. Sie ist zunächst sicher positiv. Im demokratischen Rechtsstaat soll das Recht grundsätzlich offen und transparent sein. Die Distanz zwischen dem Volk – dem demokratischen Souverän – und dem staatlichen Recht darf also nicht zu groß sein. Der Distanzverlust, zu dem Fernsehbilder vom Recht führen, birgt allerdings ein grundsätzliches Problem. Die Distanz zwischen Bevölkerung und Rechtssystem hat nämlich auch eine heilsame Funktion. Das Recht soll nicht populistisch sein. Populistische Gefühlswallungen und Vorurteile sollen sich – das ist die Funktion der Distanz – nicht unmittelbar auf das Rechtssystem auswirken. Dahinter steht die Tradition der rationalen, distanzhaltenden, gerade nicht emotionalen Gerechtigkeit. Wenn die Distanz verloren geht, wird das Recht auch schwächer gegenüber populistischen und demagogischen Einflüssen. Es kann seine *lebensnotwendige Bremsfunktion* verlieren[327]

4.8 Unordentliches Denken? – Sukzessivität und Assoziativität

Typisch für das Denken in Bildern ist Sukzessivität. Unterschiedliche Bilder werden aneinandergereiht oder addiert. Durch sukzessive Anordnung modellieren die Bilder letztlich die Bewegung des Denkens.[328] Sukzessives – oder anders ausgedrückt: prozedurales – Denken ist nichts Neues für das Recht. Recht denkt schon

---

[323] Ausführlich dazu Boehme-Neßler (2003a, S. 126 ff.) m. w. N.

[324] Ähnlich Meyer (2001, S. 108). Kritisch zu diesem Forschungsansatz aber Saxer (2007, S. 38, 84 f.) Distanz hat in menschlichen Gesellschaften eine nicht zu unterschätzende Bedeutung. In allen menschlichen Gesellschaften existiert – neben Nähe – auch Distanz. Distanz ist eine anthropologische Konstante. Das hat nicht zuletzt auch stammesgeschichtliche Gründe. Ausführlich dazu Eibl-Eibesfeldt (1997, S. 475 ff.) m. w. N.

[325] Wie sehr Massenmedien tatsächlich den Alltag prägen, zeigen empirische Studien immer wieder. Instruktiv dazu Fritz/Klingler (2003, S. 12 ff.), die die Ergebnisse der *ARD/ZDF-Studie Massenkommunikation 2000* darstellen und analysieren.

[326] Dass Fernsehbilder inszenierte Kunstprodukte sind, die in der Regel mit der Alltagsrealität nichts zu tun haben, gerät dabei in Vergessenheit. Dazu Meyer (2001, S. 109 f.).

[327] Ähnlich Sherwin (2000, S. 245). Ausführlich zur „Kultur der Langsamkeit“, von der das Recht geprägt ist, Boehme-Neßler (2008, S. 483 ff.).

[328] Meyer u. a. (2000, S. 62).

immer mit Hilfe von Argumenten, die sukzessive ausgetauscht werden. Die zivilrechtliche Klage und die folgende Klageerwiderung sind ein besonders plakatives Beispiel dafür. Sukzessivität findet sich auch in gestuften Verfahren, in denen unterschiedliche Verfahrensabschnitte aufeinander Bezug nehmen und nacheinander abgewickelt werden. Deutlich wird das etwa im Gesetzgebungsverfahren, aber auch bei Verwaltungsverfahren und in Gerichtsverhandlungen.

Denken in Bildern ist allerdings gleichzeitig assoziativ und sprunghaft. Denn Bilder aktivieren beim Betrachter Assoziationsnetze, die stark subjektiv gefärbt sind.[329] Das ist dem modernen Recht fremd. Jedenfalls in literalen Gesellschaften sind das rechtliche Denken und der rechtliche Prozess streng strukturiert. Ohne schriftliche Aufzeichnungen ist die Strukturierung von rechtlicher Kommunikation nur sehr begrenzt möglich. Der rechtliche Prozess in oralen Gesellschaften war deshalb – das zeigt die Rechtsanthropologie – eher bildhaft, assoziativ und sprunghaft.[330] Was bedeutet also die Visualisierung des Rechts? Möglicherweise wird das Recht in der digitalen Gesellschaft dem Recht in der oralen Gesellschaft wieder ähnlicher.[331] Dann ließe sich von einer *Re-Oralisierung auf digitalem Niveau* sprechen.

Literatur

Adler, Stephen J. (1994): The Jury – Trial and Error in the American Courtroom. Crown, New York.

Altheide, David L. (1985): Media Power. Sage, London.

Altheide, David L./Snow, Robert P. (2001): Media Worlds in the Postjournalism Era. de Gruyter, New York.

Arnheim, Rudolf (2000): The Coming and Going of Images, in: LEONARDO. Journal of the International Society for the Arts, Sciences and Technology, Vol. 33, No. 3, S. 167 ff.

Aronson, Elliot/Wilson, Timothy B./Akert, Robin M. (2004): Sozialpsychologie. 3. Auflage, Pearson München.

Asimow, Michael (2004): Popular Culture and the American Adversarial Ideology, in: Michael Freeman (Hrsg.): Law and Popular Culture. Vol. 7. Peter Lang, New York, S. 606 ff.

Asimow, Michael/Mader, Shannon (2004): Law and Popular Culture. A Course Book. Peter Lang, New York.

Assmann, Aleida (2001): Schrift als Energiekonserve. Miltons Rede über die Pressefreiheit (1644), in: Horst Wenzel u. a. (Hrsg.): Audiovisualität vor und nach Gutenberg. Skira, Wien, S. 203 ff.

Assmann, Jan (2003): Die mosaische Unterscheidung oder der Preis des Monotheismus. Carl Hanser Verlag, München/Wien.

---

[329] Dazu siehe oben Abschn. 3.5.6.

[330] Ausführlich dazu s.o.. Abschn.. 2.

[331] Zwischen Internet-Kultur und oraler Kultur gibt es eine Reihe bemerkenswerter Ähnlichkeiten. Ausführlich dazu Matussek (2001, S. 323 ff.), und Wandhoff (2003, S. 53 ff.) m. w. N. Flusser (2007, S. 53 ff.) vertritt deshalb die These, dass die Rückkehr zur Oralisierung die Rückkehr in einen Normalzustand darstelle, der lediglich durch 400 Jahre Neuzeit – geprägt von Alphabetisierung und Buchdruck – unterbrochen worden sei. Ebenfalls zu interessanten Parallelen zwischen der oralen Kommunikationslandschaft des Mittelalters und den multimedialen Medien des Internetzeitalters Wandhoff (2003, S. 40 ff.) m. w. N.

Babendererde, Cornell (2004): Handlungsanweisungen an Verklagte vor Gericht im 16. Jahrhundert – zur symbolischen Kommunikation und ihrer Funktion, in: Reiner Schulze (Hrsg.): Rechtssymbolik und Wertevermittlung. Duncker & Humblot, Berlin, S 51 ff.

Baer, Susanne (2004): Schlüsselbegriffe, Typen und Leitbilder als Erkenntnismittel zur Rechtsdogmatik, in: Eberhard Schmidt-Aßmann/Wolfgang Hoffmann-Riem (Hrsg.): Methoden der Verwaltungsrechtswissenschaft. Nomos, Baden-Baden, S. 223 ff.

Barber, Susanna (1987): News Cameras in the Courtroom: A Free Press – Fair Trial Debate. Ablex Publishing Corp., Norwood, New Jersey.

Bauch, Kurt (2001): Imago, in: Gottfried Boehm (Hrsg.): Was ist ein Bild? 3. Auflage, Fink, München.

Belting, Hans (2000): Bild und Kult. Eine Geschichte des Bildes vor dem Zeitalter der Kunst. 5. Auflage, C.H.Beck, München.

Belting, Hans (2005): Das echte Bild. Bildfragen als Glaubensfragen. Beck, München.

Bente, Gary/Fromm, Monika (1997): Affektfernsehen. Motive, Angebotsweisen und Wirkungen. Leske und Budrich, Opladen.

Bentele, Günter (1988): Der Faktor Glaubwürdigkeit. Forschungsergebnisse und Fragen für die Sozialisationsperspektive, in: Publizistik, S. 405–426.

Berghaus, Margot (1986): Zur Theorie der Bildrezeption, in: Publizistik, S. 278 ff.

Bergmann, Paul/Asimov, Michael (2006): Reel Justice. The Courtroom goes to the Movies. Andrews McMeel Publishing, Kansas City/Missouri.

Beyme, Klaus von (1998): Die Kunst der Macht und die Gegenmacht der Kunst. Suhrkamp, Frankfurt/Main.

Blümle, Claudia (2007): Vergegenwärtigende Beobachtung. Épreuve und enquête in den Gerechtigkeitstafeln von Dieric Bouts, in: Jean-Baptiste Joly u. a. (Hrsg.): Bildregime des Rechts. Akademie Schloss Solitude, Stuttgart, S. 83 ff.

Boehm, Gottfried (2001): Die Wiederkehr der Bilder, in: Gottfried Boehm (Hrsg.): Was ist ein Bild? 3. Auflage, Fink, München, S. 11 ff.

Boehm, Gottfried (2007): Wie Bilder Sinn erzeugen. Die Macht des Zeigens. Berlin University Press, Berlin.

Boehme-Neßler, Volker (2003a): Recht als Theater?, in: Zeitschrift für Rechtspolitik, S. 125 ff.

Boehme-Neßler, Volker (2003b): Multimedia und Recht, in: Kommunikation und Recht, S. 530 ff.

Boehme-Neßler, Volker (2008): Unscharfes Recht. Überlegungen zur Relativierung des Rechts in der digitalisierten Welt. Duncker und Humblot, Berlin.

Bolz, Norbert (2001) Weltkommunikation. Fink, München.

Bonus, Holger/Bayer, Ivo (2000): Symbolische Umweltpolitik aus der Sicht der Neuen Institutionenökonomik, in: Bernd Hansjürgens/Gertrude Lübbe-Wolff (Hrsg.): Symbolische Umweltpolitik. Suhrkamp, Frankfurt am Main, S. 277 ff.

Boyd, Andrew (1967): Die Vereinten Nationen. Fischer Verlag, Frankfurt am Main.

Brauer, Sabrina (2007): Gerichtsshows als Hybridgenre – Dramaturgie, Inszenierung und Rezeptionsmuster, in: Kathrin Döveling/Lothar Mikos/Jörg-Uwe-Nieland (Hrsg.): Im Namen des Fernsehvolkes. Neue Formate für Orientierung und Bewertung. UVK, Konstanz, S. 33 ff.

Bredekamp, Horst (1975): Kunst als Medium sozialer Konflikte. Suhrkamp, Frankfurt/Main.

Brock, Bazon (1973): Der byzantinische Bilderstreit, in: Martin Warnke (Hrsg.): Bildersturm. Die Zerstörung des Kunstwerks. München, S. 30 ff.

Brodocz, André (2007): Bilderfeindliche Verfassungsgerichte. Zur Gedächtnispolitik des Bundesverfassungsgerichts und des Supreme Court, in: Jean-Baptiste Joly u. a. (Hrsg.): Bildregime des Rechts. Akademie Schloss Solitude, Stuttgart, S. 180 ff.

Brumlik, Micha (2006): Schrift, Wort und Ikone. Wege aus dem Bilderverbot. 2. Auflage, Philo Verlagsges, Hamburg.

Brunn, Gerhard (1989): Germania und die Entstehung des deutschen Nationalstaates, in: Rüdiger Voigt (Hrsg.): Politik der Symbole. Symbole der Politik. Leske + Budrich, Opladen, S. 101 ff.

Brunner, Michael/Neuss, Christian/Schroeder, Ulrik (1999): Gestaltung des Demonstrators, in: Roßnagel, Alexander/Schroeder, Ulrik (1999): Multimedia im immissionsschutzrechtlichen Genehmigungsverfahren. Heymanns, Köln, S. 189 ff.

Brunschwig, Colette (2001): Visualisierung von Rechtsnormen. Schulthess, Zürich.

Brunschwig, Colette (2001a): Legal Design – ein Bilderbuch für den Rechtsunterricht, in: Marcel Senn/Claudio Soliva (Hrsg.): Rechtsgeschichte und Interdisziplinarität. Peter Lang, Bern, S. 361 ff.

Bryde, Brun-Otto (1987): Recht und Verwaltung nach der Unabhängigkeit. Entwicklungstendenzen, in: Hans F. Illy/Brun-Otto Bryde (Hrsg.): Staat, Verwaltung und Recht in Afrika 1960–1985. Duncker & Humblot, Berlin, S. 27 ff.

Bryde, Brun-Otto (1993): Die Effektivität von Recht als Rechtsproblem. Berlin.

Burke, Kenneth (1989): On Symbols and Society. University of Chicago Press, Chicago. London.

Carlen, Louis (1995a): Rechtliches in Bildern und Zeichen religiösen Volksglaubens, in: Louis Carlen: Sinnenfälliges Recht: Aufsätze zur Rechtsarchäologie und rechtlichen Volkskunde. Weidmann, Hildesheim, S. 355 ff.

Carlen, Louis (1995b): Das Recht in der bildenden Kunst der Schweiz, in: Louis Carlen: Sinnenfälliges Recht: Aufsätze zur Rechtsarchäologie und rechtlichen Volkskunde. Weidmann, Hildesheim, S. 260 ff.

Carlen, Louis (1995c): Der Mensch in bildlichen Darstellungen von Recht und Gerechtigkeit, in: Louis Carlen: Sinnenfälliges Recht: Aufsätze zur Rechtsarchäologie und rechtlichen Volkskunde. Weidmann, Hildesheim, S. 237 ff.

Carlen, Louis (2002): Das Kreuz als Rechtssymbol, in: Louis Carlen (Hrsg.): Recht, Geschichte und Symbol. Weidmann, Hildesheim, S. 132 f.

Cassirer, Ernst (1923): Philosophie der symbolischen Formen. Erster Teil: Die Sprache. Bruno Cassirer, Berlin.

Cassirer, Ernst (1956): Wesen und Wirkung des Symbolbegriffs. Wissenschaftliche Buchgesellschaft, Darmstadt.

Christensen, Ralph (2004): Die Verständlichkeit des Rechts ergibt sich aus der gut begründeten Entscheidung, in: Kent D. Lerch (Hrsg.): Die Sprache des Rechts. Band 1: Recht verstehen. Verständlichkeit, Missverständlichkeit und Unverständlichkeit von Recht. De Gruyter, Berlin/New York, S. 21 ff.

Ciccone, Theodore D. (1986): Seeing is Believing, in: American Society for Photogrammetry and Remote Sensing (Hrsg.): Photographs and Maps go to Court. Falls Church/Virginia, S. 13 ff.

Collins, Ronald K. L./Skover, David M. (1992): Paratexts, in: Stanford Law Review, Vol. 44, S. 509 ff.

Derrida, Jacques (1983): Grammatologie. Suhrkamp, Frankfurt am Main.

Doelker, Christian (1997): Ein Bild ist mehr als ein Bild. Klett-Cotta, Stuttgart.

Douglas, Lawrence (2000): Der Film als Zeuge. *Nazi Concentration Camps* vor dem Nürnberger Gerichtshof, in: Ulrich Baer (Hrsg.): „Niemand zeugt für den Zeugen." Erinnerungskultur nach der Shoah. Suhrkamp, Frankfurt am Main, S. 197 ff.

Douzinas, Costas (2003): Die Legalität des Bildes, in: Ludger Schwarte/Christoph Wulf (Hrsg.): Körper und Recht. Anthropologische Dimensionen der Rechtsphilosophie. Wilhelm Fink Verlag, München, S. 147 ff.

Durkheim, Emile (1994): Die elementaren Formen des religiösen Lebens. Suhrkamp, Frankfurt am Main.

Edelman, Murray (2005): Politik als Ritual. Die symbolische Funktion staatlicher Institutionen und politischen Handelns. 3. Auflage, Suhrkamp, Frankfurt/New York.

Eder, Klaus (1985): Prozedurale Rationalität, in: Zeitschrift für Rechtssoziologie, H. 7, S. 1 ff.

Eibl-Eibesfeldt, Irenäus (1997): Die Biologie des menschlichen Verhaltens. Seehamer Weyarn.

Eibl-Eibesfeldt, Irenäus/Sütterlin, Christa (1992): Im Banne der Angst. Zur Natur- und Kunstgeschichte menschlicher Abwehrsymbolik. Piper, München.

Elsner, Monika/Gumbrecht, Hans Ulrich/Müller, Thomas/Spangenberg, Peter M. (1994): Zur Kulturgeschichte der Medien, in: Klaus Merten/Siegfried J. Schmidt/Siegfried Weischenberg (Hrsg.): Die Wirklichkeit der Medien. VS Verlag für Sozialwissenschaften, Opladen, S. 164 ff.

Enquete-Kommission (2002): Schlussbericht der Enquete-Kommission „Globalisierung der Weltwirtschaft". Leske + Budrich, Opladen.

Enzensberger, Hans Magnus (2004): Von den Vorzügen der Unverständlichkeit, in: Kent D. Lerch (Hrsg.): Die Sprache des Rechts. Band 1: Recht verstehen. Verständlichkeit, Missverständlichkeit und Unverständlichkeit von Recht. de Gruyter, Berlin/New York, S. 83 f.

Falk, Richard/Strauss, Andrew (2001): Toward Global Parliament, in: Foreign Affairs. January/February, S. 212 ff.

Fehr, Hans (1923): Das Recht im Bilde. Erlenbach, Zürich.

Fischer-Lescano, Andreas (2002): Globalverfassung: Verfassung der Weltgesellschaft, in: Archiv der Rechts- und Sozialphilosophie 88, S. 349 ff.

Fischer-Lichte, Erika (2003a): Semiotik des Theaters. Band 1: Das System der theatralischen Zeichen. 4. Auflage 1998 (Nachdruck 2003). Narr, Tübingen.

Fischer-Lichte, Erika (2003b): Semiotik des Theaters. Band 3: Die Aufführung als Text. 4. Auflage 1999 (Nachdruck 2003). Narr, Tübingen.

Fish, Stanley (2004): Recht will formal sein, in: Kent D. Lerch (Hrsg.): Die Sprache des Rechts. Band 1: Recht verstehen. Verständlichkeit, Missverständlichkeit und Unverständlichkeit von Recht. De Gruyter, Berlin/New York, S. 85 ff.

Fiske, John (1987): Television Culture. Methuen, London. New York.

Flaig, Egon (2004): Ritualisierte Politik. Zeichen, Gesten und Herrschaft im Alten Rom. 2. Auflage, Vandenhoeck & Ruprecht, Göttingen.

Flusser, Vilém (2007): Kommunikologie. 4. Auflage, Suhrkamp, Frankfurt am Main.

Frankenberg, Günter (2004): Der normative Blick. Recht, Ethik und Ästhetik der Bilderverbote, in: Günter Frankenberg/Peter Niesen (Hrsg.): Bilderverbot. Recht, Ethik und Ästhetik der öffentlichen Darstellung. LIT, Münster, S. 1 ff.

Friedman, Lawrence M. (1989): Law, Lawyers and Popular Culture, in: Yale Law Journal 98, S. 1579 ff.

Frindte, Wolfgang (2001): Einführung in die Kommunikationspsychologie. Beltz, Weinheim/Basel.

Fritz, Irina/Klingler, Walter (2003): Zeitbudgets und Tagesablaufverhalten in Deutschland: Die Position der Massenmedien, in: Media Perspektiven, S. 12 ff.

Fröhlich, Kerstin/Johansson, Helena/Siegert, Gabriele (2007): Einmal „Star" und zurück. Der Einfluss der Medien auf den Produktlebenszyklus von Prominenz, in: Thomas Schierl (Hrsg.): Prominenz in den Medien. Zur Genese und Verwertung von Prominenten in Sport, Wirtschaft und Kultur. Halem, Köln, S. 142 ff.

Garapon, Antoine (1996): Justice out of Court: The Dangers of Trial by Media, in: David A. Nelken (Hrsg.): Law as Communication. Dartmouth, Aldershot, S. 231 ff.

Gehring, Heiner (1998): Sozialpsychologische Überlegungen zur Fernsehberichterstattung aus Gerichtsverhandlungen, in: ZRP 1998, S. 8 ff.

Gephart, Werner (2006): Recht als Kultur. Zur kultursoziologischen Analyse des Rechts. Klostermann, Frankfurt am Main.

Gerbner, George (2000): Die Kultivierungsperspektive: Medienwirkungen im Zeitalter von Monopolisierung und Globalisierung, in: Angela Schorr (Hrsg.): Publikums- und Wirkungsforschung. Ein Reader. Westerwaldverlag Ingrid Görlich, Wiesbaden, S. 101 ff.

Gerbner, George (2002): It's 11:30. And Heeeeere´s Justice, in: Michael Morgan (Hrsg.): Against the Mainstream. The Selected Works of George Gerbner. Peter Lang, New York u. a., S. 461 f.

Gerbner, George/Gross, Larry (2002): Living with Television. The Violence Profile, in: Michael Morgan (Hrsg.): Against the Mainstream. The Selected Works of George Gerbner. Peter Lang, New York u. a., S. 227 ff.

Gerbner, George/Gross, Larry/Morgan, Michael/Signorielli, Nancy (2002): Growing up with Television, in: Michael Morgan (Hrsg.): Against the Mainstream. The Selected Works of George Gerbner. Peter Lang, New York u. a., S. 192 ff.

Gerhardt, Rudolf (1990): Der Einfluß der Medien auf das Strafverfahren aus medialer Sicht, in: Dietrich Oehler u. a. (Hrsg.): Der Einfluß der Medien auf das Strafverfahren. Beck, München, S. 19 ff.

Gerhardt, Rudolf (1998): Wie es in die Justiz hineinschallt, so schallt es hinaus? Über den Einfluss der Medien auf die Gerichtsverhandlung und die Beratung der Richter, in: Jürgen Brand/Dieter Strempel (Hrsg.): Soziologie des Rechts. Geburtstag, Baden-Baden, S. 515 ff.

Gerhardt, Rudolf/Kepplinger, Hans Matthias/Zerback, Thomas (2007): Wir Richter sind auch nur Menschen, in: Frankfurter Allgemeine Zeitung, 11. Februar 2007, Nr. 9, S. 38.

Goldfarb, Ronald L. (1998): TV or not TV – Television, justice and the courts. New York University Press, New York.

Gombrich, Ernst H. (1996): Die Geschichte der Kunst. 16. Auflage, Suhrkamp, Frankfurt/Main.

Goodman, Nelson (1997): Sprachen der Kunst – Entwurf einer Symboltheorie. Suhrkamp, Frankfurt am Main.

Goodrich, Peter (1995): Oedipus Lex. University of California Press, Berkeley u. a.

Goody, Jack (1997): Representations and Contradictions. Ambivalence towards Images, Theatre, Fiction, Relics and Sexuality. Blackwell, Oxford.

Gorbach, Rudolf Paulus (2005): Typografie, in: Klaus Sachs-Hombach (Hrsg.): Bildwissenschaft. Disziplinen, Themen, Methoden. Suhrkamp, Frankfurt am Main, S. 296 ff.

Grabar, Oleg (1977): Die Entstehung der islamischen Kunst. DuMont, Köln.

Greenhouse, Carol J. (1989): Just in Time: Temporality and the Cultural Legitimating of Law, in: The Yale Law Journal, Vol. 98, S. 1631 ff.

Großfeld, Bernhard (1995): Bildhaftes Rechtsdenken. Westdeutscher Verlag, Opladen.

Gusfield, Joseph A. (1986): Symbolic Crusade. Status Politics and the American Temperance Movement. 2. Auflage, University of Illinois Press, Urbana/Illinois.

Habermas, Jürgen (1985): Die Neue Unübersichtlichkeit. Suhrkamp, Frankfurt am Main.

Häberle, Peter (2004): Das Verständnis des Rechts als Problem des Verfassungsstaates, in: Kent D. Lerch (Hrsg.): Die Sprache des Rechts. Band 1: Recht verstehen. Verständlichkeit, Missverständlichkeit und Unverständlichkeit von Recht. De Gruyter, Berlin/New York, S. 155 ff.

Hamm, Rainer (1997): Große Strafprozesse und die Medien. Nomos, Baden-Baden.

Hansen-Schirra, Silvia/Neumann, Stella (2004): Linguistische Verständlichmachung in der juristischen Realität, in: Kent D. Lerch (Hrsg.): Die Sprache des Rechts. Band 1: Recht verstehen. Verständlichkeit, Missverständlichkeit und Unverständlichkeit von Recht. De Gruyter, Berlin/New York, S. 167 ff.

Harasimowicz, Jan (1990): „Scriptura sui ipsius interpres". Protestantische Bild-Wort-Sprache des 16. und 17. Jahrhunderts, in: Wolfgang Harms (Hrsg.): Text und Bild. Bild und Text. Stuttgart, S. 262 ff.

Hassemer, Winfried (1989): Symbolisches Strafrecht und Rechtsgüterschutz, in: Neue Zeitschrift für Strafrecht, S. 553 ff.

Hegenbarth, Rainer (1981), Symbolische und instrumentelle Funktionen moderner Gesetze, in: Zeitschrift für Rechtspolitik, S. 201 ff.

Heine, Peter (2005): Zeitgenössische Malerei und Graphik in der islamischen Welt, in: Werner Ende/Udo Steinbach (Hrsg.): Der Islam der Gegenwart. 5. Auflage, Beck, München, S. 827 ff.

Henhapl, Wolfgang/Roßnagel, Alexander/Schroeder, Ulrik (1999): Vorteile multimedialer Verfahren, in: Roßnagel, Alexander/Schroeder, Ulrik (Hrsg.): Multimedia im immissionschutzrechtlichen Genehmigungsverfahren. Nomos, Baden-Baden, S. 13 ff.

Hibbitts, Bernard J. (1992): „Coming to our senses": Communication and Legal Expression in Performance Cultures, in: Emory Law Journal 41, S. 873 ff.

Hickethier, Knut (2003): Einführung in die Medienwissenschaft. Metzler, Stuttgart/Weimar.

Hickethier, Knut (2001): Film- und Fernsehanalyse. 3. Auflage Metzler, Stuttgart/Weimar.

Hilgendorf, Eric (2003): dtv-Atlas Recht. Band 1: Grundlagen Staatsrecht Strafrecht. Deutscher Taschenbuch Verlag, München.

Hoffmann, Ludger (1992): Wie verständlich können Gesetze sein?, in: Günther Grewendorf (Hrsg.): Rechtskultur als Sprachkultur. Zur forensischen Funktion der Sprachanalyse. Suhrkamp, Frankfurt am Main, S. 122 ff.

Höhn, Hans-Joachim (2004): Verbieten? Bilder? Theologisch-ethische Aspekte des „Bilderverbotes", in: Günter Frankenberg/Peter Niesen (Hrsg.): Bilderverbot. Recht, Ethik und Ästhetik der öffentlichen Darstellung. LIT, Münster, S. 42 ff.

Hörisch, Jochen (2005): (Wie) Passen Justiz und Massenmedien zusammen?, in: Strafverteidiger, S. 151 ff.
Holzinger, Stephan/Wolff, Uwe (2009): Im Namen der Öffentlichkeit. Litigation-PR als strategisches Instrument bei juristischen Auseinandersetzungen. Gabler, Wiesbaden.
Jäckel, Michael (2005): Medienwirkungen. 3. Auflage. VS Wiesbaden.
Johnson, David R. (2006): The New Visual Literacy. How the Screen affects the Law, in: Jack M. Balkin/Beth Simone Noveck (Hrsg.): The State of Play. New York Press, New York/London, S. 245 ff.
Jucknat, Kim (2007): Köpfe statt Themen? Köpfe und Themen! Die Personalisierung der Wahlkampfberichterstattung in Deutschland und in den USA, in: Zeitschrift für Parlamentsfragen, S. 147 ff.
Kantor, A. Tana (1999): Winning your Case with Graphics. CRC, Boca Raton/Florida u. a.
Kantorowicz, Ernst (1992): Die zwei Körper des Königs. Eine Studie zur politischen Theologie des Mittelalters. Klett-Cotta, Stuttgart.
Katsh, Ethan M. (1989): The electronic media and the transformation of law. Oxford University Press, New York, Oxford.
Katsh, Ethan M. (1995): Law in a digital world. Oxford University Press, New York, Oxford.
Keil, Andreas (2005): Eintauchen in Lenins Welt: Plädoyer für eine multivariante Emotionspsychologie in der affektiven Medienanalyse, in: Oliver Grau/Andreas Keil (Hrsg.): Mediale Emotionen. Zur Lenkung von Gefühlen durch Bild und Sound. Fischer, Frankfurt am Main, S. 133 ff.
Kepplinger, Hans Mathias (1987): Darstellungseffekte. Experimentelle Untersuchungen zur Wirkung von Pressefotos und Fernsehfilmen. K. Alber, Freiburg/München.
Kepplinger, Hans Mathias (2001): Die Kunst der Skandalierung und die Illusion der Wahrheit. Olzog, München.
Kepplinger, Hans Mathias/Zerback, Thomas (2009): Der Einfluss der Medien auf Richter und Staatsanwälte, in: Publizistik, S. 216 ff.
Kertzer, David I. (2006): Ritual, Politik und Macht, in: Andréa Belliger/David J. Krieger (Hrsg.): Ritualtheorien. 3. Auflage, VS, Wiesbaden, S. 363 ff.
Kindermann, Harald (1989a): Alibigesetzgebung als symbolische Gesetzgebung, in: Rüdiger Voigt (Hrsg.): Politik der Symbole. Symbole der Politik. Leske + Budrich, Opladen, S. 257 ff.
Kindermann, Harald (1989b): Symbolische Gesetzgebung, in: Dieter Grimm/Werner Maihofer (Hrsg.): Gesetzgebungstheorie und Rechtspolitik. Opladen, S. 222 ff.
Kissel, Otto Rudolf (1997): Die Justitia. Reflexionen über ein Symbol und seine Darstellung in der bildenden Kunst. 2. Auflage, Beck, München.
Klein, Markus (2005): Der Einfluss der beiden TV-Duelle im Vorfeld der Bundestagswahl 2002 auf die Wahlbeteiligung und die Wahlentscheidung, in: Zeitschrift für Soziologie, S. 207 ff.
Klein, Wolfgang (2004): Ein Gemeinwesen, in dem das Volk herrscht, darf nicht von Gesetzen beherrscht werden, die das Volk nicht versteht, in: Kent D. Lerch (Hrsg.): Die Sprache des Rechts. Band 1: Recht verstehen. Verständlichkeit, Missverständlichkeit und Unverständlichkeit von Recht. De Gruyter, Berlin/New York, S. 197 ff.
Kocher, Gernot (1986): Friede und Recht, in: Karl Hauck u. a. (Hrsg.): Sprache und Recht. Beiträge zur Kulturgeschichte des Mittelalters. De Gruyter, Berlin/New York, S. 405 ff.
Kocher, Gernot (1992): Zeichen und Symbole des Rechts. Beck, München.
Kopp-Schmidt, Gabriele (2004): Ikonographie und Ikonologie. Eine Einführung. Deubner, Köln.
Kroeber-Riel, Werner (1996): Bildkommunikation. Vahlen, München.
Kuhlen, Rainer (2008): Vertrauen in elektronischen Räumen, in: Dieter Klumpp/Herbert Kubicek/Alexander Roßnagel/Wolfgang Schulz (Hrsg.): Informationelles Vertrauen für die Informationsgesellschaft. Springer, Berlin/Heidelberg, S. 37 ff.
Kuß, Matthias (1999): Öffentlichkeitsmaxime der Judikative und das Verbot von Fernsehaufnahmen im Gerichtssaal. WVB, Berlin.
Kuzina, Matthias (2000): Der amerikanische Gerichtsfilm. Justiz, Ideologie, Dramatik. Vandenhoeck & Ruprecht, Göttingen.

Langer, Susanne K. (1957): Philosophy in a new Key. 3. Auflage, Harvard University Press, Cambridge, Mass.

Latz, Hans (1988): Die Thematisierung des Verhältnisse von Recht und Herrschaft in der Kunst der Neuzeit, in: Wolfgang Pleister/Wolfgang Schild (Hrsg): Recht und Gerechtigkeit im Spiegel der europäischen Kunst. DuMont, Köln, S. 214 ff.

Lenz, Timothy O. (2003): Changing Images of Law in Film & Television Crime Stories. Peter Lang, New York.

Lerch, Kent D. (2004): Verständlichkeit als Pflicht? Zur Intransparenz des Transparenzgebots, in: Kent D. Lerch (Hrsg.): Die Sprache des Rechts. Band 1: Recht verstehen. Verständlichkeit, Missverständlichkeit und Unverständlichkeit von Recht. de Gruyter, Berlin/New York, S. 239 ff.

Lévi-Strauss, Claude (1978): Traurige Tropen. Suhrkamp, Frankfurt/Main.

Lübbe, Hermann (2004): Mehrheit statt Wahrheit. Über Demokratisierungszwänge, in: André Kaiser/Thomas Zittel (Hrsg.): Demokratietheorie und Demokratieentwicklung. Festschrift für Peter Graf Kielmansegg. VS, Wiesbaden, S. 141 ff.

Lübbe-Wolff, Gertrude (2000a): Erscheinungsformen symbolischen Umweltrechts, in: Bernd Hansjürgens/Gertrude Lübbe-Wolff (Hrsg.): Symbolische Umweltpolitik. Suhrkamp, Frankfurt am Main, S. 25 ff.

Lübbe-Wolff, Gertrude (2000b): Verfassungsrechtliche Grenzen symbolischer Umweltpolitik, in: Bernd Hansjürgens/Gertrude Lübbe-Wolff (Hrsg.): Symbolische Umweltpolitik. Suhrkamp, Frankfurt am Main, S. 217 ff.

Lucke, Doris (1995): Akzeptanz. Legitimität in der „Abstimmungsgesellschaft". Leske + Budrich Verlag, Opladen.

Luhmann, Niklas (1969): Legitimation durch Verfahren. Neuwied/Berlin.

Luhmann, Niklas (1985): Einige Probleme mit „reflexivem Recht", in: Zeitschrift für Rechtssoziologie, S. 1 ff.

Luhmann, Niklas (1993): Das Recht der Gesellschaft. Suhrkamp, Frankfurt am Main.

Luhmann, Niklas (1996): Die Realität der Massenmedien, 2. Auflage, VS Verlag für Sozialwissenschaften, Opladen.

Luhmann, Niklas (1998): Die Gesellschaft der Gesellschaft. Suhrkamp, Frankfurt/Main.

Macho, Thomas (1996): Vision und Visage. Überlegungen zur Faszinationsgeschichte der Medien, in: Wolfgang Müller-Funk/Hans-Ulrich Reck (Hrsg.): Inszenierte Imagination. Beiträge zu einer historischen Anthropologie der Medien. Springer, Wien/New York, S. 87 ff.

Machura, Stefan (2006): Fernsehgerichtshows: Spektakel des Rechts, in: Paragrana 15, S. 174 ff.

Machura, Stefan (2007): Ansehensverlust der Justiz? Licht und Schatten des Gerichtsshowkonsums, in: Kathrin Döveling/Lothar Mikos/Jörg-Uwe-Nieland (Hrsg.): Im Namen des Fernsehvolkes. Neue Formate für Orientierung und Bewertung. UVK, Konstanz, S. 83 ff.

Machura, Stefan/Ulbrich, Stefan (2002): Recht im Film. Nomos, Baden-Baden.

Manow, Philip (2008): Im Schatten des Königs. Die politische Anatomie demokratischer Repräsentation. Suhrkamp, Frankfurt am Main.

Marek, Kristin (2007): Ikonoklastische Vereinnahmung. Rechtstheoretische Regime des Bildes, in: Jean-Baptiste Joly u. a. (Hrsg.): Bildregime des Rechts. Suhrkamp, Stuttgart, S. 45 ff.

Massing, Otwin (1989): Identität als Mythopoem. Zur politischen Symbolisierungsfunktion verfassungsgerichtlicher Spruchweisheiten, in: Rüdiger Voigt (Hrsg.): Politik der Symbole. Symbole der Politik. Leske + Budrich, Opladen, S. 235 ff.

Matussek, Peter (2001): Performing Memory, in: Paragrana 10, Heft 1, S. 303 ff.

McCombs, Maxwell (2000): Agenda-Setting: Zusammenhänge zwischen Massenmedien und Weltbild, in: Angela Schorr (Hrsg.): Publikums- und Wirkungsforschung. Ein Reader. Westdeutscher Verlag, Wiesbaden, S. 123 ff.

McDermott, Paul D. (1986): Forensic Cartography, in: American Society for Photogrammetry and Remote Sensing (Hrsg.): Photographs and Maps go to Court. Falls Church/Virginia, S. 55 ff.

Merten, Klaus (1985): Zur Struktur nonverbaler Texte, in: Günther Bentele/Ernest Hess-Lüttich (Hrsg.): Zeichengebrauch in Massenmedien. Zum Verhältnis vom sprachlichen und nichtsprachlichen Informationen in Hörfunk, Film und Fernsehen. Niemeyer, Tübingen, S. 25–37.

Merten, Klaus (1994): Wirkungen von Kommunikation, in: Klaus Merten/Siegfried J. Schmidt/ Siegfried Weischenberg (Hrsg.): Die Wirklichkeit der Medien. Westdeutscher, Opladen, S. 291 ff.

Merten, Klaus (1997): Die Rolle der Medien bei der Vermittlung zwischen Recht und Gesellschaft, in: Zeitschrift für Rechtssoziologie, S. 16 ff.

Metzler, Dieter (1973): Bilderstürme und Bilderfeindlichkeit in der Antike, in: Martin Warnke (Hrsg.): Bildersturm. Die Zerstörung des Kunstwerks. Hanser, München, S. 14 ff.

Meyer Thomas/Ontrup, Rüdiger/Schicha, Christian (2000): Die Inszenierung des Politischen. VS, Wiesbaden.

Meyer, Thomas (2001): Mediokratie – die Kolonisierung der Politik durch die Medien. Suhrkamp, Frankfurt am Main.

Mitchell, William J.T. (1994): When is seeing believing? in: Scientific American. Februar 1994, S. 44 ff.

Müller, Jan-Dirk (2007): Das Bild – Medium für Illiterate? Zu Text und Bild in der Frühen Neuzeit, in: Ryozo Maeda/Teruaki Takahashi/Wilhelm Voßkamp (Hrsg.): Schriftlichkeit und Bildlichkeit. Visuelle Kulturen in Europa und Japan. Fink, München, S. 71 ff.

Naef, Silvia (2007): Bilder und Bilderverbot im Islam. C.H. Beck München.

Nahamowitz, Peter (1985): „Reflexives Recht“: Das unmögliche Ideal eines post-interventionistischen Steuerungskonzepts, in: Zeitschrift für Rechtssoziologie, S. 29 ff.

Nead, Lynda (2004): Courtroom Sketching: Reflections on History, Law and the Image, in: Michael Freeman (Hrsg.): Law and Popular Culture. Vol. 7. Peter Lang, New York, S. 173 ff.

Neumann, Ulfried (1992): Juristische Fachsprache und Umgangssprache, in: Günther Grewendorf (Hrsg.): Rechtskultur als Sprachkultur. Zur forensischen Funktion der Sprachanalyse. Suhrkamp, Frankfurt am Main, S. 110 ff.

Neverla, Irene (1990): Der soziale Zeitgeber Fernsehen, in: Medien & Zeit, Nr. 1, S. 3 ff.

New York State Committee to Review Audio-Visual Coverage of Court Proceedings (1997): An Open Courtroom. Cameras in New York Courts. Fordham University Press, New York.

Newig, Jens (2003): Symbolische Umweltgesetzgebung. Rechtssoziologische Untersuchungen am Beispiel des Ozongesetzes, des Kreislaufwirtschafts- und Abfallgesetzes sowie der Großfeuerungsanlagenverordnung. Duncker & Humblot, Berlin.

Noack, Ulrich (1998): Hauptversammlung und Neue Medien, in: Betriebsberater, S. 2533 ff.

Noll, Peter (1981): Symbolische Gesetzgebung, in: Zeitschrift für Schweizerisches Recht, S. 347 ff.

O'Brien, Connor Cruise (1971): Die UNO. Ritual der brennenden Welt. Rowohlt, Reinbek.

Oswald, Margit E. (1994): Vertrauen – eine Analyse aus psychologischer Sicht, in: Hagen Hof/ Hans Kummer/Peter Weingart/Sabine Maasen (Hrsg.): Recht und Verhalten. Verhaltensgrundlagen des Rechts – zum Beispiel Vertrauen. Nomos, Baden-Baden, S. 111 ff.

Ott, Norbert (1986): Vorläufige Bemerkungen zur „Sachsenspiegel“-Ikonografie, in: Ruth Schmidt-Wiegand (Hrsg.), Text-Bild-Interpretation. Untersuchungen zu den Bilderhandschriften des Sachsenspiegels, Band 1. Fink, München, S. 33–43.

Paul, Klaus (2005): Das grafische Plakat – Bild und Text als gegenseitige Ergänzung, Kommentierung und Paradoxie, in: Martin Scholz/Ute Helmbold (Hrsg.): Bilder lesen lernen. Wie werden Bilder rezipiert? DUV, Wiesbaden, S. 73 ff.

Peirce, Charles Sanders (1934/1991): Collected Papers. Band 5: Pragmatism and pragmaticism. Cambridge, Mass., hier zitiert nach: Charles S. Peirce: Schriften zum Pragmatismus und zum Pragmatizismus (Hrsg. von Karl-Otto Apel). Frankfurt am Main.

Perritt, Henry H. jun. (1994): Video Depositions, Transcripts and Trials, in: Emory Law Journal, Vol. 43, S. 1071 ff.

Pleister, Wolfgang (1988a): Menschenrecht, Tierfabel und Tierphysiognomik, in: Wolfgang Pleister/Wolfgang Schild (Hrsg): Recht und Gerechtigkeit im Spiegel der europäischen Kunst. Dumont, Köln, S. 172 ff.

Pleister, Wolfgang (1988b): Der Mythos des Rechts, in: Wolfgang Pleister/Wolfgang Schild (Hrsg): Recht und Gerechtigkeit im Spiegel der europäischen Kunst. Dumont, Köln, S. 8 ff.

Podlas, Kimberlianne (2001): Please Adjust Your Signal: How Television's Syndicated Courtrooms Bias Our Juror Citizenry, in: American Business Law Journal, Vol. 39, S. 1 ff.
Popitz, Heinrich (1992): Phänomene der Macht. 2. Auflage, Mohr Siebeck, Tübingen.
Porsdam, Helle (1999): Legally Speaking. Contemporary American Culture and the Law. University of Massachusetts Press, Amherst, Mass.
Postman, Neill (1999): Wir amüsieren uns zu Tode, 12. Auflage Frankfurt am Main.
Prütting, Hanns (1999): Das Fernsehen im Gerichtssaal – Ausweitung der Öffentlichkeit im Zivilprozess?, in: Reinhold Geimer (Hrsg.): Wege zur Globalisierung des Rechts. Beck, München, S. 685 ff.
Radbruch, Gustav (1947): Karikaturen der Justiz. Lithographien von H. Daumier. Verlag Scherer, Willsbach und Heidelberg.
Radbruch, Gustav (1954): Honoré de Daumier: Gens de Justice, in: Gustav Radbruch: Gestalten und Gedanken. K.F. Koehler Verlag, Stuttgart, S. 112 ff.
Rafter, Nicole (2000): Shots in the Mirror. Crime Films and Society. Oxford University Press, Oxford/New York.
Raiser, Thomas (2007): Grundlagen der Rechtssoziologie. 4. Auflage, Mohr Siebeck, Tübingen.
Rehbinder, Manfred (1995): Rechtspluralismus und Rechtseinheit, in: Manfred Rehbinder: Abhandlungen zur Rechtssoziologie. Duncker & Humblot, Berlin, S. 234 ff.
Rehbinder, Manfred (2007): Rechtssoziologie. 6. Auflage, Beck, München.
Reinhardt, Jan D./Jäckel, Michael (2005): Massenmedien als Gedächtnis- und Erinnerungsgeneratoren – Mythos und Realität einer „Mediengesellschaft", in: Patrick Rössler/Friedrich Krotz (Hrsg.): Mythen der Mediengesellschaft – The Media Society and its Myths. UVK, Konstanz, S. 93 ff.
Reske, Henry J. (1995): Generation X Jurors a Challenge, in: American Bar Association Journal, October, S. 14.
Röhl, Klaus F. (2005a): Rechtswissenschaft, in: Klaus Sachs-Hombach (Hrsg.): Bildwissenschaft. Disziplinen, Themen, Methoden. Suhrkamp, Frankfurt am Main, S. 247 ff.
Röhl, Klaus F. (2005b): Bilder in gedruckten Rechtsbüchern, in: Kent D. Lerch (Hrsg.): Die Sprache des Rechts. Band 3. De Gruyter, Berlin/New York, S. 267 ff.
Röhl, Klaus F./Röhl, Hans Christian (2008): Allgemeine Rechtslehre. 3. Auflage, Heymanns Köln.
Röhl, Klaus F./Ulbrich, Stefan (2000): Visuelle Rechtskommunikation, in: Zeitschrift für Rechtssoziologie 21, S. 355 ff.
Roessler, Paul (2000): Von der Virgel zum Slash. Zur Zeichensetzung zwischen Gutenberg und Internet, in: Zeitschrift für Germanistik. Neue Folge, Band 3, S. 508 ff.
Roßnagel, Alexander/Pfitzmann, Andreas (2003): Der Beweiswert von E-Mail, in: Neue Juristische Wochenschrift, S. 469 ff.
Roßnagel, Alexander/Schroeder, Ulrik (1999): Multimedia im immissionschutzrechtlichen Genehmigungsverfahren, Nomos, Baden-Baden.
Roth, Gerhard (2003): Fühlen, Denken, Handeln. Suhrkamp, Frankfurt am Main.
Rubin, Alan M. (2000): The Uses – And – Gratifications-Perspektive der Medienwirkung, in: Angela Schorr (Hrsg.): Publikums- und Wirkungsforschung. Ein Reader. VS Verlag für Sozialwissenschaften, Wiesbaden, S. 137 ff.
Rüthers, Bernd (1999): Rechtstheorie. Beck, München.
Sarcinelli, Ulrich (1987): Symbolische Politik. Zur Bedeutung symbolischen Handels in der Wahlkampfkommunikation der Bundesrepublik Deutschland. WDV, Opladen.
Saxer, Ulrich (2007): Politik als Unterhaltung. Zum Wandel politischer Öffentlichkeit in der Mediengesellschaft. UVK, Konstanz.
Scharabi, Mohamed (2005): „Islamische" Architektur und darstellende Kunst der Gegenwart, in: Werner Ende/Udo Steinbach (Hrsg.): Der Islam in der Gegenwart. 5. Auflage, Beck, München, S. 837 ff.
Schendera, Christian F.G. (2004): Die Verständlichkeit von Rechtstexten. Eine kritische Darstellung der Forschungslage, in: Kent D. Lerch (Hrsg.): Die Sprache des Rechts. Band 1: Recht

verstehen. Verständlichkeit, Missverständlichkeit und Unverständlichkeit von Recht. De Gruyter, Berlin/New York, S. 321 ff.

Scheuerman, William E. (1999): Economic Globalization and the Rule of Law, in: Constellations, Vol. 6, No. 1, S. 3 ff.

Schierl, Thomas (2001): Schöner, schneller, besser? Die Bildkommunikation der Printwerbung unter veränderten Bedingungen, in: Thomas Knieper/Marion G. Müller (Hrsg.): Kommunikation visuell. Das Bild als Forschungsgegenstand. Halem, Köln, S. 193 ff.

Schierl, Thomas (2007): Prominenz in den Medien. Eine empirische Studie zu Veränderungen in der Prominenzberichterstattung im Zeitraum 1973 bis 2003, in: Thomas Schierl (Hrsg.): Prominenz in den Medien. Zur Genese und Verwertung von Prominenten in Sport, Wirtschaft und Kultur. Halem, Köln, S. 11 ff.

Schild, Wolfgang (1986): Funktionale und nicht-funktionale Bedeutung des Gesetzes. Einige Anmerkungen zur Gesetzgebungslehre am Beispiel des materiellen Strafrechts, in: Ilmar Tammelo/Erhard Mock (Hrsg.): Rechtstheorie und Gesetzgebung. Peter Lang, Frankfurt am Main, S. 195 ff.

Schild, Wolfgang (1988a): Gerechtigkeitsbilder, in: Wolfgang Pleister/Wolfgang Schild (Hrsg): Recht und Gerechtigkeit im Spiegel der europäischen Kunst. Dumont, Köln, S. 88 ff.

Schild, Wolfgang (1988b): Gott als Richter, in: Wolfgang Pleister/Wolfgang Schild (Hrsg): Recht und Gerechtigkeit im Spiegel der europäischen Kunst. Dumont, Köln, S. 44 ff.

Schild, Wolfgang (1995): Bilder von Recht und Gerechtigkeit. Dumont, Köln.

Schink, Alexander (2000): Elemente symbolischer Umweltpolitik im Abfallrecht, in: Bernd Hansjürgens/Gertrude Lübbe-Wolff (Hrsg.): Symbolische Umweltpolitik. Suhrkamp, Frankfurt am Main, S. 102 ff.

Schlesinger, Max (1912): Geschichte des Symbols. Berlin (hier zitiert nach dem Nachdruck der Ausgabe, G. Olms, Hildesheim 1967).

Schmidt, Siegfried J. (2000): Kalte Faszination. Medien, Kultur, Wissenschaft in der Mediengesellschaft. Weilerswist.

Schmidt-Wiegand, Ruth (1986): Text und Bild in den Codizees Picturati des „Sachsenspiegels". Überlegungen zur Funktion der Illustrationen, in: Dies. (Hrsg.), Text-Bild-Interpretation. Untersuchungen zu den Bilderhandschriften des Sachsenspiegels, Band 1. Fink, München, S. 11–31

Schnitzler, Norbert (1996): Ikonoklasmus – Bildersturm. Theologischer Bilderstreit und ikonoklastisches Handeln während des 15. und 16. Jahrhunderts. Fink, München.

Schramm, Holger/Wirth, Werner (2006): Medien und Emotionen. Bestandsaufnahme eines vernachlässigten Forschungsfeldes aus medienpsychologischer Perspektive, in: Medien & Kommunikationswissenschaft, S. 25 ff.

Schroth, Ulrich (1992): Präzision im Strafrecht. Zur Deutung des Bestimmtheitsgebots, in: Günther Grewendorf (Hrsg.): Rechtskultur als Sprachkultur. Zur forensischen Funktion der Sprachanalyse. Suhrkamp, Frankfurt am Main, S. 93 ff.

Schuck-Wersig, Petra (1993): Expedition zum Bild – Beiträge zur Analyse des kulturellen Stellenwerts von Bildern. Peter Lang, Frankfurt am Main.

Schug, Alexander (2007): Hitler als Designobjekt und Marke. Die Rezeption des Werbegedankens durch die NSDAP bis 1933/34, in: Hartmut Berghoff (Hrsg.): Marketinggeschichte. Die Genese einer modernen Sozialtechnik. Campus, Frankfurt am Main, S. 325 ff.

Schulz, Martin (2007): Ent-Larvung der Bilder. Zum Anachronismus der TV-Gesichter, in: Hans Belting (Hrsg.): Bilderfragen. Die Bildwissenschaften im Aufbruch. Fink, München, S. 285 ff.

Schulze-Fielitz, Helmuth (1997): Das Bundesverfassungsgericht in der Krise des Zeitgeists – Zur Metadogmatik der Verfassungsinterpretation, in: Archiv des öffentlichen Rechts 122, S. 1 ff.

Schulze-Fielitz, Helmuth (2003): Notizen zur Rolle der Verwaltungsrechtswissenschaft für das Bundesverwaltungsgericht, in: Die Verwaltung, S. 421 ff.

Schuppert, Gunnar Folke (1990): Grenzen und Alternativen von Steuerung durch Recht, in: Dieter Grimm (Hrsg.): Wachsende Staatsaufgaben – sinkende Steuerungsfähigkeit des Rechts. Nomos, Baden-Baden, S. 217 ff.

Schuppert, Gunnar Folke (2004): Bilderverbot? Einige verfassungsrechtliche Überlegungen zu den Grenzen visueller Kommunikation, in: Günter Frankenberg/Peter Niesen (Hrsg.): Bilderverbot. Recht, Ethik und Ästhetik der öffentlichen Darstellung. LIT, Münster, S. 70 ff.

Schwemmer, Oskar (2006): Die Macht der Symbole, in: Aus Politik und Zeitgeschichte 20, S. 7 ff.

Schwindt, Christian (2005): Theologie, christliche, in: Klaus Sachs-Hombach (Hrsg.): Bildwissenschaft. Disziplinen, Themen, Methoden. Suhrkamp, Frankfurt am Main, S. 196 ff.

Senn, Marcel (2003): Rechtsgeschichte – ein kulturhistorischer Grundriss. 3. Auflage, Schulthess, Zürich.

Sherwin, Richard K. (2000): When law goes pop – the vanishing line between law and popular culture. University of Chicago Press, Chicago.

Shusterman, Richard (2001): Tatort: Kunst als Dramatisieren, in: Josef Früchtl/Jörg Zimmermann (Hrsg.): Ästhetik der Inszenierung. Suhrkamp, Frankfurt am Main, S. 126 ff.

Siehr, Angelika (2005): „Objektivität in der Gesetzgebung? in: Archiv für Rechts- und Sozialphilosophie 91, S. 534 ff.

Soeffner, Hans-Georg (2000): Gesellschaft ohne Baldachin. Velbrück Wissenschaft, Weilerswist.

Spiesel, Christina O./Sherwin, Richard K./Feigenson, Neal (2005): Law in the Age of Images: The Challenge of Visual Literacy, in: Anne Wagner u. a. (Hrsg.): Contemporary Issues of the Semiotics of Law. Hart, Portland, S. 231 ff.

Stachenfeld, Avi J./Nicholson, Christopher M. (1996): Blurred Boundaries: An Analysis of the Close Relationship Between Popular Culture and the Practice of Law, in: University of San Francisco Law Review 30, S. 903 ff.

Steinberg, Rudolf (2000): Symbolische Umweltpolitik unter besonderer Berücksichtigung der Beschleunigungsgesetzgebung, in: Bernd Hansjürgens/Gertrude Lübbe-Wolff (Hrsg.): Symbolische Umweltpolitik. Suhrkamp, Frankfurt am Main, S. 63 ff.

Streeck, Klaus (2006): Management der Fantasie. Einführung in die werbende Wirtschaftskommunikation. Fischer, München.

Struck, Gerhard (2001): Das Gesetz als Kommunikation des Gesetzgebers mit dem Bürger, in: Rechtstheorie 32, S. 373 ff.

Struwe, Marcel (1973): „Nationalsozialistischer Bildersturm". Funktion eines Begriffs, in: Martin Warnke (Hrsg.): Bildersturm Die Zerstörung des Kunstwerks. Hanser, München, S. 121 ff.

Thaler, Paul (1994): The Watchful Eye. American Justice in the Age of the Television Trial. Praeger, Westport/Connecticut.

Thiel, Gisela/Thome, Gisela (1987): Resolutionen. Ein empirisch entwickelter Beitrag zur Textanalyse. Narr Tübingen.

Tietje, Christian (2003): Die Staatsrechtslehre und die Veränderung ihres Gegenstandes, in: Deutsches Verwaltungsblatt, S. 1081 ff.

Thym, Barbara (2003): Kultivierung durch Gerichtsshows. Eine Studie unter Berücksichtigung von wahrgenommener Realitätsnähe, Nutzungsmotiven und persönlichen Erfahrungen. Magisterarbeit. Ludwig-Maximilians-Universität, München.

Tisseron, Serge (2007): Unser Umgang mit Bildern. Ein psychoanalytischer Zugang, in: Hans Belting (Hrsg.): Bilderfragen. Die Bildwissenschaften im Aufbruch. Fink, München, S. 307 ff.

Tufte, Edward R. (1990): Envisioning Information. Graphics Press, Cheshire/Connecticut.

Ueberhorst, Horst (1989): Feste, Fahnen, Feiern. Die Bedeutung politischer Symbole und Rituale im Nationalsozialismus, in: Rüdiger Voigt (Hrsg.): Politik der Symbole. Symbole der Politik. Leske + Budrich, Opladen, S. 157 ff.

Vismann, Cornelia (2007): Bildregime des Rechts – Rechtsregime des Bildes, in: Jean-Baptiste Joly u.a (Hrsg.): Bildregime des Rechts. Akademie Schloss Solitude, Stuttgart, S. 15 ff.

von Brück, Michael (2006): Bild und Bildlosigkeit in buddhistischer Meditation – Tibetischer Buddhismus und Zen, in: Christa Maar/Hubert Burda (Hrsg.): Iconic Worlds. Neue Bilderwelten und Wissensräume. Dumont, Köln, S. 209 ff.

von Cölln, Christian (2005): Zur Medienöffentlichkeit der Dritten Gewalt. Rechtliche Aspekte des Zugangs der Medien zur Rechtsprechung im Verfassungsstaat des Grundgesetzes. Mohr Siebeck, Tübingen.

Vorländer, Hans (2006): Deutungsmacht – Die Macht der Verfassungsgerichtsbarkeit, in: Hans Vorländer (Hrsg.): Die Deutungsmacht der Verfassungsgerichtsbarkeit. VS, Wiesbaden, S. 9 ff.

Vorländer, Hans/Brodocz, André (2006): Das Vertrauen in das Bundesverfassungsgericht. Ergebnisse einer repräsentativen Bevölkerungsumfrage, in: Hans Vorländer (Hrsg.): Die Deutungsmacht der Verfassungsgerichtsbarkeit. VS, Wiesbaden, S. 259 ff.

Wagner, Joachim (1987): Strafprozeßführung über Medien. Nomos, Baden-Baden.

Wandhoff, Haiko (2003): Im virtuellen Raum des Textes: Bild, Schrift und Zahl in Chrétiens de Troyes „Erec et Enide", in: Ulrich Schmitz/Horst Wenzel (Hrsg.): Wissen und neue Medien. Bilder und Zeichen von 800 bis 2000. Erich Schmidt Berlin, S. 39 ff.

Warnke, Martin (1973): Durchbrochene Geschichte? Die Bilderstürme der Wiedertäufer in Münster 1534/1535, in: Martin Warnke (Hrsg.): Bildersturm. Die Zerstörung des Kunstwerks. Hanser, München, S. 65 ff.

Watkin, Thomas Glyn (2004): The Powers that Be Are Seated. Symbolism in English Law and in the English Legal System, in: Reiner Schulze (Hrsg.): Rechtssymbolik und Wertevermittlung. Duncker & Humblot, Berlin, S. 149 ff.

Weber, Max (1972): Wirtschaft und Gesellschaft. 5. Auflage, Mohr Siebeck Tübingen.

Wenzel, Horst (2001): Luthers Briefe im Medienwechsel von der Manuskriptkultur zum Buchdruck, in: Horst Wenzel u. a. (Hrsg.): Audiovisualität vor und nach Gutenberg. Zur Kulturgeschichte der medialen Umbrüche. Skira Verlag, Wien, S. 185 ff.

Wesel, Reinhard (2003): Die symbolischen Vereinten Nationen, in: Sabine von Schorlemer (Hrsg.): Praxis-Handbuch UNO. Die Vereinten Nationen im Lichte globaler Herausforderungen. Springer, Berlin u. a., S. 591 ff.

Wesel, Reinhard (2004): Symbolische Politik der Vereinten Nationen. Die „Weltkonferenzen" als Rituale. Leske + Budrich, Opladen.

Wesel, Uwe (1985): Frühformen des Rechts in vorstaatlichen Gesellschaften. Suhrkamp, Frankfurt am Main.

Wesel, Uwe (2001): Geschichte des Rechts. Von den Frühformen bis zur Gegenwart. 2. Auflage, C.H. Beck., München.

Wimmer, Rainer (1998): Zur juristischen Fachsprache aus linguistischer Sicht, in: Sprache und Literatur in Wissenschaft und Unterricht, Heft 81, S. 8 ff.

Winterhoff-Spurk, Peter (2005): Kalte Herzen. Wie das Fernsehen unseren Charakter formt. Klett-Cotta, Stuttgart.

Wortmann, Volker (2003): Authentisches Bild und authentisierende Form. Halem, Köln.

Zajonc, R. B. (1965): Social Facilitation, in: Science 149, S. 260 ff.

Zimbardo, Philip D. (1992): Psychologie. 5. Auflage Pearson, Berlin u. a.

Kapitel 5
Unscharfe Kommunikation: Komposition und Inszenierung des Rechts

Visuelle Kommunikation ist unberechenbarer – oder anders: unschärfer – als die Kommunikation mit Worten und Texten. Für das Recht ist das ein Problem, das nicht unterschätzt werden darf. Denn das Recht soll – und will – ja gerade Verlässlichkeit, Kontinuität, also Berechenbarkeit gewährleisten. Wie also lässt sich visuelle Kommunikation berechenbar(er) gestalten, um sie für juristische Zwecke einsetzen zu können?

5.1 Unscharfe Steuerung – Wie lässt sich visuelle (Rechts)Kommunikation steuern?

Visuelle Kommunikation lässt sich sehr viel weniger zuverlässig steuern und kontrollieren als schriftliche oder mündliche Kommunikation. Stärker als Sprache rufen Bilder Effekte bei den Rezipienten hervor, die weder beabsichtigt noch vorhersehbar waren.[1] Bilder sind ungenauer und haben *subsemantische Nebenwirkungen*, die weit gehend unberechenbar sind.[2]

Woran liegt die grundsätzliche Unschärfe von Bildern? Bilder können keine logischen Verknüpfungen ausdrücken. Bildern sind keine eindeutigen Bedeutungen zugeordnet: Sie sind – anders ausgedrückt – nicht-notational.[3] Welche Bedeutung ein Bild hat, hängt von einem ganzen Bündel unterschiedlicher, nicht zuletzt kulturell[4] geprägter Rahmenbedingungen ab. Für Bilder gibt es – mit anderen Worten – keine Grammatik und kein Wörterbuch.[5] Die grundsätzliche Offenheit oder Vieldeutigkeit

---

[1] Zu den Ursachen aus kognitionspsychologischer Sicht Gombrich (1984, S. 281) m. w. N.

[2] Sherwin (2000, S. 141).

[3] Boehm (2001, S. 267) m. w. N.

[4] Dieselben Bilder werden in unterschiedlichen Kulturen durchaus unterschiedlich verstanden. Dazu am Beispiel der Piktogramme Brugger (2005, S. 41), auf der Basis empirischer Erhebungen.

[5] So ganz pointiert Doelker (1997, S. 58). Die Existenz einer Bildgrammatik verneint schon Pasolini (1971, S. 39 f.) Ähnlich skeptisch von Monkiewitsch (2004, S. 57 ff.), der die Rolle des (kreativen) Zufalls bei der Entstehung von Bildern stark betont. Dem widerspricht aber Vollmer (2004, S. 19 ff.), der jedenfalls für fotografische Bilder von einer grundlegenden Grammatik ausgeht.

V. Boehme-Neßler, *BilderRecht*,
DOI 10.1007/978-3-642-03877-8_5, © Springer-Verlag Berlin Heidelberg 2010

der Bildersprache kann aber durch verbale Zusätze zum Bild eindeutiger gemacht werden.[6]

Die Steuerungsunschärfe der visuellen Kommunikation hat einen neurophysiologischen Hintergrund.[7] Bilder wirken – anders als Worte und Texte – nicht direkt auf das Verhalten der Menschen, sondern nur auf die dahinter stehenden Verhaltens*dispositionen.* Bilder wirken also auf grundsätzliche Einstellungen und Handlungsabsichten. Welches konkrete Verhalten im Einzelfall sich daraus dann ergibt, ist von vielen und unterschiedlichen zusätzlichen Faktoren abhängig. Weil sich diese Faktoren in ihrer Kombination und ihren Wechselwirkungen nicht determinieren lassen, ist visuelle Kommunikation nur schwer steuerbar.[8]

In der anarchischen Welt der Kunst ist das kein Problem, im Gegenteil. Dort geht es ja um Unvorhersehbares, Neues und Überraschendes. Ganz anders ist die Lage aber im Rechtssystem, das Ordnung, Stabilität und Berechenbarkeit produzieren soll. Die prinzipielle Steuerungsunschärfe der visuellen Kommunikation ist aus der Sicht des Rechts kein Vorteil, sondern ein schwerer Nachteil. Unschärfe lässt sich schon im Grundsatz nur schwer mit der Aufgabe des Rechts in Einklang bringen, Stabilität zu garantieren und vorhersehbare Ergebnisse zu produzieren. Weil sich exakte Ursachen-Wirkungs-Zusammenhänge nur schwer herstellen lassen, führt visuelle Kommunikation darüber hinaus leicht zur Verwischung von Verantwortlichkeiten. Diese typische Besonderheit der visuellen Kommunikation steht in eklatantem Widerspruch zur Aufgabe des Rechts, Verantwortungsbereiche und verbindliche Pflichten möglichst exakt festzulegen.

Sollte das Recht deshalb die Kommunikation durch Bilder und Grafiken lieber meiden? Das kann nicht die Lösung sein. Visuelle Kommunikation wird immer wichtiger und prägender für alle Bereiche der Gesellschaft. Davor kann das Recht nicht die Augen verschließen. Ihre größere Streubreite bedeutet nicht, dass sich visuelle Kommunikation überhaupt nicht steuern ließe. Die *Imagery-Forschung* zeigt, dass sich auch die Wirkung visueller Kommunikation auf die Rezipienten bewusst steuern lässt[9] – wenn auch nicht in letzter Exaktheit. Diese Einsicht ist letztlich die wissenschaftliche Basis der gesamten Werbung.

Völlig klar ist aber, dass die Steuerungsmechanismen und -instrumente der Kommunikation durch Bilder andere als bei der Wort- und Textkommunikation sind. Das ist eine Herausforderung für das Recht. Denn seine Steuerungsmechanism en sind bisher natürlich auf die textuelle Kommunikation zugeschnitten. Das Recht muss deshalb seine Fähigkeiten zur Kommunikation mit Bildern (wieder) neu entwickeln.

[6] Doelker (1997, S. 60).

[7] Dazu Kroeber-Riel (1996, S. 84) m. umfangr. N. der kognitionspsychologischen Forschung.

[8] Kroeber-Riel (1996, S. 84) m. w. N.

[9] Ausführlich dazu Kroeber-Riel (1996, S. 81 ff.) m. w. N.

5.2 Inszenierung und Komposition – die klassischen Mittel visueller Kommunikation

Wie lässt sich visuelle Kommunikation trotz aller Schwierigkeiten – jedenfalls ansatzweise – steuern? Das Recht steht dieser Frage noch eher hilflos gegenüber. Andere Bereiche der Gesellschaft haben aber mit gezielter visueller Kommunikation mehr Erfahrung. Ein Blick auf die dort gesammelten Erkenntnisse kann helfen, wenn es um die intentionale Gestaltung visueller Rechtskommunikation geht.

Inszenierung und Komposition[10] – das sind die herkömmlichen Techniken, mit denen man seit Jahrtausenden versucht, die Wirkung von Bildern zu steuern. Steuerung von visueller Rechtskommunikation heißt: Bilder im Recht und Bilder vom Recht müssen bewusst nach allen Regeln der Kunst komponiert und inszeniert werden. Je stärker Bilder und Fernsehen auf das Recht einwirken, desto eher wird sich Recht inszenieren (müssen).[11] Beispiele aus den USA, die die Änderungen der Rechtskommunikation im Gerichtssaal durch Liveberichterstattung des Fernsehens belegen, sind ein Indiz dafür.[12]

Was könnten die Regeln sein, nach denen Recht komponiert und inszeniert werden könnte – und müsste?[13] Malerei, Theater und Film haben ein ganzes Arsenal entwickelt, wie Bilder komponiert und inszeniert werden können. Es bietet sich deshalb an, einen Blick auf das dort inzwischen angesammelte Instrumentarium zu werfen. Aus dem reichen Fundus werden sich Regeln entwickeln lassen, die auch für die visuelle Rechtskommunikation von Bedeutung sein können.

5.2.1 Malerei, Grafik, Fotografie – Wie werden Bilder komponiert?

Gibt es grundlegende Regeln für die Bildgestaltung? Die kreativen Bildschaffenden bestreiten das nicht selten.[14] Die Wissenschaft sieht das anders: Sie hat eine Fülle von – teilweise universell gültigen – Regeln herausgearbeitet, die der Komposition von Bildern zugrunde liegen. Es gibt ein allgemein gültiges *Kompositionsschema.*[15] Jedes Bild folgt ihm, jede bewusste oder unbewusste Bildgestaltung, unabhängig davon, aus welchem Kunstbereich sie stammt.[16]

---

[10] Zur Komposition aus kunstgeschichtlicher Sicht Bätschmann (2001, S. 142 ff.) m. w. N.

[11] Dazu sehr kritisch Sherwin (2000, S. 141 ff.) m. w. N., der die Gefahr einer *jurisprudence of appearances* beschwört.

[12] Thaler (1994), pass.; Goldfarb (1998), pass.

[13] Dazu auch Boehme-Neßler (2003, S. 125 ff.) m. w. N.

[14] von Monkiewitsch (2004, S. 74 f.).

[15] Arnheim (2003, S. 12 ff.).

[16] So ganz dezidiert Vollmer (2004, S. 19 f.) Arnheim (2003, S. 12 ff.), zeigt das am Beispiel der bildenden Künste; Vollmer (2004, S. 19 ff.), erläutert das für die Fotografie; Dorsch-Jungsberger (2003, S. 171 ff.), belegt diese These am Beispiel der journalistischen Bildpublizistik.

Die These, dass es universale Kompositionsregeln für Bilder gibt, lässt sich nicht nur durch eine Fülle von empirischen Analysen untermauern. Es gibt zwei grundsätzliche Argumente, die diese These ebenfalls stützen: ein physiologisches und ein semiotisches. Die Rezeption von Bildern hat natürlich eine biologische Basis. Lichtreflexe werden über Sinnesorgane aufgenommen und vom menschlichen Gehirn verarbeitet.[17] Erst durch diesen neurophysiologischen Konstruktionsvorgang werden Bilder wahrgenommen.[18] So unterschiedlich menschliche Gehirne im Einzelnen sind: Die biologischen Regeln der Bildrezeption und -konstruktion sind – bei allen individuellen Unterschieden – im Grundsatz festgelegt und gleich. Wenn Bilder wahrgenommen werden wollen, müssen sie sich an den Rezeptionsmöglichkeiten ihrer Adressaten ausrichten. Tun sie das nicht, laufen sie Gefahr, nicht wahrgenommen zu werden. Wenn sich Bilder aber an den Basisregeln orientieren, heißt das: Sie werden nach potenziell universellen Regeln gestaltet. Dieses Argument lässt sich noch semiotisch verstärken. Die Komposition eines Bildes macht erst ihre Bedeutung aus.[19] Dass unterschiedliche grafische Zeichen und physikalische Lichtreflexe eine Bedeutung ergeben, hängt von der Komposition ab. Dass eine runde Form als Apfel erkannt wird, ist kein physikalischer Prozess mehr. Die Anordnung – die Komposition – unterschiedlicher Formen, Farben[20] und Bewegungen auf einem Bild macht erst diese Botschaft deutlich.[21]

5.2.2 *Theater, Film, Fernsehen – Wie werden bewegte Bilder inszeniert?*

Bewegung ist auffällig. Bewegung zieht die menschliche Aufmerksamkeit in besonderem Maße auf sich. Das hat sehr frühe stammesgeschichtliche Ursachen: Die Wahrnehmung von Bewegung ist für fast alle Organismen von großer Bedeutung. Bewegung signalisiert Gefahren oder besondere Chancen, während ruhende Objekte in der Regel gefahrlos ignoriert werden können.[22] Bewegung hat deshalb eine besonders große Bedeutung für die visuelle Kommunikation.[23] Es ist so nur konsequent, dass Bewegung zu einem wichtigen Gestaltungsmittel bei der visuellen

---

[17] Ausführlich dazu Lester (2003, S. 5 ff.).

[18] Ausführlich zur Rezeption von Bildern als Konstruktion von Bildern siehe oben Abschn. 3.4.

[19] So ganz dezidiert Arnheim (2003, S. 240 f.).

[20] Zur besonderen Bedeutung von Farben und Farbbeziehungen für Bilder Bätschmann (2001, S. 138 ff.) m. w. N.; M. Wagner (2002, S. 18 ff.) m. w. N. Zur Farbe als Sprache Albrecht (1974) pass. Berlin/Kay (1999, S. 1 ff.) belegen auf breiter empirischer Basis, dass alle Sprachen Begriffe und Vorstellungen bestimmter Farben kennen. Die Universalität der Farben ist ein Indiz für ihre große Bedeutung. Zur Physiologie des Farbensehens Gregory (2001, S. 157 ff.).

[21] Arnheim (2003, S. 241).

[22] Gregory (2001, S. 128).

[23] Ähnlich Lester (2003, S. 45).

Kommunikation geworden ist. Bewegung ist sogar – nur scheinbar paradox – ein wichtiges Element unbewegter Bilder. In der Kunstgeschichte findet sich eine Fülle von Beispielen für die überragend wichtige Bedeutung von Bewegung in der bildenden Kunst. Noch weiter gedacht führt dieser Gedanke zu bewegten Bildern: Eine frühe Form visueller Kommunikation durch bewegte Bilder ist das Theater.[24] Neuere Formen sind der Film und das Fernsehen.

Wie lässt sich die visuelle Kommunikation durch bewegte Bilder steuern? Das Mittel, bewegte Bilder bewusst und gezielt zur Kommunikation einzusetzen, ist die Inszenierung.[25] Inszenierungen findet man in der Kunst, etwa im Theater oder im Film.[26] Ihre überragende Bedeutung erhalten Inszenierungen aber gerade dadurch, dass sie nicht auf den Bereich der Künste beschränkt sind. Inszenierung ist nicht nur eine ästhetische Kategorie, sondern auch eine anthropologische.[27] Inszenierungen sind überall, wo Menschen sind.[28] Inszeniert wird auch im Alltag:[29] Wo Menschen auftreten, organisieren und gestalten sie ihr Verhalten und ihren Auftritt auf einen Effekt hin.[30] Selbst und gerade im Internet wird ein – mehr oder weniger umfassendes – *Impression Management* betrieben.[31] Auch wenn das nicht immer und nicht immer bewusst geschieht: Inszenierungen sind ein integraler Bestandteil menschlichen Verhaltens. Impression Management ist nur ein neuer Begriff für ein uraltes Phänomen.[32]

Warum sind Inszenierungen fast allgegenwärtig? Ein Grund ist ihre spezifische Leistungsfähigkeit. Eine Inszenierung macht es möglich, Dinge und Sachverhalte zu zeigen, die an sich nicht wahrnehmbar sind.[33] Inszenierungen erweitern deshalb die Handlungs- und Kommunikationsspielräume der Menschen ganz erheblich. Dem konnten Menschen zu allen Zeiten nicht widerstehen.

---

[24] Zur großen Bedeutung von Bewegung für das Theater aus theaterwissenschaftlicher Sicht Balme (2001, S. 69 f.) m. w. N.

[25] Zum Begriff der Inszenierung Fischer-Lichte (2007, S. 12 ff.) m. w. N.; Müller-Doohm/Neumann-Braun (1995, S. 10); Fischer-Lichte (1998, S. 84 ff.) m. w. N.; Schultz (2003, S. 11).

[26] Das lässt sich als ästhetische Inszenierung kategorisieren. Dazu Fischer-Lichte (1998, S. 84 ff.).

[27] Fischer-Lichte (2007, S. 15).

[28] Das lässt sich als anthropologischer Aspekt der Inszenierung bezeichnen. Dazu Iser (1991, S. 504 ff.).

[29] Müller-Doohm/Neumann-Braun (1995, S. 10). Bahnbrechend für diese Erkenntnis Goffman (1959/2003, S. 19 ff.) und pass.

[30] Müller-Doohm/Neumann-Braun (1995, S. 10). Das zeigt auch Lenz (2009, S. 240 ff.) m. w. N. in – unromantischer – Klarheit.

[31] Zur Selbstdarstellung im Internet Wallace (2001, S. 28 ff.) m. w. N. Wie groß das menschliche Bedürfnis zur Selbstinszenierung auch online ist, zeigt das Phänomen der persönlichen Homepages, deren Vielzahl nicht mehr zu überblicken ist. Dazu Wallace (2001, S. 31 ff.) Zur Theatralisierung und Selbstdarstellung beim Online-Dating Lenz (2009, S. 250 f.) m. w. N.

[32] Dazu aus verhaltensbiologischer Sicht Eibl-Eibesfeldt/Sütterlin (2007, S. 388 f.) m. w. N.

[33] Iser (1991, S. 504, 512).

5.2.3 Drama, Baby, Drama! – Visuelle Kommunikation im Fernsehen

Die moderne, sehr einflussreiche Praxis von Komposition und Inszenierung ist das Fernsehen.[34] Die Medienwissenschaft hat herausgearbeitet, dass ungeschriebene „Gesetze" existieren, die in der Medienbranche als professionelle Regeln der Kunst akzeptiert und angewandt werden.[35] Dabei greift das Fernsehen – wenig überraschend – auf den in Jahrhunderten entwickelten Fundus des Bühnentheaters zurück.[36]

Drama und Minidrama – in Literatur und Theater seit jeher bekannt[37] – werden vom Fernsehen als einfache, aber wirksame Inszenierungsmodelle häufig benutzt. Wie andere Massenmedien auch, konzentriert das Fernsehen seine Aufmerksamkeit auf einzelne Ereignisse und besondere Events.[38] Es stellt bevorzugt kurze, abgeschlossene Episoden dar. Wichtig ist vor allem zweierlei: Skandale und Personen. Besonderer Aufmerksamkeit erfreuen sich Konflikte, Verstöße gegen rechtliche oder moralische Normen oder Skandale.[39] Personen werden als greifbare Symbole für abstrakte Konflikte oder eine unbekannte Zukunft benutzt.[40] Themen werden so weit wie möglich personifiziert.[41] Unterschiedliche Strömungen, Interessen oder Ideen werden als schicksalhaftes Duell zweier Personen dargestellt. Konflikte werden zu Entscheidungsschlachten zwischen überpersönlichen Schicksalsmächten.[42] Mißstände werden neu inszeniert oder aufgebauscht – als Skandale.[43]

Die Medienwissenschaft hat inzwischen weitere Topoi und Inszenierungsregeln aufgedeckt.[44] Alle diese Darstellungsregeln erklären sich – nicht ausschließlich, aber sehr weit gehend – aus dem Postulat der Unterhaltsamkeit. Rund drei Viertel

---

[34] Zur überragenden Bedeutung der elektronischen Medien für Wertvermittlung, Meinungsbildung und gesellschaftliche Integration Roßnagel (2004, S. 16 f.) m. w. N.

[35] Thomas Meyer (2001, S. 50); Dörner (2001, S. 239 ff.) m. w. N.

[36] Thomas Meyer (2001, S. 54). Meyer/Kampmann (1998, S. 67 ff.), und Thomas Meyer u. a (2000, S. 144 ff.), schildern eine Fülle von praktischen Beispielen.

[37] Zur Bedeutung der Dramatisierung in der Kunst Shusterman (2001, S. 126 ff.) m. w. N.

[38] Thomas Meyer (2001, S. 47). Zur Bedeutung von Events für die Entstehung und Weiterverbreitung von Bildern Perlmutter (2003, S. 11 ff.) m. w. N.

[39] Luhmann (1996, S. 59 ff.); Thomas Meyer (2001, S. 47). Zum Bild als Skandal ausführlich Frankenberg (2004, S. 33 ff.) mit Beispielen.

[40] Luhmann (1996, S. 66); Thomas Meyer (2001, S. 50) mit Beispielen.

[41] Thomas Meyer (2001, S. 50 f.) mit einem aktuellen Beispiel.

[42] Thomas Meyer (2001, S. 51). Ausführlich dazu Dörner (2001, S. 118). Zur Personalisierung in der deutschen Politik auf der Basis einer empirischen Untersuchung schon früher Kaase (1994, S. 214 ff.) Er kommt aufgrund seines Materials, a. a. O., S. 226, zu einer zurückhaltenderen Bewertung des Trends zur Personalisierung. Sie dürfte aber inzwischen – 15 Jahre nach seiner Untersuchung – überholt sein.

[43] Kepplinger (2001, S. 62 f.) mit Beispielen.

[44] Ausführlich dazu Thomas Meyer u. a. (2000, S. 194 ff.) mit einer Darstellung des aktuellen Forschungsstandes.

der Sendezeit im Fernsehen bestehen aus unterhaltenden Produktionen.[45] Unterhaltsamkeit ist aber zunehmend auch das maßgebliche Kriterium für die Gestaltung aller anderen Sendungen.[46]

Warum dramatisiert das Fernsehen überhaupt? Das ist offensichtlich: Es geht um die Aufmerksamkeit des Publikums. Indem es seine technischen Möglichkeiten zur Unterhaltung des Publikums einsetzt, erreicht das Fernsehen eine deutlich gesteigerte Aufmerksamkeit.[47] Und diese Aufmerksamkeit braucht es, um sich zu finanzieren.[48] Dieser Zusammenhang hat eine weit reichende Folge: Der Unterhaltungseffekt wird zunehmend zum entscheidenden Auswahl- und Darstellungskriterium.[49] Alle Bereiche von Kultur, Politik, Wirtschaft und Gesellschaft werden zunehmend nur dargestellt, wenn und so weit sie Unterhaltungswert haben.[50] Logik, Vernunft, Komplexität, Folgerichtigkeit und Widerspruchslosigkeit sind wenig unterhaltsam und werden deshalb unwichtiger.[51] Das kann auf Dauer nicht ohne Auswirkungen auf die Weltsicht der Rezipienten und die gesellschaftliche Kommunikation bleiben.

5.3 Die Bildwissenschaften als Lehrmeister – die Komposition von Rechts-Bildern

Will das Recht durch Bilder kommunizieren, muss es die relevanten Kompositionsregeln aufgreifen und visuell umsetzen.[52] Die Erkenntnisse unterschiedlicher Bildwissenschaften[53] und die künstlerischen Erfahrungen mehrerer Jahrtausende sollten

---

[45] Thomas Meyer u. a. (2000, S. 110) m. w. N. Möglicherweise hat sich der Anteil seither noch erhöht.

[46] Dazu sehr kritisch Postman (1999, S. 110). Dörner (2001, S. 31 ff.) spricht in diesem Zusammenhang zugespitzt davon, dass sich auch die Politik immer stärker zum *Politainment* entwickele.

[47] Thomas Meyer (2001, S. 54); Dörner (2001, S. 33).

[48] Sunstein (2001, S. 682 ff.), arbeitet plastisch die Bedeutung hoher Einschaltquoten für das Fernsehen heraus. Die erreichte Aufmerksamkeit beim Zuschauer ist trotz des Gebührenprivilegs auch beim öffentlich-rechtlichen Rundfunk sehr relevant. Immerhin dient auch hier die Werbung jedenfalls teilweise zur Finanzierung des Programms. Wichtiger ist aber wohl die Legitimationswirkung hoher Einschaltquoten für die öffentlich-rechtlichen Sender. Mit hohen Einschaltquoten können sie ihr Gebührenprivileg und sogar ihre Existenz (politisch) legitimieren.

[49] Sehr kritisch dazu Postman (1999, S. 110 ff.).

[50] Ein besonders deutliches Beispiel dafür ist das Infotainment. Ausführlich dazu Tenscher (1998, S. 193).

[51] So ganz dezidiert Postman (1999, S. 130). Weniger pessimistisch aber Thomas Meyer (2001, S. 54). Dörner (2001, S. 97 ff.) widerspricht Postman mit der – wohl richtigen – These, dass auch eine Unterhaltungsöffentlichkeit wichtige Funktionen für die öffentliche Kommunikation habe.

[52] Eine Fülle von konkreten Einzelregeln arbeiten Doelker (1997, S. 169 ff.), und Brunschwig (2001, S. 86 ff.), heraus.

[53] Ob es wirklich schon eine transdisziplinäre Bildwissenschaft gibt, ist noch zweifelhaft. Allerdings gibt es viele unterschiedliche Wissenschaften, die sich – teilweise seit sehr langer Zeit – intensiv mit Bildern befassen.

sich fruchtbar machen lassen, wenn es um die Transkodierung[54] rechtlicher textlicher und verbaler Zeichen in visuelle Kommunikation geht.

Dabei kann die moderne Rechtsvisualisierung an das reichhaltige und differenzierte Material anknüpfen, das im Mittelalter produziert worden ist. Das Mittelalter war eine Blütezeit der visuellen Rechtskommunikation. Manche Kompositionselemente, die damals entwickelt und benutzt wurden, sind auch heute noch verständlich. Das Paradebeispiel dafür ist sicher der Handschlag als ikonisches Zeichen eines Vertragsabschlusses.[55] Andere visuelle Zeichen sind überholt und wären heute nur schwer verständlich.[56] An der Entwicklung einer zeitgemäßen rechtlichen Bildersprache führt deshalb kein Weg vorbei.

Ansätze zu einer Entwicklung moderner rechtsikonischer Zeichen lassen sich bereits feststellen. Dabei sind unterschiedliche Entwicklungsstränge zu beobachten. Eine Richtung der modernen Rechtsvisualisierung ist stark von der Rechtsarchäologie geprägt und kunsthistorisch orientiert. Sie entwickelt ihre juristische Bildergrammatik aus dem breiten Fundus des kunsthistorisch erschlossenen Materials.[57] Eine andere Richtung der modernen Rechtsvisualisierung löst sich stärker von den historischen Traditionen.[58] Sie orientiert sich an der visuellen Sprache des modernen Grafikdesign.[59] Einen dritten Weg geht die informationstechnisch inspirierte Rechtsvisualisierung.[60] Ausgehend von der Informatik versuchen sie, rechtliche Verfahren multimedial unterstützt abzubilden und durchführbar zu machen. Ein Pionierbeispiel dafür ist der Einsatz von Multimedia in immissionsschutzrechtlichen Genehmigungsverfahren.[61]

---

[54] Von Transkodierung spricht die Semiotik, wenn es um die Transponierung von Zeichen aus einem Zeichensystem in ein anderes geht. Dazu Doelker (1997, S. 129, 158 ff.), mit vielen Beispielen. Wie Brunschwig (2001, S. 80 f.), zu Recht betont, ist der – an sich naheliegende – Begriff Übersetzung zu eng gefasst, um diesen Prozess zu beschreiben.

[55] Zum Handschlag als Rechtsgeste Knieper (2003, S. 203) m. w. N. Zur rechtsikonografischen Bedeutung des Handschlags Kocher (1992, S. 37), mit Beispielen. Es ist deshalb kein Zufall, dass Brunschwig (2001) bei ihrer modernen Visualisierung von Art. 1 Abs. 1 des Schweizerischen Obligationenrechts den Handschlag als Zeichen des Vertragsabschlusses benutzt. Ebenso Röhl (2005, S. 62 f.).

[56] Das liegt oft daran, dass auch die dargestellten Rechtsinstitute oder Rechtsverhältnisse heute nicht mehr existieren. Ein Beispiel dafür ist die Unterwerfungsgeste, mit der das Lehensverhältnis dargestellt wird, oder das Richterschwert, das als Symbol der Blutgerichtsbarkeit diente. Dazu Schild (2003, S. 11 ff.) Selbst wenn der rechtliche Inhalt heute noch bekannt ist, kann aber seine damalige ikonische Darstellung heute unverständlich sein.

[57] Die Pionierin dieser Richtung ist Brunschwig (2001). Sie kann dabei auf umfangreiche Arbeiten zur Rechtsarchäologie zurückgreifen. Ein bedeutender Vertreter dieser Forschungsrichtung ist Kocher (1992). Zur rechtsikonografischen Modernisierung der Rechtsarchäologie ausführlich Brunschwig (1999, S. 51 ff.) m. w. N.

[58] Der Pionier dieser Richtung ist Hilgendorf (2003).

[59] Neben Hilgendorf (2003) lassen sich vor allem Röhl u. a. (2005, S. 51 ff.), zu dieser Richtung zählen: Sie machen die moderne Kunstform des Comic fruchtbar, um rechtliche Sachverhalte darzustellen.

[60] Die Pioniere sind Roßnagel/Schroeder (1999).

[61] Roßnagel/Schroeder (1999).

5.4 Angewandte Theaterwissenschaften – die Inszenierung juristischer Prozesse

Recht besteht nicht nur aus statischen Texten, sondern auch aus Prozessen und Verfahren, die letztlich zu den Texten führen. Also müssen auch juristische Dynamiken in ikonische Zeichen transkodiert werden. Um es konkret zu machen: Wie also lassen sich Verfassungsgebungs- und Rechtsetzungsverfahren, Verwaltungsverfahren und Prozesse vor Gerichten mit Bildern darstellen – also inszenieren?

Inszenierungen sind dem Recht nicht fremd. Recht ist schon immer auch inszeniert worden. Ein wichtiges Inszenierungsmittel sind Rituale.[62] Als besonders eindrückliches Beispiel für die Inszenierung von Recht lässt sich die Hauptverhandlung im Strafverfahren ansehen.

5.4.1 Inszenierung des Rechts – wozu?

Braucht das Recht wirklich Inszenierungen? Eindeutige Antwort: Das Recht kann nicht auf Inszenierungen verzichten. Warum ist das so?

Inszenierungen sind ein Mittel, abstrakte Sachverhalte sinnlich wahrnehmbar darzustellen.[63] Nur durch Inszenierungen lassen sich etwa die abstrakten Begriffe Recht, Macht, Gerechtigkeit oder Demokratie sinnlich wahrnehmbar abbilden.[64] Das lässt sich als *Visualisierungsfunktion* der Inszenierung bezeichnen. Sie ist von großer Bedeutung für das Rechtssystem. Das Recht an sich ist schon ein höchst abstrakter Begriff. Das Rechtssystem besteht aus einer Fülle von abstrakten Begriffen, mit denen es arbeitet. Gleichzeitig muss sich das Rechtssystem den Betroffenen aber verständlich machen. Denn sonst läuft es Gefahr, die Akzeptanz der Bürger zu verlieren, die das Recht ja beachten sollen. Recht ist also sinnlich kaum wahrnehmbar, gleichzeitig muss es aber wahrgenommen werden. Dieser Widerspruch lässt sich letztlich nur durch Inszenierungen bewältigen.

Genauso wichtig ist die *Geltungsfunktion.* Soziale Phänomene gewinnen ihre soziale Geltung und dauerhafte Existenz nicht zuletzt auch aus ihrer Darstellbarkeit und tatsächlichen Darstellung.[65] Mit anderen Worten: Was nicht wahrgenommen wird, existiert nicht. Das ist das Grundgesetz der Gesellschaft im Medienzeitalter. Das lässt sich in eindrucksvoller Klarheit am Beispiel der Macht beobachten. Damit

---

[62] Zum Zusammenhang von Inszenierung und Ritual grundsätzlich Schechner (2006, S. 52).

[63] Ähnlich Iser (1991, S. 512).

[64] Eine Inszenierung stellt eine äußerst anspruchsvolle, strategisch orientierte Tätigkeit dar. In der griechischen Antike wurde deshalb die Fähigkeit, Inszenierungsstrategien zu entwickeln, als eine wesentliche Qualifikation für die Ausübung politischer und militärischer Ämter angesehen. Erfolgreiche Regisseure wurden immer wieder in politische und militärische Ämter gewählt. Instruktiv dazu Fischer-Lichte (2004, S. 318 f.) m. w. N.

[65] So Soeffner (1998, S. 216 f.), allerdings konkret bezogen auf Macht. Der Gedanke lässt sich aber auf alle sozialen Phänomene erweitern.

Macht wirklich wirksam wird und auf Dauer erhalten bleibt, muss sie auch dargestellt – also inszeniert – werden.[66] Das gilt sogar für die Macht, die auf Gewalt beruht und deshalb das Licht der Öffentlichkeit eher scheut. Selbst sie ist ohne ein Minimum an Akzeptanz kaum von Dauer. Umso mehr gilt das für demokratische Macht: Sie muss ganz breit anerkannt sein. Ohne Darstellung eines Machtanspruchs kann deshalb keine Macht erlangt oder ausgeübt werden.[67] Das bedeutet also: Soziale Phänomene müssen ihren Geltungsanspruch deutlich machen, um existieren zu können. Das Mittel der Wahl dazu ist die Inszenierung, nicht selten in der verdichteten Form eines Rituals.[68] Was bedeutet diese Erkenntnis für das Recht?

Die Geltungsfunktion von Inszenierungen ist besonders wichtig für das Recht. Denn Recht ist stark auf Akzeptanz der Bürger angewiesen.[69] Schon deshalb ist es notwendig, dass sich das Recht auch inszeniert. In der Praxis lassen sich deshalb auch juristische Inszenierungen beobachten. Nur zwei Beispiele: Gerade Gerichtsgebäude aus dem Wilhelminismus sind architektonische Inszenierungen, mit denen das Recht seinen Geltungsanspruch deutlich macht.[70] Urteilsverkündungen, die mit der bewusst pathetischen Formel: „Im Namen des Volkes …" eingeleitet werden, lassen sich auch als Inszenierungen interpretieren, durch die das Rechtssystem seine Verbindung mit den Bürgern hervorhebt und seinen Geltungsanspruch betont.

Dass soziale Phänomene ihren Geltungsanspruch durch Inszenierungen sichtbar machen, ist keine neue Erscheinung. Aber: In der modernen Mediengesellschaft ist die Notwendigkeit von Inszenierungen erheblich größer geworden. Nur was durch populäre Inszenierungsformen wahrnehmbar ist, kann kulturell auf Dauer wirksam sein. Das Recht ist deshalb einem erheblichen Inszenierungsdruck ausgesetzt, der eher noch stärker werden wird. Verweigerung wäre keine Lösung. Denn wenn das Recht sich den Anforderungen, die die Mediengesellschaft an populär wirksame Inszenierungen stellt, auf Dauer verweigert, läuft es Gefahr, nicht mehr wahrgenommen zu werden. Unschädlich ist das höchstens kurzfristig. Mittel- und langfristig würde das aber zum Bedeutungsverlust führen. Recht, das in der Mediengesellschaft nicht wahrgenommen wird, wird auf Dauer irrelevant.[71]

Eine seit langem bekannte Funktion von Inszenierungen ist es, *Gemeinschaft zu stiften* und zu bestärken. Inszenierte Gemeinschaftserlebnisse führen zu gemeinsamen Emotionen, die über das Ereignis hinaus weiterwirken und eine Gemeinschaft

---

[66] Soeffner (1998, S. 216 f.).

[67] Diesen Zusammenhang betont Soeffner (1998, S. 216 f.).

[68] Zu diesem Zweck werden oft neue Rituale erfunden und als alte Tradition ausgegeben. Grundsätzlich dazu Hobsbawm (1992a, S. 1 f.), und Hobsbawm (1992b, S. 303 ff.).

[69] Daran ändert auch die Tatsache nichts, dass Recht mit staatlicher Gewalt durchgesetzt werden kann. Denn im demokratischen Staat lässt sich auf Dauer keine Rechtsnorm mit Gewalt durchsetzen, die nicht akzeptiert ist.

[70] Ausführlich zur Deutung der „versteinerten Rechtskultur" Gephart (2006, S. 241 ff.) Speziell zur Monumentalarchitektur der Justizpaläste Klemmer u. a. (1993, S. 34 ff.) Wesel (2001, S.428 f.).

[71] Boehme-Neßler (2003, S. 128) m. w. N.

zusammenhalten (können).[72] Menschen müssen sich treffen und gemeinsame Erlebnisse haben. Sonst kann keine Gemeinschaft entstehen. Kaum eine menschliche Gesellschaft kommt deshalb ohne die gemeinschaftsstärkende Inszenierung von Zeremonien, Ritualen und Festen aus. Moderne Beispiele dafür sind politische Parteitage, politische Massenaufmärscher,[73] Sportveranstaltungen oder – in Grenzen – Theateraufführungen.[74] Nicht selten werden sogar Traditionen eigens erfunden, um Anlässe für Rituale zu schaffen.[75]

Die einheitsstiftende Funktion von Inszenierungen und Ritualen ist ebenfalls von großer Bedeutung für das Recht. Die Verfassung ist ein eindrückliches Beispiel dafür. Die entscheidende Aufgabe einer Verfassung ist es, staatliche Einheit zu konstituieren, dem politischen Prozess eine Form zu geben und dadurch Kontinuität und Stabilität zu sichern.[76] Das kann eine Verfassung aber nur, wenn sie auch inszeniert wird. Tatsächlich wird etwa die deutsche Verfassung inszeniert: durch spektakuläre Prozesse vor dem Bundesverfassungsgericht, durch bahnbrechende Entscheidungen des obersten Gerichts und durch immer öfter wiederholte Bezugnahmen auf und „Beschwörungen" der Verfassung in der politischen Diskussion. Die Verfassung als Argument im politischen Diskurs hat also durchaus integrierende Funktionen. Allerdings sind diese Inszenierungen zu wenig mit den Regeln und der Logik der modernen Mediengesellschaft kompatibel. Ihre einheitsstiftende Funktion könnte die Verfassung viel besser erfüllen, wenn sie mehr und professioneller inszeniert würde. Um Missverständnissen vorzubeugen: Damit soll keiner pathetischen oder pompösen Staatsinszenierung das Wort geredet werden. Aber moderne Inszenierungen wären nötig, die regelmäßig die Verfassung und das Recht als Basis der deutschen Demokratie bekräftigen.[77]

Inszenierungen dienen auch der Welterklärung und der *Sinngebung*. Wer inszeniert, erklärt und interpretiert immer auch den Teil der Welt, den er inszenatorisch darstellt. Auch wenn das moderne, westliche Recht natürlich keine sinnstiftende Instanz ist: Die welterklärende Funktion von Inszenierungen ist auch für das Recht von Bedeutung. Das Rechtssystem ist an der Sozialisation der Menschen beteiligt. Indem es hilft, Rechtsbewusstsein auszubilden, übt das Recht eine erzieherische Funktion aus.[78] Erziehung ohne Welterklärung und Sinnstiftung ist schwierig, wenn nicht unmöglich. Das Recht könnte also seine erzieherische Funktion besser

[72] Ausführlich zur Gemeinschaft stiftenden Funktion von Ritualen Schechner (2006, S. 70 f.) m. w. N.

[73] Ein prägnantes Beispiel dafür waren die politischen Rituale in der ehemaligen DDR. Ausführlich zu den sozialistischen Ritualen in der DDR anlässlich des 1.-Mai-Feiertags und ihren Wirkungen Kraa (1989, S. 200 ff.).

[74] Ausführlich dazu Fischer-Lichte (2004, S. 344 ff.) m. w. N.

[75] Grundsätzlich dazu Hobsbawm (1992a, S. 1 f.).

[76] Ähnlich Hesse (1999, S. 13).

[77] Ein Beispiel für eine missglückte Inszenierung ist die Bundespräsidentenwahl vom 23. Mai 2009. So sympathisch die organisatorischen Pannen und Unbeholfenheiten sind, die zu beobachten waren – sie haben der Autorität des Bundespräsidenten, der Bundesversammlung und der Verfassung langfristig und subtil geschadet.

[78] Zur erzieherischen Funktion des Rechts Rehbinder (2007), Rn. 106 m. w. N.

erfüllen, wenn es die welterklärenden Fähigkeiten von Inszenierungen besser einsetzen würde. Auch seine weitere Aufgabe, Konflikte zu bereinigen,[79] kann das Recht mit Hilfe von Inszenierungen besser erfüllen. Denn Konflikte lassen sich langfristig und nachhaltig nur aus der Welt schaffen, wenn die Konfliktparteien von der Konfliktlösung überzeugt sind, sie jedenfalls akzeptieren. Verständnis und Akzeptanz wiederum lassen sich mit Inszenierungen effektiver und besser erreichen. Ein Fazit drängt sich förmlich auf: Das Recht *muss* sich verstärkt inszenieren, um seine Funktionen erfüllen zu können. Sonst verliert es in der *Inszenierungsgesellschaft*[80] an Bedeutung.

5.4.2 Seriosität und Authentizität – Die Inszenierung von Recht

Die Inszenierung von Recht ist notwendig – und sie ist gefährlich. Denn das Recht darf nicht irgend etwas in Szene setzen. Es muss Seriosität, Bedeutung und Authentizität inszenieren. Das ist besonders schwierig. Warum?

Inszenierungen scheinen auf den ersten Blick das genaue Gegenteil von Authentizität zu sein.[81] Denn Inszenierungen sind künstliche Kombinationen unterschiedlicher Elemente, die auf eine bestimmte Wahrnehmung und Wirkung beim Zuschauer zielen. Inszenierungen stehen deshalb nicht selten unter dem Verdacht, ihr Publikum zu manipulieren. Geht man von diesem Inszenierungsbegriff aus, ist der Widerspruch zur Authentizität – also zur Echtheit – eklatant. Denn authentisch ist nur, was echt ist – und gerade nicht manipuliert, vorgespiegelt oder inszeniert. Allerdings sind Inszenierungen nicht zwingend und nicht immer manipulativ. Sie können auch authentisch sein. Manipulativ sind sie nur dann, wenn sie nicht als Inszenierung durchschaut werden.[82] Solange Inszenierungen nicht vorspiegeln, die Wirklichkeit naturgetreu abzubilden, sind sie nicht zwingend manipulativ. Wenn sie als Inszenierung erkannt werden, sind sie eine Ausdrucksweise mit spezifischen Möglichkeiten. Sie können Ideen, Begriffe und Dinge wahrnehmbar machen, die ihrer Natur nach an sich nicht gegenständlich sind.[83] Legt man diesen *wertneutralen Inszenierungsbegriff* zugrunde, können Inszenierungen authentisch sein. Authentizität ist bis heute ein wichtiges Ziel von Inszenierungen. Die Menschheit hat inzwischen eine jahrtausendelange Erfahrung in der Inszenierung von Authentizität. Schon im Alten Ägypten wurde religiöse und politische Authentizität in Szene gesetzt.[84] Und natürlich geht es bei vielen modernen politischen Inszenierungen

[79] Zur Konfliktbereinigungsfunktion des Rechts ausführlich Rehbinder (2007), Rn. 97 ff. m. w. N.

[80] Den Begriff prägt Willems (1998, S. 23).

[81] Fischer-Lichte (2004, S. 329), weist darauf hin, dass das Begriffspaar Authentizität versus Inszenierung deshalb nicht selten dichotomisch gemeint wird.

[82] Ähnlich Fischer-Lichte (2004, S. 331), die Inszenierungen grundsätzlich nach dem Kriterium unterscheidet, ob sie als Inszenierung wahrgenommen werden oder nicht.

[83] So Iser (1991, S. 504).

[84] Ausführlich dazu Roeder (2007, S. 300 ff.) m. w. N.

ebenfalls um Authentizität.[85] Denn nur Authentizität führt zu Glaubwürdigkeit, Vertrauen und Wählerstimmen. Die Wirtschaftswerbung ist ein besonders eindrückliches Beispiel dafür, wie – allerdings nicht immer – Authentizität, Kompetenz und Glaubwürdigkeit inszeniert wird.[86]

Ob eine Inszenierung Authentizität, Seriosität und Bedeutung kommuniziert, hängt nicht nur von ihrem Inhalt, sondern auch stark von den Inszenierungselementen ab.[87] Ein bekanntes Beispiel dafür, dass und wie man Authentizität und Seriosität inszenieren kann, sind die Nachrichten im Fernsehen.[88] Durch den gezielten Einsatz unterschiedlicher Inszenierungsmittel schaffen es die – seriösen – Nachrichtensendungen im Fernsehen, authentisch und ernsthaft zu wirken. Das ist umso bemerkenswerter, als das Fernsehen grundsätzlich ein Massenmedium ist, das nicht von Seriosität geprägt ist.[89] Welches sind Inszenierungselemente, die das Recht einsetzen könnte – und schon einsetzt –, um Bedeutung, Authentizität und Seriosität auszustrahlen?

Besonders wichtig für eine Inszenierung ist der Rahmen, in dem sie stattfindet – das *Framing*.[90] Der Begriff des Framings stammt aus der Kognitionspsychologie.[91] Frames sind Interpretationsmuster, die helfen, neue Ereignisse und Informationen einzuordnen und effizient zu verarbeiten.[92] Ihre Funktionen sind vor allem Informationsselektion und Reduktion von Komplexität.[93] Je komplexer die Sachverhalte sind, die dargestellt oder inszeniert werden sollen, desto notwendiger sind effektive Frames. Bestimmte Aspekte einer Inszenierung werden durch das Framing in den Vordergrund gerückt, andere werden zurückgestellt und vernachlässigt. Framing liefert dadurch starke Impulse für die Einordnung der Inszenierung, ihr Verständnis und ihre Bewertung. Genau darin liegt aber auch das erhebliche manipulative Potenzial, das Frames haben. Wie alle anderen Kommunikationsmittel auch, haben

---

[85] Grundsätzlich zur Inszenierung von Authentizität der Politik im Fernsehen Meyer/Ontrup/Schicha (2007, S. 183 ff.) m. w. N.

[86] Ausführlich dazu Willems (2007, S. 215 ff.) mit Beispielen.

[87] Allgemein zu den Grundregeln einer Inszenierung Messaris (1994, S. 138 ff.) m. w. N., und vielen Beispielen.

[88] Ausführlich dazu Hickethier/Bleicher (1998, S. 371 ff.) Grundsätzlich zur Bedeutung der Präsentation für die Wirkung von Rundfunknachrichten Berry (1988, S. 166 ff.) m. w. N.

[89] Das Fernsehen wird von Anfang an vom Zwang zur Unterhaltung dominiert. Ausführlich dazu siehe unten Abschn. 7.1.

[90] Wulf (2003, S. 41) m. w. N. Zur Bedeutung des Framings – der Rahmensetzung – am Beispiel der Fernsehnachrichten Hickethier/Bleicher (1998, S. 371 f.) Messaris (1994, S. 138 f.), betont, dass die Wirkung einer Inszenierung davon abhängt, zu welchem Genre sie gerechnet wird. Das Genre wird nicht zuletzt durch den Rahmen bestimmt.

[91] Scheufele (2001, S. 144 f.) m. w. N. legt die Wurzeln des Framing-Konzepts in unterschiedlichen Wissenschaften frei.

[92] Scheufele (2001, S. 144) m. w. N. Ein ähnlicher, aber noch weiter gehender Begriff – das „Priming“ – wird in der Medienwirkungsforschung benutzt. Massenmedien können Themen verstärken oder abschwächen, je nachdem, ob und wie sie sie aufgreifen und darstellen. Damit beeinflussen sie gleichzeitig auch die Agenda der Bevölkerung. Ausführlich zum Priming-Effekt Jäckel (2005, S. 175) mit Nachweisen empirischer Studien, die diesen Effekt belegen.

[93] Müller (2003, S. 175) m. w. N.

Frames deshalb sehr positive Eigenschaften, gleichzeitig aber auch problematische Seiten, die kritisch gesehen werden müssen.[94] Das ursprüngliche Beispiel für Framing ist der theatrale Raum. Denn ganz konkret wird der Rahmen einer Inszenierung durch den Raum bestimmt, in dem sie zu sehen ist.[95] Framing wird aber nicht nur räumlich verstanden. Vor allem die modernen Medien haben unterschiedlichste Frames entwickelt, die nicht räumlich, sondern visuell und kompositorisch sind.[96]

Was kann das Recht aus diesen Erkenntnissen der Kognitionspsychologie und der Kommunikationswissenschaft lernen? Der Rahmen, in dem Recht üblicherweise inszeniert wird, entspricht dem Ziel, das Rechtssystem als machtvollen, objektiven, Kontinuität garantierenden Teil der Gesellschaft darzustellen. Ein Blick auf die Zeugnisse politischer Architektur[97] zeigt: Die Orte, an denen regelmäßig Recht gesetzt, gesprochen, verwaltet und vollstreckt wird, sind durch die Jahrhunderte Bauten und Plätze, deren besondere Bedeutung architektonisch unterstrichen wird.[98] Das macht die Parlamentsarchitektur[99] deutlich: Recht wird in Gebäuden gesetzt, die den staatlichen Machtanspruch symbolisieren[100] – in Demokratien allerdings auch Volksherrschaft und Transparenz.[101] Ein gutes Beispiel dafür ist das

---

[94] So völlig zutreffend auch Müller (2003, S. 176) m. w. N.

[95] In der Theaterwissenschaft ist das – natürlich – schon lange bekannt. Sie hat inzwischen eine differenzierte Phänomenologie des theatralen Raums entwickelt. Ausführlich dazu Balme (2001, S. 134 ff.).

[96] Ausführlich dazu Scheufele (2001, S. 150) m. w. N., und Beispielen.

[97] Zur Geschichte und Bedeutung der politischen Architektur grundsätzlich Nerdinger (1992, S. 14 ff.) m. w. N., und vielen Beispielen. Zur Ikonologie der Architektur grundsätzlich Bandmann (1984, S. 29 ff.).

[98] Exemplarisch zeigt das Carlen (2002a, S. 134 ff.), an einem Überblick über die Rechtsorte in Rom. Beispiele aus der Justizarchitektur Englands, die Sugarman (2004, S. 171 ff.), beschreibt, unterstreichen das ebenfalls. Allgemein zur Bedeutung von Architektur für die Kommunikation und Inszenierung von Macht(-Ansprüchen) Sugarman (2004, S. 167 ff.) V. Beyme (1998, S. 239), betont, dass Architektur schon sehr früh auf politische und soziale Wirkungen angelegt war. Zu den psychologischen Wurzeln der (Macht) Architektur Sudjic (2006, S. 7 ff.); 355 ff.

[99] Zur Parlamentsarchitektur ausführlich v. Beyme (1998, S. 351 ff.) Dazu am Beispiel der britischen Houses of Parliament Sugarman (2004, S. 186 ff.) m. w. N. Parlamente und Parlamentsgebäude sind – wie Sudjic (2006, S. 161, 199 ff.) am Beispiel des britischen und des schottischen Parlamentsgebäudes betont – nicht selten auch zu Symbolen für die Identität einer Nation geworden. Ähnlich lässt sich auch das Reichstagsgebäude in Berlin mit der von Norman Foster entworfenen Glaskuppel sehen. So jedenfalls Sudjic (2006, S. 354). Auch Cullen (1999, S. 291), betont den Symbolgehalt der Kuppel, lässt aber offen, wofür die Kuppel als Symbol stehen wird.

[100] Zur politischen Architektur der Macht grundsätzlich Nerdinger (1992, S. 14 ff.) m. w. N. Zur politischen Architektur seit dem Mittelalter Kündiger (2001, S. 32 ff.) Demokratien sind nach Ansicht v. Beymes (1992, S. 45), in ihrer architektonischen Selbstdarstellung allerdings eher bescheiden. Exemplarisch dafür ist die *Bonner Staatsarchitektur*, die Klotz (1984, S. 399 ff.), analysiert. Ganz ohne Ausnahme gilt diese Regel aber nicht. Die frühe Demokratie in Athen setzte Architektur gezielt und massiv ein, um durch die Symbolik der machtvollen Sicherung ihre innere Fragilität auszugleichen. Zu dieser spannenden Sichtweise Hölscher (2003, S. 35 ff.) m. w. N. und vielen Beispielen.

[101] Zur Architektur in der Demokratie am Beispiel des klassischen Athen Hölscher (2003, S. 32 ff.) m. w. N. Grundsätzlich zur Visualisierung demokratischer Grundprinzipien im Parlamentsbau v. Beyme (1992, S. 33 ff.) V. Beyme (1998, S. 353 ff.), schildert und analysiert in vergleichender Perspektive, welche unterschiedlichen Wege die Demokratien dabei gegangen sind. Zu den Parlamentsbauten im 19. Jahrhundert Kündiger (2001, S. 50 ff.).

Reichstagsgebäude in Berlin. Seine Kuppel symbolisiert – wie jede Kuppel – Macht und Größe. Weil sie aber aus Glas ist, wirkt sie nicht monumental, sondern leicht und durchsichtig: das Symbol einer modernen, transparenten, für den Bürger offenen Demokratie.[102] Ein anderes Beispiel für Framing durch Architektur: Nicht selten sind Kirchen – ebenfalls Gebäude, die Ernst und Macht ausdrücken – wichtige Rechtsorte gewesen – nicht nur des Kirchenrechts, sondern auch des weltlichen Rechts.[103]

Die Justiz ist ein genauso eindrückliches Beispiel dafür, dass sich das Recht in einem seriösen, Authentizität signalisierenden Rahmen inszeniert. Schon die Gerichtsgebäude, in denen Justiz räumlich stattfindet, erheben – mit unterschiedlicher Gewichtung – den Anspruch von Macht und Bedeutung, aber auch Objektivität und Authentizität.[104] Das gilt in ähnlicher Weise für die Justizpaläste des 19. Jahrhunderts[105] und die modernen, nüchternen Zweckbauten, in denen Gerichte heute residieren.[106] Die modernen Gerichtsgebäude sind stärker dem demokratischen Gedanken verpflichtet:[107] Jeder Bürger hat grundsätzlichen gleichen Zugang zum Recht und zur Rechtsprechung. Wie lässt sich das inszenieren? Durch betonte Nüchternheit der Gerichtsarchitektur, die die Zutrittsschwelle senkt und den Zugang erleichtert. Auch die Gerichtssäle selbst sind nüchtern und funktionell. Verspieltes Design wäre ein falscher Rahmen für die Ernsthaftigkeit der Justiz – und ist deshalb in Gerichtssälen auch nicht zu finden.

[102] Detailliert zur Geschichte der neuen Reichstagskuppel und der kontroversen öffentlichen Debatten Cullen (1999, S. 291 ff.) m. w. N.

[103] Ein Beispiel dafür aus neuerer Zeit ist die Frankfurter Paulskirche, die zum Symbol der Republik und Demokratie geworden ist. Im Einzelnen dazu Bartetzko (1992, S. 122 ff.) Die Kirchen in Rom sind weitere Beispiele dafür, wie die religiös aufgeladene Symbolik von Kirchen für staatliche Akte genutzt wurde. Dazu ausführlich Carlen (2002b, S. 146 ff.).

[104] Ausführlich zur Deutung der „versteinerten Rechtskultur" Gephart (2006, S. 241 ff.).

[105] Zur Monumentalarchitektur der Justizpaläste Klemmer u. a. (1993, S. 34 ff.) Wesel (2001, S. 428 f.) betont, dass die Justizgebäude, die in Deutschland am Ende des 19. Jahrhunderts entstanden, bewusst als Paläste gebaut wurden: Der Palast des Rechts stand neben dem Palast des Königs; die Herrschaft des Rechts trat neben die Herrschaft der Macht. Sehr kritisch dazu v. Beyme (1998, S. 244), der Justizpaläste als „Pathosgebärde des Rechtssystems" bezeichnet, die das „Verzwergen" ihrer Umgebung in Kauf genommen hätten. Ähnlich kritisch Laage (1979, S. 171 f.), der Gerichtsbauten als „Bollwerke der Einschüchterung" bezeichnet. Von besonderer symbolischer Bedeutung war die durchweg überdimensionierte Treppenkonstruktion dieser Gerichtsgebäude. Dazu ausführlich Gephart (2006, S. 245 ff.); Laage (1979, S. 171), der in diesem Zusammenhang von „furchterregender Eingangssituation" spricht.

[106] Dazu Klemmer u. a. (1993, S. 136 ff.) Ein eindrückliches Beispiel dafür ist das nüchterne und funktionale Gebäude auf dem Luxemburger Kirchberg, in dem der EuGH arbeitet. Aus diesem Rahmen fällt allerdings der neue, 1998 eröffnete Justizpalast von Bordeaux (eine Abbildung ist unter www.structurae.de/structures/data/index/cfm? id=s0009165 (Abruf: 1.6.2006) zu finden). Seine aufwendige Schalenkonstruktion wirkt für ein Justizgebäude sehr verspielt. Allerdings symbolisiert er geradezu vorbildlich die im demokratischen Rechtsstaat essenzielle Transparenz der Justiz. Dazu Jouannais (1998, S. 9 ff.).

[107] Darauf weist Sugarman (2004, S. 197), hin.

Ein weiteres, in seiner Wirkung kaum zu überschätzendes Gestaltungselement einer Inszenierung ist die *Farbe.*[108] Das ist nur folgerichtig: Denn Farben haben – das ist fast eine banale Erkenntnis – starke Wirkungen auf die Betrachter.[109] Unterschiedliche Farben erzielen unterschiedliche Effekte beim Betrachter.[110] Das hat sich stammesgeschichtlich im Lauf der menschlichen Evolution entwickelt.[111] Farben sind biologisch wirksam. Gleichzeitig haben sie auch einen sozial-kulturellen Aspekt. In menschlichen Gesellschaften kommunizieren Farben immer auch soziale und politische Aussagen und Botschaften.[112] Das Purpurrot der Kaiser und Könige ist ein historisches Beispiel. Das Dunkelblau und Schwarz der modernen Manager, Anwälte und Steuerberater ist ein ebenso eindrückliches Beispiel.

Unterschiedliche Farben rufen unterschiedliche Assoziationen hervor.[113] Diese Erkenntnis macht sich das Recht bei seiner Inszenierung zunutze: In Gerichten dominieren dunkle, gedeckte Farben. Selbst die in der Signalfarbe Rot gehaltenen Roben der Bundesverfassungsrichter sind nicht bunt und lebhaft; ihr gedämpftes Rot suggeriert – ebenso wie das sonst bei Richterroben übliche Schwarz – Seriosität und Macht.[114] Das erzeugt den Eindruck von Ernsthaftigkeit beim Betrachter. Bunte, lebendige Farben mit auffallenden Mustern sind fehl am Platz, wenn man Seriosität und Authentizität kommunizieren will.

---

[108] Dazu Rager u. a. (1998, S. 495). Zur Bedeutung von Farben auch aus empirisch-linguistischer Sicht Berlin/Kay (1999, S. 1 ff.) Selbstverständlich ist Farbe auch ein wichtiges Mittel der Bildgestaltung. Dazu Arnheim (2000, S. 340 ff.) Insofern ist es wenig erstaunlich, dass Farben auch in der Politik eine große Rolle spielen. Ausführlich dazu Schüler (2006, S. 31 ff.) Grundsätzlich zur Bedeutung von Farben bei der Darstellung von Informationen Tufte (1990, S. 81 ff.) mit frappierenden Beispielen.

[109] Ausführlich dazu Arnheim (2000, S. 365 ff.); Barry (1997, S. 126 ff.) m. w. N.; Lester (2003, S. 35); Kroeber-Riel (1996, S. 102). Zur Farbe als Sprache ausführlich Albrecht (1974) pass.

[110] Barry (1997, S. 130) m. w. N. Kroeber-Riel (1996, S. 102) m. w. N. Instruktiv dazu sind Experimente, die sich mit dem Zusammenhang von Farben und Aggressionen beschäftigen. Dazu Barry (1997, S. 132 f.) m. w. N.

[111] Zu den Wechselwirkungen zwischen evolutiver Entwicklung und Farbwahrnehmung am gut untersuchten Beispiel der Farbenblindheit Barry (1997, S. 129 ff.) Ausführlich zur Entwicklung von Basisfarben im Lauf der Evolution Berlin/Kay (1999, S. 14 ff.), auf der Grundlage umfangreichen empirischen Materials. Ebenso Arnheim (2000, S. 326 f.), der diesen Gedanken mit Argumenten aus der Literaturforschung und der Anthropologie unterstützt.

[112] Dazu Lester (2003, S. 34) mit Beispielen aus unterschiedlichen Gesellschaften. Schüler (2006, S. 33), zeichnet die sich wandelnden politischen Bedeutungen unterschiedlicher Farben nach.

[113] Kroeber-Riel (1996, S. 143 ff.) m. w. N.

[114] Dunkles Rot steht seit Jahrhunderten für Macht und Potenz. Dazu Schüler (2006, S. 32). Im 19. Jahrhundert hat sich die symbolische Aussage der Farbe Rot aber verschoben. Jetzt ist sie – wie Schüler (2006, S. 33), betont – das zentrale Symbol sozialer Aufstände und emanzipatorischer Bewegungen. Ob das die Tradition ist, an die das Bundesverfassungsgericht anknüpft, ist zweifelhaft. Wenn man Farben als Symbole ernst nimmt, ist eine andere Parallele aber noch viel problematischer: Die Richter des NS-Volksgerichtshofs trugen ebenfalls rote Roben. Angesichts dessen ist die Farbwahl für die Roben der Verfassungsrichter sehr unglücklich.

Ein ebenso wichtiges Inszenierungsmittel ist die *Sprache*.[115] Dass etwa Nachrichten im Fernsehen seriös und authentisch wirken, hängt nicht zuletzt an ihrer Sprache. Die Informationsvermittlung ist durch nüchterne, wenig bildhafte Sprachformeln geprägt, die den Inhalt versachlichen und entemotionalisieren sollen.[116] Das lässt sich auch bei der Juristensprache beobachten: Sie ist betont nüchtern und sachlich. Das hat Nachteile, aber auch einen unschätzbaren Vorteil.[117] Denn dadurch wirkt die Sprache per se sachlich, seriös und authentisch. Wortspiele, Wortwitz und Verniedlichungen sind der Rechtssprache fremd. Sie würden als sprachliches Inszenierungsmittel auch das Ziel des Rechts beschädigen, sich als seriös und authentisch zu inszenieren.

Es existiert eine Fülle weiterer Inszenierungsmittel, die das Recht einsetzen kann, um sich entsprechend seiner Funktion für die Gesellschaft zu inszenieren. Dabei steht das Recht allerdings grundsätzlich vor einer schwierigen Gratwanderung. Einerseits muss es sich so inszenieren, dass es in der modernen Mediengesellschaft überhaupt wahrgenommen wird. Es muss sich also – jedenfalls teilweise und vorsichtig – auf die Logik der Massenmedien einlassen. Sonst besteht die Gefahr, dass es nicht mehr wahrgenommen und deshalb irrelevant wird. Andererseits ist die Logik der Massenmedien aber stark vom Unterhaltungsparadigma geprägt.[118] Wenn sich das Recht diese Logik zu sehr zu Eigen macht, ist das genauso gefährlich: Das Recht wird dann zwar wahrgenommen – aber nicht mehr als objektive, nüchterne Institution. Das Recht – das lässt sich festhalten – muss sich inszenieren, dabei aber die unterschiedlichen Inszenierungsmittel vorsichtig und strikt zielgerichtet einsetzen. In der Rechtspraxis lassen sich Beispiele dafür finden. Neben den bereits erwähnten Justizgebäuden und der Rechtssprache sind vor allem die ausgeprägte und vielfältige juristische Symbolik und die von der Prozessordnung gesteuerte Dramatik des Prozesses[119] deutliche Belege dafür.

5.4.3 Rituale – Zur Verdichtung von Inszenierungen

Inszenierungen lassen sich – wie andere soziale Verhaltensweisen auch – noch verdichten. Vor allem durch den Gebrauch von Symbolen, durch eine soziale

---

[115] Darauf weisen Rager u. a. (1998, S. 496 ff.), hin. Ausführlich zur Rechtssprache aus juristischer Sicht Neumann (1992, S. 110 ff.), und aus linguistischer Perspektive Wimmer (1998, S. 8 ff.).

[116] Hickethier/Bleicher (1998, S. 373). Im Fernsehen müssen Nachrichten vermehrt Bilder einsetzen. Das hat zwiespältige Folgen für ihre Wirkung auf die Rezipienten. Dazu Berry (1988, S. 166 ff.) m. w. N.

[117] Neumann (1992, S. 118 ff.), hält die juristischen Fachsprache für unverzichtbar.

[118] Dazu siehe unten Abschn. 7.1.

[119] Dass mit Dramatisierungen stärkere Wirkungen erzielt werden, ist in der Kunst eine lange bekannte Tatsache. Dazu Shusterman (2001, S. 126 ff.) m. w. N.

Standardisierung des Verhaltens und durch regelmäßige Wiederholungen[120] werden Inszenierungen zu noch wirkungsvolleren Ritualen.[121] Was ist ein Ritual?[122] Eine Definition lautet: Rituale sind sozial standardisierte, verdichtete soziale Verhaltensweisen mit starken kollektiven kommunikativen[123] und emotionalen Effekten.[124]

Rituale sind sehr wirkungsvolle Instrumente[125] der Sinngebung, der Integration, der Konfliktlösung und der Verhaltenssteuerung. Rituale haben eine ganze Reihe von spezifischen Effekten und Aufgaben. Sie haben eine *Sinngebungsfunktion*: Rituale helfen, das Chaos der Welt zu ordnen und der Welt eine Bedeutung zu geben.[126] Jedenfalls *interpretieren* sie die Welt als geordnet und sinnvoll.[127] Sie sind ein Mittel der Theoriebildung: Mit ihrer Hilfe lassen sich Vorgänge und Erscheinungen der Umwelt verstehen und strukturieren.[128] Dadurch helfen Rituale auch dem Einzelnen, in einer komplexen, chaotischen, bedrohlichen Welt kognitiv zu überleben.[129] Es waren vor allem die traditionellen religiösen Rituale, die ein Wissen um den Sinn

---

[120] Die regelmäßige Wiederholung ist ein wichtiger Bestandteil von Ritualen, der ihre besondere Wirkung ausmacht. Zur neurobiologischen Basis dieser Erkenntnis ausführlich Lex (1979, S. 122 ff.) m. w. N.

[121] Zum Begriff des Rituals Kertzer (2006, S. 371). Zur Entstehung von Ritualen durch Verdichtung ausführlich Kertzer (2006, S. 373 ff.) m. w. N.

[122] Platvoet (2006, S. 173 ff.) m. w. N. skizziert die unterschiedlichen gebräuchlichen Ritualdefinitionen. Einen Überblick über die soziologisch und anthropologisch inspirierten Ritualtheorien gibt Wesel (2004, S. 89 ff.) m. w. N.

[123] Bahnbrechend zur Rolle von Ritualen in der Kommunikation immer noch Goffman (1959/2003, S. 19 ff.) Auch wenn Goffman die Bedeutung von Ritualen in der Alltagskommunikation zu Recht ins Licht gerückt hat: Ob Menschen ihre Kommunikation tatsächlich so strategisch einsetzen (müssen und können), wie er es beschreibt, ist doch zweifelhaft. Zum problematischen Menschenbild, von dem Goffman ausgeht, ausführlich und kritisch Hitzler (1992, S. 451 ff.) m. w. N.

[124] Zu dieser Definition, die sich als kleinster gemeinsamer Nenner zwischen unterschiedlichen Wissenschaften finden lässt, ausführlich Platvoet (2006, S. 174 ff.) m. w. N. Ähnlich auch Kertzer (2006, S. 373). Michaels (2001, S. 27 ff.), trägt „rituelle Bausteine" zusammen, indem er aus unterschiedlichen Ritualtheorien Teile übernimmt, ohne aber eine Theorie insgesamt und absolut zu unterstützen. Ähnlich arbeitet Oppitz (2001, S. 73 ff.), der aus Einzelteilen einen „Montageplan von Ritualen" entwickelt. Angesichts der unterschiedlichen Theorien mit ihren jeweils spezifischen Stärken und Schwächen scheint das ein vielversprechender Ansatz zu sein.

[125] Das betont Kertzer (2006, S. 374) m. w. N.

[126] Kertzer (2006, S. 372). Diese Funktion betont auch sehr stark Durkheim (1994, S. 67, 467). Assmann (2000, S. 89), unterstreicht die Bedeutung von Ritualen für die Herstellung „kultureller Kohärenz" des kulturellen Gedächtnisses einer Gesellschaft. Ein modernes Beispiel schildert Soeffner (1995, S. 94 ff.) am Beispiel der Punkszene: die Überhöhung des Alltags durch eine charismatische Gruppe durch Rituale.

[127] Smith (2006, S. 221) steuert einen wichtigen Gedanken zur Ritualtheorie bei: Rituale können das Chaos der Welt nicht wirklich ordnen. Sie helfen aber den Menschen, einen Begriff von sinnvoller Ordnung zu entwickeln und die – in Wirklichkeit chaotische Welt – als ordentlich und sinnvoll zu sehen.

[128] Burns/Laughlin (1979, S. 252 f.) m. w. N.

[129] Rituale sind also ein Mittel, die Komplexität der Umwelt zu reduzieren, um das kognitive System des Menschen vor Überforderung und Kollaps zu schützen. Ausführlich zu den neurobiologischen Implikationen dieses Aspektes der Sinngebungsfunktion McManus (1979, S. 227 ff.) m. w. N.

des Lebens und das Schicksal des Menschen kommuniziert haben.[130] Schon lange vor Entdeckung der Schrift und der Massenmedien wurde die Wirklichkeit strukturiert und erklärt – durch mythologische Bilder und durch Rituale.[131]

Darin erschöpft sich die Bedeutung von Ritualen aber noch nicht. Rituale sind auch notwendig – das ist ihre *Integrationsfunktion* –, um soziale Gemeinschaften zusammenzuhalten.[132] Sie schaffen es, einzelne Menschen in Gemeinschaften und Gruppen zu integrieren.[133] Denn Rituale bewirken eine affektive Nähe trotz sozialer Distanz.[134] Ein modernes Beispiel dafür ist das Fußballspiel: Unter den Zuschauern sind normale soziale Hierarchien aufgelöst; während des Spiels kommt es eher auf die gleiche Gesinnung der Fans an.[135] Vor allem die bei Ritualen freigesetzten und synchronisierten[136] Emotionen erzeugen eine enge Verbindung zwischen Individuum und Gemeinschaft.[137] Sie werden eingesetzt, um soziale Widersprüche zu überbrücken oder zu verdecken, um ihnen die gesellschaftliche Sprengkraft zu nehmen.[138] Deswegen spielen Rituale eine große Rolle an sozialen, zeitlichen oder

---

[130] Goethals (2006, S. 314). Grundlegend und ausführlich zum Zusammenhang zwischen Religion und Ritual Durkheim (1994) pass.

[131] Goethals (2006, S. 314). Zur Bedeutung von ritueller Repetition für das kulturelle Gedächtnis vor allem schriftloser Gesellschaften ausführlich Assmann (2000, S. 143). Durkheim (1994, S. 498 ff.), spricht in diesem Zusammenhang von „Darstellungs- oder Gedenkriten".

[132] Gabriel (1994, S. 7) m. w. N. Wie Rituale Gruppen zusammenhalten können, schildert Soeffner (1995, S. 76 ff.) m. w. N. ausführlich und eindrücklich am Beispiel der „Punks". Soeffner (1995, S. 99), bringt das auf die Formel vom „gemeinschaftsorientierten Ritualismus".

[133] Platvoet (2006, S. 182 f.) Grundlegend zum Mechanismus, wie Riten die Integration ermöglichen van Gennep (1909/2005, S. 21 f.), der dabei unterschiedliche Stadien der Ablösung und Eingliederung unterscheidet.

[134] Ähnlich schon Durkheim (1994, S. 470). Besonders eindrückliche Beispiele dafür aus dem antiken Rom schildert Flaig (2004, S. 20 ff.).

[135] Dazu Bromberger (2006, S. 295).

[136] Lex (1979, S. 120), 144 m. w. N., betont, dass der Zweck von Ritualen ist, unkoordinierte biologische und soziale Rhythmen zu synchronisieren. Denn emotionale Asynchronizitäten verursachen Spannungen in menschlichen Gruppen und Gesellschaften. Typisch jedenfalls für Trance-Rituale sind deshalb die immer wiederkehrenden dominierenden Rhythmen. Dazu Lex (1979, S. 122 ff.) m. w. N.

[137] Ähnlich Kertzer (2006, S. 372) m. w. N. Instruktiv dafür sind die vielen unterschiedlichen Rituale in der römischen Republik der Antike, durch die tiefgreifende Unterschiede und Spaltungen in der Gesellschaft lange überdeckt wurden. Ausführlich dazu Linke (2006, S. 34 ff.) m. w. N. Moderne Beispiele dafür sind Fußballspiele oder andere Massenveranstaltungen wie Demonstrationen, Festivals oder Konzerte. Ausführlich dazu Bromberger (2006, S. 293 ff.) Soeffner (1995, S. 99), spricht in diesem Zusammenhang von „gemeinschaftsorientiertem Ritualismus". Lex (1979, S. 122 ff.) m. w. N., schildert die neurobiologischen Prozesse, die diesem Effekt von Ritualen zugrunde liegen.

[138] Dazu Burns/Laughlin (1979, S. 266 f.) m. w. N. Soziale Spannungen können vor allem zwischen Einheimischen und Fremden, Außenseitern und Etablierten auftreten. Dann werden Rituale besonders wichtig. Ausführlich zu den Ritualen, die zwischen Individuen und Gruppen, die aufeinanderstoßen, stattfinden und die notwendigen Übergänge moderieren, van Gennep (1909/2005, S. 34 ff.) Zu den ebenfalls gefährlichen Übergängen von einem sozialen Status in einen anderen ausführlich Turner (1969/2005, S. 159 ff.) m. w. N.

räumlichen[139] Übergängen, die für Individuen und Gesellschaften gleichermaßen außerordentlich riskant sind.[140] Nicht zuletzt wegen ihrer verbindenden Funktion sind Rituale in pluralistischen, stark fragmentierten Gesellschaften besonders wichtig – und besonders häufig anzutreffen.[141]

Eines der wichtigsten politischen Rituale in demokratischen Gesellschaften sind die Wahl und der Wahlkampf.[142] Wahlen und Wahlkämpfe sind nicht nur ein technisches Mittel, mit dem Volkssouveränität im Einzelfall praktiziert wird. Sie haben – weit darüber hinausgehend – auch einen rituellen Gehalt: Alle Wähler versichern sich durch ihre Teilnahme am Wahlakt, dass sie Teil einer Demokratie sind und tatsächlich Volksherrschaft ausüben.[143] Der Wahlakt findet an einem Übergang statt – am Übergang von einer Legislatur zur nächsten, von einem Parlament zum nächsten, von einer Regierung zur nächsten.

Zur Integrationsfunktion der Rituale gehört auch, dass sie eingesetzt werden (können), um Konflikte zu lösen oder zu entschärfen.[144] Durch Rituale werden Konflikte und Interessengegensätze von Parteien aus dem konkreten, vom Streit infizierten Zusammenhang gelöst, auf eine höhere Ebene gehoben und dadurch beseitigt.[145] Der Konflikt wird durch seine Ritualisierung zum Gegenstand einer universalen und damit neutraleren Auseinandersetzung gemacht.[146] Feindliche Gefühle werden kanalisiert und Versöhnungsoptionen werden eröffnet.[147] Öffentlich inszenierte Rituale können Genugtuung verschaffen und dadurch befriedend wirken. Das lässt sich besonders eindrücklich im Mittelalter beobachten: Es kannte eine Fülle von aufwendig inszenierten (Unterwerfungs)Ritualen, mit denen Konflikte in aller Öffentlichkeit beendet wurden.[148]

Die frühere Ritualforschung, die rituelles Verhalten vor allem innerhalb integrierter Gruppen untersucht hat, erweitert ihren Horizont zunehmend: Immer stärker rückt die Bedeutung von Ritualen bei der Abgrenzung und/oder Verbindung unterschiedlicher Gruppen innerhalb einer Gesellschaft in das Blickfeld.[149] Das lässt sich in modernen

---

[139] Grundlegend zur Bedeutung von Ritualen an räumlichen Übergängen wie etwa Grenzen, Toren und Türen van Gennep (1909/2005, S. 24 ff.).

[140] Ausführlich dazu van Gennep (1909/2005, S. 13 ff.), der dafür den Begriff der Übergangsriten geprägt hat, und Burns/Laughlin (1979, S. 275 ff.) Turner (1969/2005, S. 95 ff., 159 ff.), schildert eine Fülle von Ritualen bei Übergängen von einem sozialen Status in einen anderen.

[141] Platvoet (2006, S. 183 f.) m. w. N.

[142] Kertzer (1988, S. 11).

[143] Ausführlich zu den Wahlen und Wahlkämpfen als rituellen Inszenierungen des „demokratischen Mythus" Dörner (2002, S. 16 ff.) m. w. N. Soeffner/Tänzler (2002, S. 93), bezeichnen Wahlen in diesem Zusammenhang treffend als „Rituale der Selbstaffirmation".

[144] Dazu am Beispiel segmentärer Gesellschaften Wesel (2001, S. 39 f.); Wesel (1985, S. 326) m. w. N. Roberts (1981, S. 61 ff.) m. w. N., schildert weitere Beispiele in vorstaatlichen Gesellschaften, schätzt aber die Effektivität der Konfliktlösung durch Rituale eher skeptisch ein.

[145] Wesel (1985, S. 326).

[146] Ganz zutreffend bemerkt Wesel (1985, S. 326), allerdings, dass das Ritual oft auch vom eigentlichen Streit oder Konflikt ablenkt.

[147] Burns/Laughlin (1979, S. 250) m. w. N.

[148] Ausführlich dazu Althoff (2003, S. 255 ff.) und Althoff (1997, S. 99 ff.), jeweils mit zahlreichen Beispielen.

[149] Dazu Platvoet (2006, S. 183) m. w. N.

Gesellschaften exemplarisch in der Politik beobachten. Politiker, die unterschiedliche Gruppen und Interessen repräsentieren, treffen sich nicht selten in ritualisierter Form, um Abgrenzung und Interessenvertretung, aber auch Gemeinsamkeiten und Kompromissfindung zu demonstrieren. Politikertreffen mit hohem rituellen Anteil – und wenig sachlichem Ergebnis – finden sich auf der nationalen Ebene ebenso wie in der internationalen Politik.[150] Interessant dabei ist die Eigendynamik, die politische Rituale entwickeln können. Rituale machen es möglich, Einigkeit und Solidarität herzustellen, *ohne* dass ein sachlicher Konsens besteht.[151] Die UNO etwa wäre ohne diese konsensschaffenden Wirkungen von Ritualen kaum handlungsfähig.[152]

Rituale sind allerdings nicht zwingend und ausschließlich integrativ. Sie können auch desintegrativ, sogar explosiv wirken.[153] Auch dafür liefert die Politik bis in die jüngste Zeit immer wieder Beispiele. Rituale sind also ein wirksames Instrument, das zur *Integration*, aber ebenso zur *Desintegration* eingesetzt werden kann. Ebenso können Rituale den Status quo zementieren oder zum Motor politischer und sozialer Änderungen werden.[154]

Eng verbunden damit ist die Möglichkeit, durch Rituale soziale Kontrolle auszuüben.[155] Durch sie lässt sich Einfluss auf die Wahrnehmungen und Orientierungen von Menschen nehmen.[156] Rituale sind deshalb sehr geeignet, menschliches Verhalten zu steuern, wenn nicht zu manipulieren.[157] Im Mittelalter etwa waren Rituale ein wichtiges Instrument der Herrscher, um Macht auszuüben.[158] Diese Eigenschaft von Ritualen ist natürlich für die Teile einer Gesellschaft von Bedeutung, die Steuerungsaufgaben haben: vor allem das Recht und die Politik.[159] Dieses Potenzial von Ritualen wird vielfältig genutzt; es wird aber auch – das zeigt ein Blick in die Ge-

[150] Kertzer (1988, S. 32 f.).

[151] Kertzer (1988, S. 67 f.).

[152] Ausführlich zur Bedeutung von Konsens-Ritualen im Alltag der UNO Wesel (2004, S. 176 ff., 239 ff.) m. w. N.

[153] Platvoet (2006, S. 184), hebt dieses Charakteristikum hervor, das von der früheren Ritualforschung nicht selten übersehen worden ist.

[154] Burns/Laughlin (1979, S. 277). Ausführlich zu den Ritualen der Revolution Kertzer (1988, S. 152 ff.).

[155] Zur Sozialkontrolle durch Rituale Burns/Laughlin (1979, S. 264 ff.) m. w. N. Zur Herrschaft durch Rituale am Beispiel der Stauferzeit Althoff (2003, S. 136 ff.)

[156] Burns/Laughlin (1979, S. 257 ff., 271 ff.) m. w. N.

[157] Winn (2006, S. 460), weist darauf hin, dass schon Konfuzius als einer der ersten die Rolle von Ritualen bei der Steuerung einer Gesellschaft hervorgehoben hat. Zur Verhaltenssteuerung durch Rituale und Symbole auch Sarcinelli (1987, S. 59 f.) Zur neurobiologischen Basis dieser Steuerungsfähigkeit ausführlich Lex (1979, S. 134 ff.) m. w. N.

[158] Althoff (2003, S. 200), der a. a. O., S. 32 ff., die historische Entwicklung von Ritualen als Herrschaftsinstrumenten seit dem Frühmittelalter nachzeichnet.

[159] Ausführlich zu Ritualen in der Politik Goethals (2006, S. 312 ff.) m. w. N.; Kertzer (2006, S. 370 ff.) m. w. N. Schon früher grundlegend Kertzer (1988, S. 77 ff.) m. w. N. Der Gebrauch von Ritualen in der Politik ist kein neues, sondern ein sehr altes Phänomen. Das zeigt detailliert Flaig (2004) pass., der a. a. O., S. 181 ff., eine „rituelle Grammatik institutionalisierter Politik" im Rom der Antike beobachtet. Dazu auch Linke (2006, S. 33 ff.) m. w. N. Recht und Politik haben zwar Steuerungsaufgaben. Ob sie aber überhaupt fähig sind, gesellschaftliche Entwicklungen zu steuern, ist grundsätzlich umstritten. Die Systemtheorie hält eine Steuerung anderer Systeme durch das Recht für unmöglich. Paradigmatisch dazu etwa Luhmann (1985, S. 7.) Grundsätzlich anders

schichte – oft missbraucht.[160] Ihre Tauglichkeit als *Sozialtechnik zur Unterdrückung* beruht darauf, dass sie reflexive und diskursive Kommunikationen ohne sichtbare Gewalt ausschalten können.[161] Nicht zuletzt sind es Rituale, die kritische Meinungen unterdrücken und Regimegegner vernichten können.[162] Sie sind deshalb ein probates Mittel, um totalitäre oder autoritäre Gesellschaften zu stützen.[163]

5.4.4 Rechtsrituale – Inszenierung und Emotion im Recht

Recht muss Ordnung schaffen, Individuen integrieren und Konflikte lösen. Das sind Ziele, die sich mit Hilfe von Ritualen effektiver erreichen lassen. Deshalb ist es nur folgerichtig, dass sich das Recht seit Jahrtausenden der Rituale bedient.[164] Man kann noch einen Schritt weiter gehen: Vielleicht ist das Recht insgesamt sogar aus dem Ritual entstanden.[165] In jedem Fall kann das Recht seine Ziele ohne Rituale nur eingeschränkt erreichen.

Schon das frühe Recht in vorstaatlichen und später in den antiken Gesellschaften etwa ist ohne Rituale gar nicht denkbar.[166] Vor allem das Mittelalter war eine *Hochzeit der Rechtsrituale*.[167] Es gab damals in allen Rechtsgebieten eine fast unübersehbare Fülle unterschiedlicher Rechtsrituale.[168] Die meisten Rechtsakte wur-

---

Schuppert (1990, S. 223 ff.) m. w. N., Nahamowitz (1985, S. 29 ff.) m. w. N., und Roßnagel (1999, S. 213 ff.) m. w. N. und empirischen Gegenbeispielen.

[160] Gabriel (1994, S. 5) m. w. N.; Winn (2006, S. 462), der auch die Frage untersucht, wie und nach welchen Kriterien Rituale evaluiert werden könnten.

[161] Gabriel (1994, S. 5).

[162] Bahnbrechend dazu Bettelheim (1980, S. 332 ff.), der die politischen und psychologischen Auswirkungen untersucht, die der Zwang zum rituellen Salutieren – zum Hitlergruß – unter der Naziherrschaft hatte. Dazu auch Winn (2006, S. 462).

[163] So ausdrücklich Winn (2006, S. 462).

[164] Wenn Recht Rituale inszeniert, begibt es sich – jedenfalls was seine Mittel angeht – in die Nähe zum Theater. Deshalb ist es wenig erstaunlich, dass sich Parallelen zwischen Theater und Gerichten ausmachen lassen. Ausführlich dazu Todd (2003, S. 87 ff.); Schwarte (2003, S. 94 ff.) Allerdings ist sehr umstritten, wie das Verhältnis von Ritual und Theater im Grundsatz aussieht. Zu dieser langen Debatte in der Ethnologie und der Theaterwissenschaft Balme (2001, S. 170 ff.) m. w. N.

[165] So Fögen (2001, S. 150). Ähnlich, wenn auch vorsichtiger Rehfeldt (1956, S. 45). Ganz unumstritten ist das allerdings nicht. In der Religionswissenschaft wird auch die These vertreten, dass Rituale reiner Selbstzweck und für andere Bereiche der Gesellschaft völlig bedeutungslos seien. Zur Debatte um und zur Kritik an der Bedeutungslosigkeitsthese Michaels (2001, S. 40 ff.) m. w. N.

[166] Ähnlich Ebel (1975, S. 16 f.) Das verkennt Rehfeldt (1956, S. 47).

[167] Ausführlich zur Bedeutung von Ritualen im Mittelalter Althoff (2001, S. 51 ff.) m. w. N., und konkreten Beispielen. Ausführlich zu den Gründen, warum die Bedeutung von Rechtsritualen im deutschen Recht seit dem Spätmittelalter erheblich abnahm, Ebel (1975, S. 22 ff.).

[168] Sellert (1997, S. 34) m. w. N. Instruktive Beispiele aus dem englischen Recht des Mittelalters schildert Watkin (2004, S. 154 ff.) m. w. N. Teilweise lassen sie sich auf Einflüsse des römischen Rechts zurückführen.

den in rituellen Formen vollzogen. Das dramatischste Ritual war die Hinrichtung.[169] Seit dem hat sich das Recht rationalisiert und entritualisiert.[170]

Trotzdem: Auch das moderne Recht kennt – und braucht – Rituale.[171] Seit der Französischen Revolution lässt sich vom Ritual der Gesetzmäßigkeit sprechen.[172] Die Französische Revolution beschränkte die Freiheit – und die Willkür – der Justiz und band die Gerichte eng an das Gesetz. Ihre Spielräume, die vorher bestanden hatten, wurden stark eingeschränkt. Das Ideal war jetzt der Richter, dessen Handlungen und Entscheidungen vom Gesetz im Vorhinein festgelegt waren.[173] Symbole und Justizrituale nahmen diesen Paradigmenwechsel auf, spiegelten ihn in unterschiedlichen Formen wider und verstärkten ihn gleichzeitig damit auch.[174]

Die Verfassungs- und Gesetzesbindung nicht nur der Justiz, sondern auch der anderen Staatsgewalten ist bis heute ein Grundpfeiler des modernen Rechtsstaates. Deshalb ist es nur konsequent, dass sich Rituale der Gesetzmäßigkeit auch noch in modernen Rechtssystemen finden. Artikel 82 Abs. 1 GG ist ein Beispiel dafür. Gesetze werden nicht „irgendwo" veröffentlicht. Unter bürokratischen Effizienzgesichtspunkten wäre das sicher ausreichend. Gesetze werden stattdessen vom Bundespräsidenten – dem Staatsoberhaupt – *ausgefertigt* und im Bundesgesetzblatt – einem speziell dafür existierenden Publikationsorgan – feierlich *verkündet*. Diese rituellen Handlungen unterstreichen die besondere Bedeutung von Gesetzen.

Rituale gibt es im modernen Recht auch auf viel banaleren Ebenen. Rechtsformulare[175] und juristische Dokumente werden als wichtige Bestandteile von Ritualen eingesetzt. Einen starken Ritualcharakter hat etwa die Unterzeichnung eines notariellen Grundstückskaufvertrags. Dasselbe gilt für die Übergabe der Ernennungsurkunde an einen Beamten. Eine Ehe wird rechtsgültig nur dann geschlossen, wenn zur selben Zeit die richtigen Personen die richtigen Erklärungen am rechten Ort abgeben.[176] Selbst die profane, zivile Eheschließung vor dem Standesbeamten ist also kein bloßer Rechtsakt, sondern ein Ritual.[177] Ein anderes Beispiel: Auch die Rechtsakte, die nötig sind, um eine Aktiengesellschaft zu gründen, sind juristisch

[169] Ausführlich dazu van Dülmen (1995, S. 161 ff.) m. w. N. Todd (2003, S. 69 ff.), schildert und analysiert Platons Hinrichtung als paradigmatisch für das antike griechische Recht. Das unterstreicht nicht zuletzt die Bedeutung von Ritualen für das (frühe) Recht.

[170] Ausführlich zum Prozess der Rationalisierung des Rechts seit dem Mittelalter Sellert (1997, S. 37 ff.) m. w. N.

[171] Winn (2006, S. 447), betont zu Recht, dass alle Rechtssysteme auch rituelle Elemente enthalten.

[172] Halpérin (2004, S. 44).

[173] Ganz pointiert Halpérin (2004, S. 46), der vom „Konzept des Richters als Subsumtionsautomat" spricht.

[174] Halpérin (2004, S. 46 f.), nennt einzelne Beispiele dafür.

[175] Zur Bedeutung von Formularen für rechtliche Rituale Winn (2006, S. 453 f.).

[176] So fordert § 1311 BGB, dass die Erklärungen der Eheschließenden persönlich und bei gleichzeitiger Anwesenheit abgegeben werden, und macht dadurch aus einem Rechtsakt ein Ritual. Grundlegend zum Hochzeitsritual van Gennep (1909/2005, S. 114 ff.).

[177] Das gilt natürlich erst recht für die kirchliche Eheschließung.

nicht zwingend geboten. Sie werden erst vollständig verständlich, wenn man ihren rituellen Charakter berücksichtigt.[178]

Ins Auge springt der *Ritualcharakter des Rechts* besonders, wenn man rechtliche Verfahren näher betrachtet. Sehr eindrücklich zeigt das der Prozess vor Gericht, der von ritueller Kommunikation geprägt ist.[179] Schon der Grundsatz der Mündlichkeit hat rituellen Charakter.[180] Die entscheidenden Teilrituale des Prozesses werden mündlich – und nicht selten im Stehen[181] – vollzogen: Die Verlesung der Anklageschrift, die Vernehmung des Angeklagten, die Vernehmung der Zeugen, die Plädoyers der Verteidigung und der Anklagevertretung, das letzte Wort des Angeklagten und die Urteilsverkündung.[182] Unter rein rechtstechnisch-funktionalen Gesichtspunkten ist das unnötig. Den Ablauf einer Tat könnte man auch klären, wenn weite Teile des Verfahrens schriftlich stattfänden. Schon gar nicht ist es dafür nötig, bei bestimmten Verfahrenshandlungen aufzustehen. Die Sprache des Prozesses ist selbst stark von ritualisierten Formeln geprägt.[183] Auffallend ist eine gewisse Sakralisierung der Gerichtssprache, die rituelle Funktionen hat.[184] Bis heute entscheiden Gerichte nicht einfach ganz profan, sie *erkennen für Recht*. Ihre Urteile werden nicht mitgeteilt, sie werden feierlich *verkündet*.[185] Zugespitzt lässt sich von einer *Prozessliturgie* sprechen.[186]

Verwaltungsverfahren sind heute stärker funktionell gestaltet als Prozesse vor Gericht. Das war nicht immer so. Ein Blick auf die Geschichte der Verwaltung zeigt, dass die Verwaltung lange Zeit als Mythos inszeniert wurde; ihre Handlungen waren Rituale, die zelebriert wurden. Das ist vorbei. Dennoch finden sich etwa im Verwaltungsverfahren noch Reste von Ritualen. Das Verwaltungsverfahren hat vor allem eine funktionelle Ausrichtung: Es soll rechtmäßige und möglichst zweckmäßige Entscheidungen finden. Darin erschöpft sich seine Bedeutung aber nicht. Eine Entscheidung wird mit stärkerer Legitimation versehen, wenn ihr ein ausgedehntes Verfahren vorgeschaltet ist, in dem breite Partizipation ermöglicht und widerstrei-

---

178 Ähnlich schon Winn (2006, S. 455).

179 Ein frühes Gerichtsverfahren, das hochgradig ritualisiert war, war das sogenannte Spruchformelverfahren im römischen Recht. Ausführlich dazu Fögen (2001) S. 149, 153 ff. m. w. N. Sellert (1997, S. 35), betont, dass auch die Gerichtsverfahren im Mittelalter stark ritualisiert waren. Grundsätzlich zum Gerichtsprozess aus Sicht der Ritualtheorien Wolf (2003, S. 31 ff.) m. w. N.; Gephart (2006, S. 255 ff.) m. w. N.

180 Dazu Halpérin (2004, S. 48).

181 Zur symbolischen Wirkung und zum rituellen Charakter, den das (Auf-)Stehen im Gerichtssaal hat, Legnaro/Aengenheister (1999, S. 18).

182 Zum rituellen Charakter dieser Prozesshandlungen im Einzelnen Wulf (2003, S. 36 ff.) m. w. N. Kritisch dazu Schild (2006, S. 170). Zum rituellen Gehalt der Urteilsverkündung Legnaro/Aengenheister (1999, S. 110 f.).

183 Dazu am Beispiel von Prozessen aus dem 16. Jahrhundert Babendererde (2004, S. 56 ff.) m. w. N. Zur Sprachproblematik in modernen Prozessen Ellscheid (1992, S. 276 ff.).

184 Insgesamt lassen sich viele Parallelen zwischen religiösen und rechtlichen Ritualen feststellen. Ausführlich dazu Gephart (2006, S. 255); Winn (2006, S. 449).

185 Dazu Legnaro/Aengenheister (1999, S. 110 f.).

186 Schwarte (2003, S. 120).

tende Interessen berücksichtigt werden. Diese *Legitimation durch Verfahren* hat einen rituellen Kern.[187] Denn ein ähnlich „gutes" Sachergebnis ließe sich auch in vielen Fällen durch ein kürzeres unkomplizierteres Verfahren erzielen.[188]

Wo man also im Recht hinschaut, lassen sich Rituale entdecken. Welchen Sinn haben Sie? Der Sinn von Rechtsritualen ist unterschiedlich: Auf einer profanen und konkreten Ebene haben sie eine warnende Funktion[189] oder eine Zeugnis- und Beweissicherungsfunktion.[190] Das ist etwa der konkrete Hintergrund von notariellen Beurkundungen oder der Aushändigung von Ernennungsurkunden. Darin erschöpft sich aber ihre Bedeutung nicht. Rituale entfalten psychologische und soziale Wirkungen, die über den konkreten Inhalt weit hinausgehen.[191] Rechtsrituale mobilisieren Emotionen, die den Rechtsakten eine zusätzliche Wirkung verleihen.[192] Diese besondere Wirkung von Ritualen ist es, die dem Recht im Allgemeinen und dem Gerichtsverfahren im Besonderen Bedeutung, Glaubwürdigkeit, Vertrauenswürdigkeit und Dauerhaftigkeit verleiht.[193] Ein Beispiel dafür ist der Eid. Durch die feierliche Ablegung und die sakrale Sprache der Eidesformel entwickelte[194] er starke Bindungswirkungen.[195]

So wichtig – sogar unverzichtbar – Rituale für das Recht sind: Unproblematisch sind sie nicht. Rituale sind hoch emotional, das Recht soll aber möglichst wenige Emotionen zeigen und berücksichtigen.[196] Hier liegt eine wichtige Aufgabe für Rechtsrituale. Sie sollen Emotionen in den Prozess einbringen, aber nur in begrenzter Dosis und stark kontrolliert. Bezeichnend dafür ist, dass Gerichtsverfahren in der Regel unterbrochen werden, wenn die ritualisierte Kommunikation durch zu starke Emotionen beeinträchtigt wird. Ein Beispiel: Der Vorsitzende Richter unterbricht eine Verhandlung, wenn die Zuschauer zu starke Gefühle äußern.

---

[187] Auf die legitimatorische Funktion von Verfahren hat zuerst Luhmann (1969, S. 36), aufmerksam gemacht.

[188] Instruktiv dazu Luhmann (1969, S. 211 ff.), der die Komplexität und den Aufwand beschreibt, die mit einem Verwaltungsverfahren verbunden sind. Ein Indiz dafür, dass die Praxis unter sehr ausdifferenzierten Verwaltungsverfahren leidet, ist die immer wieder aufflammende Diskussion über eine Beschleunigung und Straffung von Verwaltungsverfahren.

[189] Dazu Winn (2006, S. 456).

[190] Dazu Sellert (1997, S. 36); Winn (2006, S. 457 f.) m. w. N.

[191] Ähnlich Sellert (1997, S. 36 f.) m. w. N.

[192] Kertzer (2006, S. 384), betont zu Recht die Funktion von Ritualen, Emotionen hervorzurufen und Wirkungen zu verstärken.

[193] Ähnlich Kertzer (2006, S. 372) und Fögen (2001, S. 150).

[194] Legnaro/Aengenheister (1999, S. 59), bemerken aber zu Recht, dass die Vereidigung in der heutigen Prozesspraxis erheblich an Bedeutung verloren hat. Das kann allerdings in anderen Kulturen noch anders sein. Zur überragenden Bedeutung des Eides im mittelalterlichen Recht Ebel (1975, S. 19).

[195] Gephart (1993, S. 409 f.) m. w. N. Die Bedeutung, die ein Eid hat(te), unterstreichen auch §§ 59 StPO, 153 ff. StGB. Dass ein Eid zusätzliche Wirkungen entfalten kann, um „die Wahrheit ans Licht zu bringen", klingt auch noch in BGHSt 8, 301 ff. an.

[196] Zur Problematik von Emotionen im Recht siehe oben Abschn. 4.7.

Warum werden Emotionen überhaupt in das Rechtssystem integriert? Immerhin sind mit ihnen ja nicht unerhebliche Risiken verbunden, jedenfalls aus der Sicht des Rechts, das nüchtern, objektiv und gerade nicht emotional Entscheidungen treffen will. Die begrenzte Emotionalität, die das Recht zulässt, ist der Versuch, das Unvermeidliche zu kanalisieren und zu kontrollieren: Wenn schon Emotionen, dann nur begrenzt und rechtlich kontrolliert. Das dürfte die Logik sein, die hinter rechtlichen Ritualen steht. Genauso wichtig ist ein zweiter Grund: Die – kontrollierte und begrenzte – emotionale Aufladung rechtlicher Handlungen und Verfahren erhöht die Effektivität des Rechts. Das ist eine jahrtausendealte Erfahrung, die das Recht intuitiv immer wieder gemacht hat.[197] Durch die kontrollierte Emotionalität von Ritualen kann das Recht wichtige Funktionen besser erfüllen: Ordnen, Integrieren und Steuern.

Weitere Beispiele für Rechtsrituale lassen sich finden, wenn man den Gerichtssaal verlässt. In der internationalen Politik und in der Diplomatie etwa finden sich viele offensichtliche Rituale.[198] Aus ihnen entstehen oft Völkergewohnheitsrecht[199] oder kodifizierte Völkerrechtsnormen. Das Protokoll bei Staatsbesuchen etwa ist hochgradig ritualisiert.[200] Das gilt ähnlich auch für das Diplomatenrecht. Warum ist das so? Das hat sicher historische Gründe. Traditionelle ritualisierte Verhaltensweisen im Verkehr zwischen Staaten sind – wie im Fall des Diplomatenrechts – völkerrechtlich kodifiziert worden. Allerdings dürfte es einen tieferen, politikpsychologischen Grund geben: die Kontrolle von Emotionalität durch Rituale. Politische Beziehungen zwischen Staaten sind ebenso wichtig wie kompliziert und heikel. Gleichzeitig sind sie nicht immer von nüchterner Sachlichkeit geprägt. Nicht selten sind sie emotional gefärbt oder geprägt. Dann ist es wichtig, diese Emotionen zu kontrollieren und dennoch Beziehungen zu pflegen. Das erleichtern oder ermöglichen Rituale, die deshalb oft der Bildung oder Demonstration von Vertrauen dienen.[201]

5.5 Anspruch und Wirklichkeit: Gefährliche Inszenierungen

Inszeniertes Recht kann in der visualisierten Mediengesellschaft starke Wirkungen entfalten. Gleichzeitig lässt sich aber seine potenzielle Schwäche nicht übersehen. Inszeniertes Recht läuft immer Gefahr, zum bloßen Placebo-Recht zu degenerieren. Was ist damit gemeint?

---

[197] Die große Bedeutung von Emotionen für den Menschen, sein Bewusstsein und sein Verhalten verdeutlicht Roth (2003, S. 285 ff.) m. w. N.

[198] Althoff (2001, S. 58), der für diesen Bereich sogar von einer „Renaissance der Rituale" spricht.

[199] Auf Rituale als Basis von Völkergewohnheitsrecht macht Carducci (2006, S. 250) aufmerksam.

[200] Carducci (2006, S. 250).

[201] Ein Beispiel schildert Althoff (2001, S. 59).

In der Politikwissenschaft wird zunehmend eine Tendenz zur *Placebo-Politik* konstatiert.[202] Placebo-Politik – oder: Scheinpolitik – wird konstatiert, wenn politisches Handeln für die Öffentlichkeit nur inszeniert und vorgespiegelt wird, in der Realität aber gerade nicht stattfindet. Statt tatsächlich politisch zu handeln, wird politisches Handeln durch öffentlichkeitswirksame Symbole lediglich vorgespiegelt.[203] Ein eindrückliches Beispiel: Vor TV-Kameras sitzt der damalige US-Präsident Reagan auf der Schulbank eines Klassenzimmers und spricht mit Lehrern und Schülern. Er inszeniert für die Medienöffentlichkeit sein tiefes Interesse am amerikanischen Bildungswesen. In der Realität wird zur gleichen Zeit der amerikanische Bildungsetat drastisch gekürzt. Die Politikwissenschaft stellt eine irritierende Zunahme dieser Art von Politik fest.[204] Ein wichtiger – nicht der einzige – Grund dafür liegt in der Diskrepanz zwischen den Möglichkeiten der Politik und den Erwartungen, mit denen sie sich konfrontiert sieht. In den modernen, komplexen und global vernetzten Gesellschaften der Gegenwart werden die tatsächlichen Gestaltungsspielräume für die Politik immer enger. Gleichzeitig nehmen die Erwartungen an die Politik und ihre Steuerungsfunktion immer stärker zu. Um diesen Widerspruch aufzulösen, neigen Politiker dazu, durch symbolische Politik Handeln, das tatsächlich nicht möglich ist, für die Wähler wenigstens vorzuspiegeln.[205] Lässt sich eine ähnliche Situation für das Recht diagnostizieren?

Tatsächlich sieht sich das Recht einer vergleichbaren Diskrepanz ausgesetzt. Die Erwartungen an das Recht sind hoch und sie nehmen – wenn nicht alles täuscht – eher zu. Ein Treiber der Verrechtlichung, die sich in modernen Rechtsstaaten beobachten lässt, ist die gesellschaftliche Erwartung, dass Recht möglichst viel regeln und steuern soll. Aber kann das Recht solche Erwartungen überhaupt erfüllen? Man kann sogar darüber streiten, ob Recht überhaupt fähig ist, menschliches Handeln und gesellschaftliche Entwicklungen zu steuern. Die Systemtheorie bezweifelt grundsätzlich, dass Recht andere Bereiche der Gesellschaft steuern kann.[206] Auch wenn man sich dieser Skepsis nicht in aller Radikalität anschließen will: In der digitalisierten und globalisierten Welt werden in jedem Fall die Steuerungsmöglich-

---

[202] Bahnbrechend dazu Edelman (1964). Ausführlich dazu Sarcinelli (1987, S. 54 ff.) m. w. N. am Beispiel der Wahlkampfkommunikation. Meyer/Kampmann (1998, S. 84), nennen zwei klassische Beispiele für diese Art von Politik.

[203] Andere Beispiele aus dem Bereich der Umweltpolitik und des Umweltrechts schildern detailliert Newig (2003, S. 149) ff m. w. N. und Schink (2000, S. 102 ff.).

[204] Meyer/Kampmann (1998, S. 85.).

[205] Dazu und zu weiteren Gründen für diese Entwicklung Meyer/Kampmann (1998, S. 85 f.).

[206] Paradigmatisch dazu etwa Luhmann (1985, S. 7). Nicht ganz so weit geht Teubner (1989, S. 96), der immerhin eine indirekte Kontextsteuerung durch das Recht für möglich hält. Grundsätzlich anders Nahamowitz (1985, S. 29 ff.) m. w. N., der empirische Gegenbeispiele schildert, die allerdings nicht immer ganz überzeugen. Möglicherweise liegt die Wahrheit in der Mitte: Recht kann Handeln anstoßen und grobe Richtungen vorschlagen. Punktgenau determinieren lässt sich die gesellschaftliche Wirklichkeit durch Recht aber nicht. Dafür ist sie einfach zu komplex. In diese Richtung denken wohl auch Teubner/Willke (1984, S. 28, 31) und – bezogen vor allem auf die Steuerung der Technik durch das Recht – Roßnagel (1993, S. 27 f.) m. w. N.

keiten, die das Recht tatsächlich hat, eher geringer. Es lässt sich eine *Relativierung des Rechts* in der digitalisierten Welt beobachten.[207]

Das kann fatale Folgen haben. Rechtspolitik und Recht geraten in die Versuchung, diesen Widerspruch zwischen begrenzten Möglichkeiten und unbeschränkten Erwartungen durch inszeniertes, symbolisches Recht zu lösen. Placebo-Recht, das die öffentliche Erwartung beruhigt, tritt an die Stelle des – aus welchen Gründen auch immer – nicht möglichen verbindlichen Rechts. Visualisiertes Recht lässt sich dafür gut missbrauchen. Denn gut inszenierte Bilder sind starke Symbole, die beherztes Rechtshandeln vorspiegeln können und kritische Nachfragen abwehren.

Literatur

Albrecht, Hans Joachim (1974): Farbe als Sprache. DuMont, Köln.

Althoff, Gerd (1997): Spielregeln der Politik im Mittelalter. Kommunikation in Frieden und Fehde. Wissenschaftliche Buchgesellschaft, Darmstadt.

Althoff, Gerd (2001): Rituale und ihre Spielregeln im Mittelalter, in: Horst Wenzel u. a. (Hrsg.): Audiovisualität vor und nach Gutenberg. Zur Kulturgeschichte der medialen Umbrüche. Skira, Wien, S. 51 ff.

Althoff, Gerd (2003): Die Macht der Rituale. Symbolik und Herrschaft im Mittelalter. Primus, Darmstadt.

Arnheim, Rudolf (2000): Kunst und Sehen. Eine Psychologie des schöpferischen Auges. 3. Auflage, Berlin/New York.

Arnheim, Rudolf (2003): Die Macht der Mitte. Eine Kompositionslehre für die bildenden Künste. 2. Auflage, DuMont, Köln.

Assmann, Jan (2000): Das kulturelle Gedächtnis, Schrift, Erinnerung und politische Identität in frühen Hochkulturen. 3. Auflage, C.H. Beck, München.

Babendererde, Cornell (2004): Handlungsanweisungen an Verklagte vor Gericht im 16. Jahrhundert – zur symbolischen Kommunikation und ihrer Funktion, in: Reiner Schulze (Hrsg.): Rechtssymbolik und Wertevermittlung. Berlin, S. 51 ff.

Balme, Christopher (2001): Einführung in die Theaterwissenschaft. 2. Auflage, Berlin.

Bandmann, Günter (1984): Ikonologie der Architektur, in: Martin Warnke (Hrsg.): Politische Architektur in Europa vom Mittelalter bis heute – Repräsentation und Gemeinschaft. Köln, S. 19 ff.

Barry, Ann Marie Seward (1997): Visual Intelligence. Perception, Image and Manipulation in Visual Communication. SUNY, Albany/New York.

Bartetzko, Dieter (1992): Ein Symbol der Republik. Geschichte und Gestalt der Frankfurter Paulskirche, in: Ingeborg Flagge/Wolfgang Jean Stock (Hrsg.): Architektur und Demokratie. Stuttgart, S. 108 ff.

Bätschmann, Oskar (2001): Einführung in die kunstgeschichtliche Hermeneutik. Die Auslegung von Bildern. 5. Auflage, Wissenschaftliche Buchgesellschaft, Darmstadt.

Berlin, Brent/Kay, Paul (1999): Basic Color Terms. Their Universality and Evolution. Berkeley/USA.

Berry, Colin (1988): Rundfunknachrichtenforschung. Ein Beitrag zur Klärung von Präsentation und Motivation, in: Media Perspektiven 3, S. 166 ff.

Bettelheim, Bruno (1980): Erziehung zum Überleben. Deutsche Verlagsanstalt, Stuttgart.

[207] Ausführlich zu dieser These Boehme-Neßler (2008, S. 635 ff.) m. w. N.

Beyme, Klaus von (1992): Demokratie, Parlament und Öffentlichkeit, in: Ingeborg Flagge/Wolfgang Jean Stock (Hrsg.): Architektur und Demokratie. Stuttgart, S. 32 ff.

Beyme, Klaus von (1998): Die Kunst der Macht und die Gegenmacht der Kunst. Suhrkamp, Frankfurt am Main.

Boehm, Gottfried (2001): Botschaften ohne Worte. Vom Sprachcharakter der bildenden Kunst, in: Oswald Panagl/Hans Goebl/Emil Brix (Hrsg.): Der Mensch und seine Sprache(n). Wien/Köln/Weimar, S. 253 ff.

Boehme-Neßler, Volker (2003): Recht als Theater? in: Zeitschrift für Rechtspolitik, S. 125 ff.

Boehme-Neßler, Volker (2008): Unscharfes Recht. Überlegungen zur Relativität des Rechts in der digitalisierten Welt. Duncker & Humblot, Berlin.

Bromberger, Christian (2006): Fußball als Weltsicht und als Ritual, in: Andréa Belliger/David J. Krieger (Hrsg.): Ritualtheorien. Ein einführendes Handbuch. 3. Auflage, Westdeutscher, Wiesbaden.

Brugger, Christof (2005): Verständlichkeit von grafischen Symbolen und Piktogrammen, in: Martin Scholz/Ute Helmbold (Hrsg.): Bilder lesen lernen. Wie werden Bilder rezipiert? Wiesbaden, S. 35 ff.

Brunschwig, Colette (1999): Rechtsikonographisches „Update" für die Rechtsarchäologie. Rechtsarchäologie im Dienste der Visualisierung heutiger Rechtsnormen, in: Peter Landau/Hermann Nehlsen/Matthias Schmoeckl (Hrsg.): Karl von Amira zum Gedächtnis. Frankfurt am Main, S. 51 ff.

Brunschwig, Colette (2001): Visualisierung von Rechtsnormen. Zürich.

Burns, Tom/Laughlin, Charles D. jr. (1979): Ritual and Social Power, in: Eugene G. d`Aquili (Hrsg.): The Spectrum of Ritual: A Biogenetic Structural Analysis. New York, S. 249 ff.

Carducci, Guido (2006): Rituale und Recht – innerstaatliche und internationale Perspektiven, in: Paragrana 15, S. 236 ff.

Carlen, Louis (2002a): Rechtsorte in Rom, in: Louis Carlen (Hrsg.): Recht, Geschichte und Symbol. Hildesheim, S. 134 ff.

Carlen, Louis (2002b): Kirchen Roms als Rechtsorte, in: Louis Carlen (Hrsg.): Recht, Geschichte und Symbol. Hildesheim, S. 146 ff.

Cullen, Michael S. (1999): Der Reichstag. Parlament, Denkmal, Symbol. 2. Auflage, Berlin-Brandenburg.

Doelker, Christian (1997): Ein Bild ist mehr als ein Bild. Klett-Cotta, Stuttgart.

Dörner, Andreas (2001): Politainment – Politik in der medialen Erlebnisgesellschaft. Suhrkamp, Frankfurt am Main.

Dörner, Andreas (2002): Wahlkämpfe – eine rituelle Inszenierung des „demokratischen Mythus", in: Andreas Dörner/Ludgera Vogt (Hrsg.): Wahl-Kämpfe. Betrachtungen über ein demokratisches Ritual. Frankfurt am Main, S. 16 ff.

Dorsch-Jungsberger, Petra E. (2003): Inszenierung als Instrument der Bildpublizistik, oder: Wie kommt die internationale Schauspielerin Ornella Muti in die Bayerische Staatsoper? in: Thomas Knieper/Marion G. Müller (Hrsg.): Authentizität und Inszenierung von Bilderwelten. Köln, S. 168 ff.

Durkheim, Emile (1994): Die elementaren Formen des religiösen Lebens. Suhrkamp, Frankfurt am Main.

Ebel, Wilhelm (1975): Recht und Form. Mohr Siebeck Tübingen.

Edelman, Murray (1964): The Symbolic Uses of Politics. University of Illinois Press, Urbana/USA.

Eibl-Eibesfeldt, Irenäus/Sütterlin, Christa (2007): Weltsprache Kunst. Zur Natur- und Kunstgeschichte bildlicher Kommunikation. Brandstätter, Wien.

Ellscheid, Günter (1992): Sprachprobleme im Gerichtsverfahren, in: Günther Grewendorf (Hrsg.): Rechtskultur als Sprachkultur. Zur forensischen Funktion der Sprachanalyse. Suhrkamp, Frankfurt am Main, S. 275 ff.

Fischer-Lichte, Erika (1998): Inszenierung und Theatralität, in: Herbert Willems/Martin Jurga (Hrsg.): Inszenierungsgesellschaft. Frankfurt am Main, S. 81 ff.

Fischer-Lichte, Erika (2004): Ästhetik des Performativen. Suhrkamp, Frankfurt am Main.

Fischer-Lichte, Erika (2007): Theatralität und Inszenierung, in: Erika Fischer-Lichte/Christian Horn/Isabel Pflug/Matthias Warstat (Hrsg.): Inszenierung von Authentizität. 2. Auflage, Narr Tübingen Basel, S. 9 ff.

Flaig, Egon (2004): Ritualisierte Politik. Zeichen, Gesten und Herrschaft im Alten Rom. 2. Auflage, Göttingen.

Fögen, Marie Theres (2001): Ritual und Rechtsfindung, in: Corinna Caduff/Janna Pfaff-Czarnecka (Hrsg.): Rituale heute. Theorien – Kontroversen – Entwürfe. 2. Auflage, Berlin.

Frankenberg, Günter (2004): Der normative Blick. Recht, Ethik und Ästhetik der Bilderverbote, in: Günter Frankenberg/Peter Niesen (Hrsg.): Bilderverbot. Recht, Ethik und Ästhetik der öffentlichen Darstellung. Münster, S. 1 ff.

Gabriel, Karl (1994): Ritualisierung in säkulärer Gesellschaft. Anknüpfungspunkte für Prozesse der Inkulturation, in: Stimmen der Zeit 212, S. 3 ff.

Gephart, Werner (1993): Gesellschaftstheorie und Recht. Das Recht im soziologischen Diskurs der Moderne. Suhrkamp, Frankfurt am Main.

Gephart, Werner (2006): Recht als Kultur. Zur kultursoziologischen Analyse des Rechts. Klostermann, Frankfurt am Main.

Goethals, Gregor T. (2006): Ritual und die Repräsentation von Macht in Kunst und Massenkultur, in: Andréa Belliger/David J. Krieger (Hrsg.): Ritualtheorien. 3. Auflage, VS Wiesbaden, S. 299 ff.

Goffman, Erving (1959/2003): Wir alle spielen Theater. Die Selbstdarstellung im Alltag. München/Zürich (orig.: The Presentation of Self in Everyday Life. New York 1959).

Goldfarb, Ronald L. (1998): TV or not TV – Television, justice and the courts. NYU Press, New York.

Gombrich, Ernst H. (1984): Bild und Auge: Neue Studien zur Psychologie der bildlichen Darstellung. Klett-Cotta, Stuttgart.

Gregory, Richard L. (2001): Auge und Gehirn. Psychologie des Sehens. Rowohlt, Reinbek.

Halpérin, Jean-Louis (2004): Symbolik und Gerichtsrituale am Beispiel der Entwicklung der juristischen Berufe und des Gerichtsverfahrens in Frankreich in der Zeit zwischen Ancien Régime und 19. Jahrhundert, in: Reiner Schulze (Hrsg.): Rechtssymbolik und Wertevermittlung. Berlin, S. 37 ff.

Hesse, Konrad (1999): Grundzüge des Verfassungsrechts der Bundesrepublik Deutschland. Neudruck der 20. Auflage, C.F. Müller, Heidelberg.

Hickethier, Knut/Bleicher, Joan Kristin (1998): Die Inszenierung der Information im Fernsehen, in: Herbert Willems/Martin Jurga (Hrsg.): Inszenierungsgesellschaft. VS Wiesbaden, S. 369 ff.

Hilgendorf, Eric (2003): dtv-Atlas Recht. Band 1: Grundlagen Staatsrecht Strafrecht. Deutscher Taschenbuch Verlag, München.

Hitzler, Ronald (1992): Der Goffmensch. Überlegungen zu einer dramatologischen Anthropologie, in: Soziale Welt, S. 449 ff.

Hobsbawm, Eric (1992a): Introduction: Inventing Traditions, in: Eric Hobsbawm/Terence Ranger (Hrsg.): The Invention of Tradition. 2. Auflage, Cambridge University Press, Cambridge.

Hobsbawm, Eric (1992b): Mass-Producing Traditions: Europe 1870–1914, in: Eric Hobsbawm/Terence Ranger (Hrsg.): The Invention of Tradition. 2. Auflage, Cambridge University Press, Cambridge.

Hölscher, Tonio (2003): Symbolische Manifestationen in labilen Zeiten, in: Hans Vorländer (Hrsg.): Zur Ästhetik der Demokratie. Formen politischer Selbstdarstellung. DVA, Stuttgart, S. 29 ff.

Iser, Wolfgang (1991): Das Fiktive und das Imaginäre. Perspektiven literarischer Anthropologie. Suhrkamp, Frankfurt am Main.

Jäckel, Michael (2005): Medienwirkungen. Ein Studienbuch zur Einführung. 3. Auflage, VS Verlag, Wiesbaden.

Jouannais, Eva (1998): Transparence pour la justice, in: L´acier pour construire, No. 60, Oktober, S. 9 ff.

Kaase, Max (1994): Is there Personalization in Politics? Candidates and Voting Behavior in Germany, in: International Political Science Review, Vol. 15, S. 211 ff.

Kepplinger, Hans Mathias (2001): Die Kunst der Skandalierung und die Illusion der Wahrheit. Olzog, München.

Kertzer, David I. (1988): Ritual, Politics, and Power. Yale University Press, New Haven/ London.

Kertzer, David I.. (2006): Ritual, Politik und Macht, in: Andréa Belliger/David J. Krieger (Hrsg.): Ritualtheorien. 3. Auflage, Wiesbaden, S. 363 ff.

Klemmer, Klemens/Wassermann, Rudolf/Wessel, Thomas Michael (1993): Deutsche Gerichtsgebäude. Von der Dorflinde über den Justizpalast zum Haus des Rechts. München.

Klotz, Heinrich (1984): Ikonologie einer Hauptstadt. Bonner Staatsarchitektur, in: Martin Warnke (Hrsg.): Politische Architektur in Europa vom Mittelalter bis heute – Repräsentation und Gemeinschaft. DuMont, Köln, S. 399 ff.

Knieper, Thomas (2003): Die ikonologishe Analyse von Medienbildern und deren Beitrag zur Bildkompetenz, in: Thomas Knieper/Marion G. Müller (Hrsg.): Authentizität und Inszenierung von Bilderwelten. Halem, Köln, S. 193 ff.

Kocher, Gernot (1992): Zeichen und Symbole des Rechts. C.H. Beck, München.

Kraa, Detlev (1989): Sozialistische Rituale und kulturelle Überlagerung in der DDR, in: Rüdiger Voigt (Hrsg.): Politik der Symbole. Symbole der Politik. Opladen, S. 197 ff.

Kroeber-Riel, Werner (1996): Bildkommunikation. Vahlen, München.

Kündiger, Barbara (2001): Fassaden der Macht. Architektur der Herrschenden. Seemann, Leipzig.

Laage, Gerhart (1979): Gerichtsbauten – Bollwerke der Einschüchterung, in: Rudolf Wassermann (Hrsg.): Menschen vor Gericht. Neuwied/Darmstadt, S. 169 ff.

Legnaro, Aldo/Aengenheister, Astrid (1999): Die Aufführung von Strafrecht. Kleine Ethnografie gerichtlichen Verhandelns. Nomos, Baden-Baden.

Lenz, Karl (2009): Keine Beziehung ohne großes Theater. Zur Theatralität im Beziehungsaufbau, in: Herbert Willems (Hrsg.): Theatralität der Gesellschaft. Band 1: Soziologische Theorie und Zeitdiagnose. VS Verlag, Wiesbaden, S. 239 ff.

Lester, Paul Martin (2003): Visual Communication. Images with Messages. 3. Auflage, Belmont/ Kalifornien.

Lex, Barbara W. (1979): The Neurobiology of Ritual Trance, in: Eugene G. d`Aquili (Hrsg.): The Spectrum of Ritual: A Biogenetic Structural Analysis. Columbia University Press, New York, S. 117 ff.

Linke, Bernhard (2006): Politik und Inszenierung in der Römischen Republik, in: Aus Politik und Zeitgeschichte 7, S. 33 ff.

Luhmann, Niklas (1969): Legitimation durch Verfahren. Luchterhandt, Neuwied/Berlin.

Luhmann, Niklas (1985): Einige Probleme mit „reflexivem Recht“, in: Zeitschrift für Rechtssoziologie, S. 1 ff.

Luhmann, Niklas (1996): Die Realität der Massenmedien, 2. Auflage, Westdeutscher Verlag, Opladen.

McManus, John (1979): Ritual and Human Social Cognition, in: Eugene G. d`Aquili (Hrsg.): The Spectrum of Ritual: A Biogenetic Structural Analysis. Columbia University Press, New York, S. 216 ff.

Messaris, Paul (1994): Visual literacy. Image, mind and reality. Westview Press, Boulder/Colorado.

Meyer, Thomas (2001): Mediokratie – die Kolonisierung der Politik durch die Medien. Suhrkamp, Frankfurt am Main.

Meyer, Thomas/Kampmann, Monika (1998): Politik als Theater – die neue Macht der Darstellungskunst. Aufbau-Verlag, Berlin.

Meyer, Thomas/Ontrup, Rüdiger/Schicha, Christian (2000): Die Inszenierung des Politischen. Wiesbaden.

Meyer, Thomas/Ontrup, Rüdiger/Schicha, Christian (2007): Die Inszenierung des politischen Welt-Bildes. Politikinszenierungen zwischen medialem und politischem Eigenwert, in: Erika

Fischer-Lichte/Christian Horn/Isabel Pflug/Matthias Warstat (Hrsg.): Inszenierung von Authentizität. 2. Auflage, Narr Tübingen Basel, S. 183 ff.

Michaels, Axel (2001): „Le rituel pour le rituel“ oder wie sinnlos sind Rituale? in: Corinna Caduff/Joanna Pfaff-Czarnecka (Hrsg.): Rituale heute. Theorien – Kontroversen – Entwürfe. 2. Auflage, Berlin, S. 23 ff.

Monkiewitsch, Lienhard von (2004): Gibt es Regeln für die Bildgestaltung? in: Martin Scholz/Ute Helmboldt (Hrsg.): Stolpersteine. Gibt es Regeln für die Bildgestaltung? DUV, Wiesbaden, S. 57 ff.

Müller, Friedrich (2003): Demokratie zwischen Staatsrecht und Weltrecht. Duncker und Humblot Verlag, Berlin.

Müller, Marion G. (2003): Grundlagen der visuellen Kommunikation. Konstanz.

Müller-Doohm, Stefan/Neumann-Braun, Klaus (1995): Kulturinszenierungen. Einleitende Betrachtungen über die Medien kultureller Sinnvermittlung, in: Stefan Müller-Doohm/Klaus Neumann-Braun (Hrsg.): Kulturinszenierungen. Suhrkamp, Frankfurt am Main, S. 9 ff.

Nahamowitz, Peter (1985): “Reflexives Recht”: Das unmögliche Ideal eines post-interventionistischen Steuerungskonzepts, in: Zeitschrift für Rechtssoziologie, S. 29 ff.

Nerdinger, Winfried (1992): Politische Architektur. Betrachtungen zu einem problematischen Begriff, in: Ingeborg Flagge/Wolfgang Jean Stock (Hrsg.): Architektur und Demokratie. Stuttgart, S. 10 ff.

Neumann, Ulfried (1992): Juristische Fachsprache und Umgangssprache, in: Günther Grewendorf (Hrsg.): Rechtskultur als Sprachkultur. Zur forensischen Funktion der Sprachanalyse. Suhrkamp, Frankfurt am Main, S. 110 ff.

Newig, Jens (2003): Symbolische Umweltgesetzgebung. Rechtssoziologische Untersuchungen am Beispiel des Ozongesetzes, des Kreislaufwirtschafts- und Abfallgesetzes sowie der Großfeuerungsanlagenverordnung. Duncker & Humblot, Berlin.

Oppitz, Michael (2001): Montageplan von Ritualen, in: Corinna Caduff/Joanna Pfaff-Czarnecka (Hrsg.): Rituale heute. Theorien – Kontroversen – Entwürfe. 2. Auflage, Reimer, Berlin.

Pasolini, Pier Paolo (1971): Die Sprache des Films, in: Friedrich Knilli (Hrsg.): Semiotik des Films. Mit Analysen kommerzieller Pornos und revolutionärer Agitationsfilme. Hanser, München, S. 38 ff.

Perlmutter, David D. (2003): The Internet: Big Pictures and Integrators, in: Larry Gross/John Stuart Katz/Jay Rubin (Hrsg.): Image Ethics in the Digital Age. University of Minnesota Press, Minneapolis/London, S. 3 ff.

Platvoet, Jan (2006): Das Ritual in pluralistischen Gesellschaften, in: Andréa Belliger/David J. Krieger (Hrsg.): Ritualtheorien. 3. Auflage, Wiesbaden, S. 171 ff.

Postman, Neill (1999): Wir amüsieren uns zu Tode, 12. Auflage, Fischer, Frankfurt am Main.

Rager, Günther/Hartwich-Teick, Ricarda/Pfeiffer, Thomas (1998): „Schumi, du Regengott“ – Themeninszenierungen in Tageszeitungen, in: Herbert Willems/Martin Jurga (Hrsg.): Inszenierungsgesellschaft. Frankfurt am Main, S. 489 ff.

Rehbinder, Manfred (2007): Rechtssoziologie. 6. Auflage, C.H. Beck, München.

Rehfeldt, Bernhard (1956): Recht und Ritus, in: Hans Carl Nipperdey (Hrsg.): Das deutsche Privatrecht in der Mitte des 20. Jahrhunderts. Berlin u. a., S. 45 ff.

Roberts, Simon (1981): Ordnung und Konflikt. Eine Einführung in die Rechtsethnologie. Klett-Cotta, Stuttgart.

Roeder, Hubert (2007): Inszenierung von Herrschaft im Alten Ägypten. Authentizität und kulturelle Identität der Besänftigung Pharaos, in: Erika Fischer-Lichte/Christian Horn/Isabel Pflug/Matthias Warstat (Hrsg.): Inszenierung von Authentizität. 2. Auflage, Narr Tübingen Basel, S. 299 ff.

Röhl, Klaus F. (2005): Rechtswissenschaft, in: Klaus Sachs-Hombach (Hrsg.): Bildwissenschaft. Disziplinen, Themen, Methoden. Suhrkamp, Frankfurt am Main, S. 247 ff.

Röhl, Klaus F./Böhm, Anja/Böhnke, Michael/Langer, Thomas/Machura, Stefan/Marfels, Georgia/Ulbrich, Stefan/Weiß, Matthias (2005): Das Projekt „Recht anschaulich“, in: Eric Hilgendorf (Hrsg.): Beiträge zur Rechtsvisualisierung. Logos Verlag, Berlin, S. 51 ff.

Roßnagel, Alexander (1993): Rechtswissenschaftliche Technikfolgenforschung. Umrisse einer Forschungsdisziplin. Nomos, Baden-Baden.

Roßnagel, Alexander 1999): Rechtliche Steuerung von Infrastrukturtechnik, in: Alexander Roßnagel/Ina Rust/Daniela Manger (Hrsg.): Technik verantworten. Interdisziplinäre Beiträge zur Ingenieurpraxis. Berlin, S. 209 ff.

Roßnagel, Alexander (2004): Neuordnung des Medienrechts – Anregungen und Möglichkeiten, in: Alexander Roßnagel (Hrsg.): Neuordnung des Medienrechts? Neuer rechtlicher Rahmen für eine konvergente Technik? Nomos, Baden-Baden, S. 15 ff.

Roßnagel, Alexander/Schroeder, Ulrik (1999): Multimedia im immissionschutzrechtlichen Genehmigungsverfahren, Baden-Baden.

Roth, Gerhard (2003): Fühlen, Denken, Handeln. Suhrkamp, Frankfurt am Main.

Sarcinelli, Ulrich (1987): Symbolische Politik. Zur Bedeutung symbolischen Handels in der Wahlkampfkommunikation der Bundesrepublik Deutschland. Opladen.

Schechner, Richard (2006): Performance Studies. An Introduction. 2. Auflage, New York/Oxon.

Scheufele, Bertram (2001): Visuelles Medien-Framing und Framing-Effekte. Zur Analyse visueller Kommunikation aus der Framing-Perspektive, in: Thomas Knieper/Marion G. Müller (Hrsg.): Kommunikation visuell. Das Bild als Forschungsgegenstand – Grundlagen und Perspektiven. Halem, Köln, S. 144 ff.

Schild, Wolfgang (2003): Richtersymbole. Zum Verfahren als „Theater des Rechts“ im Mittelalter und früher Neuzeit, in: Günter Gehl/Rudolf Meyer (Hrsg.): Leben in Mittelalter und Moderne. Weimar, S. 11 ff.

Schink, Alexander (2000): Elemente symbolischer Umweltpolitik im Abfallrecht, in: Bernd Hansjürgens/Gertrude Lübbe-Wolff (Hrsg.): Symbolische Umweltpolitik. Fischer Verlag, Frankfurt am Main, S. 102 ff.

Schüler, Bernd (2006): Farben als Wegweiser in der Politik, in: Aus Politik und Zeitgeschichte 7, S. 31 ff.

Schultz, Tanjev (2003): Alles inszeniert und nichts authentisch? Visuelle Kommunikation in den vielschichtigen Kontexten von Inszenierung und Authentizität, in: Thomas Knieper/Marion G. Müller (Hrsg.): Authentizität und Inszenierung von Bilderwelten. Halem, Köln, S. 10 ff.

Schuppert, Gunnar Folke (1990): Grenzen und Alternativen von Steuerung durch Recht, in: Dieter Grimm (Hrsg.): Wachsende Staatsaufgaben – sinkende Steuerungsfähigkeit des Rechts. Nomos, Baden-Baden, S. 217 ff.

Schwarte, Ludger (2003): Die Inszenierung von Recht. Der unbekannte Körper in der demokratischen Entscheidung, in: Ludger Schwarte/Christoph Wulf (Hrsg.): Körper und Recht. Anthropologische Dimensionen der Rechtsphilosophie. Wilhelm Fink, München, S. 93 ff.

Sellert, Wolfgang (1997): Gewohnheitsrecht, Formalismus und Rechtsritual im Verhältnis zur Steuerung sozialen Verhaltens durch gesetztes Recht, in: Heinz Duchhardt/Gert Melville (Hrsg.): Im Spannungsfeld von Recht und Ritual. Soziale Kommunikation in Mittelalter und Neuzeit. Böhlau, Köln/Weimar/Wien, S. 29 ff.

Sherwin, Richard K. (2000): When law goes pop – the vanishing line between law and popular culture. University of Chicago Press, Chicago.

Shusterman, Richard (2001): Tatort: Kunst als Dramatisieren, in: Josef Früchtl/Jörg Zimmermann (Hrsg.): Ästhetik der Inszenierung. Suhrkamp, Frankfurt am Main, S. 126 ff.

Smith, Jonathan Z. (2006): Ritual und Realität, in: Andréa Belliger/David J. Krieger (Hrsg.): Ritualtheorien. 3. Auflage, Wiesbaden, S. 211 ff.

Soeffner, Hans-Georg (1995): Die Ordnung der Rituale. Die Auslegung des Alltag 2. Auflage, Suhrkamp, Frankfurt am Main.

Soeffner, Hans-Georg (1998): Erzwungene Ästhetik. Repräsentation, Zeremoniell und Ritual in der Politik, in: Herbert Willems/Martin Jurga (Hrsg.): Inszenierungsgesellschaft. VS Wiesbaden, S. 215 ff.

Soeffner, Hans-Georg/Tänzler, Dirk (2002): Medienwahlkämpfe – Hochzeiten ritueller Politikinszenierung, in: Andreas Dörner/Ludgera Vogt (Hrsg.): Wahl-Kämpfe. Betrachtungen über ein demokratisches Ritual. Suhrkamp, Frankfurt am Main, S. 92 ff.

Sudjic, Deyan (2006): Der Architekturkomplex. Monumente der Macht. Artemis & Winkler, Düsseldorf.

Sugarman, David (2004): Images of Law. Legal Buildings, Englishness and the Reproduction of Power, in: Reiner Schulze (Hrsg.): Rechtssymbolik und Wertevermittlung. Dunker and Humblot, Berlin, S. 167 ff.

Sunstein, Cass (2001): Das Fernsehen und die Öffentlichkeit, in: Lutz Wingert/Klaus Günther (Hrsg.): Die Öffentlichkeit der Vernunft und die Vernunft der Öffentlichkeit. Suhrkamp, Frankfurt am Main, S. 678 ff.

Tenscher, Jens (1998): Politik für das Fernsehen – Politik im Fernsehen. Theorien, Trends und Perspektiven, in: Sarcinelli, Ulrich (Hrsg.): Politikvermittlung und Demokratie in der Mediengesellschaft. Bonn, S. 184–208.

Teubner, Gunther (1989): Recht als autopoietisches System. Suhrkamp, Frankfurt am Main.

Teubner, Gunther/Willke, Helmut (1984): Kontext und Autonomie: Gesellschaftliche Selbststeuerung durch reflexives Recht, in: Zeitschrift für Rechtssoziologie, S. 4 ff.

Thaler, Paul (1994): The Watchful Eye. American Justice in the Age of the Television Trial. Praeger, Westport/Connecticut.

Todd, Stephen (2003): Recht, Theater, Rhetorik und Demokratie im klassischen Athen, in: Ludger Schwarte/Christoph Wulf (Hrsg.): Körper und Recht. Anthropologische Dimensionen der Rechtsphilosophie. Wilhelm Fink Verlag, München, S. 69 ff.

Tufte, Edward R. (1990): Envisioning Information. Graphics Press, Cheshire/Connecticut.

Turner, Victor (1969/2005): Das Ritual. Struktur und Anti-Struktur. Campus Verlag, Frankfurt am Main 2005 (Ursprgl.: The Ritual Process, Structure and Anti-Structure. New York 1969).

van Dülmen, Richard (1995): Theater des Schreckens. Gerichtspraxis und Strafrituale in der frühen Neuzeit. C.H. Beck, München.

van Gennep, Arnold (1909/2005): Übergangsriten. 3. Auflage, Campus Verlag, Frankfurt am Main (Ursprgl. erschienen unter dem Titel: Les rites des passages 1909 in Paris).

Vollmer, Wolfgang (2004): Gibt es Regeln für die Bildgestaltung? in: Martin Scholz/Ute Helmboldt (Hrsg.): Stolpersteine. Gibt es Regeln für die Bildgestaltung? Wiesbaden, S. 19 ff.

Wagner, Bernd (2002): Kulturelle Globalisierung – Von Goethes "Weltliteratur" zu den weltweiten Teletubbies, in: Aus Politik und Zeitgeschichte B12/2002, S. 10 ff.

Wallace, Patricia (2001): The Psychology of the Internet. Cambridge University Press, Cambridge.

Watkin, Thomas Glyn (2004): The Powers that Be Are Seated. Symbolism in English Law and in the English Legal System, in: Reiner Schulze (Hrsg.): Rechtssymbolik und Wertevermittlung. Berlin, S. 149 ff.

Wesel, Reinhard (2004): Symbolische Politik der Vereinten Nationen. Die „Weltkonferenzen" als Rituale. Leske & Budrich, Opladen.

Wesel, Uwe (1985): Frühformen des Rechts in vorstaatlichen Gesellschaften. Suhrkamp, Frankfurt am Main.

Wesel, Uwe (2001): Geschichte des Rechts. Von den Frühformen bis zur Gegenwart. 2. Auflage, C.H. Beck, München.

Willems, Herbert (1998): Inszenierungsgesellschaft? Zum Theater als Modell, zur Theatralität von Praxis, in: Herbert Willems/Martin Jurga (Hrsg.): Inszenierungsgesellschaft. Westdeutscher Verlag, Wiesbaden, S. 23 ff.

Willems, Herbert (2007): Glaubwürdigkeit und Überzeugung als dramaturgische Probleme und Aufgaben der Werbung, in: Erika Fischer-Lichte/Christian Horn/Isabel Pflug/Matthias Warstat (Hrsg.): Inszenierung von Authentizität. 2. Auflage, Narr, Tübingen Basel, S. 209 ff.

Wimmer, Rainer (1998): Zur juristischen Fachsprache aus aus linguistischer Sicht, in: Sprache und Literatur in Unterricht und Wissenschaft, S. 8 ff.

Winn, Peter A. (2006): Rechtsrituale, in: Andréa Belliger/David J. Krieger (Hrsg.): Ritualtheorien. 3. Auflage, VS Verlag, Wiesbaden.

Wolf, Klaus Dieter (2003): Normsetzung in internationalen Institutionen unter Mitwirkung privater Akteure? "International Environmental Governance" zwischen ILO, öffentlich-privaten Politiknetzwerken und Global Compact, in: Sabine von Schorlemer (Hrsg.): Praxis-Handbuch

UNO. Die Vereinten Nationen im Lichte globaler Herausforderungen. Springer, Heidelberg Berlin, S. 225 ff.

Wulf, Christoph (2003): Ritual und Recht. Performatives Handeln und mimetisches Wissen, in: Ludger Schwarte/Christoph Wulf (Hrsg.): Körper und Recht. Anthropologische Dimensionen der Rechtsphilosophie. München, S. 29 ff.

Kapitel 6
Bilder verstehen – Die Auslegung visueller Rechtskommunikation

Eines ist sicher: Bilder lassen sich nicht mit denselben Methoden auslegen und verstehen wie Worte und Texte.[1] Mit der Auslegung von visueller Rechtskommunikation ist der herkömmliche juristische Auslegungskanon überfordert. Eine visuelle Rechtskommunikation muss deshalb eigene, neue Auslegungsmethoden entwickeln. Dabei bietet es sich an, auf Erkenntnisse und Erfahrungen anderer Wissenschaften zurückzugreifen, die mehr Erfahrungen mit visueller Hermeneutik haben.

6.1 Was tun? – Zur Überforderung der juristischen Dogmatik

Hermeneutik – das ist kein Neuland für das Recht. Die Rechtswissenschaft hat über Jahrhunderte, wenn nicht Jahrtausende Methoden entwickelt, wie Kommunikation verstanden werden kann. Die üblichen juristischen Auslegungspraktiken sind allerdings auf Texte zugeschnitten. Das war – und ist – angemessen, denn das Recht ist immer noch stark textbasiert und -fixiert. In der *Bilderwelt* wird das aber zum Problem. Bilder lassen sich mit den im Recht gebräuchlichen Verfahren kaum – oder nur sehr unzureichend – interpretieren. Der Trend zur visuellen Rechtskommunikation, der bereits in Ansätzen erkennbar ist, wird deshalb Auswirkungen auf die Auslegung von rechtlicher Kommunikation haben (müssen). Was ist zu tun? Die Rechtsdogmatik muss neue Methoden entwickeln, die geeignet sind, visuelle Rechtskommunikationen auszulegen.

Die traditionellen Auslegungsmethoden werden dabei nicht obsolet. Auch visuelle Rechtskommunikation wird nach historischen, subjektiven, systematischen und teleologischen Gesichtspunkten analysiert werden können und müssen. Weil man mit den herkömmlichen Auslegungsmethoden die spezifischen Bedeutungsebenen und Wirkungen von Bildern aber nur unzureichend erfassen kann, muss der Auslegungskanon erweitert werden. Die Erkenntnisse der Bildwissenschaften müssen herangezogen werden, um die Bedeutung von visueller Rechtskommunikation vollständig zu ermitteln. Kommunikationswissenschaftliche und kommuni-

[1] Grundsätzlich zur ästhetischen Hermeneutik Gadamer (1960/1990, S. 139 ff.).

V. Boehme-Neßler, *BilderRecht*,
DOI 10.1007/978-3-642-03877-8_6, © Springer-Verlag Berlin Heidelberg 2010

kationspsychologische Erkenntnisse können dabei ebenso helfen wie kunstwissenschaftliche oder kunstgeschichtliche Einsichten. Auch die Theaterwissenschaften versprechen eine Hilfe bei der Analyse von Bildern. Immerhin ist die Inszenierungsanalyse ein erprobtes Instrument, mit dem sich bewegte Bilder verstehen lassen. Je stärker Recht mithilfe von Bildern kommuniziert, desto eher wird die kunstgeschichtliche Bildanalyse und die Inszenierungsanalyse der Theaterwissenschaft als juristische Auslegungsmethode denkbar – und notwendig. Ganz klar: Die Rechtsdogmatik muss einen „Methoden-Cross-over" wagen. Anders lassen sich visuelle Rechtsinformationen nicht vollständig entschlüsseln.

6.2 Lernen von der Kunstgeschichte – Was können uns Bilder sagen?

Was können Bilder sagen? Das ist die Frage, mit der sich die Kunstgeschichte beschäftigt. Sie hat eine lange Tradition der Bildanalyse.[2] Ihre Interpretationsmethoden haben sich dabei im Lauf der Zeit immer weiterentwickelt und modifiziert.[3] „State of the Art" der Bildinterpretation ist zurzeit das *Drei-Stufen-Modell der Ikonologie*, das auf Aby Warburg und Erwin Panofsky zurückgeht.[4] Die Analyse eines Bildes beginnt danach mit der vorikonografischen Beschreibung[5]: der Wahrnehmung und Beschreibung dessen, was das Bild darstellt.[6] Auf der zweiten Stufe einer Bildinterpretation fängt die eigentliche ikonografische Analyse an.[7] Auf dieser Interpretationsebene geht es darum, den Bedeutungssinn eines visuellen Werkes zu erschließen.[8] Gefragt wird jetzt nach der Bedeutung der dargestellten Personen und Gegenstände, nach ihrer Zusammenstellung und dem Handlungszusammenhang.[9] Die dritte Stufe der Bildanalyse schließlich erforscht die eigentliche Bedeutung und dem tieferen Gehalt des Bildes.[10] Die ikonologische Interpretation will das Bild als Quelle oder als Dokument für das Verständnis der Epoche, in der es entstanden

---

[2] Andere Disziplinen stehen noch am Anfang der visuellen Hermeneutik. Neben dem Recht ist die Soziologie ein deutliches Beispiel dafür. Ein kultursoziologisch inspiriertes Konzept einer visuellen Hermeneutik entwickelt Müller-Doohm (1993, S. 444 ff.).

[3] Zur langen Methodengeschichte der Bildanalyse in der Kunstgeschichte ausführlich Kopp-Schmidt (2004, S. 44 f.).

[4] Grundlegend dazu Panofsky (1939/1978, S. 36 ff.) Zu den Grenzen dieser Methode Imdahl (1996, S. 91 ff.).

[5] Panofsky (1939/1978, S. 39).

[6] Ausführlich dazu Kopp-Schmidt (2004, S. 52 f.), die Parallelen zwischen moderner Hirnforschung und vorikonographischer Beschreibung zieht.

[7] Panofsky (1939/1978, S. 39 f.).

[8] Dazu Kopp-Schmidt (2004, S. 53 f.).

[9] Panofsky (1939/1978, S. 39 f.); Kopp-Schmidt (2004, S. 53 ff.), mit Beispielen.

[10] Panofsky (1939/1978, S. 40.) Dabei greift er auf die ikonologische Analyse zurück, die Warburg in die Kunstgeschichte eingeführt hat. Ausführlich dazu Kopp-Schmidt (2004, S. 48 ff.); Bätschmann (2001, S. 58 ff.).

ist, nutzen. Mit ihrer Hilfe gelingt die Entschlüsselung ungewöhnlicher, komplexer Bildprogramme. Dabei lassen sich Erkenntnisse über die Epoche, die Gesellschaft, den Künstler oder seinen Auftraggeber und die kulturellen Ideen seiner Zeit gewinnen.[11] Der Ikonologie geht es letztlich nicht mehr um die Interpretation eines Kunstwerks, sondern um ein besseres Verstehen der Welt, die sich im Kunstwerk äußert.[12]

Die Kunstgeschichte verfeinert und modifiziert dieses hermeneutische Modell fortlaufend. Dadurch wird seine Leistungsfähigkeit immer weiter erhöht. Die *Ikonik* etwa blendet den historischen und kulturellen Kontext eines Bildes aus und konzentriert sich auf das Bild an sich.[13] Ihr geht es stärker um die eigenständige Aussagekraft eines Bildes als um seine soziale, politische oder kulturelle Historizität.[14] Sie ist weniger eine historische als eine ästhetische Betrachtungsweise.[15] Die *semiotische Kunstwissenschaft* greift über die Fachgrenzen hinaus und integriert Erkenntnisse der Semiotik in ihre Methoden.[16] Sie versteht Kunstwerke als wertneutrale Zeichensysteme, die sie mit Hilfe semiotischer Methoden entschlüsselt. Einen wichtigen, in einer Bedeutung noch kaum abzuschätzenden Beitrag zur Erweiterung der Kunstgeschichte hin zu einer allgemeinen Bildwissenschaft liefert auch die *Bildanthropologie*.[17] In ihrem Mittelpunkt steht der Mensch, der Bilder schafft und benutzt. Ihre entscheidenden Orientierungsbegriffe sind deshalb Medium, Bild und Körper.[18] Können diese Erkenntnisse und Methoden dem Recht helfen? Wäre eine Rechtsikonografie und Rechtsikonologie denkbar?

Rechtsikonografie und *Rechtsikonologie* stecken noch in den Kinderschuhen. Über erste Ansätze sind sie nicht hinausgekommen.[19] Weil Bilder im modernen Recht – bisher – nur eine marginale Rolle spielen, ist das keine Überraschung. Wenn Recht – wie es im Augenblick ist – nicht visuell kommuniziert wird, ist eine Rechtsikonografie auch nicht notwendig. Das wird sich aber ändern, je stärker das Recht visualisiert wird. Wenn Bilder – und danach sieht es aus – ein wichtiges juristisches Kommunikationsmittel werden, müssen sie auch verstanden werden. Die Herausforderung für die Zukunft ist eindeutig: Das Recht muss leistungsfähige

---

[11] Kopp-Schmidt (2004, S. 60).

[12] Darin sieht Bätschmann (2001, S. 72), gleichzeitig die Leistung und die Grenzen von Panofskys Modell.

[13] Grundlegend zur Ikonik als bildwissenschaftlichem Paradigma Imdahl (1996, S. 97 ff.).

[14] Imdahl (1996, S. 97), betont ausdrücklich, dass sich Ikonografie und Ikonologie einerseits und Ikonik andererseits aber nicht ausschließen. Sie ergänzen sich, indem sie „blinde Flecken" der jeweiligen Methoden beseitigen.

[15] Grundlegend Imdahl (1996, S. 97 f.). Dazu kritisch würdigend Bätschmann (2001, S. 143 ff.).

[16] Bahnbrechend und paradigmatisch dafür Thürlemann (1990, S. 8 f.). In unterschiedlichen Werkanalysen entfaltet Thürlemann (1990, S. 19 ff.). die Besonderheiten der semiotischen Kunstwissenschaft exemplarisch.

[17] Grundlegend dazu Belting (2002).

[18] Belting (2002, S. 11 ff.).

[19] Ähnlich auch die Einschätzung von Brunschwig (2001, S. 211 f.) Die weitestgehenden Ansätze liefert Kocher (1992). Andere rechtsikonologische Skizzen hat Fehr (1923) bereits früher vorgelegt.

Auslegungsmethoden entwickeln, mit denen es Rechtsbilder interpretieren und verstehen kann. Langfristig wird die Ikonologie zur zusätzlichen juristischen Auslegungsmethode werden.[20]

Dabei befindet sich das Recht in einer vergleichsweise komfortablen Lage. Es kann auf die allgemeinen ikonografischen und ikonologischen Methoden zurückgreifen, die von der Kunstgeschichte und anderen Bildwissenschaften entwickelt worden sind. Erleichtert werden sollte die Entwicklung einer Rechtsikonologie durch eine interessante Parallelität. Das oben skizzierte Drei-Stufen-Schema des Bildverstehens weist starke Ähnlichkeiten mit dem herkömmlichen, auf Texte bezogenen Auslegungskanon der Rechtswissenschaft auf. Die Wortlautauslegung etwa konzentriert sich ausschließlich auf den Text und die Bedeutung einzelner Sätze und Worte.[21] Das ähnelt stark der vorikonografischen Beschreibung, die herausarbeitet, was phänomenologisch auf einem Bild zu sehen ist.[22] Die historische und die systematische Auslegung[23] erweitern den Blick über den reinen Wortlaut hinaus. Sie nutzen die historische Entwicklung eines Rechtstextes, seinen politischen und sozialen Kontext und seine dogmatische Gesamtsystematik, um weitere Dimensionen des Inhalts zu ergründen. Ähnlich geht die Ikonografie – die zweite Stufe des Bildverstehens – bei der Bildanalyse vor. Sie sprengt auch den Rahmen der reinen Bildbetrachtung und fragt nach historischen und systematischen Zusammenhängen und Einordnungen in einen übergeordneten Kontext.[24] Ebenso deutlich sind die Parallelen auf der jeweils letzten Stufe der Auslegung. Die im Recht praktizierte teleologische Auslegung fragt nach dem Telos, dem Ziel, Sinn und Zweck einer Rechtsnorm.[25] Ähnlich ist das Ziel der ikonologischen Interpretation: Ihr geht es darum, die tiefere Bedeutung und den Gehalt des Bildes zu erfassen.[26] Wie die teleologische Auslegung fragt sie letztlich nach dem Sinn.[27]

So verblüffend diese Parallelität auf den ersten Blick ist: Wirklich erstaunlich ist sie nicht. Denn in beiden Fällen geht es um praktische Hermeneutik, bezogen einmal auf Bilder und einmal auf Texte. Bei der juristischen Textauslegung geht es ebenso wie bei der ikonologischen Analyse von Bildern um ein gemeinsames Ziel: das Herausarbeiten unterschiedlicher Bedeutungsschichten und das Verständnis des tieferen Sinns. Hermeneutik basiert auf Grundstrukturen und Basisregeln[28], die unabhängig davon sind, ob es Bilder oder Texte sind, die verstanden werden sollen.[29]

---

[20] Instruktiv dazu Knieper (2003, S. 193 ff.), der die Ikonologie zur Analyse moderner Pressebilder einsetzt.

[21] Detailliert dazu Larenz/Canaris (1995, S. 141 ff.) m. w. N.

[22] Panofsky (1939/1978, S. 39). Ausführlich dazu Kopp-Schmidt (2004, S. 52 f.).

[23] Zur historischen und systematischen Auslegung im Einzelnen Larenz/Canaris (1995, S. 145 ff.) m. w. N.

[24] Panofsky (1939/1978, S. 39 f.); Kopp-Schmidt (2004, S. 53 ff.), mit Beispielen.

[25] Larenz/Canaris (1995, S. 153 ff.) m. w. N.

[26] Panofsky (1939/1978, S. 40.); Kopp-Schmidt (2004, S. 60).

[27] Das betont Bätschmann (2001, S. 78), ganz ausdrücklich.

[28] Grundlegend Gadamer (1960/1990, S. 312 ff.) zum hermeneutischen Grundproblem.

[29] Zum Verstehen als einem Ziel der Hermeneutik Gadamer (1960/1990, S. 312).

6.3 Lernen von der Theatertheorie – die Auslegung bewegter Rechtsbilder

Ikonografie und Ikonologie stoßen an ihre Grenzen, wenn es um die Interpretation und das Verständnis von bewegten Bildern, von Inszenierungen geht. Wie lassen sich Inszenierungen verstehen? Eine juristische Inszenierungsanalyse könnte Anleihen bei der Theaterwissenschaft machen. Denn die Theaterwissenschaft ist auf das Verstehen und Analysieren von Inszenierungen spezialisiert. Sie hat Grundregeln für die Inszenierungsanalyse herausgearbeitet, die für das Verstehen juristischer Inszenierungen herangezogen werden könnte.

6.3.1 Wie sind bewegte Bilder zu verstehen?

Wie lassen sich bewegte Bilder verstehen? Die Methode der Wahl ist die *Inszenierungsanalyse*. Die Inszenierungsanalyse ist ein ganz zentraler Gegenstand der Theaterwissenschaft.[30] Sie geht von einem Grundgedanken aus: Eine Aufführung oder eine Inszenierung ist ein theatralischer Text, der entziffert und verstanden werden muss.[31]

Das Ziel von Inszenierungsanalysen ist, den Metatext, der in einer Aufführung enthalten ist, freizulegen.[32] Insofern unterscheidet sich die Hermeneutik des theatralischen Textes nicht grundsätzlich von der Auslegung und vom Verstehen anderer Texte.[33] Letztlich geht es auch bei der juristischen teleologischen Auslegung um das tiefere Verständnis eines juristischen Textes. Weil Inszenierungen – in der Sprache der Theaterwissenschaft: theatralische Texte – Besonderheiten aufweisen, die sie von anderen Erscheinungen unterscheiden, sind spezifische Methoden notwendig, um sie zu verstehen.[34] Die *Transformationsanalyse* – eine Spielart der Inszenierungsanalyse – fragt danach, wie eine Inszenierung aus dem ihr zugrunde liegenden Dramentext entstanden ist.[35] Sie analysiert dazu die einzelnen interpretatorischen Schritte, die eine Theaterinszenierung auf ihrem Weg vom Textbuch bis zur Aufführung auf der Bühne zurücklegt. Die *Strukturanalyse* dagegen setzt nicht am Textbuch der Inszenierung, sondern an der Inszenierung selbst an.[36] Das literarische

[30] Balme (2001, S. 82).

[31] Balme (2001, S. 58 ff.), erläutert die semiotischen Wurzeln dieser Sichtweise. Ausführlich zur Aufführung als theatralischem Text Fischer-Lichte (2003, S. 10 ff.).

[32] Balme (2001, S. 90).

[33] Ausführlich zur Hermeneutik des theatralischen Textes Fischer-Lichte (2003, S. 54 ff.) m. w. N.

[34] Ausführlich zu den Methoden der Inszenierungsanalyse, die von der Theaterwissenschaft entwickelt wurden, Balme (2001, S. 92).

[35] Balme (2001, S. 92) m. w. N. Ausführlich und kritisch dazu Fischer-Lichte (2003, S. 34 ff.).

[36] Grundsätzlich zur Strukturanalyse Fischer-Lichte (2003, S. 69 ff.).

Textbuch, das der Inszenierung zugrunde liegt, ist für sie zweitrangig.[37] Die immer wieder eingeforderte Werktreue ist für sie irrelevant.[38]

Wie man bewegte Bilder verstehen kann, ist nicht nur Thema der Theaterwissenschaft. Auch die Film- und Fernsehforschung beschäftigt sich damit. Denn Filme und Fernsehsendungen lassen sich – wie Theateraufführungen – als spezielle Texte und Erzählungen begreifen.[39] Film und Fernsehen können müssen also auch als Texte gelesen und verstanden werden.[40] Das ist das Ziel der *Film- und Fernsehhermeneutik* – wie jeder anderen Hermeneutik auch.[41]

Die Kommunikationswissenschaft hat zwei Ansätze entwickelt, wie sich Film- und Fernsehtexte entziffern lassen: einen empirisch-sozialwissenschaftlich orientierten und einen hermeneutischen.[42] Der empirische Ansatz sucht im Inhalt der Medien nach objektivierbaren und quantifizierbaren Strukturen und Elementen. Die bevorzugten Methoden sind dabei Frequenzanalysen, Valenz-, Intensitäts- und Kontingenzanalysen. Mit diesen Methoden lässt sich belastbares Material – „harte Fakten" – sammeln. So verdienstvoll und wichtig das ist: Zum tieferen Verständnis reicht das nicht aus. Wer den Sinn von Texten – also auch von Filmen und Fernsehsendungen – verstehen will, kommt an qualitativ orientierter, hermeneutischer Arbeit nicht vorbei. Deshalb geht die hermeneutische Film- und Fernsehanalyse von der Mehrdeutigkeit filmischer und televisueller Werke aus. Sie versucht, zusätzliche Bedeutungsebenen und Sinnpotentiale zu entdecken.[43] Beide Ansätze haben ihre spezifischen Stärken und Schwächen. Sie schließen sich selbstverständlich gegenseitig nicht aus. Inzwischen ergänzen und respektieren sich beide Richtungen. Die hermeneutisch orientierte Film- und Fernsehanalyse greift zunehmend auch auf quantitative Daten und Materialien zurück. Umgekehrt arbeitet die quantitativ-empirische Richtung zunehmend mit einer qualitativen Interpretation ihrer Daten.[44] Letztlich führt nur die Kombination beider Methoden zu wirklich befriedigenden Ergebnissen.

---

[37] Fischer-Lichte (2003, S. 54). Zu den Unterschieden zwischen Transformationsanalyse und Strukturanalyse im Überblick Balme (2001, S. 93).

[38] Fischer-Lichte (2003, S. 54).

[39] Hickethier (2001, S. 23 f.) m. w. N.

[40] Fiske/Hartley (1978), die von „Reading Television" sprechen. Einzelheiten zum „Lesen eines Films" bei Hickethier (2003, S. 106 ff.) m. w. N.

[41] Zum Verstehen als einem Ziel der Hermeneutik grundsätzlich Gadamer (1960/1990, S. 312).

[42] Hickethier (2001, S. 30 f.).

[43] Hickethier (2001, S. 32), der, a. a. O., S. 55 ff. exemplarisch Kategorien darstellt, mit denen sich bewegte Bilder analysieren lassen. Bei der Analyse von Film- und Fernsehbildern geht es letztlich nicht nur um Bilder, sondern zusätzlich auch um Geräusche, die in die Analyse einbezogen werden müssen. Denn im Idealfall ist – wie Monaco (1980, S. 111) betont – der Ton ebenso wichtig wie das Bild. Zur Analyse des Auditiven im einzelnen Hickethier (2001, S. 94 ff.) m. w. N.

[44] Hickethier (2001, S. 31).

6.3.2 Inszenierungsanalyse – eine neue juristische Auslegungsmethode

Ein Rechtssystem lässt sich besser verstehen, wenn man es (auch) als Inszenierung begreift und entsprechend analysiert. Das eindrücklichste Beispiel dafür ist immer wieder der *Prozess vor Gericht*. Selbstverständlich ist der Prozess zunächst ein nüchternes Gerichtsverfahren, an dessen Ende eine juristisch relevante Entscheidung steht. Er ist aber – weit darüber hinaus gehend – erheblich mehr: Der Prozess ist eine Inszenierung des Staates, mit dem er seine Macht demonstriert und durchsetzt. Im modernen Rechtsstaat ist das – das wird auch in der Inszenierung deutlich – ein Staat, dessen Macht (verfassungs)rechtlich gebunden ist. Der Angeklagte etwa steht dem Staat nicht hilflos gegenüber, er wird verteidigt und hat effektive Abwehrmöglichkeiten.

Ein anderes Beispiel für rechtlich relevante Inszenierungen, die analysiert werden müssen, ist das *Gesetzgebungsverfahren*. Es ist – wie der Prozess – zunächst ein nüchternes, vom Grundgesetz strukturiertes Verfahren, in dem Gesetze produziert werden. Aber auch im modernen Staat ist das Gesetzgebungsverfahren noch mehr: eine Inszenierung, durch die der Staat seine demokratische Transparenz und seinen Willen zum Interessenausgleich dokumentiert. Das verdeutlichen etwa die – weitgehend ritualisierten – Lesungen von Gesetzentwürfen im Plenum des Bundestages. Mit der konkreten Gesetzesarbeit im Detail haben sie eher wenig zu tun. Sie demonstrieren aber auf einer symbolischen Ebene, dass sich das demokratisch gewählte Plenum des Parlaments in aller Öffentlichkeit[45] mit dem Inhalt des Gesetzes beschäftigt und über den weiteren Verlauf des Gesetzgebungsverfahrens entscheidet. Ein Ziel dieser Inszenierung ist auch, den Anspruch des Staates auf Achtung seiner Gesetze deutlich zu machen. Nicht zuletzt deshalb werden Gesetze vom Bundespräsidenten – dem obersten Repräsentanten des Staates[46] – unterzeichnet. Weil der Bundespräsident nur ein sehr begrenztes Prüfungsrecht hat,[47] ist seine Beteiligung unter dem Gesichtspunkt der Prozesseffizienz nicht notwendig, möglicherweise sogar eher hinderlich. Wenn man das Gesetzgebungsverfahren aber als Inszenierung analysiert, wird seine Beteiligung am Schluss sogar *zwingend*: Das Staatsoberhaupt unterzeichnet ein Gesetz feierlich. Das verpflichtet die Bürger zur Beachtung dieses Gesetzes. Gesteigert wird dieser inszenatorische Effekt noch dadurch, dass Gesetze

[45] Nicht zuletzt hat auch die grundsätzliche Öffentlichkeit der Plenumssitzungen (Art. 42 Abs. 1 Satz 1 GG) eine inszenatorische Komponente: Durch sie wird demokratische Transparenz inszeniert. Dass eine Inszenierung nicht immer die Wirklichkeit ist, lässt sich an diesem Beispiel auch erkennen. Immerhin wird demokratische Kontrolle durch den Souverän, den Bürger, in der Praxis nicht durch die Beobachtung öffentlicher Bundestagsdebatten ausgeübt.

[46] Seine Rolle als Staatsoberhaupt gibt dem Bundespräsidenten eine hervorragende symbolische Bedeutung. v. Beyme (2004, S. 306 ff.) zeigt, wie unterschiedliche Präsidenten dies Rolle unterschiedlich ausgefüllt haben. Seine praktische politische Macht entspricht dem allerdings nicht. Beispiele für die Begrenzung der Macht des Bundespräsidenten schildert v. Beyme (2004, S. 305).

[47] Zur Debatte um das Prüfungsrecht des Bundespräsidenten im prägnanten Überblick Hesse (1999, Rn. 666 ff.) m. w. N.

nicht einfach bekannt gegeben, sondern im Bundesgesetzblatt verkündet werden. Im Begriff der Verkündung, der theologisch und rechtshistorisch aufgeladen ist, steckt ein Element der Feierlichkeit.[48] Eine Fülle weiterer Beispiele lässt sich finden.

Die Bedeutung der juristischen Inszenierungsanalyse wird indes noch erheblich zunehmen. Je stärker sich das Recht visualisiert, desto mehr müssen Inszenierungen eingesetzt werden, um rechtliche Inhalte zu verdeutlichen und zu kommunizieren. Verstanden wird diese neue, visuelle Rechtskommunikation aber nur, wenn es die entsprechenden hermeneutischen Instrumente gibt. Die Visualisierung wird deshalb die juristische Inszenierungsanalyse als Standardinstrument der rechtlichen Auslegung unverzichtbar machen.

Auch die *Globalisierung* wird die Bedeutung der juristischen Inszenierungsanalyse auf Dauer erheblich erhöhen. Was ist der Grund dafür? Das Recht fremder Kulturen lässt sich besser verstehen, wenn man auf das Instrument der Inszenierungsanalyse zurückgreift. In der Rechtsanthropologie wird das schon länger praktiziert. Die Rechtsvergleichung könnte dadurch neue Impulse bekommen. Je stärker sich ein globalisiertes Recht entwickelt, desto notwendiger wird es für die Rechtstheorie und die Rechtsdogmatik, fremde Rechtsordnungen zu verstehen. Dazu kann die juristische Inszenierungsanalyse einen wichtigen Beitrag leisten.

Mit dieser Entwicklung ist eine große rechtstheoretische Herausforderung verbunden. Das Recht kann zwar auf die differenzierten Vorarbeiten zur Inszenierungsanalyse zurückgreifen, die Theaterwissenschaft einerseits und Kommunikationswissenschaft andererseits bisher geleistet haben. Dennoch muss die Rechtstheorie eine eigenständige, auf die Besonderheiten des Rechts zugeschnittene Methode der Inszenierungsanalyse entwickeln. Ohne Modifikation lassen sich Ideen, die etwa zur Analyse von Theateraufführungen entwickelt wurden, nicht einfach auf rechtliche Vorgänge übertragen. Das lässt sich an einem Beispiel gut verdeutlichen: Die theaterwissenschaftliche Strukturanalyse[49] etwa konzentriert sich auf den Inhalt und die Struktur einer Inszenierung. Das der Inszenierung zugrunde liegende literarische „Textbuch" ignoriert sie; jedenfalls spielt es nur eine marginale Rolle. Für die Analyse rechtlicher Verfahren ist diese Methode schon wegen Artikel 1 Abs. 3 und 20 Abs. 3 GG wenig geeignet. Denn jede rechtliche Inszenierung ist zwingend an Recht und Gesetz gebunden. Recht und Gesetz als „Textbuch" der rechtlichen Inszenierung sind alles andere als irrelevant. Wegen der verfassungsrechtlichen Gesetzesbindung ist also eher die Transformationsanalyse eine Möglichkeit, juristische Inszenierungen tiefer zu verstehen.[50] Denn bei ihr steht – wie erwähnt – das Textbuch im Mittelpunkt. Sie fragt danach, wie der zugrunde liegende Text in eine Inszenierung

[48] Indem Art. 82 Abs. 1 Satz 1 GG ausdrücklich von *Verkündung*, nicht etwa nüchterner von Veröffentlichung oder Bekanntgabe spricht, begibt er sich auf eine symbolische, inszenatorische Ebene. Ob auch eine elektronische amtliche Verkündung von Gesetzen dieselbe symbolische Wirkung hätte, ist eher zweifelhaft. Insofern ist der Aufbau elektronischer Veröffentlichungsplattformen durch rechtsetzende Körperschaften nicht unproblematisch. Einen Überblick über die Thematik gibt Walker (2005), Abs. 1 ff. m. w. N., allerdings ohne den symbolischen Aspekt mit einzubeziehen.

[49] Ausführlich dazu siehe oben Abschn. 6.3.1.

[50] Zur Transformationsanalyse ausführlich siehe oben Abschn. 6.3.1.

umgesetzt wurde. Ähnlich lässt sich die juristische Inszenierungsanalyse denken. Um das an einem Beispiel zu verdeutlichen: Wie werden konkrete Regelungen der Prozessordnung in eine konkrete Gerichtsverhandlung umgesetzt? Das könnte die Fragestellung einer juristischen Inszenierungsanalyse sein. Die Rechtstheorie könnte sich dabei auch von der empirisch-sozialwissenschaftlichen Richtung der Film- und Fernsehanalyse inspirieren lassen.[51] Dabei ließen sich Strukturen in juristischen Inszenierungen auf eine objektivierbare, quantifizierbare Weise ermitteln. Dabei könnten etwa Frequenzanalysen, Valenzanalysen, Intensitäts- und Kontingenzanalysen durchgeführt werden.[52] Das wäre eine sinnvolle, wohl auch notwendige Erweiterung des juristischen „Instrumentenkastens" um Werkzeuge, mit denen sich bewegte Bilder verstehen lassen. Wie das konkret aussehen könnte, ist noch nicht erforscht. Es wird Zeit, dass sich das ändert. Die Visualisierung des Rechts schreitet voran.

6.4 Kein Zufall, sondern Notwendigkeit – Grenzüberschreitung bei der Auslegung

Die traditionellen rechtlichen Auslegungsmethoden geraten im Zeitalter der Bilder an ihre Grenzen. Bilder lassen sich mit den bisherigen Auslegungsinstrumenten nur sehr begrenzt verstehen. Das ist nicht erstaunlich. Denn die üblichen Methoden der Auslegung sind auf das dominierende Medium des Rechts – die schriftliche Sprache – zugeschnitten. Wenn und weil sich die Sprache erweitert, muss sich auch das hermeneutische Instrumentarium ausweiten.

Das klingt in den Ohren der traditionellen Rechtswissenschaft sicher ungewohnt, vielleicht sogar irritierend. Allerdings ist das Recht auch mit einem neuen Phänomen konfrontiert, mit dem es sinnvoll umgehen muss. Die digital angetriebene Bilderflut wird sich juristisch nur bewältigen lassen, wenn das Recht seine Irritation überwindet und auf neue Instrumente zugreift. Es kommt darauf an, sich von den einschlägigen Wissenschaften inspirieren zu lassen und aus ihren Anregungen innovative juristische Auslegungsmethoden zu entwickeln.

Literatur

Balme, Christopher (2001): Einführung in die Theaterwissenschaft. 2. Auflage, Erich Schmidt, Berlin.

Bätschmann, Oskar (2001): Einführung in die kunstgeschichtliche Hermeneutik. Die Auslegung von Bildern. 5. Auflage, Wissenschaftliche Buchgesellschaft, Darmstadt.

Belting, Hans (2002): Bild-Anthropologie. 2. Auflage, Fink, München.

---

[51] Zur empirisch-sozialwissenschaftlichen Film- und Fernsehanalyse ausführlich Hickethier (2001, S. 31 ff.) m. w. N.

[52] Zu den Einzelheiten Hickethier (2001, S. 31) m. w. N.

Beyme, Klaus von (2004): Das politische System der Bundesrepublik Deutschland. Eine Einführung. 10. Auflage, VS Verlag, Wiesbaden.

Brunschwig, Colette (2001): Visualisierung von Rechtsnormen. Schulthess, Zürich.

Fehr, Hans (1923): Das Recht im Bilde. Leipzig, Erlenbach-Zürich.

Fischer-Lichte, Erika (2003): Semiotik des Theaters. Band 3: Die Aufführung als Text. 4. Auflage 1999 (Nachdruck 2003). Narr Tübingen.

Fischer-Lichte, Erika (2004): Ästhetik des Performativen. Suhrkamp, Frankfurt am Main.

Fiske, John/Hartley, John (1978): Reading Television. Methuen, London.

Gadamer, Hans-Georg (1960/1990): Wahrheit und Methode. Grundzüge einer philosophischen Hermeneutik. 6. Auflage, Mohr Siebeck, Tübingen.

Hesse, Konrad (1999): Grundzüge des Verfassungsrechts der Bundesrepublik Deutschland. Neudruck der 20. Auflage, C. F. Müller, Heidelberg.

Hickethier, Knut (2001): Film- und Fernsehanalyse. 3. Auflage, Metzler, Stuttgart/Weimar.

Hickethier, Knut (2003): Einführung in die Medienwissenschaft. Metzler, Stuttgart/Weimar.

Imdahl, Max (1996): Giotto Arenafresken. Ikonographie. Ikonologie. Ikonik. 3. Auflage, Suhrkamp, München.

Knieper, Thomas (2003): Die ikonologishe Analyse von Medienbildern und deren Beitrag zur Bildkompetenz, in: Thomas Knieper/Marion G. Müller (Hrsg.): Authentizität und Inszenierung von Bilderwelten. Herbert von Halem Verlag, Köln, S. 193 ff.

Kocher, Gernot (1992): Zeichen und Symbole des Rechts. Beck, München.

Kopp-Schmidt, Gabriele (2004): Ikonographie und Ikonologie. Eine Einführung. Deubner, Köln.

Larenz, Karl/Canaris, Claus-Wilhelm (1995): Methodenlehre der Rechtswissenschaft. 3. Auflage, De Gruyter Verlag, Berlin u. a.

Monaco, James (1980): Film verstehen. Rowohlt, Reinbek.

Müller-Doohm, Stefan (1993): Visuelles Verstehen – Konzepte kultursoziologischer Bildhermeneutik, in: Thomas Jung/Stefan Müller-Doohm (Hrsg.): „Wirklichkeit" im Deutungsprozess. Verstehen und Methoden in den Kultur- und Sozialwissenschaften. Suhrkamp, Frankfurt am Main, S. 438 ff.

Panofsky, Erwin (1939/1978): Ikonographie und Ikonologie. Eine Einführung in die Kunst der Renaissance, in: Erwin Panofsky: Sinn und Deutung in der bildenden Kunst.Dumont Köln, S. 36 ff. (zuerst erschienen in: Studies in Iconology. New York 1939).

Thürlemann, Felix (1990): Vom Bild zum Raum. Beiträge zu einer semiotischen Kunstwissenschaft. Dumont, Köln.

Walker, Reinhard (2005): Die amtliche elektronische Verkündung von Gesetzen, in: JurPC Web-Dok. 155/2005, Abs. 1 ff.

Kapitel 7
BilderRecht – Recht als Drama?

Die Inszenierung von Recht ist wünschenswert, wenn nicht notwendig. Sie ist gleichzeitig auch zwiespältig und hoch problematisch. Immerhin besteht die Gefahr, dass das Recht zum inhaltsleeren, unterhaltungsfixierten und effekthaschenden Theater verkommt. Ist das eine reale Gefahr? Das Beispiel der Politik kann den Blick schärfen. Die Inszenierung und Theatralisierung von Politik ist schon weit vorangeschritten und zeigt exemplarisch, welche Probleme mit visueller, inszenierter Kommunikation verbunden sind.

7.1 Entertainment – Bilder in den Medien

Wenn sich das Recht auf Bilder einlässt, wird es nicht nur mit der Logik der Bilder, sondern auch mit der Logik der Massenmedien, vor allem des Fernsehens konfrontiert. Wenn sich Bilder und Massenmedien verbünden, geht es um Profit, Auflage, Einschaltquote – also um den Unterhaltungswert von Inhalten. In der Mediengesellschaft gehören Bilder und Boulevard zusammen. Was bedeutet es für das Recht, wenn es mit der *Logik des Boulevards* zusammen stößt oder sich sogar auf sie einlassen muss?

7.1.1 Schnittmengen – Logik der Bilder und Logik des Boulevards

Grundsätzlich gehorchen Bilder und Massenmedien durchaus unterschiedlichen Logiken. In der Praxis verschwimmen aber die Grenzen, und es gibt weite Überschneidungen. Woran liegt das? Das Fernsehen ist das soziokulturelle Leitmedium[1] und *gleichzeitig* das Bildmedium par excellence.[2] Es produziert in der modernen

[1] Gerbner u. a. (2002, S. 192 ff.).

[2] Zur Dominanz der visuellen Kommunikation im Fernsehen ausführlich Altheide/Snow (2001, S. 29).

V. Boehme-Neßler, *BilderRecht*,
DOI 10.1007/978-3-642-03877-8_7, © Springer-Verlag Berlin Heidelberg 2010

Gesellschaft nicht nur die meisten, sondern auch die wirkungsvollsten Bilder. Um effektiv mit Bildern arbeiten zu können, muss es sich auf die Logik der Bilder einlassen. Weil es so wirkungsvoll mit Bildern arbeitet, prägt es andererseits das Bilderdenken in der Gesellschaft ganz maßgeblich.[3] Was Bilder sind und wie Bilder rezipiert werden, wird nicht zuletzt vom Fernsehen definiert. Damit leistet das Fernsehen einen wichtigen – aber nicht unproblematischen – Beitrag zum visuellen kulturellen Gedächtnis der Gesellschaft. Die Wirkung reicht aber noch weiter. Welche Bilder im Kopf der Zuschauer bleiben und deren Weltsicht prägen, entscheidet das Fernsehprogramm. Damit wird nicht nur die Bilderlogik verbreitet, sondern automatisch und unterschwellig auch die spezifische Logik des Fernsehens. Das hat eine wichtige methodische Konsequenz für die Frage nach den Auswirkungen, die von den Bildern auf das Recht ausgehen. Die Überlegungen können von der empirisch gut untersuchten Fernsehlogik ausgehen.

7.1.2 The show must go on – Die Logik des Fernsehens

Jedes neue Medium hat persönliche, soziale und psychologische Wirkungen[4], die sich aus seiner Anwendung ergeben. Um es auf eine berühmte Formel zu bringen: *The medium is the message.*[5] Jedes Medium verändert per se die Welt, völlig unabhängig von seinem Inhalt. Das gilt natürlich auch für das Fernsehen. Spätestens in den fünfziger Jahren des vergangenen Jahrhunderts begann das Fernsehen in den USA seinen Siegeszug.[6] Inzwischen ist das Fernsehen auch in Deutschland allgegenwärtig.[7] Immer stärker prägt das Fernsehen deshalb die Kultur und die Gesellschaft insgesamt.[8] Das Fernsehen wird zur Quelle von Einstellungen, Ideologien, Haltungen und Perspektiven.[9] Wer viel fernsieht, kultiviert eine spezielle Sicht auf die Welt – die mit der Realität oft wenig zu tun hat.[10] Das wirkt weiter auf das soziale Verhalten. Die Medientheorie, die diese Auswirkungen analysiert, hat deshalb die

---

[3] Grundlegend dazu, wie das Fernsehen Weltsichten jedenfalls bei Vielsehern kultiviert Gerbner u. a. (2002, S. 202 ff.) auf einer breiten empirischen Basis.

[4] Zur Problematik der Wirkungsforschung bei Massenmedien Schenk (1997, S. 155 ff.).

[5] So die einfache, aber bahnbrechende Erkenntnis von McLuhan (1992, S. 17 f.). Kritisch dazu Türcke (2005, S. 141 f.), der aber McLuhan wohl missversteht.

[6] Dazu Dörner (2001, S. 47 ff.) m. w. N. Äußerst kritisch dazu Postman (1999, S. 108 ff.).

[7] Zur „Allgegenwart der Medienunterhaltung" ausführlich Dörner (2001, S. 40 ff.), und Fritz/ Klingler (2003, S. 12 ff.) mit umfangreichem empirischem Material.

[8] Luhmann (1996, S. 20) und Postman (1999, S. 99 f.) Gerbner u. a. (2002, S. 195 ff.) zeigen auf breiter empirischer Basis, wie das Fernsehen bei Vielsehern bestimmte Sichtweisen und Einstellungen hervorruft und kultiviert.

[9] Gerbner u. a. (2002, S. 203).

[10] Ein schönes Beispiel dafür schildern Gerbner u. a. (2002, S. 202) m. w. N.: Vielseher in den USA halten die Älteren für eine kleine, marginale Bevölkerungsgruppe. In der „realen Welt" ist die Gruppe der über 65-jährigen dagegen das am schnellsten wachsende Segment der Gesellschaft. Andere frappierende Beispiele belegen Gerbner u. a. (2002, S. 203 ff.) m. w. N.

Theorie der *Fernsehgesellschaft* entwickelt.[11] Manche sehen das Fernsehen inzwischen schon auf dem Weg zum *Religionsersatz*.[12] Umso drängender ist die Frage: Was ist die Logik des Fernsehens? Und wie modifiziert sie die Logik der Bilder?

Die Logik des Fernsehens ist von der *Selektion* dominiert. Wirklich? Steht Fernsehen nicht eher für Entgrenzung von Erfahrungen und Sichtweisen und visuellen Überfluss? Typisch für die Fernsehgesellschaft ist doch, dass potenziell alle Bürger Zugriff auf Nachrichten, Informationen oder Bilder haben.[13] Räumliche Grenzen werden durch das Fernsehen mühelos überwunden. Dadurch wird der Erfahrungsraum des einzelnen Menschen erweitert. Das Alltagsleben wird schneller und komplexer.[14] Gleichzeitig werden die Erfahrungen aber auch vereinheitlicht: Millionen von Menschen, die sozial und räumlich nichts miteinander zu tun haben, nehmen die gleichen Unterhaltungs-, Verhaltens- und Informationsangebote wahr.[15] Die gemeinsame Fernsehumwelt[16] führt zu ähnlichen Erfahrungen und gemeinsamen sozio-psychologischen Orientierungsmustern.[17] Die Erfahrungen unterschiedlicher sozialer Gruppen vermischen sich, neue Gruppen-Identitäten entstehen.[18] Das hat auch Auswirkungen auf die individuellen Sozialisationsprozesse.[19]

Die gemeinsamen Erfahrungen des Fernsehpublikums bleiben aber – das zeigt ein zweiter, genauerer Blick – dennoch begrenzt. Denn das Fernsehen bildet – wie alle anderen Medien auch – nicht die gesamte Wirklichkeit ab. Das wäre auch unmöglich. Es beachtet bestimmte Aspekte, andere Teile der Realität werden nicht zur Kenntnis genommen.[20] Journalisten tragen eine bestimmte „Brille", mit der sie

---

[11] Bahnbrechend Meyrowitz (1990a, S. 147 ff.).

[12] Thomas (1998, S. 17 f., 516 ff.) m. w. N. und pass. Kritisch und weiterführend zu diesem Ansatz Schmidt (2000, S. 195 ff.).

[13] Dörner (2001, S. 87); Meyer u. a. (2000, S. 71). Grundlegend und ausführlich dazu schon Meyrowitz (1990a, S. 162 ff.).

[14] Dörner (2001, S. 88 f.) Zum Geschwindigkeitsaspekt elektronischer Medien und seinen sozialen Folgen Meyrowitz (1990a, S. 226 ff.) m. w. N.

[15] Meyrowitz (1990a, S. 176). Das hat wieder Rückwirkungen auf die Inhalte der elektronischen Medien: Sie homogenisieren sich weit gehend. Dazu Meyrowitz (1990a, S. 336 f.) Das wird – wie Saxer (2007, S. 76 ff.) betont – noch verstärkt durch die Equilibrierung, die Medien verfolgen. Medien suchen das „Eigene im Fremden". Zu überraschende, fremde oder verstörende Inhalte werden ausgeblendet, um die Erwartungen des Massenpublikums nicht zu enttäuschen.

[16] Meyrowitz (1990a, S. 177).

[17] Meyer u. a. (2000, S. 71).

[18] Meyrowitz (1990a, S. 253 ff.) m. w. N. Wie diese Prozesse im Einzelnen ablaufen und welche Auswirkungen sie haben, schildert Meyrowitz (1990b, S. 43 ff.), ausführlich am Beispiel der Vermischung weiblicher und männlicher Identitätsmerkmale und Rollenmuster.

[19] Meyrowitz (1990a, S. 289 ff.) m. w. N. Ausführlich zur Rolle des Fernsehens bei der kindlichen Sozialisation Meyrowitz (1990b, S. 103 ff.) m. w. N.

[20] Meyrowitz (1990a, S. 221), betont zu Recht, dass jedes Medium Aspekte der „Wirklichkeit" ausfiltert. Allerdings sind die Filter unterschiedlicher Medien sehr unterschiedlich und typisch für das jeweilige Medium. Ausführlich dazu Meyrowitz (1990a, S. 222 ff.), der die Filterung von schriftlichen und elektronischen Medien vergleicht.

bestimmte Dinge in einer bestimmten Weise sehen.[21] Andere Dinge sehen sie nicht. Aus dem, was sie sehen, formt das Fernsehen ein Konstrukt.[22]

Welche Konsequenzen hat das? Die Auswahl, die das Fernsehen trifft, formt das Bild der Wirklichkeit, das die Medien vermitteln.[23] Das wiederum prägt die Weltsicht und das Verhalten der Zuschauer[24] – und damit auch wieder die Wirklichkeit. Indem das Fernsehen Teile der Realität auswählt und andere ausblendet, nimmt es also starken Einfluss auf die Wirklichkeit.[25] Jede Selektion hat einen manipulativen Aspekt.

Wie verändert das Fernsehen also die Welt? Oder anders gefragt: Nach welchen Kriterien wählt das Fernsehen aus, welche Aspekte der Wirklichkeit es zeigt? Es gibt keinen geschriebenen Normenkatalog, der etwa die Auswahl leiten würde.[26] Es gibt aber allgemeine Selektionskriterien, die mehr oder weniger bewusst die Tätigkeit der Fernsehschaffenden steuern.[27] Die in der Praxis stattfindende und empirisch nachweisbare Selektion orientiert sich an Fixpunkten, die sich aus den Besonderheiten des Fernsehens erklären.

Nicht nur im Fernsehen, sondern in (fast) allen Massenmedien herrscht die „Einschaltquotenmentalität“: Maßstab ist der Verkaufserfolg.[28] Wie andere Massenmedien auch, konzentriert das Fernsehen deshalb seine Aufmerksamkeit auf einzelne Ereignisse und sensationsträchtige Events.[29] Es stellt bevorzugt kurze, abgeschlossene Episoden dar. Besonderer Aufmerksamkeit erfreuen sich Konflikte, Verstöße gegen rechtliche oder moralische Normen oder Skandale.[30] Denn dabei handelt es sich um etwas Neues, Irritierendes, das die alltägliche Routine durchbricht.[31] Nicht zuletzt sind die elektronischen Massenmedien *katastrophensüchtig*:[32] Bei der (Live-)Übertragung von Katastrophen kann das Fernsehen seine genuine Wirkung voll entfalten. Um es zuzuspitzen: Das ideale Fernsehereignis ist kurz, dramatisch

---

[21] Bourdieu (1998, S. 25).

[22] Bourdieu (1998, S. 25).

[23] Luhmann (1996, S. 139); Dörner (2001, S. 91).

[24] Gerbner u. a. (2002, S. 203), die das Fernsehen pointiert als „significant source of of general values, ideologies, and perspectives as well as specific assumptions, beliefs, and images“ charakterisieren.

[25] Ausführlich und sehr kritisch dazu Postman (1999, S. 100 ff.).

[26] Meyer (2001, S. 46).

[27] Bahnbrechend dazu Schulz (1976); Altheide/Snow (1979, S. 35 ff.), die in diesem Zusammenhang von „grammar of television“ sprechen. Ähnlich auch Meyer (2001, S. 46).

[28] Bourdieu (1998, S. 36).

[29] Meyer (2001, S. 47). Jarren (1998, S. 87). Saxer (2007, S. 73) spricht sogar von „Eventisierung“. Allgemein zur Bedeutung von Events für die moderne mediale Bilderkultur Perlmutter (2003, S. 11 ff.) m. w. N.

[30] Luhmann (1996, S. 59 ff.); Meyer (2001, S. 47).

[31] Ausführlich zu den Gründen, warum Konflikte so attraktiv für Medien sind, Hoffjann (2003, S. 217 ff.) m. w. N. Zur Bedeutung von Skandalen in den und für die Medien Kepplinger (2001, S. 62 ff.) m. w. N.

[32] So pointiert Sauerländer (2004, S. 416).

und blutig.[33] Ebenso auffällig ist die Fokussierung auf Personen: Die massenmediale Bilderkultur wird grundsätzlich von der Sucht nach „Celebrities" geprägt.[34] Personen werden als greifbare Symbole für abstrakte Konflikte oder eine unbekannte Zukunft benutzt.[35] Personalisierung ist eine Möglichkeit, die Komplexität der Wirklichkeit zu reduzieren. Komplexe Inhalte lassen sich durch Personalisierung vereinfachen und fernsehtauglich darstellen.[36]

Insgesamt tendiert das Fernsehen dazu, seinen gesamten Inhalt unter Unterhaltungsgesichtspunkten aufzubereiten.[37] Dafür gibt es letztlich eine anthropologische Basis. Menschen streben nach Unterhaltung. Unterhaltung hat eine wichtige Funktion für menschliche Gesellschaften: Sie kann Spannungen abfedern, sie allerdings auch verschärfen.[38]

Der Unterhaltungseffekt wird also immer mehr zum entscheidenden Auswahl- und Darstellungskriterium der Massenmedien.[39] Warum steckt in dieser Beobachtung Brisanz? Das Unterhaltungsparadigma, das die audiovisuellen Medien dominiert, hat nicht nur Konsequenzen für die *Form* der Darstellung, sondern auch für ihren *Inhalt*. Potenziell zeigt das Fernsehen nur noch, was einen Unterhaltungswert hat. Alle Bereiche von Kultur, Politik, Wirtschaft und Gesellschaft werden deshalb nur so weit dargestellt, wie sie Unterhaltungswert haben.[40] Was nicht unterhaltend ist oder nicht unterhaltsam gezeigt werden kann, wird nicht gezeigt. Mit einer weitreichenden Folge: Es kommt in der Fernseh-Wirklichkeit dann auch nicht vor. Das beschränkt sich nicht auf den Unterhaltungssektor. Dann wäre die Feststellung auch beinah banal. Auch „ernsthafte" Bereiche wie Nachrichten, Dokumentationen etc. werden zunehmend aus der Unterhaltungsperspektive gestaltet und dargestellt. Beispiele dafür sind etwa die Infotainment-Sendungen und die Dokudramas. Wie unterhaltungsfixiert das Fernsehen inzwischen ist, zeigt ein Blick auf die in der Medienbranche akzeptierten Nachrichtenwertfaktoren, die entscheiden, ob ein

[33] Winterhoff-Spurk (2001, S. 157 f.) m. w. N.

[34] Dazu Perlmutter (2003, S. 12 ff.).

[35] Luhmann (1996, S. 66); Meyer (2001), S. 50) mit Beispielen. In der politischen Berichterstattung ist folgerichtig eine Konzentration auf statushohe Akteure festzustellen. Dazu Jarren (1998, S. 88) m. w. N.

[36] Saxer (2007, S. 73) bemerkt zu Recht, dass diese Strategie auch problematisch ist und dysfunktional werden kann.

[37] Postman (1999, S. 110), kritisiert, dass die Massenmedien die Unterhaltung zum natürlichen Rahmen jeglicher Darstellung von Erfahrung der tatsächlichen Welt machen. Ähnlich auch Saxer (2007, S. 73 ff.) m. w. N., der eine Eventisierung und Euphorisierung als Mechanismen der massenmedialen Aufbereitung konstatiert.

[38] Saxer (2007, S. 163).

[39] Dazu schon früh und ausführlich Altheide/Snow (1979, S. 19 ff.) m. w. N. Sehr kritisch analysiert das Postman (1999, S. 110 ff.).

[40] Dazu schon Altheide/Snow (1979, S. 35 f., 54 ff.) und Altheide/Snow (2001, S. 46 ff.) mit vielen Beispielen aus dem amerikanischen Fernsehen. Dieselbe Tendenz ist aber auch im deutschen Fernsehen feststellbar. Dazu etwa Winterhoff-Spurk (2005, S. 118 ff.) m. w. N.

Ereignis einen Nachrichtenwert hat oder nicht. Sie sind stark auf Personen, Gewalt und Emotionalität fokussiert.[41]

Woran hängt nun der Unterhaltungswert? Wann genügt eine Sendung den Anforderungen, die das Unterhaltungsparadigma stellt? Entscheidend ist der *emotionale Gehalt*: Es kommt auf die Gefühle an. Unterhaltung ist – so schillernd und unscharf der Begriff[42] auch sein mag – das Gegenteil von Alltag, Normalität und Routine.[43] Unterhaltung ist immer – jedenfalls ansatzweise – ein Abenteuer. Unterhaltend sind Sendungen deshalb erst dann, wenn sie beim Zuschauer Stimmungen ansprechen und Gefühle auslösen.[44] Die Geschichte des Fernsehens ist auch eine Geschichte der Emotionen: Fernsehen hat von Anfang an (überwiegend) emotionale Reaktionen bei den Zuschauern ausgelöst.[45]

Was ist die Ursache für diese spezifischen Selektionskriterien der Massenmedien? Massenmedien produzieren – nicht ausschließlich, aber doch sehr weit gehend – Waren.[46] Es geht um Einschaltquoten, Auflagenhöhe, Publikumsinteresse und letztlich betriebswirtschaftlichen Gewinn.[47] Die Logik der Massenmedien ist also in hohem Maß eine ökonomische Logik.[48] Das hat Folgen: Weil der wirtschaftliche Erfolg von der Einschaltquote und der Höhe der Auflage abhängt, wird der Massengeschmack zum entscheidenden inhaltlichen Maßstab.[49] Massenmedien wollen – und müssen – die Aufmerksamkeit der Zuschauer erregen. Das aber geht am besten durch spektakuläre Einzelereignisse, Events und Personen. Zu beobachten ist auch eine *Banalisierung*: Wer hohe Quoten erreichen will, muss ein stromlinienförmiges Programm anbieten.[50] Echte Konflikte und Probleme sind schwierig

---

[41] Ausführlich zu den Nachrichtenwertfaktoren Schulz (1997, S. 70 ff.) und Saxer (2007, S. 112 ff.) m. w. N.

[42] Die Unterhaltungsperspektive ist gekennzeichnet von ungewöhnlichen Verhaltensweisen, von außergewöhnlichen Talenten, mit denen man sich stellvertretend identifizieren kann, und von der Möglichkeit, das Dargestellte in einem spielerischen Sinn zu genießen. Dazu gehört ein hohes Maß an Emotionalität. Zum Unterhaltungsbegriff der elektronischen Medien Altheide/Snow (1979, S. 20 f.); Altheide/Snow (2001, S. 16 f.), allerdings bezogen auf die amerikanischen elektronischen Massenmedien. Das lässt sich aber auf die deutschen Medien übertragen.

[43] Altheide/Snow (1979, S. 20), bringen das unnachahmlich amerikanisch auf den Punkt: Unterhaltung ist „bigger than life".

[44] Zur entscheidenden Rolle von Gefühlen bei Unterhaltungssendungen Altheide/Snow (2001, S. 17).

[45] Winterhoff-Spurk (2001, S. 183) m. w. N. Zu den Details, wie das Fernsehen Zuschauer affektiv erreicht und ansteckt, ausführlich Winterhoff-Spurk (2005, S. 128 ff.) m. w. N.

[46] So ganz dezidiert Thomas Meyer (2001, S. 57). Sunstein (2001, S. 682), bringt das pointiert auf den Begriff: „Augenpaare als Handelsware".

[47] Bourdieu (1998), S. 19 betont kritisch, dass beim Fernsehen letztlich ökonomische Zwänge den Ausschlag geben.

[48] Zu den dahinter stehenden Mechanismen der industriellen Produktion von Informationen Franck (1998, S. 62 ff.).

[49] Postman (1999, S. 110), kritisiert, dass die Massenmedien die Unterhaltung zum natürlichen Rahmen jeglicher Darstellung von Erfahrung der tatsächlichen Welt machen.

[50] Bourdieu (1998, S. 62 f.).

und schrecken das Publikum ab. Im Fernsehen dominieren deshalb Scheinprobleme und scheinbare Konflikte, die aber spektakulär inszeniert werden.

Technischer Fortschritt und politische Weichenstellungen haben den ökonomischen Druck im Bereich der Massenmedien in letzter Zeit noch verschärft. Die technischen Entwicklungen und die politischen Liberalisierungen der letzten zwei Jahrzehnte haben die Rahmenbedingungen für die elektronischen Massenmedien in Europa[51] tief greifend verändert. Die Geschwindigkeit der massenmedialen Kommunikation hat ebenso zugenommen wie die Konkurrenz unter den Medienakteuren um die Aufmerksamkeit der Zuschauer.[52] Diese spezifischen Produktionsbedingungen beeinflussen auch die Inhalte des Fernsehens.

Weil das Fernsehen untrennbar mit der realen Wirklichkeit verwoben ist[53], hat diese Konzentration auf Unterhaltung und Emotionen Auswirkungen auf die Weltsicht der Rezipienten und auf die gesellschaftliche Kommunikation – kurz: auf die Realität. Logik, Vernunft, Komplexität, Folgerichtigkeit und Widerspruchslosigkeit sind wenig unterhaltsam und werden deshalb unwichtiger – nicht nur unmittelbar in den Medien, sondern zeitversetzt und mittelbar auch in der Weltsicht und im Leben der Rezipienten.[54] Gefühle, Abenteuer, dramatische Zuspitzungen und Verwicklungen, unrealistische Erwartungen und Hoffnungen dominieren stattdessen.

7.1.3 Zwischen Aufklärung und Volksverdummung – Chance und Risiko des Unterhaltungsparadigmas

Mehr Aufmerksamkeit durch emotionale, dramatische, unterhaltsame Inszenierung der Wirklichkeit – dieses Konzept stellt gleichzeitig eine Chance und ein Risiko dar. Das lässt sich am Beispiel des *Infotainments* gut erkennen:[55] Inhalte werden von den Medien so aufbereitet, dass sie als unterhaltend empfunden werden.[56] Die theoretisch klare Grenze zwischen Information und Unterhaltung verschwimmt in der Medienberichterstattung immer stärker.[57] In Infotainmentsendungen verschmelzen stilistische

---

[51] In Amerika ist die von Anfang an privatwirtschaftlich strukturierte Medienszene schon länger von diesen Rahmenbedingungen geprägt.

[52] Kritisch zum „Fast-Thinking" im Fernsehen Bourdieu (1998, S. 37 ff.).

[53] Altheide/Snow (2001, S. 27 f.).

[54] So ganz dezidiert Postman (1999, S. 130). Weniger pessimistisch aber Meyer (2001, S. 54). Dörner (2001, S. 97 ff.), widerspricht Postmann mit der These, dass auch eine Unterhaltungsöffentlichkeit wichtige Funktionen für die öffentliche Kommunikation habe.

[55] Grundsätzlich dazu Brants (2004, S. 95 ff.).

[56] Zu den Merkmalen des Infotainment Holtz-Bacha (2004, S. 26). Infotainment ist keine moderne Erscheinung. Zu den Wurzeln des Infotainments im 18. Jahrhundert Pöttker (2002, S. 61 ff). m. w. N. Zur Mischung von Propaganda und Unterhaltung im Nationalsozialismus Bussemer (2002, S. 73 ff.).

[57] Meyer u. a. (2000, S. 139) m. w. N. Altheide/Snow (2001, S. 60 f.) analysieren die Tendenz, Nachrichten als Unterhaltung aufzufassen und darzustellen.

Mittel und Thematiken aus den Bereichen Unterhaltung und Information.[58] Dahinter steht die Erkenntnis, dass sich Unterhaltung und Information keineswegs ausschließen, sondern sich möglicherweise sogar bedingen.[59] Elemente und Stilmittel der Unterhaltung ermöglichen den Zuschauern einen leichteren Zugang zu Informationsangeboten. Gerade das Fernsehen schafft es dadurch, ernste politische Themen und Sachverhalte einer breiten Öffentlichkeit bekannt zu machen.[60] Darin liegt die große Chance des Unterhaltungsparadigmas für die (politische) öffentliche Kommunikation.[61] Unterhaltungselemente wecken die Aufmerksamkeit des Publikums und ziehen dadurch knapp gewordene Aufmerksamkeiten auf sich.[62] Darüber hinaus kann die dem Unterhaltungsprinzip verpflichtete Inszenierung der Wirklichkeit komplexe Strukturen oder Prozesse reduzieren und damit sichtbar und verständlich machen.[63] Zugespitzt: unterhaltsame Berichte mit Bildern über Konflikte zwischen Parlamentsabgeordneten finden mehr Aufmerksamkeit als eine trockene staatsrechtliche Abhandlung über die Rechte und Pflichten von Bundestagsmitgliedern. Gut gemachtes Infotainment macht sich das zunutze, um aufklärend im besten Sinn zu wirken.

Ungefährlich ist das natürlich nicht, im Gegenteil. Das Risiko dieser unterhaltungsaffinen Kommunikationsform liegt auf der Hand. Themen und Probleme, die sich nur schwer mit dem Unterhaltungsparadigma vereinbaren lassen, werden von den Medien wenig oder gar nicht beachtet. Die Agenda wird nicht von „wichtigen“ Nachrichten dominiert, sondern von Meldungen, die Unterhaltungswert haben. Insgesamt besteht die Gefahr, dass das hektische Aneinanderreihen von Unterhaltungseffekten einen effizienten Informationstransfer verhindern kann.[64] Das kann dazu führen, dass die Medien eine leere Inszenierung vorführen, die vorzüglich unterhält, deren Inhalt aber keine Rolle mehr spielt.[65] Hier liegt einer der Gründe dafür, warum gerade diktatorische Regime schon sehr früh auf massenwirksame Inszenierungen gesetzt haben.[66]

Auch wenn die Theatralisierung der Wirklichkeit durch das Fernsehen nicht zwangsläufig zur Verflachung des Inhalts führen *muss*: Die Medienwissenschaft sieht im Augenblick eher das Risiko, nicht die Chance des Unterhaltungsparadig-

---

[58] Tenscher (1998, S. 193).

[59] Westerbarkey (1995, S. 152). Wie Pöttker (2002, S. 62 ff.), betont, haben bereits die Volksaufklärer im 18. Jahrhundert diese Erkenntnis gewonnen und praktiziert.

[60] Das ist das Ergebnis empirischer Studien, über die Schenk (1998, S. 387 ff.) m. w. N., berichtet.

[61] Das übersieht Postman (1999) bei seiner grundsätzlichen Kritik an den Auswirkungen der Unterhaltungsindustrie auf Politik und Gesellschaft. Wie Infotainment im Einzelnen auf die Zuschauer wirkt, lässt sich bisher kaum verlässlich sagen. Empirische Studien kommen zu widersprüchlichen Ergebnissen. Ausführlich dazu Brants (2004, S. 107 ff.) m. w. N.

[62] Dazu Dörner (2001, S. 33).

[63] Dörner (2001, S. 140) m. w. N.; Holtz-Bacha (2004, S. 29 f.).

[64] Meyer u. a. (2000, S. 140) m. w. N.

[65] Meyer (2001, S. 54). Das kritisiert anhand praktischer Beispiele aus den USA Postman (1999, S. 99 f., S. 110 ff., S. 127 ff.) mit allem Nachdruck.

[66] Wie das funktioniert, zeigt Zimmermann (2006, S. 225 ff.) exemplarisch am Beispiel des faschistischen Mussolini-Regimes in Italien.

mas verwirklicht.[67] Der Grund dafür sind die ökonomischen Zwänge, denen sich das Fernsehen wie andere Massenmedien auch ausgesetzt sieht.[68] Die privaten Fernsehsender produzieren Waren, die sie auf dem Markt absetzen müssen – so profan kann Fernsehen sein. Die verschärfte Konkurrenz führt dabei dazu, dass Aufmerksamkeit, Einschaltquoten und Werbeeinnahmen zum alles entscheidenden Maßstab werden.[69] Diesem Quotendruck entzieht sich – das lässt sich empirisch belegen – auch das öffentlich-rechtliche Fernsehen nicht.[70]

7.2 Politik als Drama – ein (abschreckendes?) Beispiel

Was bedeutet diese zunehmende Dominanz der Inszenierung und des Unterhaltungsparadigmas, die Theatralisierung für das Recht? Das ist bisher wenig untersucht.[71] Dagegen ist die Theatralisierung der Politik in den letzten Jahren intensiv analysiert worden.[72] Die dabei gewonnenen Erkenntnisse lassen sich – sehr vorsichtig und mit Vorbehalten – auf andere Bereiche der Gesellschaft – etwa das Rechtssystem – übertragen.[73] Die Theatralisierung der Politik lässt sich deshalb als empirische Erfahrung heranziehen, mit deren Hilfe eine mögliche Theatralisierung des Rechts beschrieben werden könnte.[74] Die Frage ist also auch für die Rechtswissenschaft interessant: Welche Effekte hat das Unterhaltungsparadigma des Fernsehens auf die Politik?

7.2.1 Symbiose – Politik und Fernsehen

Politik und Bilder – das ist ein uraltes Thema. Politik ist schon immer zu einem großen Teil Darstellung gewesen.[75] Sie ist – so erstaunlich das auf den ersten Blick

---

[67] Dazu nur Meyer (2001, S. 56) und Gerbner (2002, S. 462).

[68] Ausführlich dazu Meyer (2001, S. 57 ff.) m. umfangr. N. Jarren (1998, S. 87), weist in diesem Zusammenhang auf den gestiegenen und weiter zunehmenden Aktualitätsdruck hin, unter dem die elektronischen Massenmedien stehen.

[69] Meyer (2001, S. 61). Zum „Warenwert" von Bildern grundsätzlich Dorsch-Jungsberger (2003, S. 168 ff.) m. w. N.

[70] Zu den Gründen dafür ausführlich Meyer (2001, S. 61 f.) Ob sich privates Fernsehen und öffentlich-rechtlicher Rundfunk deshalb inhaltlich auf Dauer annähern, ist nicht unumstritten. Zur Diskussion über die „Konvergenzthese" Tenscher (1998, S. 193) m. w. N.

[71] Einen ersten Versuch einer solchen Untersuchung unternehmen Röhl/Ulbrich (2000, S. 355 ff.), und Boehme-Neßler (2003, S. 125 ff.).

[72] Einen Überblick über den Forschungsstand geben Meyer u. a. (2000, S. 54 ff.) m. w. N.

[73] Postman (1999, S. 156 ff.), untersucht beispielsweise die Auswirkungen der Unterhaltungsindustrie auf die Wirtschaft.

[74] Selbstverständlich lassen sich aber die Erkenntnisse aus der Theatralisierung der Politik nicht ohne Modifikation auf eine mögliche Theatralisierung des Rechts übertragen. Dafür gibt es zu viele signifikante Unterschiede zwischen Politik und Recht.

[75] So ganz ausdrücklich Hitzler (1991, S. 204), der ein Beispiel aus dem antiken Rom anführt. Ähnlich Drechsel (2007, S. 115), der von der *visuellen Dimension der Politik* spricht.

scheinen mag – weniger eine instrumentelle als eine expressive und symbolische Praxis.[76] Politische Macht entsteht nicht nur durch Sachkompetenz, sondern auch sehr weitgehend durch Darstellungskompetenz.[77] Politiker setzen schon immer ihren Körper als Mittel ein, um Politik über Medien zu vermitteln.[78] Berüchtigte Beispiele dafür sind Hitler[79] und Mussolini.[80] Diese Praxis ist aber nicht auf Diktatoren beschränkt. Körperpolitik ist auch in Demokratien üblich.[81] Dabei lassen sich über die Jahrtausende hinweg immer wieder ähnliche Inszenierungen und frappierende Wiederholungen bestimmter Gesten beobachten. Der Handschlag, die Umarmung, der Patronatsgestus oder der Kniefall – das sind politische Inszenierungen, die von der Antike bis in die Gegenwart eingesetzt werden, um durch Bilder Inhalte zu kommunizieren.[82] In der Politik gilt schon immer: Macht muss sichtbar sein, um zu wirken.

Das verschärft sich noch in der Mediengesellschaft. Ohne Medienpräsenz lässt sich Macht in der modernen Mediengesellschaft nicht mehr erwerben oder stabilisieren.[83] Politische Kommunikation, die für die demokratische Legitimation gebraucht wird, ist heute allein über Massenmedien denkbar.[84] Wer sich in den Medien nicht präsentieren kann, hat keine Chance im Wettbewerb um politische Spitzenämter.[85] Ein entsprechender Mentalitätswandel hat bei den politischen Akteuren inzwischen eingesetzt.[86] Politik wird immer öfter strategisch auf ihren Medieneffekt hin konzipiert. Auf dem Fernsehmarkt werden die höchsten Einschaltquoten – und damit die höchsten Aufmerksamkeitswerte – durch Unterhaltungsformate erreicht. Die enorme Reichweite der Unterhaltungskultur in die unpolitischen Wählerschichten hinein macht es zum Muss für die politischen

[76] Hitzler (1991, S. 204). Bahnbrechend zu dieser Erkenntnis schon Edelman (2005), der „Politik als Ritual“ charakterisiert. Deshalb muss Politikwissenschaft auch als Bildwissenschaft verstanden und betrieben werden. Das ist die zwingende Konsequenz, die Drechsel (2007, S. 107 ff.), aus der Visualität von Politik zieht.

[77] Ähnlich Hitzler (1991, S. 201), der aber den Darstellungseffekt zu einseitig betont. Ganz ohne Sachkompetenz, nur mit Darstellungskompetenz lässt sich politische Macht weder erreichen noch ausüben. Dafür gibt es eine Fülle von Beispielen.

[78] Diehl (2004, S. 196) m. w. N.

[79] Sehr instruktiv dazu Hennig (1995, S. 27 ff.) und Herz (1995, S. 51 ff.), jeweils mit Beispielen.

[80] Ausführlich dazu Zimmermann (2006, S. 225 ff.) m. w. N. und Spagnoletti (1995, S. 11 ff.) mit vielen Beispielen.

[81] Zur Körperpolitik amerikanischer Präsidenten im 20. Jahrhundert Keller (1995, S. 135 ff.) Ein extremes Beispiel dafür ist der brasilianische Präsident Fernando Collor de Mello in den neunziger Jahren des vergangenen Jahrhunderts. Ausführlich dazu Diehl (2004, S. 195 ff.) m. w. N., und Beispielen.

[82] Im Detail dazu Wenger-Deilmann/Kämpfer (2006, S. 189 ff.) mit eindrücklichen Beispielen.

[83] Dörner (2001, S. 14).

[84] Kamps (2004, S. 57 f.).

[85] So ganz klar Münkler (2001, S. 160).

[86] Einzelheiten dazu bei Saxer (2007, S. 96 ff.) m. w. N.

Akteure, sich auf die Spielregeln des Entertainments einzulassen.[87] Um die Aufmerksamkeit der Bürger zu wecken[88] und ihre Inhalte darzustellen, greifen die politischen Akteure immer stärker auf Darstellungsmittel der Unterhaltungsindustrie zurück.[89] Die Medien der *Unterhaltungsgesellschaft* interessieren sich allerdings mehr für die visuelle Inszenierung als für den Austausch von Argumenten.[90] Das ist das Einfallstor, durch das die Regeln der Unterhaltungsgesellschaft in die Politik einfließen und sie zunehmend verändern.[91]

Besonders deutlich wird das, wenn man die Entwicklung der Wahlkämpfe in Deutschland in den letzten Jahren betrachtet.[92] Gerade – aber keineswegs nur – in Wahlzeiten wird die Politik zum *Politainment*.[93] Dann häufen sich etwa die Auftritte von Politikern in populären Sendungen.[94] Diese Entwicklung folgt einer gewissen Logik. Denn (Fernseh-)Bilder von Politikern sind ein wichtiges Instrument, um die Meinung der Bevölkerung (positiv) zu beeinflussen.[95] Andere Beispiele aus jüngerer Zeit finden sich in Hülle und Fülle: die zunehmende Bedeutung von Talkshows

---

[87] Dörner (2001, S. 116). Zu den Strategien, die Politiker anwenden, um die enorme Reichweite der elektronischen Massenmedien zu nutzen, Holtz-Bacha (2004, S. 31 ff.) Dass das nicht ohne Risiko ist, belegt Vogt (2002, S. 134 ff.), an einem instruktiven Fallbeispiel. Zu den extremen Formen dieser Strategie am Beispiel des ehemaligen brasilianischen Präsidenten Collor de Mello Diehl (2004, S. 203 ff.).

[88] Zur Unterhaltungsorientierung der Zuschauer/Wähler differenzierend Hasebrink (1998, S. 351 ff.) m. w. N.

[89] Dörner (2001, S. 112 ff.), spricht deshalb pointiert von Entertainisierung der Politik. Eine herausgehobene Rolle spielen dabei die Talk-Shows. Zu den Gründen dafür Holtz-Bacha (2000, S. 157 f.) m. w. N.

[90] Münkler (2001, S. 146).

[91] Postman (1999, S. 154), zitiert in diesem Zusammenhang den früheren amerikanischen Präsidenten Ronald Reagan: „Die Politik ist genau wie das Showbusiness." Dazu auch Dörner (2001, S. 112 ff.), der prägnant von Politainment spricht. Das hat – neben vielen anderen Auswirkungen – zur Folge, dass bei der Rekrutierung und Ausbildung des politischen Personals die Kommunikationskompetenz zu Lasten politischer Sachkompetenz an Bedeutung gewonnen hat und gewinnt. Dazu kritisch Tenscher (1998, S. 205) m. w. N.

[92] Einen Höhepunkt stellt in dieser Hinsicht ist der Bundestagswahlkampf 1998 dar. Ausführlich dazu Dörner (2001, S. 116 ff.) m. w. N.; Holtz-Bacha (2000, S. 162 f.) m. w. N.

[93] Ausführlich zu diesem Begriff und seinen unterschiedlichen Spielarten Nieland/Kamps (2004), S. 11 ff.) m. w. N.

[94] Beispiele aus deutschen Wahlkämpfen finden sich bei Meyer u. a. (2000, S. 65 f.) Kaschura (2006, S. 20 ff.) untersucht in einer ersten qualitativen Studie die Wirkung von Politikerauftritten in populären Sendungen auf die Zuschauer. Ihre – allerdings nicht repräsentativen – Ergebnisse sehen eher eine begrenzte Wirkung solcher Auftritte auf die Wähler. Aus amerikanischer Perspektive dazu Postman (1999, S. 162 f.).

[95] Kepplinger/Maurer (2001, S. 118 ff.) belegen die Relevanz visueller Informationen für die Wahlentscheidung der Bürger anhand einer detaillierten empirischen Analyse der Bundestagswahl 1998.

als politisches Forum[96], der – nicht ganz risikolose[97] – Auftritt von Spitzenpolitikern in Fernsehshows[98], die Inszenierung von Politik als Telenovela[99] und die fortschreitende Entertainisierung der Nachrichtensendungen.[100] Der Skandal wird zunehmend zum politischen Instrument. Über eine entsprechende Medienresonanz ist es möglich, politische Gegner und ihr Verhalten zu skandalisieren.[101] Das kann politischen Gewinn bringen, ist aber gleichzeitig hoch riskant. Denn einmal ausgelöste Skandale lassen sich kaum noch steuern.

Weil Politik auf das Fernsehen angewiesen ist, stellt sie sich auf die spezifischen Regeln und die immanente Logik dieses Mediums ein.[102] Umgekehrt sind die Medien auf – möglichst schnelle, gute und exklusive – Informationen angewiesen, die ihnen nur die politischen Akteure liefern können. Zwischen Politik und Medien besteht deshalb ein enges wechselseitiges Abhängigkeitsverhältnis[103], das einen Tausch nach sich zieht: Publizität für den Politiker gegen Information für den Journalisten.[104] Die *Symbiose* zwischen Politik und Fernsehen ist allerdings nicht ohne tief greifende Folgen: Die Theatralisierung der Politik[105] ist in vollem Gange. Damit sind – wie immer – Chancen und Risiken verbunden.

---

[96] Dörner (2001, S. 133 ff.) m. w. N. Der amerikanische Präsidentschaftswahlkampf ist sogar als „talk show campaign" in die Geschichte eingegangen. Ausführlich dazu Holtz-Bacha (2000, S. 156 f.) m. w. N. Aus empirischer Sicht dazu Schultz (2002, S. 182 ff.); Tenscher (1999, S. 317 ff.) mit empirischem Material. Differenzierend dazu Tenscher/Geisler (2002, S. 175 ff.) Allgemein zu Talkshows aus medienwissenschaftlicher Perspektive Cölffen (2003, S. 200 ff.) m. w. N.

[97] Zu den Risiken, die für Politiker mit dem Auftritt in populären Sendungen verbunden sind, Tenscher/Geisler (2002, S. 176 ff.) m. w. N., und Vogt (2002, S. 134 ff.).

[98] Tenscher (1998, S. 201 f.) m. w. N.

[99] Ausführlich dazu am Beispiel des lateinamerikanischen Neopopulismus Diehl (2004, S. 203 ff.) m. w. N.

[100] Meyer u. a. (2000, S. 166 ff.) m. umfangr. N. der Forschungsliteratur.

[101] Ausführlich zum Skandal in der Mediendemokratie Saxer (2007, S. 102 ff.) m. w. N. Mechanismen der Skandalisierung legt Kepplinger (2001, S. 23 ff.), frei.

[102] Meyer u. a. (2000, S. 65) m. w. N.; De Maizière (2003, S. 41 ff.); Schulz (1998, S. 378) m. w. N.; Meyer/Schicha (2002, S. 58). Ein extremes Beispiel dafür war der brasilianische Präsident Fernando Collor de Mello in den neunziger Jahren des vergangenen Jahrhunderts. Seine Körperinszenierungen in den unterschiedlichen Medien zum Erwerb und zur Stabilisierung von Macht zeigen in aller Schärfe die Problematik, die entsteht, wenn sich Politik zu sehr auf die Unterhaltungslogik des Fernsehens einlässt. Zugespitzt formuliert: Bei Collor de Mello schienen nicht selten die Grenzen zwischen seriöser Politik und zerstreuenden Telenovelas zu verschwimmen. Ausführlich dazu Diehl (2004, S. 195 ff.) m. w. N., und Beispielen.

[103] Sarcinelli (1987, S. 213), spricht sogar von einer „Symbiose" politischer und medialer Akteure. Die Beschreibungsmuster für das Verhältnis zwischen Politik und Medien haben sich – ebenso wie das Verhältnis selbst – gewandelt. Schlagwortartig lässt sich die Entwicklung mit den Begriffen Autonomie, Interdependenz und Symbiose zusammenfassen. Einen kritischen Überblick zu den theoretischen Erklärungsmodellen des Verhältnisses zwischen Politik und Massenmedien gibt Jarren (1988, S. 619 ff.).

[104] Sarcinelli (1987, S. 218).

[105] Grundsätzlich zur Theatralisierung der Politik Münkler (2001), S. 144 ff.) m. w. N. Instruktiv dazu sind die Bemerkungen aus der politischen Praxis von De Maizière (2003, S. 40 ff.).

7.2.2 Theatralisierung – Eine andere Politik

Welche Auswirkungen hat der weiter zunehmende Einfluss des Fernsehens auf die Politik? Kurz gesagt: Sowohl Form als auch Inhalt der Politik werden zunehmend vom Unterhaltungsparadigma dominiert. Der ökonomische Zwang[106], den breitestmöglichen Massengeschmack zu bedienen, führt in den Massenmedien und mittelbar deshalb in der Politik zu *Mediokrität* und *Infantilisierung.*[107] Wie sehen die Ursachenzusammenhänge im Einzelnen aus?

Die öffentliche Kommunikation politischer Akteure findet inzwischen primär über das Fernsehen statt.[108] Politische Akteure, die im Fernsehen nicht präsent sind, werden weniger wahrgenommen.[109] Wer politischen Erfolg haben will, muss ins Fernsehen. Das bleibt nicht ohne Folgen für alle Bereiche der Politik.[110]

Die Logik des Fernsehens prägt deshalb zunehmend – darauf wurde bereits hingewiesen – die *Form* der politischen Interaktion und Kommunikation. Das ist in erster Linie eine Frage des Kommunikationsstils, den man als Wähler akzeptieren oder ablehnen kann. Viel brisanter ist aber die zweite Entwicklung, die zu einer *Theatralisierung der Politik* führt. Nicht nur die *Form* der Politikdarstellung, sondern auch politische *Inhalte* werden unter Unterhaltungsgesichtspunkten festgelegt.[111] Theatralisierte Politik ist strategisch strikt auf ihre Wirkung beim Zuschauer und Wähler ausgerichtet.[112] Das beeinflusst nicht erst die Politik*vermittlung*, sondern zeitlich erheblich früher schon die Politik*entwicklung*. Politische Ideen und Projekte werden nicht mehr konzipiert und dann über die Medien kommuniziert und durchgesetzt. Das wäre der klassische Diskurs in der Demokratie. In der aktuellen politischen Praxis lässt sich immer öfter eine Art mediales Probehandeln der politischen Spitzenakteure beobachten.[113] Politische Initiativen werden als Handlungs*absichten* in der Öffentlichkeit präsentiert. Wenn die Medienresonanz negativ ist, werden die Projekte zurückgezogen und so lange überarbeitet, bis sie den Medientest bestehen.[114] Politik entsteht deshalb zunehmend in einem Prozess, in dem Politik

---

[106] Zum ökonomischen Druck, unter dem die Massenmedien stehen, Kamps (2004, S. 65).

[107] Meyer (2001, S. 119), spricht sehr kritisch und sehr plastisch von einer *Rutschbahn der Mediokrität und der Infantilisierung*. Zurückhaltender ist Münkler (2001, S. 153 ff.), der die Theatralisierung der Politik im historischen Rückblick und im internationalen Vergleich relativiert.

[108] Tenscher (1998, S. 187).

[109] Tenscher (1998, S. 187).

[110] Ausführlich dazu Hitzler (1991, S. 201 ff.), der dabei eine „Dramatologie des Politikers" skizziert. Instruktiv dazu ist die Typologie von Politikern in der Mediendemokratie, die de Maizière (2003, S. 40 ff.), vorlegt.

[111] Dazu Jarren (1998, S. 74 ff.) mit Beispielen aus der Praxis.

[112] Die strategische Ausrichtung auf Wirkung beim Zuschauer ist ein typisches Element von Inszenierungen ganz allgemein. Ausführlich zum theater- und medienwissenschaftlich entwickelten Inszenierungsbegriff Meyer u. a. (2000, S. 58 ff.) m. w. N.

[113] Meyer (2001, S. 144). Meyer u. a. (2000, S. 38) m. w. N.

[114] In diesem Zusammenhang sprechen Nieland/Kamps (2004, S. 15), pointiert von der „Legitimation durch Einschaltquote".

und Medien im Wechselspiel den Inhalt festlegen. Wichtige Beispiele aus der Praxis sind zentrale Reformprojekte der ersten rot-grünen Bundesregierung in Deutschland.[115] Möglicherweise verwischen sich die Grenzen zwischen Politik und Medien völlig und ein *politisch-mediales Supersystem* entsteht.[116]

Im Fernsehen wird Wirklichkeit nicht – das wurde bereits erwähnt – dargestellt und abgebildet, sondern inszeniert. Zunehmend inszeniert deshalb auch die Politik sich selbst.[117] Das tagesaktuelle Management von medientauglichen Ereignissen und Events ist eines der zentralen strategischen Instrumente in der politischen Kommunikation.[118] Sollen politische Demonstrationen Wirkung zeigen, müssen sie fernsehgerecht inszeniert werden.[119] Nicht selten werden dabei „Pseudo-Ereignisse" ohne tieferen politischen Sinn geschaffen, um Medienpräsenz zu gewinnen.[120]

7.2.3 Politainment: Weniger Demokratie – oder mehr?

Die empirisch gestützte Diagnose ist eindeutig: Die Politik gebraucht extensiv Symbole und inszeniert politische Prozesse nach den Vorgaben der Unterhaltungsindustrie und der elektronischen Medien. Die Folgen sind weniger eindeutig. Die Theatralisierung der Politik birgt – wie viele Phänomene – Chancen und Risiken.

Symbolische und inszenierte Politik ist die strategische Gestaltung der politischen Öffentlichkeit, um Akzeptanz und Legitimität für politische Realität und politische Projekte zu erreichen.[121] Pointiert formuliert: Symbolische und inszenierte Politik ist eine Form des politischen Marketings. Komplexe politische Zusammenhänge lassen sich durch Bilder im Fernsehen kaum adäquat darstellen. Medien und Politik benutzen deshalb Symbole: Zeichen und Bilder, die komplizierte Sachverhalte verdichten und auf sie verweisen. Weil die Darstellung von Politik durch Symbole der visuellen Logik des Fernsehens entspricht, arbeitet die Politik immer stärker mit Symbolen. Optimale Aufmerksamkeit erreicht Politik dann, wenn die von ihr präsentierten Symbole auch noch unterhaltend sind. Deshalb lässt sich ein Strukturwandel der öffentlichen Kommunikation feststellen: Die öffentliche

---

[115] Ausführlich dazu Meyer (2001, S. 145 ff). m. w. N. Andere Beispiele schildern sehr kritisch Nieland/Kamps (2004, S. 14 ff.) m. w. N.

[116] Zur Debatte über die heftig umstrittene Konvergenz von Politik und Medien Meyer u. a. (2000, S. 39 ff.) m. w. N.

[117] Ausführlich dazu Meyer (2001, S. 139 ff.).

[118] Tenscher (1998, S. 189) m. w. N. Ganz neu ist das allerdings auch nicht. Schon die Nationalsozialisten haben bewusst „Events" um den „Führerkult" inszeniert. Dazu Schicha (2002, S. 96 ff.) m. w. N. Instruktiv dazu Schug (2007, S. 328 ff.), der herausarbeitet, wie die Propaganda der NSDAP Hitler bewusst als „Marke" aufgebaut hat.

[119] Bourdieu (1998, S. 29).

[120] Kritisch dazu Tenscher (1998, S. 189) m. w. N.

[121] Ähnlich Dombrowski (1997, S. 17).

Kommunikation wird zunehmend von politischen Symbolen, von Symbolpolitik und Infotainment geprägt.[122] Ist das eine Gefahr für die Demokratie?

Inszenierung, Symbolpolitik und Infotainment – also *Politainment* – sind nicht per se der Feind der Demokratie.[123] Sie haben im Gegenteil ein beträchtliches demokratisches Potenzial. Politainment kann durch seine Mischung von Unterhaltung, Spannung und emotionaler Beteiligung einen Zugang zum Verständnis komplexer Sachzusammenhänge eröffnen, der sonst den meisten Bürgern eher versperrt bliebe.[124] Die Theatralisierung der Politik kann also die Politik popularisieren – und so weiter demokratisieren.[125] Dabei hilft es sehr, dass das Fernsehen grundsätzlich ein autoritätsskeptisches und mehrheitsaffines – also demokratisches – Medium ist.[126] Fernsehen verringert Distanz und leuchtet Bereiche der Gesellschaft aus, die früher nicht einsehbar waren. Das hat eine *Entmythologisierung der Macht* zur Folge, die durchaus demokratisch ist. Gleichzeitig verändert es die Informationsflüsse und macht die Kontrolle von Information schwieriger. Ein Beispiel: Die Vertraulichkeit von Gremiensitzungen ist inzwischen eine Fiktion. (Audio-visuelle) Medien werden in der Regel unmittelbar nach einer Sitzung von verschiedenen Teilnehmern informiert. Es wird also schwieriger, Herrschaftswissen anzuhäufen und politisch einzusetzen. Unter demokratietheoretischen Gesichtspunkten ist das eher positiv. Mit dem Herrschaftswissen verschwindet auch die Herrschaft, die nicht demokratisch legitimiert ist.

Trotz ihres hohen Demokratisierungspotenzials ist die Theatralisierung der Politik, das *Politainment,* natürlich nicht unproblematisch.[127] Die Strukturen und die Logik des Mediensystems führen die Politik und die Politiker in Versuchung: Es liegt in der „Fernsehdemokratie" nahe, den Schwerpunkt der politischen Aktivitäten auf die attraktive Inszenierung, weniger auf den Inhalt zu legen. Denn das Massenpublikum honoriert bis zu einem gewissen Grad attraktiv inszenierte Symbolpolitik auch dann, wenn sie inhaltlich leer ist.[128] Diesen Verführungen können weder Politik noch Medien immer widerstehen. Das Ergebnis sind prachtvoll inszenierte symbolische Events, die aber keine inhaltliche Substanz mehr aufweisen. Im Extrem führt das dazu, dass Politiker Ereignisse nur zu einem Zweck inszenieren: dass darüber in

[122] Ähnlich Dörner (2001, S. 93 ff.).

[123] Ähnlich Meyer (2001, S. 195). Das verkennt die grundlegende Kritik von Postman (1999) am Einfluss der Unterhaltungsindustrie auf Politik und Gesellschaft.

[124] Meyer (2001, S. 195).

[125] Nicht zuletzt kann Politainment damit auch ein Mittel gegen Politikverdrossenheit sein. Dazu Holtz-Bacha (2004, S. 32). Sehr instruktiv dazu sind die Beispiele zum politischen Gehalt von Fernsehserien und Soap Operas (!) bei Dörner (2001, S. 161 ff.) m. umfangr. N. empirischer Untersuchungen.

[126] Ausführlich dazu Meyrowitz (1990a, S. 304 ff.) m. w. N.

[127] Zu den Risiken Holtz-Bacha (2004, S. 33 ff.).

[128] Meyer (2001, S. 195). Grundlegend zur Bedeutung von Ritualen in der Politik Kertzer (1988, S. 15 ff.) und pass.

den Massenmedien berichtet wird.[129] Noch problematischer wäre eine andere Entwicklung. Wenn Politik nur noch im Unterhaltungsformat stattfände, würde sich der öffentliche politische Diskurs entpolitisieren.[130] Denn relevant wären dann nicht mehr politische Programme, Strategien und Entscheidungen, sondern telegene Politiker, persönliche Sympathien und irrationale Geschmacksfragen.[131]

Das ist allerdings nur eine mögliche, keine zwangsläufige Konsequenz der Theatralisierung von Politik. Ob Politainment zur Demokratisierung oder zur Verflachung der öffentlichen Kommunikation führt, hängt nicht zuletzt davon ab, ob und wie die gesellschaftliche Steuerung der Medienkommunikation funktioniert.[132] Das Mediensystem ist keineswegs unabhängig von der Gesellschaft. Welchen Effekt Theatralisierung der Politik hat, können die Bürger beeinflussen. Und das tun sie auch, wie Beispiele zeigen. Die Akzeptanz der Wähler für Politainment ist – das zeigen empirische Untersuchungen – nicht unbegrenzt.[133] Übertreiben Politiker das Politainment, verlieren sie ihre Seriosität und Glaubwürdigkeit, und die Wähler entziehen ihnen ihre Unterstützung.[134]

7.3 Recht als Entertainment? – Die Unterhaltungslogik und das Recht

Die ökonomische Logik der Massenmedien wird von der Auflagenhöhe und der Einschaltquote dominiert. Weil der wirtschaftliche Erfolg von der Aufmerksamkeit der Rezipienten abhängt, wird der Massengeschmack zum entscheidenden inhaltlichen Maßstab. In der Politik sind – das wurde erwähnt – inzwischen die Auswirkungen dieser Entwicklung zu beobachten. Welche Auswirkungen hätte die Logik der Massenmedien auf das Recht? Mit was müsste das Rechtssystem also rechnen, wenn es sich stärker auf die Bilderwelt einließe, die von den Massenmedien und ihrer Unterhaltungslogik dominiert wird?

7.3.1 Quote machen mit Recht?

Wendet man die ökonomisch dominierte (Unterhaltungs-)Logik der Massenmedien auf das Rechtssystem an, ergibt sich eine grundsätzliche Konsequenz: Recht wird

---

[129] Schmidt (1994, S. 17). Das wird teilweise von den Akteuren sogar ganz offen ausgesprochen. Ein Beispiel dafür ist der ehemalige Ministerpräsident von Sachsen-Anhalt, Reinhard Höppner, der diese Entwicklung allerdings scharf kritisiert: Höppner (1996, S. 6). Ganz neu ist dieses Phänomen allerdings nicht. Politiker haben immer schon Rituale inszeniert, um Macht zu erringen, zu legitimieren und zu bewahren. Dazu Kertzer (1988, S. 104 ff.) m. w. N.

[130] Zur Depolitisierung der politischen Kommunikation Kamps (2004, S. 70 f.).

[131] In diese Richtung Holtz-Bacha (2000, S. 165 f.).

[132] Dazu ausführlich Donges/Jarren (1999, S. 85 ff.) m. w. N.

[133] Zu den Grenzen Holtz-Bacha (2004, S. 33 f.).

[134] Eindrucksvolle Beispiele dafür schildert Holtz-Bacha (2004, S. 33 f.).

zur unterhaltsamen Ware, die einem Massenpublikum verkauft werden muss. Denn Massenmedien müssen Auflagen verkaufen und Einschaltquoten erzielen.

Das Recht als Unterhaltungsware[135] – welche Auswirkungen hätte das? Das *worst-case scenario* könnte so aussehen: In der Bilderwelt der Massenmedien hat alles dann eine Existenzberechtigung und sogar eine Bedeutung, wenn es viele interessiert und dem Massengeschmack entspricht. Recht ist dann nicht mehr ausschließlich demokratisch legitimiert, wenn und weil es von demokratisch gewählten Gremien geschaffen worden ist. Zur Legitimation des Rechts kann dann auch führen, dass seine Inhalte dem Massengeschmack entsprechen.[136] Pointiert formuliert: Es gibt dann eine *Legitimation durch die Einschaltquote*. Gerichtsurteile – ein praktisches, aber noch fiktives Beispiel – sind dann nicht mehr nur dadurch legitimiert, dass sie demokratisch geschaffenen Gesetzen entsprechen. Sie müssen zusätzlich auch dem Geschmack und den Vorstellungen des Massenpublikums entsprechen. Wenn sie das tun, wären sie nach den Gesetzen der Unterhaltungslogik dann auch dadurch legitimiert. Das muss nicht zwingend undemokratisch sein. Es kann – im Gegenteil – sehr basisdemokratisch sein.[137] Das hätte allerdings mit der parlamentarischen Demokratie, die das Grundgesetz konzipiert und etabliert hat, nichts mehr zu tun.[138] Ein schärferer Blick zeigt aber noch weitere Risiken.

Wenn das Recht diese Logik der Massenmedien verinnerlicht, droht ein populistisches, oberflächliches, am Unterhaltungsbedürfnis breiter Bevölkerungsschichten orientiertes Recht.[139] Inszeniertes „Fernsehrecht" ist von der Logik der Bildunterhaltung[140], nicht mehr von nüchternen Sachtexten, Sprachlichkeit und dialogischer Verständigung und der Suche nach Interessenausgleich geprägt. Typisch für visuelle Kommunikation in den Medien sind die *Schwarzweiß-Malerei* und das *Denken in Entweder-oder-Kategorien*. Mit Komplexität haben Massenmedien große Schwierigkeiten.[141] Das ist letztlich beinahe tragisch. Denn gerade Bilder sind besonders gut geeignet, komplexe Sachverhalte und Phänomene verständlich darzustellen. Diese Chancen vergeben die bilddominierten Massenmedien aber weit gehend. Deshalb dominiert bei ihnen die – unterhaltsame – Vereinfachung und Zuspitzung. Die Feinheiten der rechtlichen Kommunikation lassen sich im Fernsehen nicht darstellen; jedenfalls sind sie nicht quotentauglich.

---

[135] Davon spricht Sherwin (2000, S. 141). Der vergleichbaren Frage nach den Auswirkungen der ökonomischen Wirkung der Massenmedien auf die Politik geht Thomas Meyer (2001, S. 119 ff.) m. w. N. nach.

[136] So zugespitzt Boehme-Neßler (2003, S. 127).

[137] Ausführlich zur Idee der Basisdemokratie – und ihrer Problematik – Sartori (1997, S. 122 ff.) Zur direkten Demokratie in Deutschland Schmidt (2008, S. 336 ff.) m. w. N.

[138] Zur parlamentarischen Demokratie des Grundgesetzes aus staatsrechtlicher Sicht Hesse (1999, Rn. 131 ff.) m. w. N. und aus politikwissenschaftlicher Perspektive Schmidt (2008, S. 298) m. w. N.

[139] Davor warnt Sherwin (2000, S. 245).

[140] Thomas Meyer (2001, S. 107), ausführlich zur Logik der „Bildunterhaltung".

[141] Sherwin (2000, S. 143).

Ob ein solches Recht noch ernst genommen würde, ist eher zweifelhaft. Denn Recht hat gerade keine Unterhaltungsfunktion. Wenn es sich zu sehr auf das Unterhaltungsparadigma einlässt, wird es unseriös und möglicherweise genau deshalb irrelevant.

7.3.2 *Eine Spekulation: Skandal und Recht*

Popularisiertes Unterhaltungsrecht könnte langfristig auch die Anspruchsgrundlagen und die Mechanismen, mit denen Recht durchgesetzt werden kann, ändern. Bisher sind Empörung und Skandal noch keine juristischen Kategorien. Ob das so bleibt, ist nicht sicher. Möglicherweise wird öffentlich unterstützte Empörung zur juristisch relevanten Anspruchs- oder Ermächtigungsgrundlage. Dann wäre auch denkbar, bewusst gesteuerte Skandalisierungen zur Durchsetzung von Rechtsansprüchen zu nutzen. Dabei wäre visuelle Kommunikation ein effektives Instrument. Denn gerade Bilder sind wegen ihrer Emotionalität gut geeignet, zu schockieren und Tabus zu brechen.[142] Und Schock und Tabubruch sind Garanten für Skandale und öffentliche Aufmerksamkeit.

Ganz so absurd, wie das auf den ersten Blick scheinen mag, ist diese Vorstellung nicht. Immerhin gibt es in der Praxis bereits Beispiele für ähnliche Entwicklungen. Skandale werden regelrecht inszeniert, um bestimmte Wirkungen zu erreichen.[143] Durch Mediendruck und öffentliche Skandalisierung wird nicht selten symbolisches Recht – Soft Law – durchgesetzt, obwohl es an sich rechtlich unverbindlich ist.[144]

7.3.3 *Begrenzte Unabhängigkeit – Medien- und Bildresistenz des Rechts*

Wird das Recht durch den Ansturm der Bilder eine ähnliche Entwicklung durchmachen wie die Politik und andere Bereiche der Gesellschaft? Wird es also – überpointiert gesagt – ein mediokres, infantiles, aber unterhaltsames Recht geben? Mit Blick auf problematische Entwicklungen in der Politik könnte man das erwarten. Es gibt allerdings einen wichtigen strukturellen und prinzipiellen Unterschied zwischen Politik und Recht, der dazu führen kann, dass die Logik der Bilder und der Massenmedien weniger stark auf das Recht durchschlägt. Das Recht ist letztlich medien- und bildresistenter als Politik, Wirtschaft oder andere Bereiche der Gesellschaft.

---

[142] Beispiele für Tabubrüche durch Bilder schildert Frankenberg (2004, S. 34 ff.).

[143] Kepplinger (2001, S. 23 ff.).

[144] Siehe dazu oben Abschn. 4.2.3.

Politik und Medien sind wechselseitig und beinahe zwingend aufeinander angewiesen.[145] Politisches Handeln ist unmittelbar und damit ganz stark von der Bestätigung durch die Bürger abhängig. Politik muss in der Demokratie immer wieder neu legitimiert werden. Sie muss also immer um Mehrheiten werben. Nicht zuletzt deshalb ist die Politik so anfällig für die Versuchung, sich inhaltlich am Massengeschmack zu orientieren. Gleichzeitig sind die Medien von den – möglichst exklusiven – Informationen abhängig, die ihnen nur die Politik liefern kann. Das führt zu der bereits erwähnten symbiotischen Beziehung zwischen Medien und Politik.[146]

Diese wechselseitige Abhängigkeit ist zwischen Recht und Medien nicht derart stark. Zwischen dem Rechtssystem und den Medien besteht keine symbiotische Beziehung. Recht und Justiz sind nicht auf unmittelbare[147], demokratische Legitimation durch die Bevölkerung angewiesen. Demokratietheoretisch hoch problematisch wird das dann, wenn ein Gericht – etwa das Bundesverfassungsgericht – nicht nur in der Sphäre des Rechts bleibt, sondern auch zum politischen Akteur wird.[148] Dennoch: Akteure im Bereich des Rechts brauchen insgesamt weniger Publizität als Politiker. Sie können sich deshalb der unterhaltungsorientierten Logik der Massenmedien besser entziehen. Allerdings ist die Medienresistenz der juristischen Akteure sehr unterschiedlich.

Besonders resistent sind – bisher – die *Richter*. Ein wichtiger Grund dafür dürfte ihre in Artikel 97 Abs. 1 GG verfassungsrechtlich garantierte Unabhängigkeit sein.[149] Ihre Stellung hängt – jedenfalls (verfassungs)rechtlich – nicht von der Zustimmung breiter Bevölkerungskreise ab. Eine andere Frage ist allerdings, wie Richter praktisch mit dem Druck öffentlicher Erwartungen umgehen und vor allem in spektakulären Prozessen dem Druck der Medien widerstehen.[150] Nicht zuletzt kann auch die persönliche Eitelkeit einzelner Richter eine zu enge Verbindung zu den Medien nach sich ziehen. Das kann im Einzelfall die Medienresistenz eines Gerichts verringern.[151] Schon verfassungsrechtlich anders ist die Situation der *Staatsanwälte.* Sie genießen keine richterliche Unabhängigkeit. Über ihre unbeschränkte Integration in den Justizapparat sind sie gegenüber politischem Druck empfindlich. Schon deshalb beschreibt die viel zitierte Formel von der „Staatsanwaltschaft

---

[145] Sarcinelli (1987, S. 218).

[146] Sarcinelli (1987, S. 218). Ausführlich dazu siehe oben Abschn. 7.2.1.

[147] Allerdings müssen Richter mittelbar demokratisch legitimiert sein. Ausführlich zur demokratischen Legitimation der Richter Voßkuhle/Sydow (2002, S. 676 ff.) m. w. N.

[148] Zum Bundesverfassungsgericht als politischem Akteur Boehme-Neßler (2001, S. 372 ff.) Sehr kritisch zur Praxis der Verfassungsrichterwahl Landfried (2006, S. 200 ff.).

[149] Zur richterlichen Unabhängigkeit und ihrer zentralen Bedeutung für den Rechtsstaat Schütz (2005, S. 182) m. umfangr. N. Sehr kritisch dazu aber Schütz (2005, S. 113 ff., 214 ff.) m. w. N., der die richterliche Unabhängigkeit in vielen Einzelpunkten gefährdet sieht und Defizite der richterlichen Unabhängigkeitsdogmatik herausarbeitet. Zur persönlichen und sachlichen Unabhängigkeit der Richter im einzelnen Voßkuhle/Sydow (2002, S. 677 f., 679) m. w. N.

[150] Dazu Wagner (1987, S. 87 ff.); Hamm (1997, S. 67 f.).

[151] Eingehend dazu Holzinger/Wolff (2009, S. 80 ff.) m. w. N. Sehr instruktiv dazu ist auch das Gespräch mit der Richterin Brigitte Koppenhöfer, das abgedruckt ist bei Holzinger/Wolff (2009, S. 89 ff.).

als objektivster Behörde der Welt“ nicht die Wirklichkeit, sondern einen Mythos. Immerhin ist ihr weisungsbefugter oberster Vorgesetzter – der Justizminister – ein Politiker, der sich – nicht zuletzt über die Medien – gegenüber der Öffentlichkeit rechtfertigen muss. Rechtlich und theoretisch sind die *Rechtsanwälte* nicht von der Öffentlichkeit abhängig. Sie könnten deshalb sehr medien- und bilderresistent sein. In der Praxis ist das allerdings anders. Anwälte suchen verstärkt die Öffentlichkeit.[152] Eine durch Medien geschaffene Bekanntheit hilft bei der Akquisition lukrativer Mandate. Gerade in spektakulären Prozessen werden Medien von Anwälten auch instrumentalisiert, um ein günstiges Meinungsklima in der Öffentlichkeit zu schaffen. *Litigation-PR* ist dabei, die Gerichtssäle und die Öffentlichkeit zu erobern. Litigation-PR ist nichts anderes als strategische Öffentlichkeitsarbeit im juristischen und gerichtlichen Kontext.[153] Wie jede Öffentlichkeitsarbeit hat sie ein Ziel: Es geht ihr um Einflussnahme – zunächst direkt auf die Öffentlichkeit, indirekt dann auch auf Gerichte oder Behörden.[154]

Ob die *Verwaltung* immun gegenüber der Medienlogik ist, lässt sich schwer sagen. Der einzelne Verwaltungsmitarbeiter ist nicht auf öffentliche Legitimation angewiesen. Er muss kein konstruktives Verhältnis zu Medienvertretern aufbauen. Für alle Mitarbeiter öffentlicher Verwaltungen gelten sogar strikte Regelungen, die sein Verhältnis zu Medienvertretern beschränken. Die Verschwiegenheitspflicht der Mitarbeiter begrenzt die Informationsweitergabe an die Medien ebenso wie weitreichende Datenschutzregelungen. Schon aus diesem Grund wird die Verwaltung an sich kein symbiotisches Verhältnis zu den Medien aufbauen können. Sie ist halbwegs resistent gegenüber der Unterhaltungslogik der Medien. Anders sieht es bei der politischen Spitze der Verwaltung aus. Sie muss sich demokratisch politisch – also auch und gerade gegenüber der Öffentlichkeit – verantworten. Das macht sie anfällig für die Versuchungen, die eine symbiotische Beziehung zu den Medien bereithält.

Das gilt schließlich ohne Einschränkung für die politischen *Rechtsetzer*. Die Parlamentarier sind Politiker, die sich – das ist schon demokratietheoretisch zwingend – gegenüber der Öffentlichkeit verantworten müssen. Das macht sie empfindlich gegenüber dem Druck der Medien und der Logik der Bilder. Über die Parlamentarier kann die Medienlogik besonders gut in das Rechtssystem insgesamt „einsickern“. Das ist der Preis der Demokratie in der Mediengesellschaft.

Trotz dieses erheblichen strukturellen Unterschiedes können sich beide Systeme – das bilderskeptische Recht und die den Bildern verfallenen Massenmedien – nicht vollständig ignorieren. In der Demokratie agiert das Recht nicht völlig losgelöst von den Bürgern. Jedenfalls mittelbar muss auch der rechtliche Bereich von den Bürgern legitimiert sein. Dazu muss das Recht – wenn auch nicht so ausgeprägt wie die Politik – ebenfalls um Zustimmung werben. Nicht jedes einzelne Gesetz und jedes Gerichtsurteil muss die Zustimmung der Bürger finden. Ohne eine grundsätzliche Akzeptanz in der Gesellschaft kann aber auch das Recht nicht wirklich wirk-

[152] Ausführlich dazu Holzinger/Wolff (2009, S. 84 ff.) mit Beispielen.

[153] Haggerty (2003, S. 2 f.); Reber u. a. (2006, S. 24 f.).

[154] Grundsätzlich zur Öffentlichkeitsarbeit und zu den Besonderheiten von Litigation-PR Reber u. a. (2006, S. 26 ff.) m. w. N.

sam werden.[155] Oder anders formuliert: Recht, das sich zu weit von den allgemeinen Wertvorstellungen der Bevölkerung entfernt, wird – wenn überhaupt – nur mit schweren Sanktionen durchsetzbar sein. Das vermindert seine Wirksamkeit ganz erheblich.[156] Die notwendige Nähe zwischen Recht und Bevölkerung muss immer wieder neu hergestellt werden – durch Kommunikation zwischen Recht, Politik und Gesellschaft. Weil diese öffentliche Kommunikation ohne Medien kaum möglich ist, ist das Recht ebenfalls von den Medien abhängig – allerdings nicht im selben Maß wie die Politik.

Umgekehrt gilt auch: Völlig vernachlässigen können die Medien den Bereich des Rechts nicht. Dafür ist er für die Leser und Zuschauer zu relevant. Deshalb sind auch die Medien auf Informationen angewiesen, die ihnen nur die Akteure des Rechtssystems verschaffen können. Das ist die Basis für dasselbe Tauschgeschäft: Publizität gegen Information, das auch das Verhältnis der Politik zu den Medien kennzeichnet.

Als Fazit lässt sich – etwas zugespitzt – festhalten: Weil Recht und Medien potenziell voneinander abhängig sind, lassen sich Wechselwirkungen erwarten. Das Recht wird sich also der Medienlogik nicht dauerhaft und vollständig entziehen können. Die wechselseitige Abhängigkeit ist aber strukturell weniger stark als im Verhältnis zwischen Politik und Medien. Der Anpassungsdruck auf das Recht ist nicht so hoch wie der Druck, dem sich die Politik ausgesetzt sieht. Das Recht ist deshalb medien- und bildresistenter als die Politik. Vollständig immun ist es aber nicht.

Literatur

Altheide, David L./Snow, Robert P. (1979): Media Logic. Sage, London.

Altheide, David L./Snow, Robert P. (2001): Media Worlds in the Postjournalism Era. Aldine, New York.

Boehme-Neßler, Volker (2001): § 15 Das Bundesverfassungsgericht, in: Raban Graf von Westphalen (Hrsg.): Deutsches Regierungssystem. Oldenbourg, München/Wien, S. 363 ff.

Boehme-Neßler, Volker (2003): Recht als Theater?, in: Zeitschrift für Rechtspolitik, S. 125 ff.

Bourdieu, Pierre (1998): Über das Fernsehen. Suhrkamp, Frankfurt am Main.

Brants, Kees (2004): Politische Kommunikation im Zeitalter von *Big Brother*, in: Nieland, Jörg-Uwe/Kamps, Klaus (Hrsg.): Politikdarstellung und Unterhaltungskultur. Zum Wandel der politischen Kommunikation. Halem, Köln, S. 93 ff.

Bussemer, Thymian (2002): „Nach einem dreifachen Sieg-Heil auf den Führer ging man zum gemütlichen Teil über“, in: Christian Schicha/Carsten Brosda (Hrsg.): Politikvermittlung in Unterhaltungsformaten. Lit-Verlag, Münster, S. 73 ff.

---

[155] Allgemein zu Möglichkeiten und Grenzen der empirischen Messung der Effektivität gesetzlicher Regelungen Raiser (2007, S. 240 ff.) m. w. N. Bahnbrechend für die Erkenntnis, dass sich die Effektivität von Recht messen lässt, war Geiger (1964, S. 71 f.), der die „Effektivitätsquote“ von Gesetzen berechnet. Dazu Röhl/Röhl (2008, S. 335 f.).

[156] Ausführlich dazu Raiser (2007, S. 257 f.) m. w. N.

Cölffen, Hermann (2003): Vom Dialog zum Geräusch. Über den Verlust der Sprache im Spektakel der Talkshows, in: Ulrich Schmitz/Horst Wenzel (Hrsg.): Wissen und neue Medien. Bilder und Zeichen von 800 bis 2000. Erich Schmidt, Berlin, S. 197 ff.

De Maizière, Thomas (2003): Politiker in der Mediendemokratie, in: Wolfgang Donsbach/Olaf Jandura (Hrsg.): Chancen und Gefahren der Mediendemokratie. UVK, Konstanz, S. 40 ff.

Diehl, Paula (2004): Zwischen Telenovelas und Politik. Die Körperinszenierungen des brasilianischen Präsidenten Fernando Collor de Mello, in: Hauke Brunkhorst u. a. (Hrsg.): Peripherie und Zentrum in der Weltgesellschaft. Hampp, München und Mering, S. 195 ff.

Dombrowski, Ines (1997): Politisches Marketing in den Massenmedien. Deutscher Universitäts-Verlag, Wiesbaden.

Donges, Patrick/Jarren, Otfried (1999): Politische Öffentlichkeit durch Netzkommunikation?, in: Klaus Kamps (Hrsg.): Elektronische Demokratie? Perspektiven politischer Partizipation. VS Verlag, Opladen, S. 85–108.

Dörner, Andreas (2001): Politainment – Politik in der medialen Erlebnisgesellschaft. Suhrkamp, Frankfurt am Main.

Dorsch-Jungsberger, Petra E. (2003): Inszenierung als Instrument der Bildpublizistik, oder: Wie kommt die internationale Schauspielerin Ornella Muti in die Bayerische Staatsoper? in: Thomas Knieper/Marion G. Müller (Hrsg.): Authentizität und Inszenierung von Bilderwelten. Halem, Köln, S. 168 ff.

Drechsel, Benjamin (2007): Was ist ein politisches Bild? Einige Überlegungen zur Entwicklung der Politikwissenschaft als Bildwissenschaft, in: Helga Mitterbauer/Helga Tragatschnig (Hrsg.): Moderne. Kulturwissenschaftliches Jahrbuch 2 (2006), S. 106 ff.

Edelman, Murray (2005): Politik als Ritual. Die symbolische Funktion staatlicher Institutionen und politischen Handelns. 3. Auflage, Campus Verlag, Frankfurt/New York.

Franck, Gregor (1998): Ökonomie der Aufmerksamkeit. Carl Hanser Verlag, München.

Frankenberg, Günter (2004): Der normative Blick. Recht, Ethik und Ästhetik der Bilderverbote, in: Günter Frankenberg/Peter Niesen (Hrsg.): Bilderverbot. Recht, Ethik und Ästhetik der öffentlichen Darstellung. Lit-Verlag, Münster, S. 1 ff.

Fritz, Irina/Klingler, Walter (2003): Zeitbudgets und Tagesablaufverhalten in Deutschland: Die Position der Massenmedien, in: Media Perspektiven, S. 12 ff.

Geiger, Theodor (1964): Vorstudien zu einer Soziologie des Rechts. Luchterhandt, Neuwied, Berlin.

Gerbner, George (2002): It's 11:30. And Heeeeere's Justice, in: Michael Morgan (Hrsg.): Against the Mainstream. The Selected Works of George Gerbner. Peter Lang Publishing, New York u. a., S. 461 f.

Gerbner, George/Gross, Larry/Morgan, Michael/Signorielli, Nancy (2002): Growing up with Television, in: Michael Morgan (Hrsg.): Against the Mainstream. The Selected Works of George Gerbner. Peter Lang Publishing, New York u. a., S. 192 ff.

Haggerty, James F. (2003): In the Court of Public Opinion. Wiley, Hoboken/NJ.

Hamm, Rainer (1997): Große Strafprozesse und die Medien. Nomos, Baden-Baden.

Hasebrink, Uwe (1998): Politikvermittlung im Zeichen individualisierter Mediennutzung, in: Sarcinelli, Ulrich (Hrsg.): Politikvermittlung und Demokratie in der Mediengesellschaft. VS Wiesbaden, S. 345 ff.

Hennig, Eike (1995): Hitler-Porträts abseits des Regierungsalltags. Einer von uns und für uns?, in: Martin Loiperdinger u. a. (Hrsg.): Führerbilder. Hitler, Mussolini, Roosevelt, Stalin in Fotografie und Film. Piper, München/Zürich, S. 27 ff.

Herz, Rudolf (1995): Vom Medienstar zum propagandistischen Problemfall. Zu den Hitlerbildern Heinrich Hoffmanns, in: Martin Loiperdinger u. a. (Hrsg.): Führerbilder. Hitler, Mussolini, Roosevelt, Stalin in Fotografie und Film. Piper, München/Zürich, S. 51 ff.

Hesse, Konrad (1999): Grundzüge des Verfassungsrechts der Bundesrepublik Deutschland. 20. Auflage, C.F. Müller Verlag, Heidelberg.

Hitzler, Ronald (1991): Der Machtmensch. Zur Dramatologie des Politikers, in: Merkur 45/3, S. 201 ff.

Hoffjann, Olaf (2003): Das öffentliche Gesicht der Politik. Konflikte, Interdependenzen und deren Folgen für die Beziehungen von Politik und Journalismus, in: Wolfgang Donsbach/Olaf Jandura (Hrsg.): Chancen und Gefahren der Mediendemokratie. UVK, Konstanz, S. 212 ff.

Holtz-Bacha, Christina (2000): Entertainisierung der Politik, in: Zeitschrift für Parlamentsfragen, 1, S. 156 ff.

Holtz-Bacha, Christina (2004): Unterhalten statt überzeugen? Politik als Entertainment, in: Nieland, Jörg-Uwe/Kamps, Klaus (Hrsg.): Politikdarstellung und Unterhaltungskultur. Zum Wandel der politischen Kommunikation. Halem, Köln, S. 24 ff.

Holzinger, Stephan/Wolff, Uwe (2009): Im Namen der Öffentlichkeit. Litigation-PR als strategisches Instrument bei juristischen Auseinandersetzungen. Gabler Verlag, Wiesbaden.

Höppner, Reinhard (1996): Schlange gegen Kaninchen. Demokratiegefährdende Medientendenzen: wie bremsen?, in: epd/Kirche und Rundfunk, Nr. 23, S. 5 ff.

Jarren, Otfried (1988): Politik und Medien im Wandel: Autonomie, Interdependenz oder Symbiose?, in: Publizistik, S. 619 ff.

Jarren, Otfried (1998): Medien, Mediensystem und politische Öffentlichkeit im Wandel, in: Sarcinelli, Ulrich (Hrsg.): Politikvermittlung und Demokratie in der Mediengesellschaft. VS Wiesbaden, S. 74–96.

Kamps, Klaus (2004): „Body Politics". Politische Unterhaltung und die Rationalität von Depolitisierungsstrategien, in: Nieland, Jörg-Uwe/Kamps, Klaus (Hrsg.): Politikdarstellung und Unterhaltungskultur. Zum Wandel der politischen Kommunikation. Halem, Köln, S. 54 ff.

Kaschura, Kathrin (2006): Politiker als Prominente – die Sicht der Zuschauer, in: Aus Politik und Zeitgeschichte 7, S. 20 ff.

Keller, Ulrich (1995): Roosevelts Bildpropaganda im historischen und systematischen Vergleich, in: Martin Loiperdinger u. a. (Hrsg.): Führerbilder. Hitler, Mussolini, Roosevelt, Stalin in Fotografie und Film. Piper, München/Zürich, S. 135 ff.

Kepplinger, Hans Mathias (2001): Die Kunst der Skandalierung und die Illusion der Wahrheit. Olzog Verlag, München.

Kepplinger, Hans Matthias/Maurer, Marcus (2001): Der Einfluss verbaler und visueller Eindrücke auf die Wahrnehmung von Kohl und Schröder anhand der Fernsehberichterstattung im Bundestagswahlkampf 1998, in: Thomas Knieper/Marion G. Müller (Hrsg.): Kommunikation visuell. Das Bild als Forschungsgegenstand – Grundlagen und Perspektiven. Halem, Köln, S. 118 ff.

Kertzer, David I. (1988): Ritual, Politics, and Power. Yale University Press, New Haven/London.

Landfried, Christine (2006): The Selection Process of Constitutional Court Judges in Germany, in: Kate Malleson/Peter H. Russell (Hrsg.): Appointing Judges in an Age of Judicial Power. University of Toronto Press, Toronto u. a., S. 196 ff.

Luhmann, Niklas (1996): Die Realität der Massenmedien, 2. Auflage, VS Verlag, Opladen.

McLuhan, Marshall (1992): Die magischen Kanäle: "Understanding Media". Düsseldorf, Wien.

Meyer Thomas/Ontrup, Rüdiger/Schicha, Christian (2000): Die Inszenierung des Politischen. VS Verlag, Wiesbaden.

Meyer, Thomas (2001): Mediokratie – die Kolonisierung der Politik durch die Medien. Suhrkamp, Frankfurt am Main.

Meyer, Thomas/Schicha, Christian (2002): Medieninszenierungen zwischen Informationsauftrag und Infotainment, in: Christian Schicha/Carsten Brosda (Hrsg.): Politikvermittlung in Unterhaltungsformaten. Lit-Verlag, Münster, S. 53 ff.

Meyrowitz, Joshua (1990a): Überall und Nirgends. Die Fernsehgesellschaft I. Beltz, Weinheim, Basel.

Meyrowitz, Joshua (1990b): Wie Medien unsere Welt verändern. Die Fernsehgesellschaft II. Beltz, Weinheim, Basel.

Münkler, Herfried (2001): Die Theatralisierung der Politik, in: Josef Früchtl/Jörg Zimmermann (Hrsg.): Ästhetik der Inszenierung. Suhrkamp, Frankfurt am Main, S. 144 ff.

Nieland, Jörg-Uwe/Kamps, Klaus (2004): Wo hört der Spaß auf? Einleitung: Politik und Unterhaltung, in: Nieland, Jörg-Uwe/Kamps, Klaus (Hrsg.): Politikdarstellung und Unterhaltungskultur. Zum Wandel der politischen Kommunikation. Halem, Köln, S. 9 ff.

Perlmutter, David D. (2003): The Internet: Big Pictures and Integrators, in: Larry Gross/John Stuart Katz/Jay Rubin (Hrsg.): Image Ethics in the Digital Age. University of Minnesota Press, Minneapolis/London, S. 3 ff.

Postman, Neill (1999): Wir amüsieren uns zu Tode, 12. Auflage, Fischer, Frankfurt am Main.

Pöttker, Horst (2002): Unterhaltsame Politikvermittlung, in: Christian Schicha/Carsten Brosda (Hrsg.): Politikvermittlung in Unterhaltungsformaten. Lit-Verlag, Münster, S. 61 ff.

Raiser, Thomas (2007): Grundlagen der Rechtssoziologie. 4. Auflage, Mohr Siebeck, Tübingen.

Reber, Bryan H./Gower, Karla K./Robinson, Jennifer A. (2006): The Internet and Litigation Public Relations, in: Journal of Public Relations Research, Vol. 18/1, S. 23 ff.

Röhl, Klaus F./Röhl, Hans Christian (2008): Allgemeine Rechtslehre. 3. Auflage, Heymanns Verlag, Köln.

Röhl, Klaus F./Ulbrich, Stefan (2000): Visuelle Rechtskommunikation, in: Zeitschrift für Rechtssoziologie 21, S. 355 ff.

Sarcinelli, Ulrich (1987): Symbolische Politik. Zur Bedeutung symbolischen Handels in der Wahlkampfkommunikation der Bundesrepublik Deutschland. Opladen.

Sartori, Giovanni (1997): Demokratietheorie. Wissenschaftliche Buchgesellschaft, Darmstadt.

Sauerländer, Willibald (2004): *Iconic Turn?* Eine Bitte um Ikonoklasmus, in: Christa Maar/Hubert Burda (Hrsg.): Iconic Turn – Die neue Macht der Bilder. Dumont Buchverlag, Köln, S. 407 ff.

Saxer, Ulrich (2007): Politik als Unterhaltung. Zum Wandel politischer Öffentlichkeit in der Mediengesellschaft. UVK, Konstanz.

Schenk, Michael (1997): Massenkommunikation und ihre Wirkung, in: Hermann Fünfgeld/Claudia Mast (Hrsg.): Massenkommunikation. Ergebnisse und Perspektiven. VS Wiesbaden, S. 155 ff.

Schenk, Michael (1998): Mediennutzung und Medienwirkung als sozialer Prozess, in: Sarcinelli, Ulrich (Hrsg.): Politikvermittlung und Demokratie in der Mediengesellschaft. VS Wiesbaden, S. 387 ff.

Schicha, Christian (2002): Das „Ereignismanagement" des nationalsozialistischen Regimes, in: Christian Schicha/Carsten Brosda (Hrsg.): Politikvermittlung in Unterhaltungsformaten. Lit-Verlag, Münster, S. 88 ff.

Schmidt, Siegfried J. (2000): Kalte Faszination. Medien Kultur Wissenschaft in der Mediengesellschaft. Velbrück Wissenschaft, Weilerswist.

Schmidt, Manfred G. (2008): Demokratietheorien. Eine Einführung. 4. Auflage, VS, Wiesbaden.

Schmidt, Siegfried J. (1994): Die Wirklichkeit des Beobachters, in: Siegfried J. Schmidt u. a.: Die Wirklichkeit der Medien. Eine Einführung in die Kommunikationswissenschaft. VS Wiesbaden, S. 3 ff.

Schug, Alexander (2007): Hitler als Designobjekt und Marke. Die Rezeption des Werbegedankens durch die NSDAP bis 1933/34, in: Hartmut Berghoff (Hrsg.): Marketinggeschichte. Die Genese einer modernen Sozialtechnik. Campus Verlag, Frankfurt am Main, S. 325 ff.

Schultz, Tanjev (2002): Menschelnde Unterhaltung mit Politikern, in: Christian Schicha/Carsten Brosda (Hrsg.): Politikvermittlung in Unterhaltungsformaten. Lit-Verlag, Münster, S. 182 ff.

Schulz, Lorenz (1998): Time and Law. How Life-World Acceleration Affects Imputation in Criminal Law, in: Rechtstheorie, Beiheft 18, S. 405 ff.

Schulz, Winfried (1976): Die Konstruktion von Realität in den Nachrichtenmedien. Analyse der aktuellen Berichterstattung. Freiburg/München.

Schulz, Winfried (1997): Politische Kommunikation. Ansätze und Ergebnisse empirischer Forschung. VS, Wiesbaden.

Schütz, Carsten (2005): Der ökonomisierte Richter. Gewaltenteilung und richterliche Unabhängigkeit als Grenzen Neuer Steuerungsmodelle in den Gerichten. Duncker & Humblot, Berlin.

Sherwin, Richard K. (2000): When law goes pop – the vanishing line between law and popular culture. University of Chicago Press, Chicago.

Spagnoletti, Giovanni (1995): „Gott gibt uns das Brot – Er bereitet es uns und verteidigt es." Bild und Mythos Mussolinis im Film, in: Martin Loiperdinger u. a. (Hrsg.): Führerbilder. Hitler, Mussolini, Roosevelt, Stalin in Fotografie und Film. Piper, München/Zürich, S. 111 ff.

Sunstein, Cass (2001): Das Fernsehen und die Öffentlichkeit, in: Lutz Wingert/Klaus Günther (Hrsg.): Die Öffentlichkeit der Vernunft und die Vernunft der Öffentlichkeit. Suhrkamp, Frankfurt am Main, S. 678 ff.

Tenscher, Jens (1998): Politik für das Fernsehen – Politik im Fernsehen. Theorien, Trends und Perspektiven, in: Sarcinelli, Ulrich (Hrsg.): Politikvermittlung und Demokratie in der Mediengesellschaft. VS Wiesbaden, S. 184–208.

Tenscher, Jens (1999): „Sabine Christiansen" und „Talk im Turm". Eine Fallanalyse politischer Fernsehtalkshows, in: Publizistik, S. 317 ff.

Tenscher, Jens/Geisler, Alexander (2002): Politiker kommen ins Gespräch, in: Christian Schicha/Carsten Brosda (Hrsg.): Politikvermittlung in Unterhaltungsformaten. Lit-Verlag, Münster, S. 169 ff.

Thomas, Günter (1998): Medien Ritual Religion. Zur religiösen Funktion des Fernsehens. Suhrkamp, Frankfurt am Main.

Türcke, Christoph (2005): Vom Kainszeichen zum genetischen Code. Kritische Theorie der Schrift. C.H. Beck, München.

Vogt, Ludgera (2002): Scharping im Pool. Über Chancen und Risiken der Privatisierung des Politischen, in: Christian Schicha/Carsten Brosda (Hrsg.): Politikvermittlung in Unterhaltungsformaten. Lit-Verlag, Münster, S. 134 ff.

Voßkuhle, Andreas/Sydow, Gernot (2002): Die demokratische Legitimation des Richters, in: Juristenzeitung, S. 673 ff.

Wagner, Joachim (1987): Strafprozeßführung über Medien. Walter de Gruyter, Baden-Baden.

Wenger-Deilmann, Astrid/Kämpfer, Frank (2006): Handschlag – Zeigegestus – Kniefall. Körpersprache und Pathosformel in der visuellen politischen Kommunikation, in: Gerhard Paul (2006): Visual History. Ein Studienbuch. Vandenhoeck & Ruprecht, Göttingen, S. 188 ff.

Westerbarkey, Joachim (1995): Journalismus und Öffentlichkeit, in: Publizistik 40, S. 152 ff.

Winterhoff-Spurk, Peter (2001): Fernsehen. Fakten zur Medienwirkung. 2. Auflage, Huber, Bern.

Winterhoff-Spurk, Peter (2005): Kalte Herzen. Wie das Fernsehen unseren Charakter formt. Klett-Cotta, Stuttgart.

Zimmermann, Clemens (2006): Das Bild Mussolinis. Dokumentarische Formungen und die Brechung medialer Wirksamkeit, in: Gerhard Paul (2006): Visual History. Ein Studienbuch. Vandenhoeck & Ruprecht, Göttingen, S. 225 ff.

Kapitel 8
Worte und Bilder im Recht – Auf der Suche nach dem verlorenen Gleichgewicht

Die moderne Kultur wird zunehmend und unaufhaltsam von Bildern geprägt. Das verändert auch das Recht. Das Rechtssystem ist gleichzeitig (Mit-)Produzent und Produkt der Mehrheitskultur.[1] Es kann sich deshalb kulturellen Trends auf Dauer nicht entziehen.[2] Möglicherweise wird das Recht immer noch deutlich stärker textfixiert und wortgeprägt bleiben als andere Teile der Gesellschaft.[3] Vollständig wird sich das Recht der starken Tendenz zur Visualisierung aber nicht verweigern können: Auch das Recht wird sich – mehr oder weniger stark – visualisieren.[4] Bilder sind im Recht notwendig. Gleichzeitig hat ihre Bedeutung für das Recht und die juristische Kommunikation aber auch Grenzen. Deshalb kommt es für das Rechtssystem darauf an, Texte *und* Bilder zu integrieren und in eine optimale Balance zu bringen.

8.1 Schrift und Text: Grundlage der Rechtsordnung?

Jedenfalls die modernen Rechtssysteme sind bisher ohne Schrift und Text nicht denkbar. Schrift und Text sind Grundlagen der Rechtsordnung.[5] Ist das Vordringen der Bilder also ein Problem für das Recht? Wie sollen Bilder denn Schrift und Text in modernen Rechtsordnungen ersetzen (können)?

Ein Blick auf die lange Geschichte des Rechts zeigt: Die Effektivität des Rechts hängt grundsätzlich nicht zwingend davon ab, ob es geschrieben-stabil oder mündlich-flüchtig ist. Auch orale Gesellschaften hatten effektive, gut funktionierende

---

[1] Friedman (1989, S. 1579 ff.) untersucht die engen Verbindungen zwischen Recht und Kultur am Beispiel der Popkultur.

[2] Sherwin (2000, S. 8).

[3] Das prognostizieren Röhl/Ulbrich (2000, S. 357).

[4] So schon früh Katsh (1995, S. 156).

[5] Schrift und Text sind stabil und schaffen Stabilität. Dazu Luhmann (1998, S. 260).

V. Boehme-Neßler, *BilderRecht*,
DOI 10.1007/978-3-642-03877-8_8, © Springer-Verlag Berlin Heidelberg 2010

Rechtssysteme.[6] Und Bilder sind – etwa im Mittelalter – lange Zeit wirksame Mittel der Rechtskommunikation gewesen. Deshalb könnte man auf den ersten Blick denken, auch flüchtiges, papierloses, mündliches oder visuelles Recht sei ohne weiteres in der Lage, die entscheidenden Funktionen des Rechts in einer modernen ausdifferenzierten Industriegesellschaft zu erfüllen. Aber ist das wirklich so?

Diese Sichtweise würde die Bedeutung verkennen, die die Erfindung der Schrift auf die Entwicklung der modernen Rechtssysteme gehabt hat. Erst durch die Schrift konnte das Recht so abstrakt, komplex und stabil werden, wie es heute ist.[7] Erst das hochabstrakte schriftliche Recht ist in der Lage, die Probleme der komplexen, ausdifferenzierten modernen Industriegesellschaften zu erfassen und zu lösen. Flüchtiges, mündliches Recht wird die Funktion, Zukunftssicherheit herzustellen, in hochkomplexen Industriegesellschaften nicht erfüllen können. Das lässt sich am einfachen Beispiel des Vertragsrechts verdeutlichen: Ab einer gewissen Komplexitäts sind nur schriftliche Verträge in der Lage, Sicherheit und Stabilität herzustellen. Mit mündlichen Vereinbarungen lassen sich nur begrenzt vielschichtige Rechtsgeschäfte abwickeln. Ein ausschließlich orales Recht wäre deshalb ein ernsthaftes Problem für die Gesellschaft. Denn es könnte die Leistung nicht erbringen, die die Gesellschaft von ihm erwartet – und auf die sie angewiesen ist. Was ist mit einem BilderRecht, das stärker von Bildern als Schrift und Text geprägt wird? Wäre es in der Lage, Sicherheit und Stabilität zu produzieren?

8.2 Bilder im Recht – Chancen und Risiken

Bilder sind im Recht notwendig, weil sie andere, für die Kommunikation wichtige Funktionen als Texte[8] erfüllen können.[9] Visuelle Kommunikation kann umfassender als sprachliche Kommunikation sein und deutlich mehr Aspekte, Informationen und Inhalte umfassen. Bilder können etwa Informationen vermitteln, die in Texten überhaupt nicht wiederzugeben sind.[10] Das gilt – nicht nur, aber besonders deutlich – für Informationen über räumliche Gestaltungen oder ganz komplexe Sachverhalte.[11] Wenn das Recht neben der Schrift verstärkt Bilder als weiteres Kommunikationsinstrument entdeckt, hat das sicher positive Auswirkungen.[12] Bilder können ein

[6] Ausführlich dazu siehe oben Abschn. 2.4. Zu den Faktoren, von denen die Effektivität eines Rechtssystems abhängt Rehbinder (2007, Rn. 111 ff.) m. w. N.

[7] Siehe zu den Auswirkungen der Schrift auf die Entwicklung der Rechtssysteme ausführlich oben Abschn. 2.4.

[8] Brunschwig (2001, S. 76), vergleicht die unterschiedlichen Funktionen von Bildern und Texten im Recht. Allgemein zur Funktion von Bildern in der Kommunikation Gombrich (1984, S. 135 ff).

[9] Ausführlich zu den spezifischen Funktionen von Bildern im Recht Brunschwig (2001, S. 69 ff., S. 136 ff.) m. w. N.

[10] Hasebrook (1995, S. 113 ff.) mit Beispielen für diese These.

[11] So zu Recht Röhl/Ulbrich (2000, S. 376).

[12] Ähnlich optimistisch Katsh (1995, S. 171). Ausführlich dazu siehe oben Abschn. 3.5.

Tool für das bessere Verständnis immer komplexerer Vorgänge und Sachverhalte sein. Insofern kann die Leistungsfähigkeit des Rechts zunehmen, wenn es sich mit ganzem Herzen auf die Bilder einlässt.

Diese optimistische Sicht darf aber die Gefahren nicht übersehen, die mit der visuellen Rechtskommunikation verbunden sind. Denn Bilder haben eine Reihe von spezifischen Eigenschaften, die ihre Leistungsfähigkeit für die juristische Kommunikation zur gleichen Zeit deutlich begrenzen.[13] Offensichtlich sind die Grenzen der visuellen Kommunikation bei der Darstellung abstrakter Sachverhalte und Begriffe.[14] Gerade für das kontinentaleuropäische Recht, das auf einem hohen Abstraktionsniveau operiert, ist das ein entscheidender Nachteil.[15] Neben der „Abstraktionsschwäche" hat die visuelle Kommunikation aber noch weitere Defizite, die nicht auf den ersten Blick sichtbar sind. Bilder und visuelle Kommunikation sind seit der Mitte des 20. Jahrhunderts zunehmend von den elektronischen Massenmedien geprägt – und (fast) untrennbar mit ihnen verbunden. Deshalb existiert das Risiko, dass das Recht nicht nur die Bildersprache, sondern gleichzeitig auch die Logik der Massenmedien verinnerlicht.[16] Visualisiertes Recht ist also – jedenfalls potenziell – von der Logik der „Bildunterhaltung", nicht mehr von Sachlichkeit und dialogischer Verständigung geprägt.[17]

8.3 Worte und Bilder – sinnvolle Ergänzung und wechselseitige Stärkung

Bilder haben also spezifische kommunikative Stärken und gleichzeitig sehr ausgeprägte Schwächen. Dasselbe gilt für Worte und Texte. Allerdings sind Vorteile und Defizite bei Bildern und Texten nicht identisch, sondern eher komplementär. Wo Bilder Defizite aufweisen, ist der geschriebene Text eher stark. Und umgekehrt: Bilder können in die Bresche springen, wenn Texte an ihre Grenzen stoßen. Und das ist eine große Chance. Für das Recht kommt es deshalb darauf an, eine optimale Wort-Bild-Balance zu finden. Dadurch lassen sich die Stärken von visueller und sprachlicher Kommunikation nutzen und die Schwächen gleichzeitig vermeiden.

---

[13] Dazu Brunschwig (2001, S. 106 f.) m. w. N.

[14] Zur potenziellen Unfähigkeit von Bildern, Abstrakta darzustellen, siehe oben Abschn. 4.6.

[15] Brunschwig (2001, S. 107), will diese Schwäche ausgleichen, indem sie generell-abstrakte Normen durch konkret-individuelle Sachverhalte visualisiert. Ob das ein gangbarer Weg ist, die „Abstraktionsschwäche" der visuellen Kommunikation zu überwinden, muss sich noch erweisen.

[16] Davor warnt ganz deutlich Sherwin (2000, S. 245).

[17] Ausführlich zur Logik der „Bildunterhaltung" in den elektronischen Massenmedien Meyer (2001, S. 107).

Eine gelungene Wort-Bild-Balance steigert die Qualität der Kommunikation ganz erheblich.[18]

Dabei geht es nicht nur um Ergänzung, sondern auch um gegenseitige Verstärkung. Viele lernpsychologische Studien zeigen, dass sich das Verstehen und Behalten von Informationen verbessert, wenn Bilder und Texte gleichzeitig eingesetzt werden.[19] Wie die Emblemkunst des 16. bis 18. Jahrhunderts eindrücklich zeigt, ist das keine neue Erkenntnis, sondern eine bereits lange bekannte Praxis.[20] Das lässt sich auch in modernen Kommunikationsfeldern beobachten – etwa in der kommerziellen Kommunikation, die Bild-Text-Kombinationen sehr bewusst einsetzt.[21] Insgesamt ist sicher die Beobachtung richtig, dass die Bilder im Alltag der Bilder-Welt nicht völlig sprachfrei sind.[22] Bilder sind fast immer von Sprache gerahmt: als Unterschrift, als Soundtrack, als Sprechblase, als Kommentar oder Interpretation.[23]

Eine gute Balance zwischen Wort und Bild zu finden ist also keine neue Herausforderung für die Kommunikation.[24] Seit es Bilder und Texte gibt, können beide als Kommunikationsinstrumente eingesetzt werden. Bilder und Texte sollen sich nicht ersetzen; sie sollen sich ergänzen.

8.4 Bilder oder nicht? Das Recht im Dilemma

Die unglaubliche Dominanz der Bilder in der Alltagswelt stellt das Recht grundsätzlich vor ein Dilemma: Je stärker sich Gesellschaft, Wirtschaft, Politik und Kultur visualisieren, desto stärker wird der Druck auf das Rechtssystem, sich ebenfalls für Bilder zu öffnen. Was soll das Recht tun? Wenn es sich diesem Druck nicht beugt, läuft es Gefahr, sich der Alltagswelt zu entfremden und an Bedeutung zu verlieren.[25] Wenn das Recht mit den anderen Teilsystemen der Gesellschaft keine Berührungspunkte und keine gemeinsame (Bilder)Sprache mehr hat, ist es nicht mehr wichtig und verliert an Akzeptanz. Die Funktionen des Rechts werden dann von

---

[18] Das lässt sich besonders eindrücklich an der Wirkung grafischer Plakate studieren. Dazu Paul (2005, S. 73 ff.) Die Rezeptionsforschung sieht das Verhältnis von Worttext und Bildern als Qualitätsmerkmal von Massenmedien an. Dazu Schütte u. a. (1997, S. 324 f.) m. w. N.

[19] Einen Überblick über die lernpsychologischen Forschungsergebnisse gibt Weidenmann (1998, S. 243 ff.) m. w. N.

[20] Ausführlich zur kommunikativen Wirkung von Emblemen Gilbert Heß (2006, S. 172 ff.) m.w.N.

[21] Dazu Messaris (1994, S. 129 ff.) Andere Beispiel sind die Infografik in den Printmedien oder die Gestaltung der Fernsehnachrichtensendungen. Ausführlich dazu Haller (1997, S. 561 ff.) und Hickethier (1997, S. 511 ff., insbes. S. 522 ff.).

[22] Assmann (2006, S. 79).

[23] Assmann (2006, S. 79).

[24] Neuere literaturwissenschaftliche Forschungen beschäftigen sich zurzeit intensiv mit dem Verhältnis von Text und Bild im Mittelalter und der frühen Neuzeit. Eingehend dazu die Beiträge in Harms (1988).

[25] Darauf weisen in einem ähnlichen Zusammenhang Röhl/Ulbrich (2000, S. 384 f.) hin.

anderen Teilen der Gesellschaft übernommen. Ein Beispiel aus dem internationalen Wirtschaftsrecht kann diese Befürchtung stützen. Die internationale Wirtschaft ist mit dem globalen, grenzüberschreitenden Wirtschaftsrecht unzufrieden. Was ist die Konsequenz? Die Wirtschaft schafft sich ihr eigenes, privates, auf Verträgen basierendes Recht – die moderne *lex mercatoria*.[26] Wenn das Recht die Tuchfühlung zur Alltagswelt verliert, muss es einen schleichender Bedeutungsverlust hinnehmen. Was wäre die Alternative?

Das Recht kann andererseits Impulse der Visualisierung aufnehmen und integrieren. Dadurch würde das bisher fast vollständig von der literalen Kultur dominierte moderne Recht zunehmend synästhetisiert. Ansätze für diese Entwicklung lassen sich in der Praxis bereits erkennen. Vollständig darf sich das Recht der Bilder-Kultur allerdings nicht anpassen. Denn dann kann es seine spezifischen Funktionen nicht mehr wahrnehmen und wird überflüssig. Das Rechtssystem muss also in den nächsten Jahren und Jahrzehnten eine Gratwanderung bewältigen – zwischen starrsinniger Verweigerung einerseits und beflissener Überanpassung andererseits.[27] Davon hängt viel ab. Denn ein Bedeutungsverlust des Rechts ändert die Gesellschaft tief greifend.

Literatur

Assmann, Aleida (2006): Einführung in die Kulturwissenschaft. Grundbegriffe, Themen, Fragestellungen. Erich Schmidt, Berlin.

Brunschwig, Colette (2001): Visualisierung von Rechtsnormen. Schulthess, Zürich.

Friedman, Lawrence M. (1989): Law, Lawyers and Popular Culture, in: Yale Law Journal 98, S. 1579 ff.

Gombrich, Ernst H. (1984): Bild und Auge: Neue Studien zur Psychologie der bildlichen Darstellung. Klett-Cotta, Stuttgart.

Haller, Michael (1997): Vertextete oder visualisierte Information? in: Günter Bentele/Michael Haller (Hrsg.): Aktuelle Entstehung von Öffentlichkeit: Akteure – Strukturen – Veränderungen. UVK, Konstanz, S. 561 ff.

Harms, Wolfgang (1988): Text und Bild. Bild und Text. Metzler, Stuttgart.

Hasebrook, Joachim (1995): Multimedia-Psychologie. Spektrum, Heidelberg u. a.

Heß, Gilbert (2006): Text und Bild in der frühen Neuzeit: Die Emblematik, in: Torsten Hoffmann/ Gabriele Rippl (Hrsg.): Bilder. Ein (neues) Leitmedium? Göttingen, S. 170 ff.

Hickethier, Knut (1997): Fernsehnachrichten als Erzählung der Welt, in: Günter Bentele/Michael Haller (Hrsg.): Aktuelle Entstehung von Öffentlichkeit: Akteure – Strukturen – Veränderungen. UVK, Konstanz, S. 511 ff.

Katsh, Ethan M. (1995): Law in a digital world. Oxford University Press, New York.

Luhmann, Niklas (1998): Die Gesellschaft der Gesellschaft. Suhrkamp, Frankfurt am Main.

Messaris, Paul (1994): Visual literacy. Image, mind and reality. Westview Press, Boulder/ Colorado.

---

[26] Ausführlich dazu Stein (1995, S. 35 ff.) m. w. N.

[27] Akzeptieren und Integrieren oder Abwehren und ignorieren – das ist die Frage, vor der das Recht grundsätzlich immer steht, wenn es mit neuen Entwicklungen – in welchem Bereich auch immer – konfrontiert ist.

Meyer, Thomas (2001): Mediokratie – die Kolonisierung der Politik durch die Medien. Suhrkamp, Frankfurt am Main.

Paul, Klaus (2005): Das grafische Plakat – Bild und Text als gegenseitige Ergänzung, Kommentierung und Paradoxie, in: Martin Scholz/Ute Helmbold (Hrsg.): Bilder lesen lernen. Wie werden Bilder rezipiert? DUV, Wiesbaden, S. 73 ff.

Pörksen, Uwe (1997): Weltmarkt der Bilder. Eine Philosophie der Visiotype. Klett-Cotta, Stuttgart.

Rehbinder, Manfred (2007): Rechtssoziologie. 6. Auflage, C.H. Beck, München.

Röhl, Klaus F./Ulbrich, Stefan (2000): Visuelle Rechtskommunikation, in: Zeitschrift für Rechtssoziologie 21, S. 355 ff.

Schütte, Georg/Staab, Joachim Friedrich/Ludes, Peter (1997): Die Visualisierung von Politik, in: Günter Bentele/Michael Haller (Hrsg.): Aktuelle Entstehung von Öffentlichkeit: Akteure – Strukturen – Veränderungen. UVK, Konstanz, S. 323 ff.

Sherwin, Richard K. (2000): When law goes pop – the vanishing line between law and popular culture. University of Chicago Press, Chicago.

Stein, Ursula (1995): Lex Mercatoria – Realität und Theorie. Klostermann, Frankfurt am Main.

Weidenmann, Bernd (1998): Psychologische Ansätze zur Optimierung des Wissenserwerbs mit Bildern, in: Klaus Sachs-Hombach/Klaus Rehkämper (Hrsg.): Bild – Bildwahrnehmung – Bildverarbeitung. Interdisziplinäre Beiträge zur Bildwissenschaft. DUV, Wiesbaden, S. 243 ff.

Sachverzeichnis

A
Abbildung, 59
Abstraktion, 144
  im Recht, 145
Abwägungsverfahren, 47
Affektfernsehen, 70, 132
Altertum, 29
Analogieschluss, 149
Angeklagten-PR, 147
Antibiotika, 6, 9
Architektur, politische, 176
Assoziation, 178
Assoziationsnetz, 151
Atomausstieg, 14
Atomstaat, 10
Aufklärungsmaschine, 35
Aufmerksamkeit, 166, 169
Auslegung, systematische, 202
Auslegungsmethoden, 199
Authentizität, 174, 175
Auto, 6
Autorität, 29
  der Schriftlichkeit, 46

B
Babylonien, 40
Banalisierung, 214
Berufsfreiheit, 12
Betrachteranteil, 67
Bewegung, 166
Beweismittel, schriftliche, 44
Bewusstsein, 71
Beziehung Kunst und Recht, 129
Bild/Bilder, 26
  als Beweise, 143
  als Eye-catcher, 138
  Anarchie, 94
  Anthropologie, 201
  assoziative Kraft, 76
  Aufmerksamkeit, 138
  Authentizität, 84, 143
  Bearbeitung, digitale, 88
  Begriff, 58
  Collage, 86
  Dominanz, 56, 238
  Emotionalität, 70
  Ergänzungsfunktion, 62
  Funktionen, 59
  Gestaltung, 165
  Glaubwürdigkeit, 83, 143
  Grammatik, 75
  große Freiheit, 96
  hermeneutische Autonomie, 76
  ikonischer Charakter, 74
  Imperativ, 142
  Kampf, 110
  kanonische, 72
  kommunikative Grenzen, 82
  Kultur, 55
  Logik, 210
  Macht, 55, 73
  Manipulation, 85, 88, 143
  Memorialfunktion, 59
  Nebenwirkungen, subsemantische, 163
  Polysemie, 74
  Realitätseffekt, 143
  Rezeption, 67, 77
  schnelle Kommunikation, 56
  Überlegensheitwirkung, 81
  Überzeugungskraft, 72
  Unschärfe, 163
  Verbot, 111
  vom Recht, 128
  Wörterbuch, 75
Bilderflut, 56
Bildergeschichte, 91
Bilderkult, 112
Bildersturm, 110

Bilderwelt, 199
Bild-Text-Kombination, 238
Bildunterhaltung, 237
Bildverstehen, Dreistufenschema, 202
Bronze, 9
Buchdruck, 33, 39, 41
Bundespräsident, 205
Bundesverfassungsgericht, 131, 145

C
China, 2
closed-world assumption, 66, 82
Court TV, 131, 135

D
Dampfmaschine, 8
Datenschutzrecht, 9
Demokratie, 34, 222
  in der Mediengesellschaft, 228
Denkwerkzeug, 21
Deregulierungspolitik, 37
Desintegration, 183
Determinismus
  linguistischer, 22
  technologischer, 7
Digitaltechnologie, 86
Distanz, 28, 73
Distanzverlust durch Fernsehbilder, 150
Dogmatismus, 78
Doppel-Helix, 72
Dr. House, 136
Drama, 168
Druckerpresse, 33
Duell, 168
Dynamik, 140

E
Echtheit, 174
Effigies, 114
Eheschließung, 185
Eid, 187
Eigentumsfreiheit, 12
Einschaltquotenmentalität, 212
Einzelfallabwägung, 145
Einzelfallgerechtigkeit, 149
Emblemkunst, 238
Emotion, 26, 71, 187, 214
Ende der Schrift, 57
Enkodierung, doppelte, 79
Entmythologisierung der Macht, 223
Entwicklung, demografische, 127, 138
Ergänzungsfunktion, 62
Erkennen, 62
Ermessensspielraum, 47

F
Farbe, 178
Fernsehanalyse, 204
Fernsehbilder
  Distanzverlust, 150
Fernsehen, 7, 136, 209, 212
Fernsehgesellschaft, 211
Fernsehlogik, 210
Fernsehnachrichten, 56
Fernsehwirklichkeit, 129
Fiktionalisierung der Rechtswirklichkeit, 133
Filmanalyse, 204
Flexibilisierung durch Literalität, 47
Flugschrift, 34
Flugzeug, 6
Formensprache, juristische, 138
Forschungsfreiheit, 12
Fortschritt, technischer, 215
Fotomontage, 86
Framing, 175
Fundamentalismus, 78

G
Gedächtnis
  kollektives, 68
  menschliches, 41
Gedächtnisspeicher, kollektiver, 33
Gefühl, 71
Geltungsanspruch, 172
Generalklausel, 47
Generation X, 139
Gerichtsalltag, 136
Gerichtsdrama, 128
Gerichtsfilm, 135, 137
Gerichtsprozess, 130
Gerichtsshow, 135, 137
Gesellschaft
  literale, 41
  orale, 36, 37
  schriftlose, 23
Gesetz, 118
Gesetzgebung, symbolische, 121
Gesetzgebungsverfahren, 205
Gesicht, 146
Gesichtssinn, 80, 90
Gestik, 79
Gesundheitssystem, 9
Gleichheitsidee, 38
Globalisierung, 206
Grafiksoftware, 86
Grundrecht, 39
Gutenberg-Revolution, 27, 31

H
Haftungsregelung, 12
Hamburger Stadtrecht, 92
Hammurapi, 40
Hermeneutik, 75, 199, 202
Hierarchie der Sinne, 79
Hieroglyphen, 60
Hinrichtung, 185
Hirnforschung, 63
Hitler, 218
Hochkultur, sumerische, 28
Holz, 9
Hören, 80
Hypertext, 58

I
Icon, 60
Ideogramm, 60
Idolatrie, 109
Ikomanie, 55
Ikonografie, 68
Ikonoklasmus, 109
Ikonologie, 68, 200
Imperativ, technologischer, 8, 14
Impression Management, 167
Industrialisierung, 8, 11
Industrieforschung, 3
Infotainment, 135, 215
Innovationen, technische, 11
Inszenierung, 165, 167, 171, 174, 175, 205
  einheitsstiftende Funktion, 173
  Geltungsfunktion, 172
  Visualisierungsfunktion, 171
Inszenierungsanalyse, 203
  juristische, 206, 207
Inszenierungsgesellschaft, 174
Inszenierungsmittel, 179
Integration, 183
  Funktion, 181
Invention, 4
Islam, 112
IuK-Technologie, 15

J
Japan, 2
jurisdiction of emotions, 149
Justitia, 117
Justiz, 134

K
Keilschrift, 28
Klonverbot, 16
Kognition, 4, 63, 71
Kognitionspsychologie, 77, 175, 176
Kommunikation
  Geschichte, 93
  nonverbale, 139
  symbolische, 118
  visuelle, 71, 140, 141, 163–166, 236, 237
    Emotionalität, 69
    Geschwindigkeit, 64
    Konkretheit, 65, 66
    Prägnanz, 77
Kommunikationsform, 57
Kommunikationstechnologie, 6
Kommunikationswissenschaft, 176, 204
Komplexität, 41
Komplexitätsreduktion, 175
Komposition, 165
Kompositionsschema, 165
Konflikt, 36, 168
Konkretheit, 65
Konstruktion von Bildern, 63
Kontrazeptiva, 6
Kreislaufwirtschaft, 15
Kriminalfilm, 128
Kultur, 1, 4
  orale, 42
  schriftlose, 25
Kulturtechnik, 57
Kunst, Funktion, 95

L
legal video, 126
Legitimation
  durch die Einschaltquote, 225
  durch Verfahren, 187
lex mercatoria, 239
Literatur, 168
  orale, 24
Litigation-PR, 228
Liveberichterstattung, 130
Logik des Boulevard, 209
Luther, Martin, 34

M
Macht der Bilder, 55, 73
Machtanspruch, staatlicher, 176
Manuskriptkultur, 32
Massenmedien, 56, 131, 218
McLuhan, Marshall, 6
Medien
  Auswirkungen, 129
  elektronische, 129
Mediengesellschaft, 124
Medienöffentlichkeit, 134

Medientechnik, 6
Memorialfunktion, 59
Menschenrecht, 39
Mesopotamien, 29
Metapher, 22
Methoden-Cross-over, 200
Militärtechnologie, 2, 3
Mimik, 79
Minidrama, 168
Moral, 36, 37
Multimediakultur, 32
Mussolini, 218
Mythogramm, 60
Mythos, 186

N
Nachrichtenwertfaktor, 213
Naturgesetz, 2
Nebenwirkungen, subsemantische, 163
Netzhautbild, 63
Neurobiologie, 63
Neuro-Imaging
  Bilder, 61
  Technologie, 9
Neuropsychologie, 63
Neurowissenschaft, 62
Neutralitätsthese, 5
Nuklearenergie, 3
Nukleartechnik, 10

O
Öffentlichkeit als Richter, 132

P
Panofsky, Erwin, 200
Papier, 9
Papyrus, 9
Parlamentsarchitektur, 176
Patentrecht, 12
Pergament, 9
Person, juristische, 47
Photoshop, 85
Pictorial Turn, 55, 56
Piktogramm, 95
Placebo-Politik, 189
Politainment, 219, 223
Politik, inszenierte, 222
Polysemie des Bildes, 74, 76
Postulat der Unterhaltsamkeit, 168
Prägnanzdruck, 78
Prägnanzprinzip, 78
Präzedenzfall, 43
Pressefotografie, 88
Produkthaftungsrecht, 12
Programmsätze, 122
Prominenz, 65
Prozessdramatik, 179
Prozessordnung, 207

R
ratio scripta, 112
Rationalität, 144
Recht, 36
  Akzeptanz, 137
  als Entertainment, 224
  Bilderskepsis, 97
  Darstellung, 127
  Effektivität, 140
  Fernsehbilder, 133
  Gestaltungsmacht, 8
  Inszenierung, 209
  logozentrisches Vorurteil, 115
  mündliches, 37
  Personalisierung, 146, 148
  Relativierung, 190
  Ritualcharakter, 186
  schriftliches, 45–47
  subjektives, 39
  Symbole, 117
  symbolisches, 124
  Verschriftlichung, 38
  Vertrauen, 137
Rechtsbegriff, unbestimmter, 47
Rechtsdenken, 39, 40
Rechtsikonografie, 201
Rechtsikonologie, 201
Rechtskommunikation, visuelle, 142, 165, 170, 199
Rechtsritual, 184, 188
Rechtsschutzgarantie, 141
Rechtssprache, 119
Rechtssprechungswandel durch Mediendruck, 147
Rechtssymbol, 118
Rechtsvisualisierung, 170
Redundanz, 23
Reformation, 11, 34
Register, öffentliches, 42
Reichstagsgebäude, 177
Relativitätsprinzip, linguistisches, 22
Religionsersatz, 211
Renaissance, 2, 39, 61
Re-Oralisierung, 151
Richter, 227
Ritual, 23, 180, 187
  der Gesetzmäßigkeit, 185
  Integrationsfunktion, 182
Röntgenbilder, 61

S
Sachsenspiegel, 92, 114
SAGA, 15
Schrift, 31
  Ende, 57
Schriftkultur, 40, 42, 55
Sehen, 80
Sehgewohnheit, 87
Selbstbestimmung, informationelle, 15
Selektion, 211
Seriosität, 175
Sexualmoral, 10
Sicherheitsanforderung, 12
Silicon Valley, 2
Sinngebung, 180
Sitte, 36, 37
Skandal, 168, 226
Skandalisierung, 124
Soft Institution, 123
Soft Law, 122, 124
Sozialer Frieden, 148
Sozialstaat, 9
Sprachbild, 89
Sprache, 21, 179
  Bildhaftigkeit, 90
Staatsanwalt, 227
Staatseinfluss, innovationsfördernder, 3
Steuerung, unscharfe, 163
Steuerungsfähigkeit, 141
Storytelling, 125
Strafjustiz, 134
Strukturanalyse, 203, 206
Sukzessivität, 150
Supersystem, politisch-mediales, 222
Syllogismus, 149
Symbiose zwischen Politik
    und Fernsehen, 220
Symbol, 95, 116
Synästhesie, 32

T
Tabuisierung, 95
Taktilität, 32
Technik, 4
  Förderung, 12
  gesellschaftliche Akzeptanz, 12
  konkrete Gestaltung, 14
  kulturverändernde Kraft, 6
  Steuerung, 13
    durch Technikauswahl, 14
Technikentwicklung
  endogene Faktoren, 4
  exogene Faktoren, 4
Technische Kraft des Normativen, 11
Technobilder, 60
Technologie, 1, 14
  Prägekraft, 6
Technophilie, 1
Technophobie, 1
Telefon, 6
Text, Bildhaftigkeit, 91
Text-Bild-Kombination, 62
Theater, 168
Theatertheorie, 203
Theaterwissenschaft, 203
Theatralisierung
  der Politik, 221, 223
  der Wirklichkeit, 216
Tontafel, 9
Tradition, 36
Transformationsanalyse, 203
TV-Court-Show, 128

U
Ultraschallaufnahme, 61
Unabhängigkeit, richterliche, 227
UNO, 123, 183
Unterhaltungseffekt, 213
Unterhaltungsgesellschaft, 219
Unterhaltungsparadigma, 216, 217
Urchristentum, 111
US Supreme Court, 131

V
Veranschaulichung, 59
Verantwortung, 30
Verewigungsmedium, 27
Verhältnis Text- und Bildkommunikation, 93
Verkehrsrecht, 8
Vernetzung, 56
Verrechtlichung, 36
Vertrag, 42
Vertrauen, 46, 148
Verwaltung, 228
  monokratische, 30
  vernetzte, 140
Verwaltungsalltag, 30
Verwischung von Verantwortlichkeiten, 164
Visualisierung, 55, 57, 58, 126, 141, 149
Visualisierungstendenz, 125
Völker, schriftlose, 26

W
Wahl, 182
Wahlkampf, 182
Wahrheit, 44
Wahrnehmung, 62
Wapner, Joseph A., 133

Warbug, Aby, 200
Wechselwirkung Technik und Kultur, 1, 5
Weltbild, 4
Welterklärung, 173
Weltveränderungskapazität technischer Innovationen, 8
Wilhelminismus, 172
Wirtschaft, 28
Wissen, mündliches, 38
Wortlautauslegung, 202
Wort-Bild-Balance, 237
Wörterbuch der Bilder, 75

Z

Zeichen, rechtsikonisches, 170
Zuschauereffekt, 133

MIX
Papier aus verantwortungsvollen Quellen
Paper from responsible sources
FSC® C105338

If you have any concerns about our products,
you can contact us on
ProductSafety@springernature.com

In case Publisher is established outside the EU,
the EU authorized representative is:
Springer Nature Customer Service Center GmbH
Europaplatz 3, 69115 Heidelberg, Germany

Printed by Libri Plureos GmbH
in Hamburg, Germany